Analyse von Lern-Service-Geschäftsmodellen vor dem Hintergrund eines sich transformierenden Bildungswesens

T0326463

BOCHUMER BEITRÄGE ZUR UNTERNEHMENSFÜHRUNG

Herausgegeben von
Prof. Dr. Michael Abramovici, Prof. Dr. Dr. h.c. mult. Walther Busse von Colbe,
Prof. Dr. Dr. h.c. Werner H. Engelhardt, Prof. Dr. Roland Gabriel,
Prof. Dr. Gert Laßmann, Prof. Dr. Wolfgang Maßberg, Prof. Dr. Horst Meier,
Prof. Dr. Bernhard Pellens, Prof. Dr. Mario Rese, Prof. Dr. Marion Steven,
Prof. Dr. Rolf Wartmann, Prof. Dr. Brigitte Werners

Band 76

PETER LANG
Frankfurt am Main · Berlin · Bern · Bruxelles · New York · Oxford · Wien

Peter Weber

Analyse von Lern-Service-Geschäftsmodellen vor dem Hintergrund eines sich transformierenden Bildungswesens

PETER LANG
Internationaler Verlag der Wissenschaften

Bibliografische Information der Deutschen Nationalbibliothek
Die Deutsche Nationalbibliothek verzeichnet diese Publikation in der
Deutschen Nationalbibliografie; detaillierte bibliografische
Daten sind im Internet über <http://www.d-nb.de> abrufbar.

Zugl.: Bochum, Univ., Diss., 2007

Gedruckt auf alterungsbeständigem,
säurefreiem Papier.

D 294
ISSN 1860-479X
ISBN 978-3-631-57238-2

© Peter Lang GmbH
Internationaler Verlag der Wissenschaften
Frankfurt am Main 2008
Alle Rechte vorbehalten.

Printed in Germany 1 2 3 4   6 7

www.peterlang.de

Meinen Eltern und Inger Jandow

Geleitwort

Vor dem Hintergrund der sich unter dem Einfluss technologischer und politischer Entwicklungen wandelnden Wertschöpfungs- und Wertkettenstrukturen im Bildungswesen sehen sich aktuell viele Bildungsakteure genötigt, die eigene Positionierung und Ausrichtung zu überprüfen und ggf. zu überarbeiten. Electronic-Learning- und Blended Learning-Konzepte, die sich aufgrund ihrer stetigen Weiterentwicklung und ihres bereits deutlich erkennbaren Einflusses auf das Lehren und Lernen als innovative Lehr- und Lernkonzepte interpretieren lassen, gewinnen in diesem Zusammenhang zunehmend an Relevanz. In den letzten Jahren haben sich diesbezüglich unterschiedliche Ansätze und Modelle in der Aus- und Weiterbildung sehr verbreitet. Ihre vielfältigen Realisierungen werden überwiegend euphorisch betrachtet und bieten große Chancen für ein erfolgreiches Lehren und Lernen. Aber auch pessimistische Stimmen sind häufig zu hören, da die entsprechenden Angebote teilweise schlechte Qualitäten aufweisen und somit hohe Risiken enthalten. Tatsache ist, dass das Bildungswesen zurzeit intensiv diskutiert wird und neue computergestützte Lehr- und Lernsysteme mit viel versprechenden Ansätzen entstehen, die auch eine große ökonomische Relevanz aufweisen.

In den vergangenen Jahren hat die Behandlung dieses Themenfeldes unter Mitarbeit von Herrn Dr. Peter Weber einen wachsenden Stellenwert am Lehrstuhl für Wirtschaftsinformatik an der Ruhr-Universität Bochum eingenommen. In Zusammenarbeit mit dem Competence Center E-Commerce (CCEC) am Institut für Unternehmensführung (ifu) wurden verschiedene Projekte bearbeitet und zahlreiche Veröffentlichungen auf den Weg gebracht. Herr Dr. Weber analysiert in der vorliegenden Arbeit, aufbauend auf den Erfahrungen im Rahmen dieser Aktivitäten, Lern-Service-Geschäftsmodelle mit ihren ökonomischen Auswirkungen und erarbeitet ein Instrument zur Analyse der Lern-Service-Anbieter vor dem Hintergrund des sich transformierenden Bildungswesens. Auf der Basis bestehender ökonomischer Ansätze erarbeitet er dazu eine systematische Interpretation eines bekannten integrierten Geschäftsmodellansatzes, die anhand von sechs Partialmodellen strukturiert ist. Mit dem so genannten Lern-Service-Engineering entwickelt Herr Dr. Weber abschließend am Beispiel des Leistungserstellungsmodells ein konkretes Leistungserstellungskonzept, welches das Potenzial der gewählten Herangehensweise veranschaulicht.

Herr Dr. Weber legt mit seiner Dissertationsschrift eine sowohl praxisorientierte als auch theoretisch fundierte Arbeit vor, die gut strukturiert und klar und verständlich verfasst ist. Er verbindet die Betrachtung und Analyse einer aktuellen und herausfordernden Problemstellung mit einer innovativen, auf dem Ge-

schäftsmodellansatz basierenden Erarbeitung von Lösungsansätzen. Die Berücksichtigung sowohl ökonomischer als auch pädagogischer Ansprüche und Kausalitäten macht die Arbeit aus verschiedenen Perspektiven interessant. Die in Teilen bereits auf internationalen Tagungen mit Erfolg vorgetragenen Ansätze und
Ergebnisse belegen zudem die Relevanz der Themenstellung und das Potenzial
der entwickelten Ansätze. Ich wünsche der Arbeit die ihr gebührende Verbreitung und Herrn Dr. Weber ein weiterhin erfolgreiches wissenschaftliches Arbeiten in diesem innovativen Forschungsbereich.

Bochum, im Oktober 2007   Prof. Dr. Roland Gabriel

Vorwort

Die Anfertigung der vorliegenden Dissertation am Lehrstuhl für Wirtschaftsinformatik der Ruhr-Universität Bochum stellte zweifellos eine große Herausforderung dar. Vier Jahre lang galt es, die Freude und das Interesse am Themengebiet über die Zweifel und Unsicherheiten zu stellen und Schritt für Schritt einen eigenen Stil des wissenschaftlichen Arbeitens und Schreibens zu entwickeln.

Ein großer Teil des Erfolgs ist dabei auf meinen Doktorvater Professor Dr. Roland Gabriel zurückzuführen, der bei mir mit seiner Ruhe und Stringenz in der Betreuung überhaupt erst für die Überzeugung gesorgt hat, dieser Aufgabe gerecht werden zu können. Daher möchte ich Ihnen, Herr Gabriel, für die große Unterstützung danken, die Sie mir sowohl inhaltlich als auch in Bezug auf die Realisierung der Arbeit haben zukommen lassen. Immer wieder haben Sie offen meine Ideen und Ansätze aufgegriffen, diese kritisch mitgedacht und gefördert, was mir Zuversicht und Rückhalt gegeben hat.

Für die Übernahme des Zweitgutachtens möchte ich Frau Professor Dr. Brigitte Werners herzlich danken, die sich gerade auch im Rahmen der Disputation als kritische aber ebenso faire Begutachterin erwiesen und sich stets konstruktiv in das Promotionsverfahren eingebracht hat.

Mein ganz besonderer Dank gilt darüber hinaus Professor Dr. Martin Gersch, der mir mit großer Hilfsbereitschaft, Kompetenz und Motivation während der gesamten vier Jahre zur Seite gestanden hat. Dir, Martin, verdanke ich einen Großteil meiner Begeisterung für die wissenschaftliche Arbeit. Immer wieder hat mir dein anspruchsvolles Urteil und deine Konsequenz dabei geholfen, Entscheidungen zu treffen und die Arbeit weiterzuentwickeln.

Eine wichtige Grundlage für die erfolgreiche Fertigstellung der Dissertation stellte zweifellos auch das angenehme und konstruktive Umfeld am Lehrstuhl für Wirtschaftsinformatik dar. Nicht nur beruflich, sondern vor allem auch privat sind Kontakte entstanden, die mich sehr freuen und die hoffentlich noch lange aktiv gelebt werden. Herausstellen möchte ich dabei Herrn Dipl.-Ök. Tobias Hoppe als meinen immer interessierten und hilfsbereiten Büronachbarn und Herrn Dipl-Ök. Son Le, der mir mit seinem multimedialen Geschick zur Seite gestanden hat. Allen Kolleginnen und Kollegen gilt mein herzlicher Dank für die gute und freundschaftliche Zusammenarbeit.

Aber trotz aller Bedeutung der Arbeit vor Ort an der Ruhr-Universität hat sich im Laufe der vergangenen vier Jahre immer wieder gezeigt, dass ein bedeutender Teil der Promotion auch zu Hause stattfindet und dass die Familie in der Konsequenz ein ganzes Stück weit mit promovieren muss. Euch allen und speziell dir, liebe Inger, möchte ich von Herzen für eure Geduld und euer Interesse und die vielfältige Unterstützung danken. Auch hervorheben möchte ich dabei meinen Vater Klaus Weber und Herrn Dipl.-Kfm. Claas Hoops, die sich bei der Abschlusskorrektur akribisch durch den nicht immer ganz leichten Text gekämpft und mir zahlreiche wertvolle Hinweise gegeben haben.

Ich hoffe, dass der Leser in der vorliegenden Arbeit interessante Anregungen findet und dass die Diskussion um die Analyse und Gestaltung des Wandels im Bildungswesen durch die angestellten Überlegungen bereichert wird.

Unna, im Oktober 2007   Peter Weber

Inhaltsverzeichnis

Abbildungsverzeichnis

Tabellenverzeichnis

Abkürzungsverzeichnis

AACSB	Association to Advance Collegiate Schools of Business
AMBA	Association of MBAs
ArGe	Arbeitsgemeinschaft
AV	Audiovisuell
B2B	Business-to-Business
B2C	Business-to-Consumer
BA	Bachelor of Arts
BVDW	Bundesverband Digitale Wirtschaft
CBT	Computer-based Training
CbTF	Competence-based Theory of the Firm
CD-ROM	Compact Disc Read-Only Memory
CGA	Closing-Gap Alliance
CITTE	Conference on Information Technology in Tertiary Education
E2B	Education-to-Business
E2C	Education-to-Consumer
E2E	Education-to-Education
E-	Electronic
ECTS	European Credit Transfer System
EFF	European Franchise Federation
ELS	Electronic-Learning-System
EMIM	ESCP-EAP Master's in Management
EMMA	European Multimedia Accelerator
EQUIS	European Quality Improvement System
ESCP-EAP	European School of Management
GATS	General Agreement on Trade in Services
ITS	Intelligente Tutorielle Systeme
IuK	Information und Kommunikation
KA	Kernaussage

KI	Künstliche Intelligenz
LMS	Lernmanagement-System
LP	Lernplattform
M-	Mobile
MA	Master of Arts
MBA	Master of Business Administration
MBI	Management-Buy-In
MBO	Management-Buy-Out
MbV	Market-based View
MSc	Master of Science
MSJK	Ministerium für Schule, Jugend und Kinder des Landes NRW (seit 2005 Ministerium für Schule und Weiterbildung (MSW))
RbV	Resource-based View
RSS	Really Simple Syndication
UNESCO	United Nations Educational, Scientific and Cultural Organization
USQ	University of Southern Queensland
WBT	Web-based Training
WTO	World Trade Organization
XML	Extensible Markup Language

1 Einleitung und Gang der Untersuchung

Electronic Learning (E-Learning) hat sich in den letzten Jahren, getrieben durch erhebliche Weiterentwicklungen im Bereich der Informations- und Kommunikationstechnologien und die Diskussionen um die Qualität des deutschen Bildungssystems, zu einem breit diskutierten und viel versprechenden Ansatz der Modernisierung von Lehr- und Lernstrukturen, aber auch zu einem ökonomisch relevanten Phänomen entwickelt. Angesichts der zunehmenden Leistungsfähigkeit von Computern mit ihren Hardware- und Softwaresystemen sowie der Übertragungstechniken haben zahlreiche Bildungsverantwortliche in Wirtschaft, Politik und Wissenschaft die Hoffnung, mit E-Learning über ein Instrument zu verfügen, das mehr Effizienz, Flexibilität und Unabhängigkeit in Aus- und Weiterbildung etablieren und die Umsetzung moderner didaktischer Ansätze und Forderungen unterstützen kann. Die anfängliche Fokussierung reiner E-Learning-Lösungen ist mittlerweile durch Überlegungen zum Blended Learning überflügelt worden, da Blended Learning zum einen eine schrittweise, an der Zielgruppe orientierte Umstellung der Lerngewohnheiten ermöglicht und zum anderen konkrete Optionen aufzeigt, die Vorteile der traditionellen Lehre mit denen des innovativen E-Learning zu verbinden.[1]

1.1 Problemstellung und zentrale Zielsetzung der Arbeit

Im Rahmen dieser Arbeit wird der Begriff der Lern-Services als ökonomische Interpretation von Bildungsangeboten und ein Instrument zur Analyse der Lern-Service-Anbieter (Lern-Service-Geschäftssysteme) vor dem Hintergrund eines sich transformierenden Bildungswesens entwickelt.[2]

---

[1] Der Begriff Blended Learning ist abgeleitet vom englischen Wort „blend" („mischen", „mixen"). „Hybrides Lernen" bzw. „Hybride Lernumgebungen" werden häufig als begriffliche Synonyme für Blended Learning verwandt. Nach *Sauter, Sauter* und *Bender* ist Blended Learning „... *ein integriertes Lernkonzept, das die heute verfügbaren Möglichkeiten der Vernetzung über Internet oder Intranet in Verbindung mit «klassischen» Lernmethoden und -medien in einem sinnvollen Lernarrangement optimal nutzt. Es ermöglicht Lernen, Kommunizieren, Informieren und Wissensmanagement, losgelöst von Ort und Zeit in Kombination mit Erfahrungsaustausch, Rollenspiel und persönlichen Begegnungen in klassischen Präsenztrainings."* Sauter / Sauter / Bender (2004), S. 68. Vgl. hierzu auch Back / Bendel / Stoller-Schai (2001), S. 217ff. und Abschnitt 2.2.2.

[2] Die Betrachtung beschränkt sich dabei auf den marktfähigen Anteil der Bildungsangebote, der zudem, in Anlehnung an den Begriff der Electronic Services, stets über ein Mindestmaß an elektronischer Unterstützung verfügt („E-Learn-Services"). Siehe hierzu Abschnitt 4.1.3.2, zum Begriff der Electronic Services (E-Services) vgl. Gersch (2004a) und (2004c).

Die zusammenfassend mit den Schlagwörtern Digitalisierung und Vernetzung überschreibbaren Veränderungen unserer Zeit haben auch den Bildungsbereich erfasst und haben auch hier, wie in zahlreichen anderen Branchen, zu massiven und tief greifenden Strukturveränderungen geführt. Die Treiber dieser Entwicklung stammen jedoch nicht nur aus dem technischen Bereich, sondern sind insbesondere auch in politischen Aktivitäten zu sehen. Unter anderem aus den für Deutschland nicht überzeugenden Ergebnissen bei internationalen Vergleichstests und der aus Sicht der politisch Verantwortlichen oftmals zu langsamen und inflexiblen Adaption technischer und didaktischer Entwicklungen wurde für letztlich sämtliche Bildungsbereiche in den letzten Jahren ein erheblicher und dringender Reformbedarf zum Gegenstand der Diskussion. Auf dieser Auseinandersetzung um die etablierten Strukturen aufbauend, wurden fundamentale Änderungen regulatorischer Rahmenbedingungen auf den Weg gebracht, die insbesondere auch die aktuellen internationalen Diskussionen und Deklarationen wie „Bologna" und „GATS" aufgreifen.[3] Im Zusammenspiel haben die politischen Maßnahmen und die technischen Entwicklungen gemeinsam mit gesellschaftlichen Veränderungen eine sehr grundsätzliche Branchentransformation[4] in Gang gesetzt, die sich in vielen Bereichen durch eine erhebliche Wettbewerbsintensivierung, eine wachsende Unsicherheit in Bezug auf die weitere Entwicklung und durch sich wandelnde Wertschöpfungsstrukturen auszeichnet.[5]

Die unter diesen Rahmenbedingungen aufkommenden neuen (E-Learning-)Geschäftssysteme[6] kennzeichnen Bestrebungen, mit Hilfe der erweiterten medienbasierten Möglichkeiten den Anforderungen des Markts besser und/oder effizienter als bisher gerecht zu werden, um auf diese Weise Wettbewerbsvorteile zu realisieren und (dauerhaft) im Wettbewerb bestehen zu können. Neue Ge-

---

[3] Zum so genannten „Bologna-Prozess" siehe Europäische Kommission (2006) und zu den bildungsbezogenen GATS-Verhandlungen siehe UNESCO (2006).

[4] Der Begriff der Branchentransformation steht in diesem Zusammenhang für die nachhaltige Veränderung traditioneller Marktstrukturen. Während Porter / Rivkin (2000) den konkreten Transformationsprozess mit seinem idealtypischen Verlauf fokussieren, bezeichnet der Begriff bei Deise et al. (2000) das Ergebnis dieses Veränderungsprozesses. Vgl. Gersch (2006); Gersch / Goeke (2004b). Zur Transformation der Bildungsbranche siehe Gersch / Weber (2005) und Kapitel 3.

[5] Einen Überblick über aktuelle Veränderungen im Bildungswesen aus Hochschulperspektive geben beispielsweise Fiedler / Welpe / Picot (2006); Lenzen (2006); Jansen / Priddat (2005); Gersch / Weber (2005).

[6] Geschäftssysteme werden hier in Anlehnung an Gersch (2006), S. 83 und Gersch (2004a), S. 68 als konkrete Realisierungen abstrakter Typen ökonomischer Aktivitäten („Geschäftsmodelle") verstanden (z. B. das Geschäftssystem „WebKollegNRW" als Realisierung des Geschäftsmodells „Elektronischer Marktplatz"). Ausführlich zum Geschäftsmodellbegriff und zur Geschäftsmodellanalyse siehe Abschnitt 3.3.2 und Kapitel 4.

schäftssysteme sind dabei sowohl auf bisher branchenfremde Akteure zurückzuführen, die die für verschiedene Teilbereiche politisch initiierte Öffnung des
Bildungssystems für Brancheneintritte nutzen (z. B. im Hochschulbereich die internationalen Anbieter durch die Umstellung auf die internationalen Abschlüsse
Bachelor und Master), als auch auf traditionelle Bildungsakteure (etablierte
Universitäten, Schulen, usw.), die sich in den gegenwärtig wandelnden Strukturen neu zu positionieren versuchen.

Der anfänglich fast überschwänglichen Diskussion um E-Learning-Potenziale
und E-Learning-Geschäftssysteme um das Jahr 2000 folgte jedoch Ernüchterung
und die Einsicht, dass auch in diesem Bereich eine fundierte Planung sowie eine
umfassende und genaue Berücksichtigung der Besonderheiten von Branche und
Leistungsgegenstand unverzichtbar sind. Zum einen konnten zahlreiche Akteure
in Bezug auf die von ihnen angebotenen Leistungen nicht überzeugen, die sich
oftmals am (bei Idealbedingungen) technisch Machbaren und nicht am aus Ler-
nersicht Erforderlichen orientierten. Aber auch gut durchdachte und realistische
Ansätze konnten sich, etwa aufgrund des mit einem attraktiven Lern-Service-
Angebot verbundenen beachtlichen Leistungserstellungsaufwands, nicht am
Markt behaupten. In Bezug auf die Umsatzpotenziale haben sich in der Folge die
enorm hohen Erwartungen in den „E-Learning-Markt" bisher nicht erfüllt.[7]

Von Bedeutung für diese Entwicklung dürften auch die besonderen Herausforderungen sein, mit denen sich die Geschäftssystembetreiber auseinanderzusetzen
haben, denen aber oftmals nur wenig oder zu unausgewogen Beachtung geschenkt wurde. Neben der bereits angesprochenen Interdisziplinarität stellt beispielsweise der jahrzehntelang unangefochtene Status traditioneller Bildungsangebote mit der Konsequenz einer fest verankerten Lernkultur eine nicht zu verkennende Hürde dar, die sich gegenwärtig in einer eher geringen Akzeptanz und
Nachfrage und oftmals auch einer geringen Zahlungsbereitschaft für innovative
Bildungsangebote äußert.

Die vorliegende Arbeit setzt an diesen Erkenntnissen an und entwickelt aufbauend auf einer Analyse des Transformationsprozesses einen Betrachtungs- bzw.
Planungs- und Analyseansatz für Lern-Service-Geschäftssysteme, der die verschiedenen relevanten Wissenschaftsdisziplinen integriert. Auf der Basis bestehender ökonomischer Ansätze wird dazu eine spezifische Interpretation des integrierten Geschäftsmodellansatzes von *Wirtz* entwickelt,[8] die die besonderen
Charakteristika des Leistungsgegenstands der Lern-Services explizit berück-

---

[7] Vgl. beispielsweise Heddergott (2006), S. 37ff.
[8] Vgl. Wirtz (2001).

sichtigt. Hierdurch wird ein Rahmen für eine systematische Auseinandersetzung mit Bildungsanbietern und -angeboten in der gegenwärtig stark veränderlichen Bildungslandschaft geschaffen, der die Einordnung von Detailuntersuchungen ermöglicht und diese zueinander ins Verhältnis zu setzen vermag.[9] Mit dem so genannten Lern-Service-Engineering wird abschließend die Leistungserstellung am Beispiel eines konkreten Geschäftssystems fokussiert und ein interdisziplinärer Lösungsansatz für die sich stellenden Herausforderungen erarbeitet.

1.2   Gang der Untersuchung

Der Begriff E-Learning steht für eine ganze Reihe teilweise sehr unterschiedlicher Lehr- und Lernkonzepte, die auf qualitative und ökonomische Verbesserungen der Bildungsangebote abzielen. Die dementsprechend vielfältigen Auseinandersetzungen mit der Thematik haben zu einem unübersichtlichen Feld von Begriffen, Ansätzen und Argumentationen geführt, so dass die Verständigung über spezifische Aspekte oder auch der allgemeine Einstieg in den Themenbereich zunächst eine Beschäftigung mit den Grundlagen voraussetzen.

Kapitel 2 greift diese Problemlage auf und ebnet einen Weg durch ausgewählte Grundlagenbereiche des E-Learning. Im ersten Schritt wird dazu das Lernen selbst betrachtet, wobei neben einer definitorischen Bestimmung insbesondere die vorherrschenden Lernparadigmen Behaviorismus, Kognitivismus und Konstruktivismus im Vordergrund stehen. Anschließend wendet sich das Kapitel dem E-Learning und dem Blended Learning als innovativen Lehr- und Lernkonzepten zu. Hier werden eine begriffliche Einordnung vorgenommen, wesentliche Charakteristika von E-Learning herausgearbeitet und mit Hilfe ausgewählter Kategorisierungsansätze ein Überblick über die vielfältigen Ausprägungsarten generiert, bevor mit dem Blended Learning die gegenwärtig wohl anerkannteste Form innovativen Lehrens und Lernens in Augenschein genommen wird. Eine zentrale Rolle sowohl für das E-Learning als auch für das Blended Learning spielen Lernmanagement-Systeme, die daher kurz in ihren typischen Funktionen und Bestandteilen charakterisiert werden, bevor auf Potenziale neuerer Entwicklungen in den Bereichen M-Learning und Web 2.0 hingewiesen wird.

In *Kapitel 3* wendet sich die Arbeit einer ökonomischen Betrachtung der „Bildungsbranche" zu. Im Vordergrund stehen dabei die tendenzielle Wettbewerbsintensivierung sowie die sich verändernden Wertschöpfungsstrukturen, die als

---

9   Siehe beispielsweise Gabriel / Gersch / Weber (2006a), (2006b) und (2006c); Freiling / Gersch / Goeke / Weber (2006), die sich jeweils einzelnen Herausforderungen und Problemstellungen von Lern-Service-Anbietern bzw. -Angeboten widmen und über den vorliegenden Ansatz zueinander in Beziehung gesetzt werden können.

Kennzeichen einer Branchentransformation interpretiert werden und sich sowohl auf technische Entwicklungen als auch auf politische Eingriffe auf regulatorischer Ebene zurückführen lassen. Konkretisiert werden die Veränderungen dabei im Hinblick auf sich abzeichnende E-Learning-Aktivitäten, die als sich neu herausbildende Geschäftsmodelle bzw. Geschäftssysteme einen wichtigen Aspekt der Branchentransformation darstellen und diesbezüglich eine Doppelrolle als Treiber und Getriebene einnehmen. Nach einer einführenden begrifflichen Interpretation der Branchentransformation werden zunächst quantitative Indikatoren des Veränderungsprozesses herausgearbeitet, bevor die sich abzeichnende Tendenz mit Hilfe qualitativer Indikatoren validiert wird. Eine Betrachtung der resultierenden Konsequenzen, die sich sowohl auf der Branchenebene als auch auf der Markt- und der Einzelakteursebene zeigen, bildet den Abschluss des Kapitels.

Dieser Analyse des Transformationsprozesses folgt in *Kapitel 4* mit der Behandlung des integrierten Geschäftsmodellansatzes schließlich die Lern-Service-spezifische Interpretation eines anerkannten Analyseinstruments für (neue) Geschäftssysteme. Nach einer überblicksartigen Erläuterung des Geschäftsmodellkonzepts werden dessen Bestandteile, die so genannten Partialmodelle, auf ihre Besonderheiten für den Lern-Service-Bereich untersucht. Bei dieser vornehmlich ökonomischen Betrachtung wird mit Bezug zu Kapitel 2 an verschiedenen Stellen auf die Notwendigkeit einer Berücksichtigung didaktischer Aspekte,[10] Maßstäbe und Kausalitäten bei der Ausgestaltung von Lern-Service-Geschäftssystemen hingewiesen.

Die exemplarische Verdeutlichung detaillierter Ausgestaltungsmöglichkeiten der Partialmodelle, die die in den vorangegangenen Kapiteln erarbeiteten Besonderheiten des Lern-Service-Bereichs berücksichtigen, erfolgt in *Kapitel 5* am Beispiel des Leistungserstellungsmodells. Nach einer ersten Betrachtung des kooperativen und E-Learning-basierten Geschäftssystems „Executive MBA Net Economy"[11] wird hierzu das so genannte Lern-Service-Engineering entwickelt. Es handelt sich hierbei um ein auf die interdisziplinären Herausforderungen abge-

---

10 Dieser Arbeit liegt das Verständnis einer *allgemeinen Didaktik* zugrunde, die als Wissenschaft des Lehrens und Lernens in allen pädagogischen Handlungsfeldern zu verstehen ist. Vgl. Schaub / Zenke (2002), S. 152f.

11 „Executive MBA Net Economy" steht für ein Konsortium aus 10 Lehrstühlen von fünf renommierten deutschen Universitäten (Freie Universität Berlin, Humboldt-Universität Berlin, Universität Trier, Universität Würzburg, Ruhr-Universität Bochum) und einem Kompetenzzentrum für E-Learning und Multimedia der Freien Universität Berlin (CeDiS), die gemeinsam einen Masterstudiengang im Blended Learning-Format etablieren wollen. Vgl. http://www.net-economy-mba.de und Kapitel 5.

stimmtes Leistungserstellungskonzept für Lern-Service-Geschäftssysteme, welches sich durch eine gleichzeitige Orientierung an didaktischen und ökonomischen Maßstäben auszeichnet.

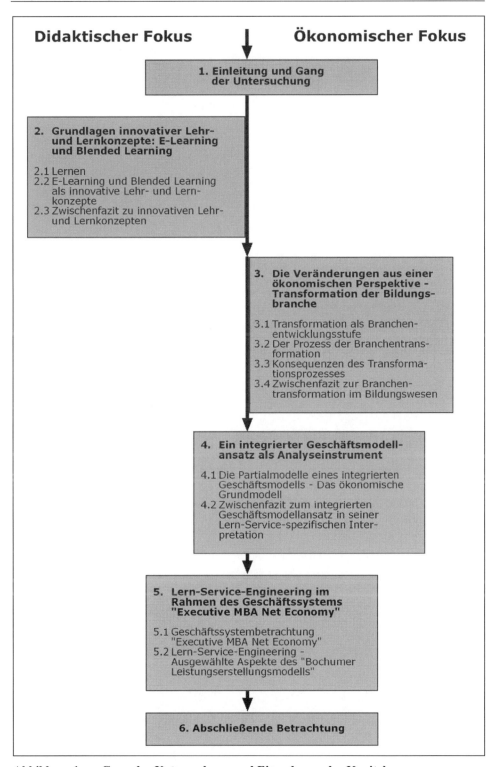

Abbildung 1: Gang der Untersuchung und Einordnung der Kapitel

2 Grundlagen innovativer Lehr- und Lernkonzepte: E-Learning und Blended Learning

Gegenstand der Lern-Service-Geschäftsmodelle bzw. Geschäftssysteme, die den Kern der vorliegenden Arbeit ausmachen, sind so genannte Lern-Services. Zwar kann es sich bei Lern-Services prinzipiell auch um weitgehend traditionelle Bildungsangebote handeln, jedoch macht bereits der in der Einleitung dargestellte thematische Hintergrund deutlich, dass mit dem Begriff ein innovativer Anspruch verbunden ist, der einerseits die gesellschaftlichen Hoffnungen auf Potenziale zur Verbesserung der Bildung und Ausbildung unterstreicht, und der andererseits diesbezügliche „neue" ökonomische Aktivitäten adressiert. Realisiert werden durch Lern-Services „innovative Lehr- und Lernkonzepte", denen in diesem Kapitel zunächst begrifflich und aus didaktischer Perspektive Augenmerk gewidmet wird, bevor in den Kapiteln 3 und 4 die ökonomische Betrachtung diesbezüglicher Geschäftsmodelle und -systeme folgt.

2.1 Lernen

Während sich Lernen entsprechend der umgangssprachlichen Verwendung des Begriffs vornehmlich auf Inhalte bezieht, wird der Begriff in der Lernpsychologie deutlich weiter gefasst und steht für den Erwerb von Dispositionen im Sinne von Handlungs- und Verhaltensopportunitäten.[12]

2.1.1 Begriffliche Annäherung

Lernen ist nach *Zimbardo* und *Gerrig* „ ... *ein Prozess, der in einer relativ konsistenten Änderung des Verhaltens oder des Verhaltenspotenzials resultiert"* und der auf Erfahrungen basiert.[13] Auch *Lefrancois* versteht unter Lernen „ ... *alle relativ dauerhaften Veränderungen im Verhaltenspotenzial, die aus Erfahrungen resultieren"*, betont aber zudem ausdrücklich, dass hierzu nicht auch solche Veränderungen zählen, die „ ... *durch Müdigkeit, Reifung, Drogengebrauch, Verletzung oder Krankheit verursacht sind."* [14]

Die zahlreichen weiteren in der Literatur verfügbaren, teilweise nur im Detail voneinander abweichenden, teilweise aber auch grundverschiedenen Definitio-

---

12 Vgl. Müller (2004), S. 40f. Handlungs- und Verhaltensdispositionen sind nach *Müller* zu verstehen als die durch das Lernen begründete Möglichkeit, „ ... *anders zu denken, sich anders zu verhalten und anders zu handeln."* Müller (2004), S. 41.

13 Zimbardo / Gerrig (2004), S. 206.

14 Lefrancois (2006), S. 5. Zur Definition von Lernen siehe auch Bower / Hilgard (1983), S. 31.

nen von Lernen sind auf ihre unterschiedlichen Grundverständnisse des Lernprozesses – die so genannten Lerntheorien (oftmals auch Lernparadigmen oder
gar lerntheoretische Paradigmen genannt)[15] – zurückzuführen.[16] Im Wesentlichen prägen dabei mit dem Behaviorismus, dem Kognitivismus und dem Konstruktivismus drei Ansätze das Bild. Während der oben angeführten Definition
von *Zimbardo* und *Gerrig* eine eher verhaltensorientierte, behavioristische
Sichtweise zugrunde liegt, die Lernen als reaktiven Prozess interpretiert, stellt
die kognitionspsychologische Sichtweise den Lernprozess als Informationsver-
arbeitungsprozess in den Mittelpunkt.[17] Lernen wird hier verstanden „ ... *als An-
eignung, Verarbeitung und Anwendung von Informationen.* "[18] Unter Ablehnung
informationeller Wechselwirkungen zwischen externer Informationsrepräsenta-
tion und interner Informationsverarbeitung wird bei der konstruktivistischen
Sichtweise schließlich der individuelle Konstruktionsprozess der Lernenden fokussiert.[19]

Im Vordergrund der Betrachtung steht bei den moderneren kognitivistischen und
konstruktivistischen lerntheoretischen Ansätzen die Art und Weise des Lernens
– in der Literatur als dynamisches Lernen bezeichnet – und nicht das sich durch
Verhaltensänderungen, (zusätzliche) Qualifikationen oder neue Verhaltensweisen manifestierende Ergebnis von Lernprozessen.[20] Dennoch spielt auch das
Lernergebnis in Form eines Lernerfolgs eine wesentliche Rolle, wenn es um innovatives Lernen geht. So müssen sich trotz der Problematik um die Verallge-
meinerungsfähigkeit einzelner Untersuchungsergebnisse neue Lernformen immer wieder auch der Diskussion stellen, ob sie einen höheren, einen vergleichbaren oder einen niedrigeren Lernerfolg als bisherige Lernformen bedingen.[21]

---

[15]   Vgl. exemplarisch für viele Arnold et al. (2004), S. 83; Müller (2004), S. 48ff.; Dittmar
       (2004), S. 55ff.; Seufert / Mayr (2002), S. 87f.; Arnold (2005); Langer (2006), S. 28ff.
[16]   „*Ein Paradigma bedeutet einen Komplex von Annahmen und Vorstellungen, die einen
       Phänomenbereich erklären. Ein Paradigma ist ein Leitbild für die Theoriebildung, die
       empirische Forschung und spezifische Methoden.* " Issing / Klimsa (2002), S. 560.
[17]   Vgl. Nikolaus (2002), S. 19f.
[18]   Schaub / Zenke (2002), S. 359.
[19]   Vgl. Seufert / Mayr (2002), S. 75; Edelmann (2000), S. 287.
[20]   Letzteres verstanden als statisches Lernen. Vgl. Dittmar (2004), S. 11.
[21]   Ohne hierzu wertend Stellung zu nehmen, sei diesbezüglich verwiesen auf die umfangrei-
       che Sammlung von Untersuchungsergebnissen http://www.nosignificantdifference.org.
       Trotz des einseitigen Titels werden hier auch explizit Studien aufgeführt, die signifikante
       Unterschiede bei den getesteten Lernformen identifiziert haben.

2.1.2 Die vorherrschenden Lernparadigmen

Entsprechend obigem Verständnis repräsentieren Lernparadigmen das Bemühen, Kenntnisse und Auffassungen über das Lernen in einem einheitlichen System zusammenzufassen.[22] Der behavioristische, der kognitivistische und der konstruktivistische Ansatz werden im Folgenden aufgrund ihrer hohen Relevanz im Kontext innovativer Lehr- und Lernkonzepte zusammenfassend vorgestellt.[23]

2.1.2.1 Behaviorismus

Der Behaviorismus lässt als verhaltenstheoretischer Ansatz Denkvorgänge des Lernenden gänzlich außer Betracht, das Gehirn wird als Black-Box betrachtet.[24] Lernen stellt nach dieser Auffassung eine sich manifestierende Verhaltensänderung dar, die von außen durch einen Vergleich von beobachtbarem Verhalten vor und nach dem Lernprozess identifiziert werden kann.[25]

Mit der klassischen und der operanten Konditionierung haben sich zwei typische behavioristische Ansätze herausgebildet, die vom Grundsatz her beide das Lernen als Aufbau von Reiz-Reaktions-Verbindungen interpretieren.[26] Während die klassische Konditionierung die Verknüpfung eines Verhaltens mit einem zuvor neutralen Stimulus zum Gegenstand hat,[27] stellt die operante Konditionierung auf eine erlernte Antizipation von Konsequenzen eines gezeigten Verhaltens ab.[28] Verhalten ist nach behavioristischem Verständnis zu interpretieren als

---

[22] Seufert / Euler (2005), S. 17; Arnold et al. (2004), S. 83; Blumstengel (1998), Abschnitt 2.2.2.

[23] So stellt beispielsweise auch *Arnold* fest, dass der zunehmende Einzug digitaler Medien an Hochschulen eine Renaissance der Diskussion lerntheoretischer Ansätze bewirkt hat. Vgl. Arnold (2005), S. 1.

[24] Vgl. Arnold et al. (2004), S. 83; Holzinger (2001), S. 115.

[25] Vgl. Arnold (2005), S. 2.

[26] Vgl. Mietzel (1998), S. 125ff.; Schäfer (2000), S. 19. Als Begründer des Behaviorismus gilt *Watson*, der sich für eine Fokussierung des beobachtbaren Verhaltens aussprach. *Watson* stellte sich damit insbesondere gegen die Methode der Introspektion (Selbstbeobachtung) und lehnte eine Untersuchung des Bewusstseins ab. Vgl. Watson (1913).

[27] Bekanntestes Beispiel ist hier der „Pawlowsche Hund", der seinen Namen einem Experiment des russischen Physiologen *Pawlow* verdankt. Das Experiment weist die Konditionierung (verstanden als Prägung des Verhaltens) von Hunden nach, indem ein vorerst neutraler Reiz (Stimmgabelton als so genannter konditionierter Stimulus) durch wiederholte zeitliche Verknüpfung mit einem natürlichen Reiz (Futtergabe als so genannter unkonditionierter Stimulus) auf eine angeborene Reaktion (Speichelfluss) abgestimmt wird. Der Stimmgabelton führte nach erfolgter Konditionierung bei *Pawlows* Versuchsanordnung bereits vor Futtergabe zu Speichelfluss bei den Hunden – das Verhalten der Tiere wurde also durch Konditionierung mit dem zuvor neutralen Reiz Stimmgabelton verbunden. Siehe hierzu u.a. Holzinger (2001), S. 115ff.

[28] Die Erkenntnisse zur operanten Konditionierung sind stark mit den Arbeiten von *Skinner*

Verknüpfung von Einzelreaktionen, die von vorausgehenden Reizen oder nachfolgenden Konsequenzen abhängen.[29]

Aus behavioristischer Sicht bezeichnet Lernen damit die Beeinflussung von Reaktionen durch Reize bzw. Konsequenzen, letztere i.d.R. Verstärker genannt.[30] Verstärker können dabei positiver oder negativer Natur sein und zudem dargeboten oder entfernt werden.[31] Diese Ansicht ist weitgehend konform mit dem bereits von *Thorndyke* postulierten „Law of Effect", welches die große Wiederholungswahrscheinlichkeit eines Verhaltens mit positiv bewerteten Reaktionen und die abnehmende Wiederholungswahrscheinlichkeit eines Verhaltens mit negativ bewerteten Reaktionen zum Ausdruck bringt.[32] *Thorndyke* versteht Lernen als Aufbau neuraler Reiz-Reaktions-Verbindungen, deren Stärke durch den erzeugten Effekt, aber insbesondere auch durch Übung geprägt wird.[33] Für die Gestaltung von Lehrangeboten entwickelte *Skinner* auf dieser Basis das stark behavioristisch geprägte Konzept der Programmierten Instruktion.[34] Hierbei wird der Lehrstoff in kleine Einheiten („Lehrstoffatome") unterteilt und den Lernenden in kleinschrittigen Abfolgen von Fragen und Antworten präsentiert. Der eigentliche Konditionierungsprozess wird durch das jeweilige Feedback auf die gegebenen Antworten realisiert.[35]

---

verbunden, der mit Hilfe der so genannten Skinner-Box nachweisen konnte, dass Tiere (Tauben und Ratten) die Konsequenzen eines bestimmten Verhaltens (Futterausgabe nach Betätigung eines Hebels) bei wiederholter Durchführung zu antizipieren lernen und ihr Verhalten entsprechend auf die Konsequenzen abzustellen beginnen (häufigeres Betätigen des Hebels). Siehe hierzu Edelmann (2000), S. 66.

29 Vgl. Schäfer (2000), S. 19; Holzinger (2001), S. 115.
30 Vgl. Arnold (2005), S. 2; Seufert / Euler (2005), S. 17; Dittmar (2004), S. 56f.; Holzinger (2001), S. 115.
31 Während das Darbieten eines positiven und das Entfernen eines negativen Stimulus als positive (Belohnung) bzw. negative Verstärkung (Entlastung) bezeichnet werden, stellen das Darbieten eines negativen und das Entfernen eines positiven Stimulus Formen der Bestrafung dar. Vgl. Seufert / Euler (2005), S. 17f.; Arnold (2005), S. 3. Die größere Wirksamkeit wird dabei der positiven Verstärkung beigemessen. Vgl. Arnold (2005), S. 3.
32 Da die Auftretenswahrscheinlichkeit eines Verhaltens aus Sicht des Lernenden folglich vom Erfolg in vorangegangenen Situationen abhängt, wird in diesem Zusammenhang auch von „Lernen am Erfolg" gesprochen. Vgl. Seufert / Euler (2005), S. 17; Schäfer (2000), S. 20; Holzinger (2001), S. 119. Im Gegensatz zu der von *Thorndyke* vertretenen Auffassung, unerwünschtes Verhalten durch negatives Feedback abbauen zu können, gilt heute jedoch die Annahme, dass eine solche Löschung am erfolgreichsten durch das Ignorieren des Verhaltens zu erreichen ist. Vgl. Kerres (2001), S. 56.
33 Vgl. Holzinger (2001), S. 118ff. Aufgrund dieser Fokussierung der Verbindung von Reizen und Reaktionen wird *Thorndykes* Ansatz als „Konnektionismus" bezeichnet.
34 Vgl. Skinner (1958).
35 Vgl. Kerres (2001), S. 59; Blumstengel (1998), Abschnitt 2.2.2.1. Dabei ist nach *Skinner*

Dem Behaviorismus liegt eine objektivistische Position zugrunde, d.h. es wird von unabhängig vom Lernenden existierendem Wissen ausgegangen, welches durch den Lehrprozess in eine möglichst genaue interne Repräsentation zu überführen ist. Lernen beschränkt sich dementsprechend weitgehend auf Auswendiglernen, worin angesichts der resultierenden Transferprobleme ein bedeutender Kritikpunkt zu sehen ist. Darüber hinaus wird die in hohem Maße rezeptive und passive Rolle der Lernenden kritisiert, die den Erwerb komplexerer Verhaltensdispositionen jenseits von reproduzierbarem Wissen schwerlich erreichbar erscheinen lässt.[36] Überhaupt nicht zu erklären mit dem behavioristischen Lernverständnis sind schließlich Lernvorgänge, die sich nicht in beobachtbarem Verhalten niederschlagen.[37] Bedingt u.a. durch diese Kritikpunkte rückten mit der so genannten „kognitiven Wende" die internen, im Gehirn der Lernenden stattfindenden Prozesse – genannt Kognitionen – in den wissenschaftlichen Fokus.[38]

2.1.2.2 Kognitivismus

Kognitionen umfassen nach *Holzinger* alle mentalen Prozesse, die mit den zentralen Elementen Erkennen und Wissen zu tun haben. Hierunter fallen beispielsweise Begriffsbildung, Wahrnehmung, Wiedererkennen und schlussfolgerndes Denken.[39] *Edelmann* versteht Kognitionen allgemein als Vorgänge, durch die ein Organismus Kenntnis von seiner Umwelt erlangt.[40] Im Vordergrund steht damit die von den Behavioristen ausgeblendete Black-Box.

Lernen ist nach kognitivistischer Auffassung als eine besondere Form der Informationsverarbeitung zu betrachten, die durch bereits vorhandene kognitive Strukturen bedingt wird, die gleichzeitig aber auch die bisherigen Strukturen verändern kann.[41] Durch die aktive und bewusste Auseinandersetzung mit neuen

---

der Schwierigkeitsgrad der Fragen langsam zu steigern und ein möglichst unmittelbares Feedback auf die Antworten der Lernenden zu geben. Auch die Fragenanordnung soll eine möglichst hohe Quote richtiger Antworten und damit vornehmlich positives Feedback sicherstellen.

[36] Vgl. Holzinger (2001), S. 130f.; Schäfer (2000), S. 21; Blumstengel (1998), Abschnitt 2.2.2.1.
[37] Vgl. Holzinger (2001), S. 131.
[38] Vgl. Seufert / Euler (2005), S. 18; Arnold et al. (2004), S. 84; Schäfer (2000), S. 22; Holzinger (2001), S. 135.
[39] Vgl. Holzinger (2001), S. 133.
[40] Vgl. Edelmann (2000), S. 114. Im menschlichen Bereich zählen hierzu nach *Edelmann* insbesondere Wahrnehmung, Vorstellung, Denken, Urteilen und Sprache.
[41] Vgl. Schäfer (2000), S. 22. Zu den wichtigen Vertretern des Kognitivismus zählen *Tolman*, der mit seiner These zielgerichteten Verhaltens mentale Prozesse zwischen Reiz und Reaktion unterstellte, *Lewin*, *Wertheimer*, *Koffka* und *Köhler* als Begründer der Gestalttheorie, *Piaget* mit seiner kognitiven Entwicklungstheorie und *Gagné* im Rahmen der von

Informationen kommt es beim Lernenden, sofern es sich bei den Verarbeitungs-prozessen auch um taugliche Operationen handelt, zu einer Einbindung der neu-en Informationen in die bestehenden Wissenszusammenhänge.[42] Lernen stellt damit eine Wechselwirkung des externen Informationsangebots mit den bereits vorhandenen internen kognitiven Strukturen dar.[43] Für Lernende und Lehrende ergeben sich hieraus im Vergleich zu behavioristisch geprägten Lehrangeboten veränderte Rollen. Die Lernenden nehmen eine deutlich aktivere Position ein und müssen sich eigenständig und bewusst mit Informationen auseinanderset-zen, während die Kunst des Lehrens durch die Förderung kognitiver Aktivitäten bei den Lernenden bestimmt wird – beispielsweise in Form der Aufbereitung und Präsentation problemorientierter Aufgaben.

Üblicherweise wird in Bezug auf das Wissen, das erlernt werden soll, zwischen deklarativem „Faktenwissen" und prozeduralem „Regelwissen" unterschieden.[44] Grund hierfür ist die Annahme, dass die notwendigen Informationsverarbei-tungsprozesse von der Art der zu vermittelnden Inhalte abhängen, was folglich bei der Gestaltung von Lehrangeboten eine zentrale Rolle spielt.[45] Unter Einbe-ziehung der zudem individuellen Informationsverarbeitungsprozesse bei Ler-nenden resultiert hieraus für Lehrangebote die Herausforderung, lernerspezifi-sche und informationsadäquate Informationsverarbeitungsprozesse anzustoßen. Charakteristisch für die kognitivistische Sichtweise sind daher Bemühungen in Richtung einer hohen Adaptivität von Lehrangeboten.[46]

Auch dem kognitivistischen Verständnis von Lernen liegt jedoch die Annahme eines objektiven, vom Einzelsubjekt losgelösten Wissensbestands zugrunde. Dieser objektivistischen Position steht die Sichtweise des Konstruktivismus ge-genüber, die von einem subjektiven Erkenntnisprozess ausgeht und damit ein vom Lernenden unabhängiges Wissen ablehnt.[47] Darüber hinaus wird in Bezug

---

ihm vorgeschlagenen Differenzierung von 8 Lernarten. Auch *Bruner* mit seiner Vorstel-lung vom Konzeptlernen und *Bandura,* der durch das Lernen am Modell im Gegensatz zum Behaviorismus auch das Erlernen völlig neuen Wissens erklären konnte, prägten den Kognitivismus.

[42] Vgl. Kerres (2001), S. 66.
[43] Vgl. Holzinger (2001), S. 136.
[44] Vgl. Arnold (2005); Edelmann (2000), S. 115. *Kerres* ergänzt mit dem „kontextuellen Wissen" noch eine dritte Kategorie des situativen, fallbezogenen Wissens. Vgl. Kerres (2001), S. 66f.
[45] Vgl. Kerres (2001), S. 66f.
[46] Adaptivität bezeichnet die Fähigkeit von Lernsystemen, sich an veränderte Bedingungen oder die durch dessen Inputs konkretisierten Bedürfnisse des Lernenden anzupassen. Sie-he hierzu Abschnitt 2.2.1.1.
[47] Vgl. Arnold (2005), S. 5; Schäfer (2000), S. 25; Blumstengel (1998), Abschnitt 2.2.2.3.

auf den Kognitivismus verschiedentlich auch die Betrachtung ausschließlich individueller Informationsverarbeitungsprozesse kritisiert, da hierdurch etwa soziale Interaktionen mit anderen Individuen vernachlässigt werden.[48]

Keine Lerntheorie im eigentlichen Sinne ist die Entwicklungstheorie *Piagets*, die aufgrund ihrer Thematisierung der geistigen Entwicklung dennoch einen wichtigen Beitrag zu den Hintergründen des Lernens liefert, und die zudem eine Grundlage für den Konstruktivismus darstellt.[49] *Piaget* geht von ständigen Anpassungsprozessen bei Menschen aus, die Reaktionen auf Ungleichgewichte zwischen den eigenen kognitiven Strukturen und der Umwelt darstellen.[50] Dieses Streben nach Gleichgewicht äußert sich im Fluss ständiger Umweltveränderungen entweder durch Assimilation, verstanden als Einordnung der Umwelt in die bestehenden kognitiven Strukturen, oder durch Akkomodation, verstanden als Anpassung der kognitiven Strukturen an die Umwelt.[51] Durch diese Adaptionsprozesse durchläuft jedes Individuum einen Entwicklungsprozess, der schrittweise die eigenen kognitiven Strukturen des Individuums herausbildet. *Piaget* unterscheidet bei dieser kognitiven Entwicklung vier Stufen: eine sensumotorische Stufe, in der vornehmlich durch Fühlen und Anfassen gelernt wird, eine Stufe des präoperationalen Denkens, in der die sensumotorischen Schemata verinnerlicht werden (Stufe des anschaulichen Denkens), eine Stufe der konkreten Operationen, die durch die beginnende Entwicklung abstrakter Fähigkeiten gekennzeichnet ist und schließlich eine Stufe der formalen Operationen, die sich durch abstraktes Denken auszeichnet.[52] Damit betont *Piaget* mentale Vorgänge im Sinne des kognitivistischen Paradigmas, liefert aber insbesondere mit der Funktion der Akkomodation einen konstruktivistischen Grundstein, da hier das Individuum eigenständig neue Strukturen konstruiert.[53]

---

[48] Vgl. Dittmar (2004), S. 60; Holzinger (2001), S. 145.

[49] Vgl. Müller (2004), S. 60f.

[50] Kognitive Strukturen bestehen dabei aus Gruppen von Schemata, wobei jedes Schema nach *Stangl* die typische Weise eines Menschen repräsentiert, Klassen von Umweltgegebenheiten zu handhaben (das Schema des Werfens, Klopfens, usw.). Inhalte dagegen sind die konkreten Gegenstände, auf die die Schemata angewendet werden. Vgl. Stangl (2006a).

[51] Vgl. Stangl (2006a); Müller (2004), S. 60f. Assimilation und Akkomodation stellen kognitive Funktionen dar, die gemeinsam den kognitiven Prozess der Adaption ausmachen. Sie treten i.d.R. gemeinsam auf, wobei ihre Gewichtung davon abhängt, inwiefern ein Schema auf einen neuen Gegenstand angewendet werden kann. Vgl. Stangl (2006a).

[52] Siehe hierzu ausführlich beispielsweise Zimbardo (1992), S. 66ff.

[53] Für eine ausführliche Darstellung des Piagetschen Verständnisses von Kenntniserwerb siehe Mietzel (1998), S. 71ff.

2.1.2.3 Konstruktivismus

Im Gegensatz zu den behavioristischen und kognitivistischen Paradigmen geht der lerntheoretische Konstruktivismus vom Menschen als informationell geschlossenem, selbstreferentiellem System aus, welches Wissen eigenständig konstruiert.[54] Wissen wird damit nicht als Ergebnis einer Wissensübertragung durch einen Lehrprozess, sondern als eigenständige Konstruktion der Lernenden interpretiert.[55] Lernen bedeutet in diesem Sinne Wahrnehmen, Erfahren, Handeln, Erleben und Kommunizieren, jeweils verstanden als ganzheitlicher aktiver Prozess.[56] Während Anhänger eines radikalen Konstruktivismus der erkenntnistheoretischen Position des Solipsismus[57] nahe stehen, anerkennen die Vertreter des moderaten Konstruktivismus eine real existierende Wirklichkeit, die jedoch auf vielfältige Art und Weise wahrgenommen werden kann. Nach *Duffy* und *Jonassen* etwa geht der Konstruktivismus zwar ebenfalls von einer real existierenden Welt aus, unterstellt dann aber eine Bedeutungszuweisung durch die einzelnen Subjekte anstelle einer objektiven und unabhängigen „richtigen" Bedeutung.[58]

Während einige Vertreter des Konstruktivismus ausschließlich autonome Konstruktionsleistungen auf der Ebene von Individuen anerkennen, vertreten andere konstruktivistische Ansätze die Position, dass vor allem auch soziale und kooperative Prozesse das Lernen ausmachen. Überhaupt ist die Bandbreite konstruktivistischer Ansätze groß, eine einheitliche und abgeschlossene Theorie konnte sich bisher nicht herausbilden.[59]

---

54 Vgl. Müller (2004), S. 57ff.; Holzinger (2001), S. 146ff.; Blumstengel (1998), Abschnitt 2.2.2.3. Der wesentliche Unterschied zum Behaviorismus liegt demnach in der Betonung interner Prozesse; im Gegensatz zur kognitivistischen Position werden Wechselwirkungsprozesse zwischen externer Repräsentation und interner Verarbeitung abgelehnt. Ein absolutes, objektiv richtiges Wissen existiert nach konstruktivistischer Ansicht nicht. Zu den wichtigen Vertretern des Konstruktivismus zählen *Maturana, Varela* und *Piaget*, wobei letzterem die Grundlagenarbeit zugeschrieben wird. Vgl. Schäfer (2000), S. 26; Holzinger (2001), S. 148f.

55 Vgl. Arnold (2005), S. 5. Der Begriff selbst geht auf *Gambiattista Vico* zurück. Zur historischen Entwicklung siehe Holzinger (2001), S. 148f.

56 Vgl. Klimsa (1993), S. 255.

57 Der Solipsismus als erkenntnistheoretischer Ansatz akzeptiert allein das „Ich" als Wirklichkeit. Vgl. Holzinger (2001), S. 113.

58 So heißt es bei *Duffy* und *Jonassen*: „*Constructivism, like objectivism, holds that there is a real world that we experience. However, the argument is that meaning is imposed on the world by us, rather than existing in the world independently of us. There are many ways to structure the world, and there are many meanings and perspectives for any given concept. Thus there is not a correct meaning that we are striving for.*" Duffy / Jonassen (1992), S. 3.

59 Vgl. Arnold (2005), S. 4f.

Anerkannt ist jedoch die hohe Relevanz von Vorwissen, da dieses stets die Grundlage für die Konstruktion neuen Wissens darstellt.[60]

Aus der Kritik eines oftmals bei Lernenden zu beobachtenden trägen Wissens, welches zwar vorhanden ist, aber im Anwendungsfall nicht abgerufen und angewendet werden kann, sowie der im Zusammenhang mit behavioristischen und kognitivistischen Lehrformen auftretenden Transferprobleme, prägen authentische und komplexe Lernsituationen das konstruktivistische Bild.[61] In diesem Zusammenhang repräsentiert der Ansatz des situierten Lernens die Auffassung, dass die subjektive Interpretation eines Wirklichkeitsausschnitts maßgeblich durch die Situation, also den konkreten Erfahrungskontext, geprägt wird.[62] Zentral für das situierte Lernen ist demnach die unterstellte *„Unmöglichkeit der Trennung von Wissenserwerb, Wissen und Anwendung".*[63] Zu den wichtigen instruktionstheoretischen Konsequenzen, die den Ideen des situierten Lernens folgen, zählen die Anchored Instruction und der Cognitive Apprenticeship-Ansatz.[64]

In Anlehnung an die Vorgehensweise bei einer Handwerkslehre werden nach letzterem Ansatz die Lernenden von Experten unterstützt, im Verlaufe des Lernprozesses aber immer stärker zur Eigenständigkeit angeleitet.[65] Im Vordergrund stehen dabei die Problemlösungskompetenzen des Experten, die auf explizitem, fachspezifischem Wissen einerseits, und implizitem Wissen andererseits beruhen. Als „Lehrling" soll der Lernende durch Beobachten des Experten (Meisters) sowie durch dessen Hinweise und Hilfestellungen auch im Bereich des impliziten Wissens profitieren, so dass insbesondere trägem Wissen entgegengewirkt wird.[66] Eine zentrale Besonderheit des Cognitive Apprenticeship-Ansatzes liegt damit in der Betonung informeller Lernaktivitäten.[67]

Auch die Anchored Instruction, entwickelt von der Cognition and Technology Group des Learning Technology Center of Vanderbilt (CTGV), zielt auf die Vermeidung trägen Wissens ab.[68] Durch das Setzen von Ankern („anchoring")

---

60 Vgl. Holzinger (2001), S. 147.
61 Vgl. Arnold et al. (2004), S. 86; Müller (2004), S. 58f.; Holzinger (2001), S. 146f.
62 Vgl. Müller (2004), S. 65f.; Mandl / Gruber / Renkl (2002); Blumstengel, Abschnitt 2.2.2.3. *Duffy* und *Jonassen* führen hierzu aus: *„The experience in which an idea is embedded is critical to the individual's understanding of and ability to use that idea."* Duffy / Jonassen (1992), S. 4.
63 Blumstengel (1998), Abschnitt 2.2.2.3.
64 Vgl. Müller (2004), S. 66; Hoppe (2000), S. 185ff.
65 Vgl. Niegemann et al. (2004), S. 34ff.
66 Vgl. Hoppe (2000), S. 189.
67 Vgl. Mandl / Gruber / Renkl (2002), S. 145.
68 Vgl. Hoppe (2000), S. 186.

in Form von komplexen Problemstellungen in authentischen Anwendungskontexten soll das Interesse der Lernenden geweckt, und diesen gleichzeitig die Möglichkeit gegeben werden, selbstständig und explorativ Probleme zu erkennen, zu definieren und zu lösen. Die CTGV zählt die folgenden Aspekte zu den wesentlichen Eigenschaften der Anchored Instruction:[69]

- Die Situation wird videogestützt präsentiert.

- Mit Hilfe einer Erzählung wird ein realistischer Kontext erzeugt.

- Die Lernenden werden durch die Form der Darstellung zur eigenständigen Identifikation und Lösung von Problemen angeregt (generatives Lernen).

- Alle zur Lösung der Probleme notwendigen Informationen sind in der Videogeschichte enthalten.

- Die Probleme sind komplexer Natur.

- Durch die Darbietung paarweiser, aufeinander bezogener Geschichten werden Transferleistungen gefördert.

- Es existieren zahlreiche Querverweise auf andere Fächer und Disziplinen.

Es wird damit in konstruktivistischen Ansätzen besonderer Wert auf ein kontextbezogenes Lernen gelegt, das auf komplexen Problemstellungen basiert.[70] Kritisiert wird hieran, dass durch die ausschließliche Steuerung des Lernprozesses durch die Lernenden zu hohe Anforderungen an diese gestellt würden. Zudem wird die Gefahr gesehen, dass sich die Lernenden auf einzelne Details oder einseitige Standpunkte zu den komplexen und teilweise kontrovers diskutierten Sachverhalten versteifen könnten.[71] Abbildung 2 fasst die Ausführungen zu den Lernparadigmen zusammen.

2.2 E-Learning und Blended Learning als innovative Lehr- und Lernkonzepte

Vor dem Hintergrund der dargestellten Begriffsverständnisse und Lernparadigmen wird nun der Innovativität als zweitem Bestandteil der Lern-Services Augenmerk gewidmet.

---

[69] Vgl. Cognition and Technology Group of Vanderbilt (1992), S. 79ff.; Hoppe (2000), S. 186. Zu den bekanntesten Beispielen der Anchored Instruction zählen die „Abenteuer des Jasper Woodbury", siehe http://peabody.vanderbilt.edu/projects/funded/jasper/Jasper home.html.

[70] Zu diesen und weiteren konstruktivistischen Ansätzen wie der Cognitive Flexibility Theory oder den Goal-Based Scenarios siehe u.a. Hoppe (2000), S. 185ff.; Niegemann et al. (2004), S. 29ff. und Blumstengel (1998).

[71] Vgl. beispielsweise Arnold et al. (2004), S. 87.

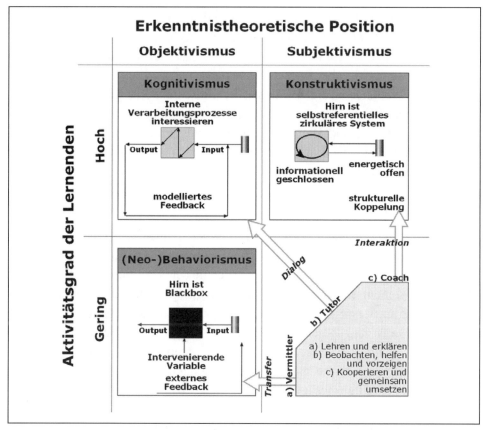

Abbildung 2:   **Lernparadigmen und die korrespondierenden Rollen der Lehrenden**[72]

Der Begriff *Innovation* wurde maßgeblich geprägt durch *Schumpeter* und ist als die Durchsetzung einer technischen oder organisatorischen Neuerung zu verstehen. Die Innovation unterscheidet sich damit von der *Invention* als bloßer Erfindung maßgeblich durch die durch sie bewirkte Veränderung.[73] Innovative Lernformen müssen dementsprechend nicht nur neu sein, sondern schließen definitorisch auch bereits ihre Um- und Durchsetzung mit ein,[74] so dass sich die Frage stellt, welche Lehr- und Lernkonzepte bei einem solchen Begriffsverständnis als innovativ zu bezeichnen sind.

Zwar befinden sich die weit gefächerten Bildungsakteure in Bezug auf die Umsetzung neuer Ansätze in den verschiedensten Entwicklungsstufen der Innovations- und Diffusionsprozesse, aber angesichts der sehr massiven Behandlung

---

[72] In Anlehnung an Stangl (2006b).
[73] Vgl. Alisch (2004), S. 1496 und 1587; BMBF (2007a). Siehe hierzu auch das Kapitel „Theorie der Innovation" in Schumpeter (1961).
[74] Vgl. Reinmann (2006), S. 8f.

in der Literatur scheinen das E-Learning und das Blended Learning den definitorischen Anforderungen von Innovationen insgesamt gerecht zu werden.[75] Zum einen werden sie (immer noch) als „neu" diskutiert und intensiv weiterentwickelt,[76] gleichzeitig aber weisen sie bereits, wie die diesbezüglichen empirischen Untersuchungen zeigen, unter der Einschränkung der bereichsspezifischen Entwicklungspfade eine gewisse Verbreitung und Anerkennung auf.[77] Die Begriffe E-Learning und Blended Learning bringen dabei beide die elektronische Unterstützung der Lernprozesse zum Ausdruck und fassen gemeinsam eine Vielzahl unterschiedlicher Lernformen zusammen.

2.2.1 E-Learning

Neben der aus den unterschiedlichen Auffassungen über das Lernen resultierenden Unschärfe des Begriffes Electronic Learning (E-Learning), besteht auch über den Begriffsbestandteil Electronic, der in der Tradition der „E-Begriffe" zunächst allgemein eine informationstechnologische Basierung bzw. Unterstützung der Lernprozesse zum Ausdruck bringt,[78] keine durchgängige Einigkeit. Während etwa *Kerres* E-Learning als *„Oberbegriff für alle Varianten internetbasierter Lehr- und Lernangebote"* versteht,[79] interpretieren *Baumgartner, Häfele* und *Maier-Häfele* die elektronische Unterstützung als Softwarebasierung und schließen damit grundsätzlich auch Offline-Lösungen mit ein.[80] Stärker eingebunden in einen konkreten Verwendungskontext ist der Begriff wiederum bei *Seufert* und *Mayr*, nach deren Verständnis E-Learning stattfindet, „… *wenn Lernprozesse in Szenarien ablaufen, in denen gezielt multimediale und (tele-) kommunikative Technologien integriert sind."*[81]

---

[75] Siehe auch Euler / Seufert (2005) und Reinmann (2006).

[76] Gegenwärtig ist beispielsweise das E-Learning-Potenzial von Social Software und Web 2.0-Anwendungen Gegenstand intensiver Diskussionen. Für einen Überblick hierzu siehe Kerres (2006) und Abschnitt 2.2.4.2.

[77] Vgl. beispielsweise Henning / Hoyer (2006); Michel (2006a).

[78] Dieser allgemeinen Auffassung zur Bedeutung des „E" sind auch Back / Bendel / Stoller-Schai (2001), S. 35, nach denen E-Learning zu verstehen ist als Lernen, das durch Informations- und Kommunikationstechnologien unterstützt bzw. ermöglicht wird. Auch *Euler* und *Seufert*, die E-Learning definieren als „… *die Anwendung von Informations- und Kommunikationstechnologien im Lernprozess"*, vertreten eine vergleichbare Ansicht. Seufert / Euler (2005), S. 6.

[79] Kerres (2001), S. 14.

[80] *Baumgartner, Häfele* und *Maier-Häfele* führen hierzu aus: „*Wie wollen in diesem Buch e-Learning als einen übergeordneten Begriff für softwareunterstütztes Lernen verstehen.*" Baumgartner / Häfele / Maier-Häfele (2002a), S. 15.

[81] Seufert / Mayr (2002), S. 45f. In der Erläuterung der Definition weisen die Autoren zudem ausdrücklich darauf hin, dass der Fokus hierbei nicht allein auf Online-Technologien

Das Internet hat zweifellos eine herausragende Bedeutung, auch im Zusammenhang mit der Veränderung von Lernprozessen, jedoch stellt es letztlich dennoch nicht mehr als eine Stufe der IT-Entwicklung dar.[82] Da der Begriff E-Learning zudem in allen sprachlichen Interpretationen als Sammelbegriff für verschiedene, in einer bestimmten Art und Weise elektronisch unterstützte Lernformen verwendet wird, würde angesichts der raschen Entwicklung der IuK-Technologien eine zu starke Begrenzung des Begriffs lediglich die Gefahr einer schnellen Veralterung, im Gegenzug aber keinen erkennbaren Mehrwert mit sich bringen. Von einer Differenzierung der Art der elektronischen Unterstützung wird daher hier abgesehen. Sinnvoll erscheint jedoch eine Abgrenzung des reinen E-Learning von Mischformen oder gar gänzlich traditionell organisierten Lehr- und Lernkonzepten, die jeweils eine eigene Logik und spezifische didaktische Konzepte erfordern. Den weiteren Ausführungen wird daher in Anlehnung an *Back / Bendel / Stoller-Schai* sowie *Wang* das folgende Begriffsverständnis zugrunde gelegt:[83]

E-Learning ist ein Sammelbegriff für Lernformen, bei denen der aktive Lerner im Mittelpunkt steht und bei denen wesentliche Phasen des Lernprozesses auf einer Unterstützung durch Informations- und Kommunikationstechnologien respektive darauf aufbauenden Lerntechnologien und E-Learning-Systemen beruhen.

2.2.1.1 (Konstituierende) Merkmale von E-Learning-Angeboten

Das obige Begriffsverständnis beinhaltet keine Art von Wertgarantie und stellt über die explizit genannten Aspekte hinaus auch keine besonderen Ansprüche an die E-Learning-Angebote. Es lassen sich in der Literatur jedoch einige qualitätsbezogene „konstituierende" Merkmale von E-Learning-Angeboten finden, die bereits auf dessen Vorzüge und Potenziale hinweisen, gleichzeitig aber auch die hohen Ansprüche verdeutlichen, die von theoretischer Seite an „gutes E-Learning" herangetragen werden. Neben der Multimedialität sind hier insbesondere die Interaktivität und die Adaptivität zu nennen,[84] die in Abhängigkeit der Intensität ihrer Umsetzung die Komplexität der Angebote jeweils erheblich erhöhen können.

---

liegt, sondern dass auch Offline-Technologien in die Definition mit einbezogen sind.

[82] Siehe zu der hier vertretenen Auffassung, dass es sich bei dem Internet zwar um einen sehr bedeutenden, aber dennoch nur einen „normalen" Entwicklungssprung der IT handelt Gersch (2004d).

[83] Vgl. Back / Bendel / Stoller-Schai (2001), S. 35; Wang (2002), S. 2.

[84] Vgl. beispielsweise Bendel / Hauske (2004); Müller (2004), S. 93ff.; Niegemann et al. (2004), S. 109ff.; Seufert / Mayr (2002); Hoppe (2000), S. 33ff.

Multimedia[85] hat sich zu einem sowohl im wissenschaftlichen Kontext als auch in der Alltagssprache stark frequentierten Begriff entwickelt.[86] Für den E-Learning-Bereich ist Multimedia u.a. deshalb besonders relevant, weil es den didaktischen Handlungsspielraum erheblich erweitert und bei sinnvollem Einsatz exploratives, vielseitiges und ansprechenderes Lernen fördern kann.[87] Die dem Begriff inhärente Interdisziplinarität[88] hat dabei bisher die Herausbildung einer allseitig anerkannten Definition verhindert, was auf das jeweils fachspezifische Multimedia-Verständnis zurückzuführen ist.[89] Das besondere an Multimedia im Rahmen von E-Learning ist jedoch, dass in diesem Kontext sowohl die technische als auch die pädagogische und die kognitionspsychologische Sichtweise von Belang sind, da erfolgreiches E-Learning weder auf ein funktionierendes technisches Zusammenspiel der eingesetzten Medien noch auf einen sinnvollen Verwendungszusammenhang verzichten kann. Da es bei Bildungsangeboten zudem immer auch um Lernerfolg geht, spielen schließlich auch die kognitionspsychologischen Auswirkungen des Multimediaeinsatzes eine zentrale Rolle. Im Ergebnis ist damit für den E-Learning-Kontext eine umfassende Definition von Multimedia erforderlich, wie sie von *Müller* erarbeitet wird: Demnach wird unter Multimedia „... *die Verknüpfung kontinuierlicher und diskreter Medien verstanden, die durch unterschiedliche Wahrnehmungskanäle des Menschen aufgenommen werden und – digital kodiert und gespeichert – dem Nutzer die interaktive Einflussnahme ermöglichen.*"[90]

Müller greift damit Elemente engerer Definitionsansätze, wie die notwendige Kombination kontinuierlicher und diskreter Medien,[91] die Ansprache unter-

---

85   Auch der Begriff Multimedia ist inhaltlich in der Literatur umstritten. Während einige Autoren auf zeitliche Aspekte der Mediennutzung (z. B. die Parallelität) abstellen, fassen andere (teilweise zusätzlich) die digitale Speicherung, Interaktivität oder die Verknüpfung dynamischer und statischer Medien als maßgeblich auf. Zu den unterschiedlichen Auffassungen siehe Müller (2004), S. 97ff.; Lehner (2001), S. 2ff.

86   Vgl. Müller (2004), S. 93; Bolz (2002), S. 45ff.; Klimsa (2002), S. 5; Lehner (2001), S. 1ff.

87   Vgl. Thissen (2003), S. 5f. Nach Pettko / Reusser (2005), S. 186 besitzt Multimedia zudem einen besonderen Anregungsgehalt zur Bildung integrierter mentaler Modelle.

88   So ist Multimedia ein sowohl aus technischer und pädagogischer Perspektive als auch aus kognitionspsychologischer Perspektive interessantes Phänomen, das von den einzelnen Fachdisziplinen mit sehr verschiedenen Zielsetzungen und Interessen thematisiert wird. Vgl. Lehner (2001), S. 2f.

89   Vgl. hierzu Lehner (2001), S. 2ff., der eine Übersicht über verschiedenen Sichtweisen und Definitionen gibt. Auch Kerres (2001), S. 14ff. geht auf die unterschiedlichen Kriterien einer Abgrenzung des Begriffs Multimedia ein.

90   Müller (2004), S. 98.

91   Unter diskreten Medien sind dabei zeitunabhängige Informationsdarstellungen, wie Texte und Grafiken zu verstehen, während kontinuierliche Medien, wie Audio und Video in ei-

schiedlicher Sinnesmodalitäten, die digitale Speicherungsform und die vorausgesetzte Interaktivität auf, woraus insgesamt ein für den E-Learning-Kontext adäquates Begriffsverständnis resultiert. Zu den für die Multimedia-Diskussion elementaren *Medien* sei auf die Ausführungen in der Literatur verwiesen, die u.a. auch die Arten von Medien, ihre Verwendung im Bildungszusammenhang und die grundlegende begriffliche Abgrenzung eingehend thematisieren.[92]

Bezogen auf E-Learning wird *Interaktivität*[93] häufig als Ausmaß an Interaktionsmöglichkeiten interpretiert.[94] *Niegemann et al.* sprechen von Interaktionsketten, die zwischen Lernsystemen und Lernenden zustande kommen und die zu verstehen sind als wechselseitige Aktionsfolgen der beteiligten Akteure, wobei jeweils die Aktionen des Einen (des Lernenden) die (Re-)aktionen des Anderen (des Lernsystems) beeinflussen.[95] *Schulmeister* schlägt für die Einstufung der Interaktivität von Multimedia-Komponenten die in Tabelle 1 zusammengefassten und charakterisierten sechs Stufen vor. In Bezug auf die mit einer Bewertung der Interaktivität oftmals angestrebte qualitative Einstufung eines E-Learning-Angebots geht er damit deutlich über eine rein mengenmäßige Erfassung der Interaktionen hinaus und schließt auch die Komplexität und die lerntheoretische Fundierung der Interaktivität mit ein. Die oftmals angeführte Kritik weitgehend fehlender Interaktivität bei entsprechend kommunizierten Multimedia-Angeboten ist jedoch im E-Learning-Kontext nach hier vertretener Ansicht ohnehin von abnehmender Bedeutung, da sich in immer stärkerem Maße hybride

---

nem zeitlichen Kontext stehen. Vgl. Bolz (2002), S. 46.

[92] Vgl. u.a. Müller (2004), S. 93ff.; Kerres (2001), S. 12ff.; Lehner (2001). Ein Medium kann demnach allgemein als Träger und/oder Vermittler von Informationen aufgefasst werden. *Kerres* weist darauf hin, dass in der Mediendidaktik zwischen Bildungsmedien und Bildungsmitteln zu unterscheiden ist, wobei Bildungsmittel zu verstehen sind als *„Gegenstände und Geräte in didaktischen Kontexten, die für die Präsentation, zur Veranschaulichung oder zu Übungszwecken Lehrenden und Lernenden zur Verfügung stehen"* (z. B. Tafel, Tageslichtprojektor). Bildungsmedien dagegen sind alle didaktisch aufbereiteten Medieninhalte, wie Lernprogramme, beschriebene Folien, usw. Vgl. Kerres (2001), S. 19ff.

[93] *„Interaktivität, Interaktion (von lat. inter agere) bedeutet die Wechselbeziehung zwischen aufeinander ansprechenden Partnern."* Seufert / Mayr (2002), S. 65f. Die Autoren führen in Bezug auf interaktive Medien weiter aus: *„Interaktive Medien erlauben eine gegenseitige Beeinflussung zwischen dem Benutzer und dem Medium, d.h. der Benutzer wird durch bestimmte Ereignisse aufgefordert, eine Aktion zu tätigen, und umgekehrt beeinflusst der Benutzer durch bestimmte Aktionen den weiteren Ablauf bzw. die folgenden Schritte eines (Lern-) Programmes."* Sie interpretieren Interaktivität dabei als dynamische Eigenschaft, so dass die alleinige Aufforderung einen Knopf zu drücken (z. B. „weiter"; „zurück") keine Interaktivität darstellt. Vgl. Seufert / Mayr (2002), S. 66.

[94] Vgl. Schulmeister (2005b); Petko / Reusser (2005), S. 187; Müller (2004), S. 105; Niegemann et al. (2004), S. 109.

[95] Vgl. Niegemann et al. (2004), S. 109.

Angebotsformen durchsetzen, die E-Learning mit Präsenzphasen verbinden und dementsprechend ein großes Potenzial auch für technisch schwer abzubildende und realisierbare Interaktionsformen aufweisen. Dennoch muss es aber angesichts der qualitativen Bedeutung für den Lernprozess ein Ziel bleiben, die Interaktivität im Rahmen des E-Learning systematisch zu analysieren und zu gestalten – technologische Entwicklungen lassen hier weiter Impulse erwarten.

Interaktivitätsstufe	Charakterisierung
Objekte betrachten / rezipieren	Vorgefertigte Multimedia-Komponenten können vom Lernenden lediglich rezipiert werden.
Multiple Darstellungen betrachten / rezipieren	Die ebenfalls vorgefertigten Komponenten zeichnen sich durch Optionen aus, die vom Lernenden ausgewählt werden können.
Repräsentationsformen variieren	Manipulation der Komponenten in Form von Skalierung, Perspektivenwechsel, usw. möglich.
Komponenteninhalte beeinflussen	Inhalte werden erst auf Anforderung der Lernenden generiert und sind nicht vorgefertigt.
Konstruktion	Programme als Werkzeuge, mit denen die Nutzer eigene „Welten" konstruieren können.
Konstruktion / Manipulation mit situationsabhängigen Rückmeldungen	Konstruktion von Objekten / Aktionen durch die Lernenden, die vom Programm verstanden und in bedeutungsvolle Handlungen umgesetzt werden.

Tabelle 1:   Interaktivitätsstufen von Multimedia-Komponenten[96]

Die hohe Bedeutung, die der Interaktivität beigemessen wird, resultiert zum einen aus dem möglichen Beitrag, den sie zur Individualisierung des Lernens zu leisten vermag und zum anderen aus dem motivationalen Potenzial der mit Interaktivität verbundenen aktiveren Einbindung der Lernenden in den Lernprozess.[97]

Adaptivität[98] bezeichnet schließlich die Fähigkeit von Lernsystemen, sich an veränderte Bedingungen oder die durch Inputs konkretisierten Bedürfnisse der Lernenden anzupassen.[99] Während eine externe Anpassung des E-Learning-

---

[96]   In Anlehnung an Schulmeister (2005a), S. 489f.; (2005b) und (2003), S. 207ff.

[97]   Vgl. Haack (2002), S. 129.

[98]   Adaptivität ist die Eigenschaft eines Systems, „... *sich an eine veränderte Umwelt bzw. neue Bedingungen und Anforderungen selbst anzupassen.*" Bendel / Hauske (2004), S. 27. Die Autoren leiten hieraus in Bezug auf adaptive Lerntechnologien und Lernsysteme deren Fähigkeit ab, sich an die unterschiedlichen Bedürfnisse der Benutzer anzupassen.

[99]   Vgl. Petko / Reusser (2005), S. 188; Niegemann et al. (2004), S. 122.

Angebots dessen „Adaptierbarkeit" voraussetzt, können adaptive Systeme während der Nutzung selbstständig Anpassungen in Abhängigkeit des Lernprozesses vornehmen.[100] Vorteilhaft können dabei insbesondere die deutlicheren Informationen sein, die der Lernende während des Lernens implizit über seine kognitiven Prozesse zum Ausdruck bringt – eine vorausgehende Erhebung im Rahmen einer Zielgruppenanalyse stößt diesbezüglich schnell an ihre Grenzen.[101] In diesem Zusammenhang wird auch zwischen einer Makro- und einer Mikroadaption unterschieden, wobei erstere Anpassungen an grundlegende Lernermerkmale und letztere ständige Anpassungen an dynamische Veränderungen im Verlauf des Lernprozesses durch das System selbst bezeichnet.[102] Die Anpassungen können dabei jeweils sowohl auf inhaltliche Aspekte als auch auf prozessbezogene Aspekte abzielen, wie z. B. auf den Umfang, die Lernzeit, den Ablauf oder den Schwierigkeitsgrad.[103] Adaptivität kennzeichnet demnach insgesamt das Bestreben, die Lernangebote möglichst auf die Lernenden abzustimmen und damit individuellere Lernprozesse zu ermöglichen. Einen Schwerpunkt der Aktivitäten in dieser Richtung stellt die Erforschung der so genannten *Intelligenten Tutoriellen Systeme (ITS)* seit den 1980er Jahren dar. Die Gestaltung adaptiver Systeme hat sich jedoch trotz der intensiven Thematisierung und der erheblichen technologischen Fortschritte bisher als sehr aufwendig und äußerst schwierig erwiesen, was u.a. auf die unerlässliche Diagnosefunktion zurückzuführen ist.[104]

Die angeführten Umsetzungsprobleme speziell in Bezug auf die Interaktivität und die Adaptivität von E-Learning-Angeboten bleiben zwar weiterhin ein zentrales Themenfeld, jedoch genießen insbesondere hybride Settings, die auch Elemente traditioneller Lehre mit einschließen, aktuell hohes Ansehen. Zentrale Gründe für den Erfolg des *Blended Learning* dürften dabei auch in den aus der Methodenverknüpfung resultierenden Potenzialen zur Gestaltung interaktiver (Teil-)Lernprozesse sowie den Möglichkeiten zur menschgesteuerten Adaption im Verlauf der Lernprozesse liegen.

---

[100] Vgl. Petko / Reusser (2005), S. 188

[101] Vgl. Kerres (2001), S. 69ff. *Kerres* führt zu diesem Punkt das Beispiel des personalen Unterrichts an, bei dem das Unterrichtsverhalten der Lehrpersonen ebenfalls regelmäßig erst während des Lernprozesses selbst angepasst werden kann. Unterrichtsplanungen und -vorbereitungen können hier nur relativ unpräzise Vorarbeiten leisten.

[102] Vgl. Petko / Reusser (2005), S. 188f.

[103] Vgl. Petko / Reusser (2005), S. 188; Niegemann (2004), S. 122.

[104] Vgl. Kerres (2001), S. 72f. Auch *Petko* und *Reusser* sprechen von einem „… *Scheitern des allgemeinen Ansatzes der Entwicklung Intelligenter Tutorieller Systeme"*. Petko / Reusser (2005), S. 189.

Die gegenwärtig wachsende Bedeutung kollaborativer Elemente im E-Learning bewirkt ebenfalls tendenziell eine Abmilderung der angesprochenen Probleme, da bei kollaborativem E-Learning Interaktionsprozesse partiell auf der Ebene der Lernenden stattfinden.

2.2.1.2 Kategorisierung von E-Learning

Die bisherige begriffliche Interpretation von E-Learning beinhaltet noch keine Aussage über den Anwendungskontext der elektronischen Unterstützung von Bildungsangeboten. Mit Hilfe von Kategorisierungen lässt sich einerseits die Vielfalt der Ausprägungen und Anwendungszusammenhänge verdeutlichen, andererseits aber auch eine Einordnung einzelner Konzepte, Produkte bzw. Services und Bausteine vornehmen, die unter den Begriff E-Learning subsumiert werden. Sinnvoll ist zunächst eine Einordnung des Abstraktionsniveaus. E-Learning kann sich auf unterschiedliche Objektebenen beziehen, die von *Euler* und *Seufert* als Makroebene, Mesoebene und Mikroebene bezeichnet werden und wie in Tabelle 2 dargestellt interpretiert werden können.

	Objektebene
Gestaltungspraxis	*Makroebene* Gestaltung ganzer Bildungs- bzw. Weiterbildungsprogramme; Ausrichtung von Institutionen
	Mesoebene Gestaltung einzelner Lernarrangements / -szenarien im Rahmen der Bildungs- bzw. Weiterbildungsprogramme
	Mikroebene Gestaltung einzelner Komponenten der Lernarrangements / -szenarien

Tabelle 2:   Gestaltungsebenen des E-Learning[105]

Während E-Learning auf der Makroebene somit die Ausrichtung von Bildungs- bzw. Weiterbildungsprogrammen oder sogar ganzer Institutionen betrifft, geht es auf der Mesoebene um die Gestaltung einzelner Lernarrangements bzw. Lernszenarien des Gesamtangebots. Werden einzelne Komponenten eines Lernarrangements bzw. Lernszenarios behandelt, so ist schließlich die Mikroebene betroffen, die sich folglich sowohl auf die Gestaltung der notwendigen Lernressourcen als auch auf die vorgesehenen Interaktionsprozesse bezieht.[106]

---

[105] In Anlehnung an Seufert / Euler (2005), S. 15.
[106] Vgl. Seufert / Euler (2005), S. 6.

Sowohl die theoretischen als auch die praktischen Bemühungen zum E-Learning haben sich anfangs vornehmlich technischen und didaktischen Aspekten bei der Entwicklung konkreter Angebote wie Lernarrangements (Mesoebene) und Lernressourcen bzw. Interaktionselementen (Mikroebene) gewidmet. Nunmehr stehen jedoch auch verstärkt strategische Überlegungen im Fokus, was u.a. auf die sich zeigenden Implementierungsprobleme und existenziellen ökonomischen Herausforderungen zurückzuführen ist.[107] Damit erlangt tendenziell die Makroebene eine größere Relevanz, da hier die institutionelle Grundausrichtung bestimmt wird, die den Rahmen für die Aktivitäten auf der Meso- und der Mikroebene bildet.[108] Auch der Schwerpunkt der vorliegenden Arbeit bezieht sich in Gestalt eines Lern-Service-spezifisch interpretierten Geschäftsmodellansatzes auf die Makroebene.

Auf der Mesoebene wird in der vorliegenden Arbeit zwischen *Lernszenarien*,[109] verstanden als abstrakte Veranstaltungstypen bzw. Serviceplattformen,[110] und *Lernarrangements*, als konkrete Realisierung der abstrakt aufgefassten Lernszenarien, differenziert. Im Hochschulumfeld etwa repräsentieren die Grundtypen von Veranstaltungen (Vorlesungen, Praktika, Seminare) demnach Lernszenarien, die ein bestimmtes Muster von Aktivitäten, Prüfungen und Interaktionsformen vorsehen. Jede einzelne auf dieser Grundsystematik aufbauende Veranstaltung dagegen stellt ein konkretes Lernarrangement dar. Die Konkretisierung eines Lernszenarios zu einem Lernarrangement geschieht im Prozess des *didaktischen Designs*, verstanden als Planung, Gestaltung und Umsetzung von Lern-Services bis hin zur Qualitätssicherung und Evaluation.[111] Jedes Lernarrange-

---

107 Zur Fokussierung strategischer Aspekte siehe etwa Euler / Seufert (2005); Michel (2006a); Back / Bendel / Stoller-Schai (2001); Gabriel / Gersch / Weber (2006b).

108 Dies gilt jedoch nur, wenn überhaupt eine zentrale E-Learning-Strategie erarbeitet wird und die E-Learning-Aktivitäten nicht – wie etwa gegenwärtig noch an zahlreichen Hochschulen der Fall – auf (isolierten) institutionellen Inseln stattfinden.

109 Die Verwendung des Begriffs Lernszenario basiert auf einer Analogie zur Szenario-Technik, bei der ein Szenario eine allgemeinverständliche Beschreibung einer möglichen Situation in der Zukunft darstellt. Diesen „Umfeldkonstellationen", die jeweils spezifische Anforderungen an konkrete Lösungsangebote implizieren, werden hier, quasi als Zwischenstufe, Typenantworten in Form von Lernszenarien bzw. Serviceplattformen gegenübergestellt.

110 Zum Potenzial des Konzepts der Serviceplattformen im E-Learning-Kontext siehe Gabriel / Gersch / Weber (2007).

111 Der Begriff des *didaktischen Designs* wird auf *Flechsig* zurückgeführt. Er betont das Bestreben, ein unter didaktischen Gesichtspunkten geeignetes Entwicklungsvorgehen und -ergebnis in Bezug auf die Lernumgebung eines Lernarrangements zu gewährleisten. Der Begriff wird daher der begrifflichen Alternative des Instructional Design, die zudem den mit einem konstruktivistischen Lernverständnis nicht vereinbaren Instruktionsgedanken hervorhebt, vorgezogen. Zum Begriff des didaktischen Designs siehe auch Ballstaedt

ment ist im Ergebnis eingebettet in eine spezifische *Lernumgebung*, die das zur Unterstützung der Lernprozesse gestaltete Gesamtarrangement darstellt.[112]

Auf der Mikroebene schließlich geht es um die Gestaltung einzelner Lernressourcen und Interaktionen. Ein wichtiges Element stellen dabei die Bildungsmedien dar, die gemeinsam mit den Bildungsmitteln und dem Lehr- / Lernpersonal[113] die Lernressourcen ausmachen.[114] Den traditionellen Medien stehen E-Medien gegenüber, zu denen nach *Euler* beispielsweise CBTs (Computerbased Trainings), WBTs (Web-based Trainings), interaktive Simulationen und Webquests zählen.[115] Bei WBTs handelt es sich nach *Bendel* und *Hauske* um *„… webbasierte Lerninhalte bzw. Kurse. Zur Ansicht und Bearbeitung genügt ein gewöhnlicher Browser. WBTs bieten fast alle Möglichkeiten von Computerbased Trainings (CBTs), haben darüber hinaus jedoch zusätzliche Vorteile wie die einfache Bereitstellung über Netze und die ständige Aktualisierung. Wichtig sind auch die Aspekte der Kommunikation (etwa mit Teletutoren und Mitlernenden), der Kooperation sowie der Informationsbeschaffung. In WBTs sind Links*

(1997), S. 11ff. und Tribelhorn (2005).

[112] *Niegemann et al.* fassen unter den Begriff der Lernumgebung neben der *„… Art und Weise der Darbietung des Lernmaterials auch die Merkmale der Lernplattform und die technischen Zugangsmöglichkeiten."* Niegemann et al. (2004), S. 350. Nach Baumgartner / Häfele / Häfele (2002b), S. 28 beschreibt der Begriff Lernumgebung *„… umgangssprachlich die räumlichen, zeitlichen, personellen und instrumentellen Merkmale einer konkreten Situation, in die ein Lernprozess eingebettet ist. Im Zusammenhang mit E-Learning ist damit in der Regel die mit IT-Hilfsmitteln medial gestaltete Lernumgebung gemeint. Sie wird strukturiert durch ein bestimmtes methodisch-didaktisches Design, wird bedingt durch die Leistungsfähigkeit der eingesetzten technischen Mittel und ist u. U. verbunden mit bestimmten personalen Dienstleistungen (z. B. Teletutoring)."*

[113] Die Lernenden spielen beim Lernen naturgemäß eine zentrale Rolle und dürfen dementsprechend nicht vernachlässigt werden. Die Konsequenzen dieser Tatsache werden in der vorliegenden Arbeit mit der so genannten „Integrativen Leistungslehre" noch näher thematisiert. Siehe hierzu Abschnitt 4.1.4.2.

[114] *„Bildungsmittel sind Gegenstände und Geräte in didaktischen Kontexten, die für Präsentationen, zur Veranschaulichung oder zu Übungszwecken Lehrenden und Lernenden zur Verfügung stehen, wie z. B. Karten mit Übungstexten zum Sprachenlernen, Experimente in der Physik und Chemie und generische Hilfsmittel wie Tafel, Tageslichtprojektor, Rechner oder Modem sowie der Internetanschluss. Bildungsmedien sind in diesem Fall die Folien, die auf den Projektor gelegt werden, das Lernprogramm, das vom Internet geladen wird, etc. – alles für Lehr-Lernzwecke didaktisch aufbereitete Medieninhalte."* Kerres (2001), S. 19.

[115] Vgl. Euler (2005), S. 231. *„Ein WebQuest ist ein computergestütztes Lernarrangement, mit dem die Lernenden sich (meist in Gruppenarbeit) selbständig einen Themenbereich aneignen sollen. Meist handelt es sich um strukturierte Rechercheprojekte zu spezifischen Themen im Internet. Die Strukturierung erfolgt – je nach Lerngruppe in unterschiedlichem Ausmaß – durch Leitfragen, angegebene Quellen und möglicherweise eine Rollenverteilung."* http://www.e-teaching.org/glossar.

zu externen Informationen, Lernmaterialien, Ressourcen, und Plattformen üblich. Diese ergänzen das eigentliche Angebot und erweitern es durch zusätzliche Optionen."[116] CBTs bezeichnen dabei computerunterstützte Lernprogramme, die auf CD-ROM oder DVD gespeichert bzw. von einem Server zur Nutzung heruntergeladen werden können, und bei denen die Inhalte i.d.R. multimedial aufbereitet sind. Hinsichtlich ihrer didaktischen Ausrichtung sind sie dem Instruktionsdesign der 1970er Jahre zuzurechnen.[117]

Auch in Bezug auf die Kommunikationsabläufe ist zwischen traditionellen Formen und der so genannten E-Communication zu trennen, wobei letztere allgemein den Einsatz von Telekommunikationsnetzen voraussetzt, um im Kontext des Lernens mit Hilfe von E-Mail oder virtuellen Klassenzimmern einen Austausch mit und unter den räumlich verteilten Lernenden zu ermöglichen.[118]

Der vorliegenden Arbeit liegt damit das in Abbildung 3 dargestellte hierarchische Begriffsverständnis zugrunde.

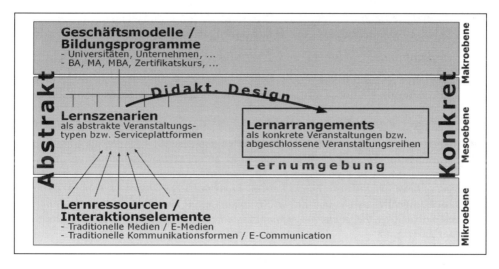

Abbildung 3:   Hierarchisches Begriffsverständnis

Auf jeder der drei Ebenen lassen sich nun weitere Kategorisierungen vornehmen. E-Learning stellt beispielsweise einen Pol des Kontinuums des Virtualisierungsgrads dar, dessen Gegenpol die traditionelle Präsenzlehre ist.[119] Zwischen

---

[116] Bendel / Hauske (2004), S. 135f.
[117] Vgl. Issing / Klimsa (2002), S. 549; Bendel / Hauske (2004), S. 46.
[118] Vgl. Euler (2005), S. 231.
[119] Der Virtualisierungsgrad zählt dabei zu den am häufigsten verwendeten Systematisierungskriterien. Vgl. Hasanbegovic (2005), S. 251.

den beiden Reinformen existiert eine Vielzahl hybrider Konzepte, die unter dem Begriff Blended Learning zusammengefasst und in Abschnitt 2.2.2 näher betrachtet werden. Diese drei grundlegenden *Lernkonzepte*[120] bilden sowohl die Basis für die Ausrichtung ganzer Institutionen oder Bildungs- bzw. Weiterbildungsprogramme als auch für die Gestalt einzelner Lernszenarien bzw. Lernarrangements und ihrer jeweiligen Komponenten.

Der Virtualisierungsgrad lässt sich damit für alle drei Ebenen als Systematisierungskriterium heranziehen, liefert jedoch angesichts der extremen Randpole und der sehr weit gefächerten Kategorie des hybriden Lernens (Blended Learning) nur relativ unpräzise Erkenntnisse.[121]

In Bezug auf die Meso- und die Mikroebene wird oftmals auch die lerntheoretische Ausrichtung als Abgrenzungskriterium herangezogen, insbesondere wenn es um einen Überblick über die existierenden Formen computerbasierten Lernens geht:[122]

- Dem behavioristischen Paradigma sind Lehrmaschinen bzw. Unterrichtskonzepte nach den Ideen der Programmierten Unterweisung in Form reaktionszentrierter Ansätze zuzuordnen, die – wie bereits erläutert – auf den Erkenntnissen *Skinners* und *Thorndykes* basieren.[123] Zu den wichtigsten Software-Ausprägungen in diesem Bereich zählen Drill-and-Practice-Programme[124] und Tutorielle Systeme.[125] Zwar handelt es sich hierbei um

---

[120] Auch *Sauter* und *Sauter* bezeichnen beispielsweise Blended Learning als ein „... *integriertes Lernkonzept, das die heute verfügbaren Möglichkeiten der Vernetzung über Internet oder Intranet in Verbindung mit klassischen Lernmethoden in einem Lernarrangement optimal nutzt. Es ermöglicht Lernen, Kommunizieren, Informieren und Wissensaustausch losgelöst von Ort und Zeit in Kombination mit Erfahrungsaustausch, Rollenspiel und persönlichen Begegnungen in klassischen Präsenztrainings.*" Sauter / Sauter / Bender (2004), S. 68.

[121] Ähnlich auch Hasanbegovic (2005), S. 252.

[122] Vgl. beispielsweise Kerres (2001), S. 55ff., der von medienbasiertem Lernen spricht und Holzinger (2000), S. 176ff. *Hoppe* zieht nicht explizit die lerntheoretische Ausrichtung der von ihm thematisierten *Teachware* zur Unterscheidung heran, sondern deren typische Interaktionsmuster und Individualisierungsgrade. Vgl. Hoppe (2000), S. 36ff.

[123] Vgl. Holzinger (2000), S. 180f. Zur Programmierten Unterweisung und dessen lerntheoretischer Fundierung siehe auch Abschnitt 2.1.2.1. und Skinner (1958). *Kerres* spricht in diesem Zusammenhang von Programmierter Instruktion. Vgl. Kerres (2001), S. 58.

[124] Drill-and-Practice-Programme dienen insbesondere der Festigung bereits erlernter Inhalte. Hierunter fallen beispielsweise Übungsprogramme zum Lernen von Vokabeln oder Maschinenschreibtrainer. Den Lernenden werden keine Inhalte, sondern ausschließlich Fragen bzw. Aufgaben zu vorausgesetzten Inhalten präsentiert. Nach dem Grundprinzip des Behaviorismus erhält jeder Lernende dann jeweils ein Feedback auf die von ihm gegebenen Antworten bzw. auf das von ihm gezeigte Verhalten. Vgl. Holzinger (2000), S. 227; Müller (2004), S. 112; Hoppe (2000), S. 40f.

eine anerkannte Zuordnung, jedoch erscheinen kritische Fragen in Bezug auf den unterstellten behavioristischen Charakter der Programmierten Instruktion nicht unberechtigt, geht es doch bei den entsprechenden Programmen eher um die Vermittlung von (übertragbarem) Faktenwissen und nicht um den Aufbau beobachtbarer Verhaltensweisen.[126]

- Das kognitivistische Grundverständnis von Lernen repräsentieren dagegen insbesondere Adaptive Systeme und Intelligente Tutorielle Systeme (ITS), die jeweils auf einen möglichst am individuellen Lernenden ausgerichteten und auf den konkreten Vermittlungsgegenstand abgestimmten Instruktionsprozess abzielen.[127] Mit Hilfe der Methoden der Künstlichen Intelligenz (KI) wird bei ITS nach Möglichkeiten der Repräsentation eines bestimmten Domänenwissens sowie der Modellierung von Lernenden gesucht, um im Verlauf eines Lernprozesses den Wissenserwerb analysieren und die Instruktion auf die hierdurch identifizierten Erfordernisse abstellen zu können.[128]

- Dem konstruktivistischen Paradigma zuzuordnen sind vor allem Simulationen, Lernspiele und so genannte Mikrowelten.[129] Nach *Bendel* und *Hauske* sind Simulationen „... *modellhafte Nachbildungen eines Systems. Sie stellen leistungsfähige Instrumente dar, um Fertigkeiten und spezifische Rollen einzuüben, Entscheidungsprozesse zu analysieren sowie Systemkomplexität und -dynamik zu verstehen. [...] Der Benutzer steht in Interaktion mit dem System, das Bedingungen, Situationen, Prozesse und Daten vorgibt und – auf die jeweiligen Eingaben oder Veränderungen hin – anpasst und neu ordnet.*"[130] Der Lernende kann auf diese Weise Wechselwirkungen und kausale Zusammenhänge ergründen, während er nach Wegen zur Bewältigung der sich ihm darbietenden komplexen Situationen sucht.[131] Lernspiele, zum Beispiel in Form von Planspielen, zeichnen sich (zusätzlich) durch eine konkrete Zielsetzung mit Wettkampfsi-

[125] Tutorielle Systeme dienen primär der Vermittlung prozeduralen Wissens. Das Tutorielle System repräsentiert einen Tutor, der dem Lernenden durch Beispiele, Übungs- und Kontrollfragen schrittweise neue Regeln und Begriffe vermittelt. Siehe hierzu Holzinger (2000), S. 227; Müller (2004), S. 112; Hoppe (2000), S. 37f.
[126] Vgl. Kerres (2001), S. 60.
[127] Vgl. Müller (2004), S. 112f.; Kerres (2001), S. 66ff.; Holzinger (2000), S. 193ff. und 228; Hoppe (2000), S. 37ff.
[128] Vgl. Kerres (2001), S. 71; Holzinger (2000), S. 193ff.
[129] Vgl. Holzinger (2000), S. 225ff.; Müller (2004), S. 113f.
[130] Bendel / Hauske (2004), S. 117.
[131] Vgl. Holzinger (2000), S. 228f. Zu den verschiedenen Ausprägungen von Simulationen siehe Hoppe (2000), S. 44ff.

tuation aus, wodurch sie eine besondere motivationale Wirkung entfalten können.[132] Bei Mikrowelten dagegen zählen auch die Konstruktion der Situation und darauf aufbauend die Formulierung der konkreten Zielsetzungen zu den Aufgaben der Lernenden.[133] Mikrowelten entsprechen somit formal am stärksten den Forderungen des Konstruktivismus, stellen die Lernenden jedoch auch vor enorme Anforderungen.

Eine weitere von *Seufert* und *Euler* vorgeschlagene Systematisierung stellt auf den technischen und pädagogischen Innovationscharakter ab, wo jeweils zwischen einem geringen, einem mittleren und einem hohen Innovationsgrad unterschieden wird.[134] Ein geringer pädagogischer Innovationsgrad steht dabei für „alte", rein fachliche Ziele und die Verwendung traditioneller dozentenzentrierter Methoden, ein hoher Innovationsgrad dagegen repräsentiert die Kombination fachlicher und überfachlicher Ziele[135] und den Einsatz moderner Methoden, die die Lernenden in den Mittelpunkt rücken. Auf technologischer Seite stehen sich traditionelle Technologien und neue Technologien, die entweder bereits weite Verbreitung gefunden haben (z. B. Lernmanagement-Systeme) oder deren Diffusion noch nicht so weit vorangeschritten ist (z. B. virtuelle Klassenzimmer), gegenüber.[136]

In den Lernarrangements und damit auf abstrakter Ebene auch in den Lernszenarien werden schließlich verschiedene idealtypische Lernformen realisiert, die alternative didaktische Ausrichtungen und Interaktionsszenarien der enthaltenen Komponenten repräsentieren.[137] Die Lernformen beziehen sich damit primär auf die Mikroebene, prägen aber gleichfalls auch die Meso- und die Makroebene.

---

[132] Vgl. Müller (2004), S. 114; Hoppe (2000), S. 46f.

[133] Vgl. Holzinger (2000), S. 231.

[134] Vgl. Seufert / Euler (2005), S. 8ff. Die Autoren legen ihrer Betrachtung eine weite Begriffsauslegung von E-Learning zugrunde, nach der hierunter „... *alle Formen des elektronischen (computerunterstützten) Lernens (offline oder online)* " zu subsumieren sind. Seufert / Euler (2005), S. 8.

[135] Hierzu zählen die Autoren etwa den Erwerb von Selbstlern- und Sozialkompetenzen. Vgl. Seufert / Euler (2005), S. 8.

[136] Vgl. Seufert / Euler (2005), S. 8ff.

[137] *Euler* verwendet den Begriff der pädagogischen Leitbilder, die er hinsichtlich ihres Abstraktionsgrads zwischen den Lernparadigmen und der konkreten Gestaltungspraxis ansiedelt. Leitbilder stellen für ihn normative Orientierungsgrößen dar, „... *die der Gestaltung einzelner didaktischer Entscheidungen eine Richtung verleihen können, die jedoch auf konkret sich stellende Situationen auszulegen sind.* " Euler (2005), S. 230.

Tabelle 3 zeigt Beispiele von Lernformen in Anlehnung an *Kerres*, wobei die ursprünglich als „Bestandteile" bezeichneten Elemente entsprechend der dargestellten Interpretation als Lernformen bzw. Lernressourcen deklariert sind und die Sammlung um Beispiele neuer medialer Umsetzungsmöglichkeiten ergänzt wurde.

Lernform	Mediale Umsetzung / Lernressourcen	
	Konventionelle Variante	Telemediale Variante (Beispiele)
Vortrag mit Diskussion	Frontalunterricht in Seminarraum oder Hörsaal	Rundfunk, Video auf Abruf (digitales Fernsehen, Internet, etc.), Videokonferenz
Selbstlernaktivität	Print-, AV-Medien (Kassette), Multimedia (CD-ROM, DVD) am Arbeitsplatz, im Selbstlernzentrum oder zu Hause	Rundfunk, WWW-Seiten, Computer-based Trainings, Web-based Trainings, multimediale Fallstudien
Kooperatives Lernen	Partner- oder Gruppenarbeit in Präsenzphasen	Computer mediated communication / conferencing (CMC), Groupware-basierte Kooperation
Tutoriell betreutes Lernen	Mentoren-Modelle (auch: Peer-Tutoren)	Tele-Coaching, Tele-Tutoring
Kommunikatives / soziales Lernen	Gruppenansätze (Team-Building, Gruppenfeedback, Metakommunikation, etc.)	Internet-Café, Chat-Räume, Diskussionsforen, Blogs, Wikis
Beratung	Einzelgespräche, Informationsveranstaltungen	E-Mail, WWW
Tests, Zertifizierung	Klausur, Prüfung, computerbasiertes (adaptives) Testen	Internetbasierte Tests, Videokonferenz

Tabelle 3: **Lernformen und Lernressourcen als Elemente von Lernszenarien bzw. Lernarrangements[138]**

2.2.1.3 Potenziale und Grenzen des E-Learning

Ob nun E-Learning bereits in seinen jetzigen (in der Praxis verbreiteten) Ausprägungen eine Errungenschaft oder doch noch eine bisher insbesondere in didaktischer Hinsicht nur in seltenen Fällen überzeugend umgesetzte Innovation darstellt, ist nicht allgemeingültig zu beantworten. *Schulmeister* bringt es in der Einleitung zu seinem Buch „eLearning: Einsichten und Aussichten" in Bezug auf die von ihm geführte Diskussion um E-Learning in der Hochschullehre auf den Punkt: *„Die Argumentationen im Buch sind voller Widersprüche, sie sind*

---

[138] In Anlehnung an Kerres (2001), S. 4.

voller Skepsis und voller Zuversicht. Sie zeichnen kritische Tendenzen und hoff-
nungsvolle Perspektiven. Sie raten ab und raten zu. "[139] Gefördert wurde diese
Widersprüchlichkeit indirekt auch durch die intensiven Förderprogramme von
Bund und Ländern. Zwar lösten die bereitgestellten Mittel erhebliche Aktivitäten in zahlreichen Projekten aus, jedoch zeichneten sich die angestoßenen Projekte aufgrund ihrer finanziellen Ausstattung durch eine vom späteren Alltag
stark abweichende Situation aus. Nach Ablauf der Projektlaufzeiten konnten in
der Folge zahlreiche Entwicklungen nicht oder zumindest nicht mit vergleichba-
rem Aufwand weitergeführt werden – eine ökonomische Betrachtung der
E-Learning-Aktivitäten wurde unerlässlich. Es ist damit notwendig, die Potenziale von E-Learning wie auch die hiermit verbundenen Herausforderungen als
begrenzende Faktoren – quasi als Treiber einer ökonomischen Betrachtung –
zumindest grob zu umreißen.

2.2.1.3.1 Potenziale des E-Learning

Die im Zusammenhang mit E-Learning diskutierten Potenziale sind äußerst vielfältig und lassen sich grob einem psychologischen, einem didaktischen und einem ökonomischen Cluster zuordnen. Immer wieder werden Flexibilitätssteige-
rungen durch Orts- und Zeitabhängigkeit, motivationale Effekte, zusätzliche
bzw. bessere Individualisierungsmöglichkeiten und Kostensenkungspotenziale
angesprochen, die als einige der zentralen Versprechungen bezeichnet werden
können.[140] Die einzelnen Aspekte bedingen bzw. konterkarieren sich dabei teilweise, was den E-Learning-Gestaltungsprozess zu einer besonders komplexen
Herausforderung macht.

- *Flexibilitätssteigerung durch Orts- und Zeitunabhängigkeit*
  Schulmeister spricht diesbezüglich von der Überwindung der Zeitschran-
  ke bzw. der Raumschranke durch Vernetzung und Virtualisierung.[141] Bezogen auf die Lernzeit erhöht E-Learning die Dispositionsfreiheit der
  Lernenden, da diese den Zeitpunkt und die Dauer der Auseinandersetzung
  mit den Lernmaterialien – und damit auch ihr Lerntempo – im Vergleich
  zur traditionellen Präsenzlehre freier wählen können.[142] E-Learning kann
  Lernen auch zeitlich näher an konkrete Problemstellungen heranrücken,

---

[139] Schulmeister (2006), S. 10.
[140] Siehe hierzu stellvertretend für viele Schulmeister (2006), S. 205ff.; Arnold et al. (2004),
S. 37ff.; Michel (2004b), S. 9; Müller (2004), S. 115ff.; Reglin / Speck (2003), S. 3.; Wache (2003); Hoppe (2000), S. 33ff.
[141] Vgl. Schulmeister (2006), S. 206.
[142] Vgl. Müller (2004), S. 115. Zu Einsatzpotenzialen eines ergänzenden internetbasierten
Übungsbetriebs im universitären Kontext siehe beispielsweise auch Werners (1999).

etwa durch Lernen am Arbeitsplatz. Eine Virtualisierung von Zeit ermöglicht zudem deren zielgerichtete Veränderung mit Hilfe von Zeitlupen, Zeitraffern oder historischen Perspektiven, woraus didaktische Vorteile erwachsen können.[143]

Auch in Bezug auf den Lernort geht die Flexibilisierung über den Aspekt der Aufenthaltsorte von Lehrenden und Lernenden hinaus. So lassen sich etwa virtuelle Experimente und Simulationen realisieren, die entweder eine Fernsteuerung zulassen oder die Notwendigkeit der realen Existenz der gering verfügbaren Experimente vollständig aufheben. Letzterer Aspekt macht deutlich, dass auch aus Sicht der Lehrenden ein Flexibilitätszugewinn möglich ist. Mit Hilfe von E-Learning können etwa Lernphasen zwischen Präsenzterminen realisiert werden, Experten auf virtuellem Weg in Lernangebote eingebunden werden oder asynchrone Betreuungsleistungen in für das Lehrpersonal geeigneten Zeiträumen realisiert werden.[144] Die große Relevanz der orts- und zeitbezogenen Flexibilisierung aus der Perspektive der Lernenden wird durch Umfrageergebnisse gestützt.[145] Eine vollständige Entbindung von örtlichen Begrenzungen ist jedoch auch mit E-Learning nicht zu erreichen, da hierzu zumindest die Möglichkeit zur Nutzung eines PCs gegeben sein muss, der je nach Ausgestaltung des E-Learning-Angebots ggf. auch noch über eine breitbandige Internetanbindung verfügen muss.[146]

- *Motivationale Effekte*
Die These der motivationsfördernden Wirkung von E-Learning wird u.a. auf dessen tendenziell größere Adaptivität und die realitätsnäheren und interessanteren Darstellungsmöglichkeiten zurückgeführt.[147] Ihr liegt damit letztlich die Annahme zugrunde, dass sich Lerninhalte im E-Learning-Kontext insgesamt besser auf die individuellen Bedürfnisse der Lernenden ausrichten lassen. Teilweise wird jedoch auch auf die oftmals nur zeitlich beschränkt wirksamen motivationalen Effekte hingewiesen, was – wenn zutreffend – bedeuten würde, dass hierin kein nachhaltiger Vorteil des

---

[143] Vgl. Schulmeister (2006), S. 207f.

[144] Aus den genannten Aspekten resultieren insbesondere auch Potenziale und Möglichkeiten für das Management der das E-Learning-Angebot realisierenden Institutionen. Siehe zu diesem „Geschäftsmodell / -systemverständnis" ausführlich Kapitel 4 und beispielhaft zu distributionspolitischen Gestaltungsmöglichkeiten Abschnitt 4.1.5.2.3.

[145] Vgl. Graumann / Köhne (2003), S. 428ff.

[146] Auf eine Aufhebung dieser Einschränkung sind die Ansätze des Mobile Learning (M-Learning) ausgerichtet, die mit Hilfe von Mobiltechnologien ein ubiquitäres Lernen ermöglichen sollen. Siehe hierzu Abschnitt 2.2.4.1.

[147] Für eine differenzierte Auseinandersetzung siehe Weidenmann (2002), S. 55ff.

multimedialen Lernens zu sehen ist.[148] Beide Positionen sind nachvollziehbar und haben ihre Begründung. Die tatsächliche motivationale Wirkung eines E-Learning-Angebots hängt zweifellos von dessen konkreter
Ausgestaltung ab. Sofern das Potenzial des E-Learning zur Realisierung
eines interaktiven und adaptiven Lernprozesses auf der Basis einer multimedialen Darstellung und unter Berücksichtigung didaktischer Zielsetzungen mit Blick auf die konkrete Zielgruppe konsequent genutzt wird,
scheint ein motivationaler Mehrwert gegenüber der traditionellen Lehre
gut begründbar. Ebenso ist es aber auch zutreffend, dass eine derartige
Umsetzung der geforderten Eigenschaften mit einem so enormen Aufwand verbunden ist, dass in der Praxis in zahlreichen Fällen einzelne Aspekte vernachlässigt werden. Hieraus können negative Konsequenzen resultieren, die die positiven Effekte konterkarieren.

- *Individualisierungsmöglichkeiten*
  Über die Flexibilisierung des Lernprozesses in Bezug auf Lernort und
  Lernzeit hinaus werden im Zusammenhang mit E-Learning-basierten
  Lernangeboten weitere Individualisierungsmöglichkeiten thematisiert.[149]
  So lässt sich aus der Multimedialität beispielsweise ein Potenzial zur Bedienung unterschiedlicher Präferenzen in Bezug auf die Rezeptionsform
  ableiten. Bei einer entsprechenden Ausgestaltung des E-Learning-Angebots kann jeder Lernende in den Grenzen der vorbereiteten Darstel-
  lungsalternativen die seiner Meinung nach für den Betrachtungsgegenstand am besten geeignete Repräsentationsform wählen, bzw. das Lernprogramm erkennt die (möglicherweise nur unterbewusst vorhandenen)
  Präferenzen des Lernenden und nimmt angebotsseitig Anpassungen
  vor.[150] Dem E-Learning wird zudem häufig ein besonderes Potenzial in
  Bezug auf die Umsetzung moderner kognitivistischer und konstruktivistischer Grundsätze zugesprochen, die jeweils gesteigerten Wert auf eine aktive und den individuellen Erfordernissen der Lernenden entsprechende
  Auseinandersetzung mit der Materie abzielen. In diesen Fällen liegt die
  Steuerung des Lernprozesses im Idealfall weitgehend bei den Lernenden,

---

[148] Vgl. Kerres (2001), S. 107.

[149] So z. B. im Zusammenhang mit einer Mass Customization-Strategie für Lern-Services.
Siehe hierzu die Abschnitte 4.1.3.4, 4.1.4.3 und 5.2 sowie Gabriel / Gersch / Weber
(2006b), (2006c) und (2007); Langer (2006).

[150] Die Anpassungsfähigkeit des Programms durch den Lernenden wird als Adaptierbarkeit
bezeichnet, während unter Adaptivität selbstständige Anpassungen durch das Programm
zu verstehen ist. Vgl. Petko / Reusser (2005), S. 188f. Siehe hierzu auch Abschnitt
2.2.1.1.

so dass u.a. auch die Auswahl der Lerninhalte und die Bestimmung der Bearbeitungsreihenfolge durch sie selbst erfolgen kann.

- *Kostensenkungspotenziale*
  Ökonomische Vorteile in Form von Kostensenkungen werden bisher vornehmlich im Zusammenhang mit Weiterbildungsprogrammen, also auf Unternehmensebene diskutiert. Auch im Hochschulkontext erfahren ökonomische Kalküle und Überlegungen jedoch derzeit einen Bedeutungszuwachs. In der Argumentation werden dabei vor allem die Reduzierung von Weiterbildungs- und Ausfallzeiten, die Verringerung von Reise- / Übernachtungskosten sowie die Optimierung des zahlenmäßigen Verhältnisses von Lehrenden zu Lernenden als die entscheidenden Effekte des E-Learning herangezogen.[151] Gleichzeitig ist E-Learning jedoch oftmals mit hohen Vorlaufinvestitionen und/oder Lizenzgebühren verbunden, insbesondere wenn die Beschaffung oder gar Produktion hochwertiger Lernmaterialien erforderlich ist. Auch der dauerhafte Einsatz von E-Learning-Angeboten, der Pflege- / Weiterentwicklungsmaßnahmen bedingt, ist im Vergleich zur traditionellen Lehre tendenziell teurer und aufwendiger. Eine zentrale Rolle spielt bei Vergleichsrechnungen stets die Teilnehmerzahl;[152] insgesamt lassen sich die positiven (didaktischen) Effekte in Verbindung mit E-Learning-Maßnahmen jedoch nicht vollständig quantifizieren, so dass eine Rechtfertigung von entsprechenden Maßnahmen nur in seltenen Fällen auf ausschließlich ökonomischem Wege gelingen kann und dementsprechend auch nicht anzustreben ist.

2.2.1.3.2 Probleme und Herausforderungen in Verbindung mit E-Learning

Den Potenzialen stehen jedoch auch besondere Herausforderungen gegenüber, die bei einer Nichterfüllung zu negativen Konsequenzen für den Lernprozess, die Motivation, die Bewertung und/oder die Nutzung von E-Learning-Angeboten führen können. Aufgrund des technischen Fortschritts, der zunehmenden Verbreitung einer besseren Multimediaausstattung und schnellerer Internetanbindungen können technische Probleme im E-Learning-Kontext insgesamt als in ihrer Relevanz abnehmend eingestuft werden.[153] Da gleichzeitig je-

---

[151] Vgl. Michel (2004b), S. 9; Müller (2004), S. 118.

[152] Für Kosten-Nutzen-Betrachtungen siehe beispielsweise Reglin / Speck (2003); Seibt (2001).

[153] Diese These belegen beispielsweise die an der Ruhr-Universität Bochum vom Lehrstuhl für Wirtschaftsinformatik und dem Competence Center E-Commerce für den Hochschulbereich gesammelten Evaluationsdaten zu multimedialen internetbasierten Lernmaterialien. Die Zahl negativer Bemerkungen in Richtung einer Flaschenhalsproblematik in Be-

doch auch immer anspruchsvollere Anwendungen in die Lernszenarien bzw. Lernarrangements integriert werden, bedingt die eigentlich positive Entwicklung auch die Gefahr, dass weiterhin – und aus sehr unterschiedlichen Gründen – materiell schwächer ausgestattete Gesellschaftsteile in zunehmendem Maße von der Nutzung entsprechender Angebote ausgeschlossen werden. Diese auf allgemeiner Ebene geführte Diskussion um den Einfluss neuer Informations- und Kommunikationstechnologien auf die Verteilung gesellschaftlicher Ressourcen, die Chancengleichheit und die soziale Gerechtigkeit in der Informationsgesellschaft läuft unter dem Schlagwort „Digital Divide". Ausgangspunkt ist dabei die zu beobachtende Tatsache, dass sich die neuen Technologien – und insbesondere das Internet – zwar äußerst schnell verbreiten, dass diese Diffusion allerdings nicht sozial gleichverteilt erfolgt. Die resultierenden Differenzen im Technologiezugang treffen nach Meinung zahlreicher Verfechter der These eines Digital Divide insbesondere solche sozialen Gruppen, die als Nutzer der neuen Technologien ohnehin schon unterrepräsentiert sind und oftmals zu den unterprivilegierten Schichten einer Gesellschaft zählen.[154]

Verbreitet sind darüber hinaus die Thesen von der Gefahr einer sozialen Isolierung und einer kognitiven Überlastung der Lernenden durch E-Learning. Während die Sorge einer sozialen Isolierung auf die vor allem zu Beginn der Thematisierung von E-Learning vorherrschende Ausrichtung der Angebote auf Einzellerner zurückzuführen ist, basiert die Sorge einer kognitiven Überlastung auf durch die für den Umgang mit entsprechenden Angeboten notwendigen E-Learning-Kompetenzen, die kognitive Ressourcen der Lernenden ohne direkten Bezug zum Lerngegenstand binden.[155] Neben Medienkompetenzen, die die Lernenden überhaupt erst in die Lage versetzen, E-Learning in Anspruch zu nehmen, zählen hierzu insbesondere auch auf die stärkere Selbstständigkeit abgestimmte Lernstrategien, die bei den Lernenden ausgebildet werden müssen.[156]

---

zug auf die Ausstattung und Anbindung der Lernenden ist hier eindeutig abnehmend. Bei einer 2005 durchgeführten Vergleichsstudie zum Einfluss von Lernort und Lernmedien auf den Lernerfolg und die Lernzufriedenheit von 316 Teilnehmern einer Grundstudiumsveranstaltung im Bereich Wirtschaftsinformatik gaben beispielsweise bereits deutlich mehr als 50 % der Teilnehmer/-innen an, über einen DSL-Anschluss zu verfügen. 14 der 316 Teilnehmer hatten keinen eigenen Internetanschluss. Für ausführliche Informationen zu dieser Untersuchung siehe Gabriel / Gersch / Weber (2006a).

[154] Vgl. hierzu beispielsweise Schulmeister (2006), S. 45ff.; Marr (2003); Kubicek / Welling (2000).

[155] Zu beiden Aspekten siehe Müller (2004), S. 121ff.

[156] Vgl. Müller (2004), S. 123ff.

2.2.2 Blended Learning

Trotz der angeführten Potenziale und Vorteile ist die Auffassung, dass hybride Settings, die ein Blended Learning[157] realisieren, der Reinform E-Learning in zahlreichen Situationen überlegen sind, mittlerweile anerkannt. *Sauter, Sauter* und *Bender* definieren Blended Learning als ein „*... integriertes Lernkonzept, das die heute verfügbaren Möglichkeiten der Vernetzung über Internet oder Intranet in Verbindung mit klassischen Lernmethoden in einem Lernarrangement optimal nutzt. Es ermöglicht Lernen, Kommunizieren, Informieren und Wissensaustausch losgelöst von Ort und Zeit in Kombination mit Erfahrungsaustausch, Rollenspiel und persönlichen Begegnungen in klassischen Präsenztrainings.*"[158]

Blended Learning-Konzeptionen greifen die Frage auf, ob alle Lerninhalte und sonstigen Sachverhalte digitalisiert werden können und inwieweit E-Learning unter didaktischen, medialen und technischen Gesichtspunkten gewinnbringend mit Elementen traditioneller Lehre verbunden werden kann. Wesentliche Kritikpunkte im Zusammenhang mit E-Learning, wie etwa die angeführten Gefahren einer sozialen Isolierung und einer kognitiven Überlastung, einer trotz intensiver Thematisierung nur unzureichenden Interaktivität und Adaptivität, unrealistischen Erwartungen in Bezug auf die Motivation und die Steuerungskompetenz der Lernenden oder die Vernachlässigung kollaborativer Prozesse lassen sich durch die Integration von Elementen traditioneller Präsenzlehre bei Blended Learning-Konzepten besser beherrschen. Dennoch bleiben – unter der Prämisse einer sinnvollen Kombination der einzelnen Methoden und Elemente – die bereits thematisierten Vorteile des E-Learning (zumindest in Teilen) erhalten, so dass Blended Learning auf einer Art komplementärer Beziehung zwischen traditioneller Lehre und E-Learning in hybriden Lernarrangements beruht. Die in der Literatur häufig vorzufindende Betonung der Frage nach dem optimalen Digitalisierungsgrad stellt eine Konsequenz der anfänglich oftmals extremen Zielsetzungen einiger E-Learning-Ansätze dar, ganze Präsenzlehrangebote vollständig zu ersetzen.[159] Abweichend von einem derart eingeschränkten Begriffsverständ-

---

[157] Der Begriff Blended Learning ist abgeleitet vom englischen Wort „blend" und bedeutet „mischen", „mixen". „Hybrides Lernen" bzw. „Hybride Lernumgebungen" werden häufig als begriffliche Synonyme verwandt.

[158] Sauter / Sauter / Bender (2004), S. 68.

[159] Blended Learning erfordert jedoch mehr als nur einen möglichst optimalen Mix und eröffnet auch weit mehr Potenziale als „nur" die Kombination der didaktischen Vorteile von E-Learning und traditionellen Lernformen. So wird in dieser Arbeit unter anderem auch ein ökonomisch fundiertes Erstellungskonzept für hybride Lern-Services konzeptionell entwickelt, welches sich durch eine Kombination von standardisierten und individualisierten Leistungskomponenten auszeichnet, und welches damit auch ein ökonomisches Potenzial des Blended Learning offenbart. Siehe hierzu die Abschnitte 4.1.3.4, 4.1.4.3

nis wird Blended Learning hier umfassender interpretiert und steht für die didaktisch begründete Integration unterschiedlichster Elemente, wie z. B. auch kollaborativer und individueller Lernphasen, synchroner und asynchroner Kommunikation, offener und geschlossener Fragestellungen oder auch unterschiedlicher methodischer Ansätze innerhalb eines Lernarrangements.[160]

Damit zeichnet sich Blended Learning insbesondere durch eine erhebliche Integrationskraft aus, die sich auch auf die bereits dargestellten normativen Aspekte der Lernparadigmen beziehen kann.[161] Es lassen sich dabei grundsätzlich drei wesentliche Gestaltungsansätze für hybride Lernarrangements ausmachen:

- Ein Anreicherungsansatz liegt vor, wenn bestehende traditionelle Bildungsangebote durch E-Learning-Elemente ergänzt werden, der Schwerpunkt des resultierenden Lernarrangements jedoch weiterhin auf traditionellen Lernformen, Lernressourcen und Interaktionsformen liegt.

- Ein integrativer Ansatz zeichnet sich durch eine intensive Verknüpfung der oben dargestellten Ausgestaltungsalternativen aus. Sowohl E-Learning als auch traditionelle Komponenten übernehmen hier zentrale Funktionen, ohne dass ein eindeutiger Schwerpunkt auszumachen ist.

- Beim virtuellen Ansatz schließlich bilden die E-Learning-Bestandteile den Kern des Lernarrangements und werden lediglich durch Elemente der traditionellen Lehre (oftmals im Rahmen von Einführungs-, Zwischen- und Abschlussveranstaltungen) ergänzt.

Durch Blended Learning wird in Bezug auf die Gestaltung von Lernarrangements insgesamt ein sehr weitreichender Handlungsspielraum geschaffen, der bei einer fundierten didaktischen Nutzung bedeutend zur qualitativen Verbesserung der Lehre (und dabei auch zur Berücksichtigung ökonomischer Rahmenbedingungen und Erfordernisse) beitragen kann. Voraussetzung hierfür ist jedoch ein geeigneter Gestaltungsprozess, der in Abschnitt 5.2 unter der Bezeichnung Lern-Service-Engineering thematisiert wird.

Abbildung 4 zeigt beispielhaft die Konzeptdarstellung eines universitären hybriden Lernszenarios, auf dessen Basis bereits verschiedene Lernarrangements im Blended Learning-Format realisiert wurden.

---

    und 5.2.1.
[160] Vgl. Bendel / Hauske (2004), S. 41.
[161] Vgl. hierzu auch Reinmann-Rothmeier (2003), S. 41.

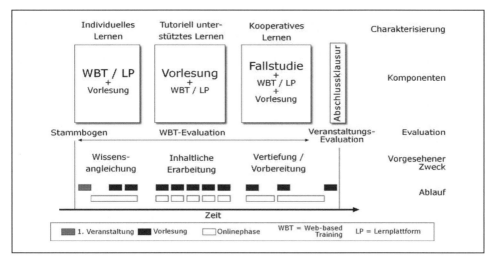

Abbildung 4: **Beispiel eines universitären hybriden Lernszenarios**

Das dargestellte Lernszenario besteht aus insgesamt drei Phasen, die sich hinsichtlich der angestrebten Lernprozesse als „Individuelles Lernen", „Tutoriell unterstütztes Lernen" und „Kooperatives Lernen" charakterisieren lassen. Jede der drei Phasen beinhaltet entsprechend des vorgesehenen Verwendungszwecks unterschiedliche Komponenten, die zudem eine zielgerichtete Gewichtung aufweisen. In der Phase „Individuelles Lernen", die auf eine Angleichung der Wissensstände von aus verschiedenen Schwerpunktbereichen stammenden Studierenden abzielt, stehen beispielsweise – im Gegensatz zur Phase „Tutoriell unterstütztes Lernen" – die WBTs im Vordergrund; anschließend dienen schwerpunktmäßig die Vorlesungen, ergänzt durch eine über eine Lernplattform[162] tutoriell unterstütze Lernmodulbearbeitung, der Erarbeitung neuer Inhalte. In der dritten Phase sollen die behandelten Inhalte der Veranstaltung durch die Lernenden anhand zusätzlicher WBTs zur Prüfungsvorbereitung vertieft werden und es werden mit Hilfe einer multimedialen Fallstudie kooperative Lernprozesse angestoßen, die im Sinne des konstruktivistischen Lernparadigmas eine aktive Wissenskonstruktion fördern und damit für einen Teil des Lernarrangements die Lernprozesse und den Lerngegenstand individualisieren.

2.2.3 Lernmanagement-Systeme

Entscheidend für den Erfolg hybrider Lernarrangements ist insbesondere eine sinnvolle und bruchfreie Zusammenführung der einzelnen Komponenten des Lernarrangements im Prozess des didaktischen Designs. Eine grundlegende Rol-

---

[162] Siehe hierzu Abschnitt 2.2.3.

le spielen diesbezüglich Lernmanagement-Systeme,[163] die i.d.R. einen Großteil der folgenden Eigenschaften und Funktionen aufweisen und sowohl für E-Learning- als auch für Blended Learning-Arrangements oftmals das zentrale Koordinationsinstrument darstellen:[164]

- Internetbasierte- und/oder intranetbasierte Benutzungsoberfläche;

- Verschiedenste Formen der Kommunikationsunterstützung, wie E-Mail, Chat, Diskussionsforen und ggf. integrierte Audio- und/oder Videoconferencing-Tools;

- Lernwerkzeuge wie Whiteboards, Notiz-, Annotations- und Lesezeichenfunktionalitäten;

- Kursverwaltungsinstrumente zur Organisation und Verwaltung der Kurse und Inhalte, u.a. in Form eines Dateimanagements, einer Inhaltsfreigabesteuerung und spezieller Tools für Prüfungsleistungen;

- Funktionalitäten für die Verwaltung von Benutzern und die differenzierte Vergabe von Rollen und Rechten.

Lernmanagement-Systeme übernehmen demnach vor allem die Verwaltung von E-Learning-Angeboten und Nutzern (Lernenden), organisatorische Unterstützungsfunktionen sowie die Bereitstellung von Lerninfrastruktur, wie z. B. verschiedene Kommunikations- und Kooperationsfunktionalitäten. Aufgrund ihrer umfassenden Verwendungs- und Gestaltungsmöglichkeiten und der Fokussierung von Aktivitäten der Lernenden eigenen sie sich sowohl für kognitivistisch als auch für konstruktivistisch geprägte Lernszenarien und -arrangements. Sie schaffen insbesondere auch weitreichende Möglichkeiten für selbstständige Lernprozesse.[165] Die Lernenden können inhaltlich-fachliche Arbeiten im Sinne

---

[163] Der Begriff „Lernplattform" wird in der vorliegenden Arbeit als Synonym betrachtet.

[164] Vgl. Schulmeister (2003), S. 10; Ziegler / Hofmann / Astleitner (2003), S. 77 und Schüssler (2003), S. 3f.

[165] Die Idee des Selbstständigen Lernens wird in der Wissenschaft vielfältig und unter verschiedenen Namen (wie z. B. auch dem Selbstgesteuerten Lernen oder dem Self-directed Learning) diskutiert. Selbstständiges Lernen betrifft im Kern eine Veränderung des Verhältnisses von Lehrenden und Lernenden, wobei Letzteren eine größere Autonomie eingeräumt wird. Neben den zahlreichen positiven Aspekten bedingt Selbstständiges Lernen auch die Gefahr, dass die Stärkung der Eigenverantwortung im Lernprozess nicht in der gewünschten Form aufgenommen wird, sondern stattdessen zu negativen Konsequenzen für den Lernerfolg und die Lernzufriedenheit führt. So z. B. – unabhängig von Motiva-

eines Recherchierens, Strukturierens, Diskutierens oder Produzierens mit den bereitgestellten Funktionalitäten abwickeln, aber auch organisatorische Aktivitäten, wie das Planen, Verteilen und Delegieren von Aufgaben oder das Überwachen und Koordinieren von kooperativen Arbeitsabläufen umsetzen. Insbesondere letzteres zeigt, dass mit Hilfe von Gruppenräumen und modernen Kommunikations- und Koordinationsfunktionalitäten, wie z. B. virtuellen Klassenzimmern und Videoconferencing-Tools, sozial-kommunikative Aspekte, die das Kollaborative Lernen[166] ausmachen, durch Lernplattformen unterstützt werden können.

2.2.4 Neuere Entwicklungen im Bereich innovativer Lehr- und Lernkonzepte

Zwei sich in jüngster Zeit vor allem auch aufgrund technologischer Forschritte abzeichnende Entwicklungen im Bereich des innovativen Lernens sind das Mobile Learning (M-Learning) und die Integration von Anwendungen des „Web 2.0". Während M-Learning auf die Flexibilitätspotenziale von E-Learning abzielt („anywhere", „anytime"), geht es bei dem Einsatz von Anwendungen die unter dem Schlagwort Web 2.0 diskutiert werden um eine veränderte Rolle der Lernenden (bzw. allgemein der Internetnutzer). Beide Entwicklungen können zumindest auch als technikinduziert betrachtet werden, da sowohl beim M-Learning als auch bei der E-Learning-spezifischen Verwendung von Web 2.0-Ansätzen – bei letzteren insbesondere im multimedialen Kontext – eine leis-

---

tions- oder Kompetenzproblemen – wenn die Lernenden weiterführende oder konkurrierende Argumente und Gedankengänge, die nicht ihren eigenen Vorstellungen entsprechen, vernachlässigen, woraus ein „Schmalspurdenken" resultieren könnte. Vgl. Müskens / Müskens (2002), S. 17; Bruns / Gajewski (2002), S. 23. Zu den hierfür erforderlichen Kompetenzen siehe bspw. Grundmann / Hußmann (2003), S. 156. Einen generellen Überblick gibt Deitering (2001).

[166] Der Begriff des Kollaborativen Lernens bezieht sich auf Angebote, bei denen die Lernenden „... *gemeinsam und in wechselseitigem Austausch Kenntnisse und Fähigkeiten erwerben*". Breuer (2001), S. 2. Dem Kollaborativen Lernen liegt die Annahme zugrunde, dass kooperative Teams ein höheres Niveau an Gedankengängen produzieren und länger und intensiver arbeiten können als Lernende, die für sich alleine den Lernstoff erarbeiten. Darüber hinaus wird davon ausgegangen, dass durch die Kommunikation mit Anderen selbstständiges, wissenschaftliches und urteilsfähiges Denken gefördert wird. Vgl. Breuer (2001); Schwabe / Valerius (2002); Bruhn (2000). In diesem Zusammenhang offenbart sich ein zusätzliches Potenzial des (über Lernmanagement-Systeme organisierten) E-Learning, da z. B. asynchrone Kommunikationsmöglichkeiten wie Diskussionsforen oder Web 2.0-Anwendungen wie Blogs und Wikis eine dauerhafte Verfügbarkeit von Fragen/Antworten im Sinne von FAQs (Frequently Asked Questions) und eine kollektive Wissensentwicklung erlauben, so dass auch unabhängig von einem direkten Kontakt von und mit Anderen gelernt werden kann.

tungsstarke Infrastruktur bei den Nutzern vorausgesetzt werden muss. Gleichzeitig lassen beide Ansätze aber auch didaktische Potenziale erkennen, da sie das bestehende E-Learning-Handlungsfeld erheblich erweitern (können).

2.2.4.1 M-Learning

M-Learning zielt auf den ersten Blick auf eine vollständige Aufhebung technologischer Beschränkungen in Bezug auf den Lernort und die Lernzeit ab. Lernen soll zu jedem Zeitpunkt (insbesondere auch in nur klein(st)en verfügbaren Zeiträumen) und an jedem Ort ermöglicht werden. So gesehen lässt sich M-Learning als eine Weiterführung der ursprünglich mit E-Learning verbundenen flexibilitätsbezogenen Bestrebungen ansehen. In Anbetracht der aber (aufgrund des Transportabilitätserfordernisses) i.d.R. kleineren und teilweise auch unkomfortableren Endgeräte (z. B. wegen der im Vergleich zu stationärer IuK-Technologie leistungsschwächeren (Grafik-)Prozessoren, der begrenzten Darstellungsfläche und Visualisierungsmöglichkeiten) erscheint M-Learning jedoch gegenwärtig noch wie eine benachteiligte Variante des E-Learning, bei der zugunsten einer größeren örtlichen und zeitlichen Flexibilität der Lernenden einige für die didaktische Einschätzung und Bewertung relevante Schwächen in Kauf zu nehmen sind.[167] Unter Beachtung der Forderungen moderner lerntheoretischer Ansätze hinsichtlich der Situiertheit von Lernprozessen weist M-Learning jedoch auch erhebliche Potenziale auf. Unter der Prämisse einer sowohl technisch als auch didaktisch adäquaten Gestaltung ermöglicht es im Gegensatz zu „stationärem Lernen" eine stärkere Verzahnung des Lernprozesses mit dem tatsächlichen räumlichen und zeitlichen Kontext des Lerngegenstands. Im Idealfall kann genau in der Bedarfssituation, direkt am Ort der Bearbeitung einer konkreten Aufgabe und somit unter absolut realistischen Bedingungen gelernt werden. Für das Lernen am Arbeitsplatz oder auch während der Anreise zu einem Geschäftstermin lassen sich hieraus durchaus Szenarien sinnvoller Lernprozesse generieren. Einschränkend muss jedoch die Bruchstückhaftigkeit und die oftmals nur in geringem Maße an die Anforderungen der Lernenden angepasste Aufbereitung der Inhalte kritisiert werden.[168] Unter Berücksichtigung des bereits thematisierten Lernbegriffs müsste in der Konsequenz dementsprechend eher von „Informieren" und nicht von Lernen gesprochen werden, wenn es um eine solche, tendenziell wenig nachhaltige Bereitstellung von Informationen geht. In Anbetracht der dynamischen Entwicklung in den Bereichen Hard- / Software-

---

[167] So auch Oppermann / Specht (2003), S. 2f. Es ist jedoch deutlich erkennbar, dass diese Nachteile rapide schwinden.

[168] Vgl. Oppermann / Specht (2003), S. 17f.

ausstattung sowie Datenübertragung ist jedoch von einem stetigen Bedeutungszuwachs und einem dementsprechend ebenfalls anwachsenden didaktischen
Gestaltungsspielraum auszugehen.[169]

2.2.4.2 Integration von Anwendungen des Web 2.0

Das Schlagwort Web 2.0 fasst einerseits eine Reihe „neuer" Internet-
Anwendungen wie Wikis[170], Weblogs[171], Podcasts[172] oder Social Network Services[173] zusammen, es repräsentiert gleichzeitig aber auch die damit einhergehende veränderte Wahrnehmung und Nutzung des Internet.[174] Aufgrund der Fokussierung sozialer Interaktionen wird in diesem Zusammenhang auch von Social Software bzw. Social Computing gesprochen und damit auch hier ein direkter Zusammenhang zu den modernen lerntheoretischen Ansätzen hergestellt, die
eine aktive und sozial eingebundene Rolle der Lernenden fordern.[175] *Kerres*
identifiziert mit der verstärkt nutzerseitigen Contenterzeugung, der Aufhebung
bisheriger Grenzen in Bezug auf lokale bzw. entfernte Datenhaltung und

---

[169] Einen Überblick über die Hardwareanforderungen und die unterschiedlichen Software-
tools im M-Learning-Kontext gibt Lehner (2005).

[170] *„Ein Wiki (auch »WikiWiki« und »WikiWeb«) ist eine Website, bei der bekannte oder
anonyme Benutzer Lese- und Schreibrechte haben, wie bei Brettern oder Wänden, auf die
man etwas malt oder pinnt."* Bendel (2006), S. 82. Bekanntestes Beispiel eines Wikis ist
Wikipedia, das auf die Etablierung mehrsprachiger und weltweit verfügbarer Online-
Enzyklopädien ausgerichtet ist. Für nähere Informationen zu Wikipedia siehe Bendel
(2006) und http://de.wikipedia.org.

[171] *„Unter einem Weblog (Kunstwort aus »Web« und »Logbuch«) oder einfach nur Blog versteht man eine Internetpräsenz, auf der sporadisch neue Artikel bzw. Einträge publiziert
werden."* Hippner (2006), S. 10. Einen Überblick über die verbreiteten Typen von
Weblogs, die sich sowohl als private Tagebücher, als Sammlung von Fachbeiträgen oder
auch als Informationsinstrumente von Unternehmen durchsetzen konnten, geben Picot /
Fischer (2006).

[172] Die aus den Begriffen iPod und Broadcasting zusammengesetzte Wortschöpfung Podcast
steht für Mediendateien, die im Internet angeboten werden und über RSS (Really Simple
Syndication) abonniert und automatisiert abgerufen werden können. Die Bandbreite der
gegenwärtig behandelten Themen ist dabei ebenfalls extrem breit und reicht von Nachrichten über Hörspiele, Unternehmensinformationen und Tagebüchern bis hin zu Bildungsangeboten. Die modernere, auch Videos einbeziehende Fassung (teilweise auch
Vodcast genannt), wurde in Deutschland insbesondere auch durch die diesbezüglichen
Aktivitäten der Bundeskanzlerin bekannt, die auf http://www.bundeskanzlerin.de im Wo-
chentakt über aktuelle politische Geschehnisse informiert. Siehe auch Hippner (2006),
S. 12.

[173] Social Network Services zielen auf den Aufbau einer Online Community ab, die den Einzelnen bei der Etablierung und Verwaltung eines sozialen Netzwerks, ggf. im Hinblick
auf eine spezielle Zielsetzung, unterstützen soll. Vgl. Hippner (2006), S. 13.

[174] Vgl. Hippner (2006); Kerres (2006), S. 3.

[175] Vgl. Williams / Williams (2006); Garret / Nantz (2006).

-verarbeitung sowie der zunehmenden öffentlichen Preisgabe bisher weitgehend privater Inhalte, Informationen und Aktivitäten drei wesentliche Grenzverschiebungen, die das Web 2.0 vom traditionellen Verständnis des Internet unterscheiden.[176] Bezogen auf den E-Learning-Kontext werden die Lernenden mit entsprechenden Anwendungen zu einer aktiven Erzeugung von Lerninhalten bewegt, ohne die bisherige strikte Trennung von lokaler und entfernter Bearbeitung aufrecht zu erhalten (im Sinne eines ubiquitären Lernens), wobei sich Lernen insgesamt zu einer sichtbaren und öffentlichen Performanz im Sinne nachvollziehbarer und beobachtbarer Lernaktivitäten wandelt.[177] Eine Besonderheit der dabei angestoßenen Interaktionen ist, dass diese nicht nur zwischen Lehrenden und Lernenden, sondern insbesondere auch zwischen den Lernenden selbst stattfinden, so dass bei einer gelungenen didaktischen Implementierung neben den von den Lehrenden dauerhaft gesteuerten auch selbstorganisierte Lerngemeinschaften gefördert werden können.[178] Die technische Grundlage für zahlreiche Web 2.0 Anwendungen stellt dabei RSS (Really Simple Syndication) dar, eine plattformunabhängige Sammlung von XML-basierten Dateiformaten, die den (automatisierten) Austausch von Nachrichten und (multimedialen) Inhalten zwischen den Nutzern mit Hilfe von Abonnementfunktionen ermöglicht.[179]

2.3 Zwischenfazit zu innovativen Lehr- und Lernkonzepten

Kapitel 2 diente der grundlegenden Behandlung innovativer Lehr- und Lernkonzepte. Es wurde dazu zunächst das Lernen selbst thematisiert, bevor das E-Learning und die zielgerichtete Kombination von E-Learning und Elementen traditioneller Lehre in hybriden Lernarrangements (Blended Learning) als innovative Lernkonzepte zum Gegenstand der Betrachtung wurden. Der innovative Charakter von E-Learning und Blended Learning wurde dabei auf ihre ständige Weiterentwicklung und die hierdurch verursachten Veränderungen im Bildungswesen zurückgeführt, wobei sich insbesondere auch ein besonderes Potenzial zur Realisierung von Lernprozessen entsprechend der modernen kogni-

---

[176] Vgl. Kerres (2006), S. 3ff.

[177] Vgl. Kerres (2006), S. 5f. Hiermit gemeint ist etwa die sichtbare Beteiligung an einer Online-Diskussion zu einem bestimmten Themenbereich oder die gemeinsame Reflektion von Entwicklungen durch die Lernenden in Weblogs.

[178] Vgl. Garret / Nantz (2006), S. 526.

[179] Für Details und Hintergründe zu RSS siehe Hippner (2006), S. 9f.; Garret / Nantz (2006), S. 527ff. und http://www.rssboard.org/rss-specification. Einen Überblick über Einsatzmöglichkeiten von Web 2.0-Anwendungen bzw. Social Software im E-Learning und Blended Learning geben Hippner (2006); Garret / Nantz (2006); Williams / Williams (2006) und Kerres (2006), bzw. für einzelne Anwendungen wie Wikis oder Blogs Bendel (2006); Picot / Fischer (2006) und Stewart (2006).

tivistischen und konstruktivistischen Lernparadigmen ausmachen lässt. Im Vordergrund stehen jeweils die Lernenden, die sich aktiv mit komplexen und authentischen Aufgabenstellungen auseinandersetzen.

Neben allgemeinen Erläuterungen zu E-Learning und Blended Learning wurde ein hierarchisches Begriffsverständnis erarbeitet, welches zwischen Bildungsprogrammen auf der Makroebene, Lernszenarien und Lernarrangements auf der Mesoebene sowie (elektronischen) Lernressourcen und (elektronischen) Kommunikationsformen auf der Mikroebene unterscheidet. Verschiedene Kategorisierungsansätze, z. B. anhand des Digitalisierungsgrads, entsprechend der lerntheoretischen Ausrichtung oder auch nach dem Innovationsgrad, dienten der Generierung eines Überblicks über die Vielfalt der bereits bestehenden Realisierungs- und Ausgestaltungsmöglichkeiten.

Übergreifend wurden die Multimedialität, Interaktivität und Adaptivität von E-Learning-Angeboten als deren konstituierende Eigenschaften herausgestellt. Alle genannten Merkmale sind in der Praxis in sehr unterschiedlichen Ausprägungen und Intensitäten anzutreffen und lassen nicht automatisch auf qualitativ anspruchsvolle Angebote schließen. Gemeinsam eröffnen sie jedoch einen didaktischen Gestaltungsspielraum, der auf erhebliche Potenziale, wie z. B. sowohl zeitliche als auch örtliche Flexibilitätszugewinne, zusätzliche Individualisierungsmöglichkeiten oder auch motivationale Effekte von E-Learning schließen lässt. Um diese Potenziale realisieren zu können, muss jedoch ein komplexer Designprozess bewältigt werden, der in der Praxis eine hohe Hürde für erfolgreiche E-Learning-Angebote darstellt. Interessant sind deshalb gegenwärtig insbesondere hierauf abzielende Gestaltungskonzepte und vor allem auch hybride Ansätze im Sinne eines Blended Learning, die die Vorteile von E-Learning mit denen traditioneller Lehr- und Lernkonzepte zusammenführen und somit für viele Institutionen einen praktikablen Weg zur Beherrschung der Herausforderungen aufzeigen.

Erläuterungen zu neuen Entwicklungen im Bereich Mobile Learning (M-Learning) und Web 2.0 schlossen die bisherigen Ausführungen ab. Beide Ansätze zeichnen sich durch didaktische Potenziale aus, die beim M-Learning auf einer weiteren Flexibilitätssteigerung und zusätzlichen Möglichkeiten für situierte Lernprozesse basieren, bei Web 2.0-Anwendungen u.a. auf der implizierten neuen und aktiven Rolle der Lernenden beruhen.

E-Learning und Blended Learning lassen sich somit durchaus als innovative Lehr- und Lernkonzepte bezeichnen, auch wenn letztlich die konkrete Ausgestaltung der Lernarrangements über deren (Mehr-)Wert entscheidet. Es ist festzuhalten, dass die Auswirkungen der dargestellten Entwicklungen auf die Lehre und das Lernen von erheblicher Intensität sind; sollen die beinhalteten positiven Effekte jedoch auch nachhaltiger Natur sein, müssen geeignete ökonomische Voraussetzungen geschaffen werden. Die vorliegende Arbeit wendet sich daher nun einer ökonomischen Betrachtung zu. Auch hier lassen sich massive Veränderungen ausmachen, die eng mit dem Wandel auf didaktischer Ebene verbunden sind.

3 Die Veränderungen aus ökonomischer Perspektive – Transformation der Bildungsbranche

Einen wichtigen Anhaltspunkt für einen entscheidenden Wandel unter ökonomischen Gesichtspunkten – der im vorliegenden Kapitel unter dem Stichwort Branchentransformation untersucht wird – bieten zunächst einmal quantitative Indikatoren, sowohl auf Branchenebene als auch auf Marktebene und Einzelakteurs- bzw. Geschäftssystemebene.[180]

Die Verwendung dieser quantitativen Indikatoren setzt eine klare Definition der Begrifflichkeiten voraus, insbesondere also eine Abgrenzung von Branchen, Märkten und Geschäftssystemen.[181]

Ein Markt als Institution ist nach *Schneider* zu verstehen als geordnete Menge an beobachtbaren Elementen, genannt „Marktprozesse", und geordnet nach den Relationen „Marktregeln" und „Marktstruktur".[182] Der Begriff „Marktprozesse" steht dabei für die in einem Markt beobachtbaren Handlungen, die entweder in Form von Wissenssammlungen und -verbreitungen, Verhandlungen oder Tauschvereinbarungen gegeben sein können.[183] Marktregeln und Marktstruktur stellen die Ordnungsmerkmale für die Marktprozesse dar, wobei die Marktstruktur die Gesamtheit der faktischen Einflussgrößen, wie z. B. die Marktform oder die Produktdifferenzierungen der Marktgegenstände, und die Marktregeln die dem Ausüben der Unternehmerfunktionen zugrunde liegenden Regelsysteme sowie die Marktverfassung als Gesamtheit an Normen für Marktprozesse repräsentiert.[184]

Der Marktbegriff wird im Rahmen dieser Arbeit auf eine Wertschöpfungsstufe beschränkt und bezeichnet diesbezüglich zugleich eine Koordinationsform.[185] Eine Branche, die von *Porter* und *Rivkin* als komplexes Netz von Unternehmen, Kunden, Zulieferern und Anbietern substitutiver und komplementärer Güter verstanden wird,[186] weist nach diesem Verständnis folglich so viele Märkte wie Wertschöpfungsstufen auf.

---

[180] Vgl. Gersch / Goeke (2006), S. 6f.

[181] Die dargestellte Interpretation geht zurück auf Gersch / Goeke (2006).

[182] Vgl. Schneider (1995), S. 11.

[183] Vgl. Schneider (1995), S. 11f. und S. 79f.

[184] Vgl. Schneider (1995), S. 79f.

[185] Vgl. Gersch / Goeke (2006), S. 5. Für Koordinationsaktivitäten wird allgemein von einer Markt-Hierarchie-Dichotomie ausgegangen. Während Märkte mit Hilfe von Angebot und Nachfrage über den Preis zu einem Koordinationsergebnis gelangen, bedienen sich Hierarchien der typischen Über- und Unterordnungsinstrumente „zentrale Weisung", „Regeln", „Macht" und „Autorität". Siehe hierzu Abschnitt 4.1.7.3.3.

[186] Vgl. Porter / Rivkin (2000), S. 1.

Neben derartigen, allerdings nur im günstigen Fall tatsächlich quantifizierbaren Indikatoren, lassen sich in der Regel auch qualitative Anzeichen tief greifender Veränderungen ausmachen. Diese können zum einen als Plausibilitätskontrolle für die harten Fakten dienen, gleichzeitig liefern sie jedoch als Auslöser bzw. teilweise auch als Treiber Hinweise auf weitere sich abzeichnende Entwicklungen.[187] Nach einer überblicksartigen Betrachtung von Daten, Statistiken und Prognosen befasst sich daher auch ein Abschnitt mit diesen Auslösern und Treibern, bevor schließlich eine exemplarische Untersuchung von Auswirkungen des Transformationsprozesses, die sich sowohl auf der Branchenebene als auch auf der Markt- und Geschäftssystemebene zeigen und damit eine integrierte Analyse erforderlich machen, den Abschluss der Transformationsanalyse für die Bildungsbranche bildet.

3.1 Transformation als Branchenentwicklungsstufe

Branchentransformation lässt sich zunächst einmal als eine Stufe der durch Digitalisierung und Vernetzung ausgelösten Veränderungen auf Branchenebene interpretieren. Sie zeichnet sich dabei durch eine tief greifende Veränderung der Wertschöpfungs- und Wettbewerbsstrukturen aus und bezeichnet eine Situation, in der sich eine Branche unter dem Einfluss vornehmlich technologischer Entwicklungen zu einem spezifischen Zeitpunkt befindet. Diese Charakterisierung von Brachentransformation ist Teil einer Unterscheidung von vier idealtypischen Branchenentwicklungsstufen, die sich, wie in Abbildung 5 dargestellt, durch die Bedeutung der elektronischen Unterstützung und die Intensität der damit einhergehenden Veränderungen der traditionellen Strukturen auszeichnen.[188] Jede der Entwicklungsstufen ist mit typischen Zielrichtungen der Verwendung von IuK-Techniken verbunden, wodurch sich tendenziell die jeweils relevanten Herausforderungen innerhalb einer in dieses Entwicklungsschema eingestuften Branche für die dort handelnden Akteure erkennen und diskutieren lassen.[189]

---

187 Vgl. Gersch / Goeke (2006), S. 7.
188 Der dabei verwendete Begriff Electronic Business (E-Business) überschreibt branchenunabhängig die Unterstützung der Leistungserstellung und Koordination durch Informations- und Kommunikationstechnik und bezieht somit sowohl die interne Leistungserstellung, die Kooperation mit Partnern und Lieferanten als auch das Verhältnis zu Nachfragern in die Betrachtung mit ein. Auch E-Learning-Akteure realisieren nach diesem Verständnis folglich E-Business-Anwendungen. Ausführlich zur Abgrenzung des Begriffs E-Business siehe Gabriel / Gersch / Weber (2004b).
189 Für eine ausführliche Erläuterung des Konzepts der Entwicklungsstufen des E-Business siehe Gersch / Goeke (2004b).

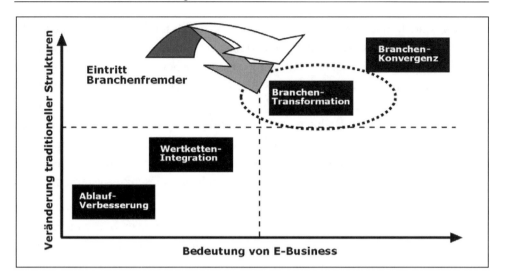

Abbildung 5:   Branchenentwicklungsstufen unter dem Einfluss des E-Business[190]

Auf der Stufe der *Ablaufverbesserung* ändert sich die traditionelle Struktur einer Branche nur geringfügig. Digitalisierung und Vernetzung werden zur Steigerung der Effizienz innerhalb der existierenden Strukturen genutzt. So kann etwa bereits der einfache Einsatz von E-Mails zur Verbesserung der sowohl unternehmensinternen als auch unternehmensexternen Kommunikation beitragen.[191] Bezogen auf Lehr- und Lernprozesse entsprächen beispielsweise Bestrebungen in Richtung einer besseren Betreuung von Studierenden außerhalb des direkten persönlichen Kontakts in Veranstaltungen und Sprechstunden dieser Stufe. Auch die Koordination von Lernprozessen mit Hilfe eines Lernmanagement-Systems lässt sich als Ablaufverbesserung interpretieren. Die Stufe der *Wertketteninteg-ration* kennzeichnet eine Fokussierung unternehmensübergreifender Konzepte, die auf eine Verbesserung der interorganisationalen Zusammenarbeit ausgerichtet sind. Digitalisierung und Vernetzung bedingen hier neue Möglichkeiten zur Auslagerung traditionell intern erstellter Wertschöpfungsaktivitäten und eröffnen gleichzeitig Möglichkeiten für eine unternehmensübergreifende Steuerung der Wertschöpfungsprozesse.[192] So ist es beispielsweise ein Anliegen von im Wettbewerb befindlichen Bildungsanbietern, Experten in die Lernarrangements einzubinden. Dies lässt sich mit Hilfe von Online-Diskussionsforen, virtuellen Klassenzimmern oder Videokonferenzsystemen einfacher, flexibler und günstiger als in traditionellen Formen realisieren. Im Rahmen der *Branchentransfor-*

---

[190] In Anlehnung an Gersch / Goeke (2004b), S. 1529 ff.; Deise et al. (2000), S. XVIIff.

[191] Vgl. Gersch / Goeke (2004b), S. 1530f.

[192] Vgl. Gersch / Goeke (2004b), S. 1531; Engelhardt / Reckenfelderbäumer (1993), S. 272f.

mation finden nachhaltige Änderungen der traditionellen Wettbewerbs- und Wertkettenstrukturen statt. Einzelne Akteure entwickeln Alternativen bzw. etablieren neue Leistungsangebote im Markt. Neue, bisher branchenfremde Akteure spielen hierbei oftmals eine große Rolle, da sie sich mutiger von bestehenden Leistungsangeboten und Konzepten lösen und neue Leistungsangebote schaffen, um auf sich wandelnde Bedürfnisse der Nachfrager zu reagieren.[193] Auf der Stufe der *Branchenkonvergenz* verschwimmen schließlich ganze Branchengrenzen. Einzelne Anbieter kombinieren Elemente mehrerer Branchen auf innovative Art und Weise, weshalb eine Zuordnung der betriebenen Geschäftssysteme zu einer traditionellen Branche kaum noch möglich ist.[194]

Unabhängig davon, ob nun E-Learning als eigene, sich neu etablierende Branche oder als Teil einer übergeordneten Bildungsbranche verstanden wird,[195] lassen sich für das Bildungswesen Hinweise für einen tief greifenden Wandel, der eng mit der zunehmenden Vernetzung und Digitalisierung – und damit speziell auch mit den Entwicklungen rund um das E-Learning – verbunden ist, deutlich erkennen. Bereits die Ausführungen in Kapitel 2 haben gezeigt, dass Digitalisierung und Vernetzung im Rahmen der Lehre und des Lernens in immer stärkerem Maße das Bild prägen, und dass IuK-Techniken zentrale Bereiche und Prozesse des Bildungswesens nachhaltig verändern. Auch ökonomische Konsequenzen lassen sich ausmachen und zeigen sich etwa in veränderten ökonomischen Gesetzmäßigkeiten und Rahmenbedingungen, beispielsweise in Verbindung mit den zunehmend digitalisierbaren Gütern (z. B. in Form von WBTs). Die hierbei oftmals hohen First-Copy Costs gehen einher mit nahezu vernachlässigbaren Grenzkosten der Folgeproduktion, woraus sich erhebliche strategische Implikationen ergeben.[196] So verbindet sich die Vorfinanzierungsnotwendigkeit für das erste Exemplar digitaler Güter mit einem Finanzierungs- und Vermarktungsrisiko, und nach Markteinführung besteht die Gefahr eines ruinösen Preiswettbewerbs, da konkurrierende Anbieter im Extremfall bereit sind, ihre Preise bis zu

---

[193] Vgl. Gersch / Goeke (2004b), S. 1531f.

[194] Vgl. Gersch / Goeke (2004b), S. 1533.

[195] Zu dieser Frage sei verwiesen auf *Porter* und *Rivkin*, die die These vertreten, dass bei grundlegender Betrachtung die Entstehung einer völlig neuen Branche die große Ausnahme darstellt, und dass in den entsprechenden Entwicklungen nahezu ausnahmslos ebenso gut der Wandel einer bestehenden Branche gesehen werden kann. Auf der Basis der von den Autoren vorgeschlagenen Branchendefinition soll im Folgenden keine eigene E-Learning-Branche, sondern eine übergeordnete Branche „Bildung" Gegenstand der Betrachtung sein, die verstanden wird als ein komplexes Netzwerk von Beziehungen zwischen Firmen, Kunden, Zulieferern und Anbietern substitutiver und komplementärer Bildungsgüter und -dienstleistungen. Vgl. Porter / Rivkin (2000), S. 2 f.

[196] Vgl. Picot / Reichwald / Wigand (2003), S. 60 ff.; Shapiro / Varian (1999), S. 3.

den (gegen Null tendierenden) Grenzkosten abzusenken. In Verbindung mit den ebenso deutlichen Vernetzungstendenzen werden damit Herausforderungen aber auch Chancen bezüglich der Vermarktung, Distribution und Erlösgenerierung sichtbar.[197]

Es soll jedoch an dieser Stelle nicht bei einer Einstufung der Bildungsbranche als sich transformierende Branche bleiben, sondern auch der Transformationsprozess selbst, mit seinen Auswirkungen auf Einzelakteurs-, Markt und Branchenebene, soll näher betrachtet werden.[198]

3.2 Der Prozess der Branchentransformation

Der Prozess der Branchentransformation kennzeichnet die ergebnisoffene Überführung einer Branche in einen veränderten Zustand und vollzieht sich nach *Porter* und *Rivkin* idealtypisch in den folgenden vier Schritten:[199]

1. Auslöser eröffnen neue Möglichkeiten der Leistungserbringung, die, sofern sie von etablierten oder branchenfremden Akteuren aufgegriffen werden, die Branchentransformation einleiten.

2. Eine Experimentierphase beginnt, die durch große Unsicherheiten bestimmt ist und in der einzelne Akteure die neuen Möglichkeiten gewinnbringend zu nutzen versuchen.

3. Der Wettbewerb verdrängt schließlich alle unrentablen Geschäftssysteme vom Markt und läutet eine Phase der Konsolidierung ein, die durchaus über einen längeren Zeitraum anhalten kann.

4. Es bildet sich eine neue Wertketten- und Wettbewerbsstruktur für die Branche heraus.

Dieser Prozess läuft jedoch nicht in einer vorhersagbaren Art und Weise ab und kann auch nicht nach ersten sichtbaren Veränderungen der Wertketten- und Wettbewerbstrukturen als abgeschlossen betrachtet werden.

---

[197] Ausführlich zu wichtigen ökonomischen Herausforderungen und Gestaltungsmöglichkeiten für Betreiber von Lern-Service-Geschäftssystemen siehe Kapitel 4.

[198] Auch Fiedler / Welpe / Picot (2006), S. 1 betonen die hohe Bedeutung des stattfindenden Wandels im Bildungswesen, da dieser nicht nur die relevanten Institutionen und ihre Mitglieder, sondern auch die Gesellschaft, die Wirtschaft und die Politik als Ganzes beeinflusst.

[199] Vgl. Porter / Rivkin (2000), S. 2ff.

Es handelt sich vielmehr um einen evolutorischen Prozess, bei dem sowohl der Entwicklungspfad als auch die sich herausbildenden neuen Strukturen von zahlreichen interdependenten Faktoren und Entscheidungen, wie z. B. insbesondere auch dem Verhalten der beteiligten Akteure, abhängen.[200]

Unter Berücksichtigung der weiter oben angeführten Markt- und Branchenbegrifflichkeiten lässt sich Branchentransformation damit konkretisieren als über eine definierte Schwelle hinausgehende, nachhaltige Veränderung wichtiger Elemente und/oder Relationen von Märkten bzw. der in einer Branche aufeinander folgenden Marktstufen innerhalb eines definierten Zeitraums.[201] Dabei bezieht sich die Änderung von Elementen auf Marktprozesse und getätigte Transaktionen, relationale Änderungen dagegen betreffen Marktregeln und Strukturen.[202]

Die Transformation äußert sich dabei auf drei verschiedenen Ebenen. Erstens betrifft sie, wie bereits in Abschnitt 3.1 herausgestellt, die Wettbewerbs- und Wertkettenstrukturen der gesamten Branche. (Dis-/Re-)Intermediationsprozesse können hier das bestehende Wertsystem nachhaltig verändern.[203] Darüber hinaus ergeben sich jedoch auch Konsequenzen für einzelne Marktstufen der Branche, und letztlich müssen auch die Einzelakteure auf die Veränderungen reagieren, um ihre Wettbewerbsfähigkeit in dem dynamischen Umfeld zu erhalten. Auf der Basis des evolutorischen Transformationsverständnisses und unter Berücksichtigung dieser verschiedenen durch die Transformation betroffenen Ebenen stellt der in Abbildung 6 dargestellte Transformationsseismograf von *Gersch* und *Goeke* ein strukturiertes Instrument zur Analyse von Branchenveränderungen dar, das im Folgenden auf die Bildungsbranche angewendet wird.[204]

---

[200] Vgl. Freiling / Gersch / Goeke / Weber (2006), S. 8.

[201] Vgl. Gersch / Goeke (2006), S. 6.

[202] Vgl. Gersch / Goeke (2006), S. 6.

[203] Zu den Begrifflichkeiten und den damit einhergehenden Veränderungen siehe Abschnitt 4.1.5.2.3.1.

[204] Zur theoretischen Fundierung dieses Analyseansatzes siehe Gersch / Goeke (2006). Den Kern stellt dabei die unter dem Dach der Marktprozesstheorie vollzogene Zusammenführung der auf die Marktebene ausgerichteten (New) Austrian Economics und der auf die Einzelakteursebene fokussierten Comptence-based Theory of the Firm dar. Vgl. Gersch / Goeke (2006); Gersch / Freiling / Goeke (2005); Freiling / Gersch / Goeke / Weber (2006). Im Folgenden beginnt die Analyse jedoch nicht, wie in der Abbildung vorgeschlagen, mit einer Untersuchung der Auslöser und Treiber, sondern mit der Betrachtung quantitativer Indikatoren.

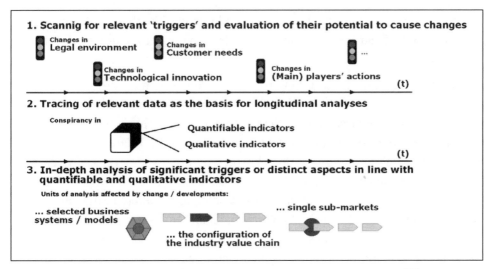

Abbildung 6: Ein „Transformationsseismograf" als Analyseinstrument[205]

3.2.1 Quantitative Indikatoren einer Branchentransformation

Aussagekräftige quantitative Indikatoren würden in diesem Zusammenhang deutliche Änderungen bei den folgenden Punkten darstellen:[206]

- Art, Anzahl und Verbindungen von Wertschöpfungsstufen in der jeweiligen Branche;
- Art, Anzahl und Verbindungen von Branchen- und Marktakteuren;
- Art, Anzahl und Verbindungen von Geschäftssystemen;
- Umsätze auf verschiedenen Aggregationsebenen, wie z. B. einzelnen Wertschöpfungsstufen, etablierten und neuen Distributionskanälen oder traditionellen und neuen Leistungsangeboten;
- Branchen- und Akteursrentabilität.

Bezüglich der Art und Anzahl von Wertschöpfungsstufen ist in der Bildungsbranche laut Experteneinschätzung gegenwärtig eine Spezialisierung der Akteure und damit verbunden eine Auffächerung zu verzeichnen.[207] Dieser Trend gilt sowohl speziell für E-Learning-Anbieter, die sich in den letzten Jahren häufig durch ein Full-Service-Angebot auszeichneten, angesichts der zahlreichen und immer spezifischeren Entwicklungen sowie einer zunehmenden Wettbewerbsverschärfung nun aber zu Spezialisierungen neigen, als auch für traditionelle

---

[205] In Anlehnung an Gersch / Goeke (2006), S. 8.
[206] Vgl. Gersch / Goeke (2006), S. 6f.
[207] Vgl. Heddergott (2006), S. 41f. und S. 45.

Anbieter, die aufgrund regulatorischer Änderungen ebenfalls mehr und mehr dem Wettbewerb ausgesetzt sind und in der Konsequenz ähnliche Tendenzen aufzeigen.

Ein Großteil der auf die Erfassung bzw. Schätzung und/oder Prognose der Umsätze im E-Learning-Markt abzielenden Studien wurde im Zuge des New Economy-Booms[208] verfasst und ist dementsprechend durch eine große Euphorie geprägt. Nach dem Einbruch der New Economy ließ das Interesse an einer zahlenmäßigen Erfassung und an Entwicklungsprognosen spürbar nach, so dass für heute in wesentlichen Bereichen keine verlässlichen Zahlen vorliegen.[209] Es lassen sich jedoch aus einer kombinierten Betrachtung der älteren Studienergebnisse mit ausgewählten aktuell verfügbaren statistischen Zahlen und Befragungsergebnissen dennoch zumindest Trends in Bezug auf Umsatzentwicklungen und die Branchenrentabilität erkennen. Einen Überblick über die wichtigsten Studien und Prognosen zum E-Learning-Marktvolumen aus dem Zeitraum 2001-2003 geben *Dohmen* und *Michel,* der 6. Faktenbericht Monitoring Informationswirtschaft der NFO Worldgroup sowie der dazugehörige 3. Trendbericht.[210] Die erfassten Prognosen für den deutschen E-Learning-Markt aus dem Zeitraum 2000-2001 unterstellten durchweg eine Übertragbarkeit des hohen Wachstums der New Economy auch auf den E-Learning-Bereich. Studien von Berlecon (2000) und Cap Gemini Ernst & Young (2001) prognostizierten ein exponentielles Wachstum des deutschen E-Learning-Markts und kamen bei ihren Berechnungen für das Jahr 2004 auf ein Marktvolumen von deutlich über 1 Mrd. Euro. Diese starke Orientierung an der New Economy lässt sich auch am Beispiel der International Data Corporation (IDC) nachvollziehen, die ihre Vorhersage bzgl. des E-Learning-Marktvolumens in 2004 innerhalb eines Jahres (von 2001 auf 2002) aufgrund der einsetzenden Krise von 748 Mio. Euro auf 230 Mio. Euro, also um mehr als zwei Drittel nach unten korrigierte. Welches Volumen in 2004 und darüber hinaus tatsächlich erreicht wurde, ist nicht exakt feststellbar, so dass lediglich nach Indizien für die Richtigkeit bzw. die Fehlerhaftigkeit der Prognosen und damit für die tatsächliche Entwicklung gesucht werden kann. Tabelle 4 fasst ausgewählte Prognosen zusammen:

---

208 Der Begriff New Economy bezeichnet ökonomisches Handeln in einer Volkswirtschaft mit veränderten Rahmenbedingungen und zum Teil „neuen" ökonomischen Regeln. Insbesondere die zunehmende Digitalisierung und Vernetzung von Objekten und Strukturen mit Hilfe einer immer leistungsfähigeren Informationstechnologie sind Grundlagen dieser veränderten Rahmenbedingungen. Siehe hierzu Gersch (2004a); Gabriel / Gersch / Weber (2004b).

209 Vgl. Michel (2006b), S. 50; Heddergott (2006).

210 Vgl. Dohmen / Michel (2003), S. 107ff.; Graumann / Köhne (2003).

Prognosen zum E-Learning-Marktvolumen in Deutschland im Überblick
(in Mio. EURO; Angaben der IDC in Mio. US$)

	1999	2000	2001	2002	2003	2004	2005
IDC (2000)	20	48	106	198	348	575	
IDC (2001)						748	1.219
IDC (2002)						230	
Berlecon (2000) „optimistisch"			330	610	1.051	1.594	2.080
Berlecon (2000) „konservativ"			330	507	778	1.123	1.521
CGE&Y (2001)		120				1.300	

Tabelle 4:   Marktvolumenprognosen für den deutschen E-Learning-Markt[211]

Auch unter Berücksichtigung des New Economy-Einbruchs geht die IDC-Prognose aus 2002 von einem deutlichen Wachstum für den deutschen E-Learning-Markt aus, der im Jahr 2004 ein Volumen von 230 Mio. US$ aufweisen sollte. Diese These eines deutlichen, aber langsameren Wachstums wird durch Schätzungen auf weltweiter und europäischer Ebene sowie durch die Entwicklung einzelner Teilbereiche innerhalb Deutschlands, wie z. B. der betrieblichen Weiterbildung, unterstützt.[212]

Auch für den Weltmarkt liegen keine verlässlichen Daten vor und stehen einer Aggregation der für einzelne geografische oder inhaltliche Bereiche vorhandenen Studien methodische Probleme im Wege.[213] Dennoch liefern die nach dem 6. Faktenbericht Monitoring Informationswirtschaft insgesamt um ca. ± 30% differierenden Schätzungen ein weiteres Indiz für die expansive Entwicklung im Bereich E-Learning. So geht eine IDC-Studie aus dem Jahre 2003 von einem Marktvolumen von 17,7 Mrd. US$ für das Jahr 2005 und von 23,7 Mrd. US$ für das Jahr 2006 aus, wobei als Ausgangsbasis für 2002 6,6 Mrd. US$ veranschlagt wurden.[214] IBM übertraf bei internen Berechnungen laut 6. Faktenbericht diese Schätzung sogar noch und ging von einem Volumen von insgesamt 43 Mrd. US$ für 2004 aus. Auch zurückhaltendere Prognosen, wie etwa der im Jahr 2000 verfasste SRI-Consulting-Report „The Emerging eLearning Industry", erwarteten ein durchschnittliches Wachstum von ca. 60 % pro Jahr und damit für 2005 ein Marktvolumen von über 20 Mrd. US$.

---

[211] In Anlehnung an Dohmen / Michel (2003), S. 112.
[212] Vgl. beispielsweise auch Heddergott (2006); Michel (2006b).
[213] So z. B. unterschiedliche Definitionen des Betrachtungsgegenstands E-Learning.
[214] Vgl. Graumann / Köhne (2003), S. 422; Rath (2005), S. 37.

Den europäischen Markt beziffert IDC für 2003 mit einem Umsatz von 2,4 Mrd. US$ und schätzte für 2005 ein Volumen von 6,6 Mrd. US$, was unterstützt wird durch eine Prognose von Mummert & Partner, die 4 Mrd. US$ für 2004 veranschlagte.

Von besonderem Interesse für die Einschätzung der tatsächlichen Entwicklung des E-Learning-Markts sind angesichts dieser sehr unsicheren Datenlage tatsächlich verfügbare Daten zu einzelnen Teilbereichen des deutschen Bildungswesens in Verbindung mit Abschätzungen der für den jeweiligen Bereich einschlägigen Relevanz von E-Learning. Das Volumen des beruflichen Weiterbildungsmarkts in Deutschland wird beispielsweise für 2006 auf insgesamt 19 Mrd. Euro beziffert, wobei 8,8 Mrd. Euro auf die gewerbliche Wirtschaft, 1,7 Mrd. Euro auf den Bereich der öffentlichen Arbeitgeber und der Freiberufler, weitere 1,8 Mrd. Euro auf die Maßnahmen der Bundesagentur für Arbeit und schließlich 6,4 Mrd. Euro auf Privatkunden entfallen.[215] Auch unter Berücksichtigung der zeitweise schwachen Entwicklung des Weiterbildungsmarkts in den letzten Jahren[216] untermauern zahlreiche Schätzungen über den zukünftigen Anteil des E-Learning an der beruflichen Weiterbildung angesichts dieser Zahlen eine Wachstumsthese für das E-Learning.[217] So rechnet die Mehrheit der Weiterbildungsverantwortlichen laut 3. Trendbericht Monitoring Informationswirtschaft mit einem nachhaltigen Relevanzzugewinn des E-Learning in Bezug auf die betriebliche Weiterbildung.[218]

Ähnlich problematisch ist die Heranziehung von Daten auf Einzelakteursebene. So resümiert *Wang* angesichts der für deutsche E-Learning-Akteure vollständig fehlenden Börsennotierung im Jahr 2004: *„Kein Unternehmen ist zur regelmäßigen Bekanntgabe von Umsatz- oder Mitarbeiterzahlen verpflichtet, die bekanntgegebenen Zahlen müssen ohne Gewähr zur Kenntnis genommen werden. Erfolge werden in der Regel für die Selbstdarstellung professionell genutzt, Misserfolge dagegen so lange totgeschwiegen, bis ihre Folgen nicht mehr zu verheimlichen sind.“[219]

---

[215] Vgl. Michel (2006c), S. 26f.

[216] Vgl. Lünendonk (2005).

[217] Vgl. Michel (2006c), S. 32f.; Dohmen / Michel (2003), S. 113ff.

[218] So gehen 107 von insgesamt 222 Einschätzungen (die sich zur Hälfte auf die eigene Einrichtung und zur Hälfte auf die eigene Branche beziehen) von einem starken bzw. sogar sehr starken Aktivitätenzuwachs im Bereich E-Learning aus, 76 sagen eine Stagnation der Aktivitäten voraus und lediglich 2 Einschätzungen prognostizieren einen Rückgang. Nach 37 Einschätzungen ist eine klare Antwort auf die Frage zum Erhebungszeitpunkt nicht möglich gewesen. Vgl. Graumann / Köhne (2003), S. 270, 276.

[219] Wang (2004), S. 12.

Wang sieht für Deutschland die in Tabelle 5 aufgeführten Unternehmen als Schlüsselakteure an, deren Umsätze und Mitarbeiterzahlen sich seit 2002 wie dargestellt entwickelt haben.

Unternehmen	Gründung	Größe	2002	2003	2004	2005	2006
bit media (Graz)	2000	Mitarbeiter	35	-	58	60	42
		Umsatz	3,50	-	5,50	-	4,46
imc (Saarbrücken)	1997	Mitarbeiter	110	113	120	83	50
		Umsatz	8,86	10,80	7,80	7,75	7,36
M.I.T. (Friedrichsdorf)	1970	Mitarbeiter	150	104	102	-	59
		Umsatz	12,60	11,25	11,70	-	5,72
digital spirit (Berlin)	1995	Mitarbeiter	100	63	61	60	-
		Umsatz	8,00	7,00	-	-	-
Know How! (Stuttgart)	1992	Mitarbeiter	34	-	35	30	27
		Umsatz	3,80	-	3,60	3,35	3,60

Tabelle 5: **Umsätze (in Mio. Euro) und Mitarbeiterzahlen bei ausgewählten E-Learning-Akteuren**[220]

Eine Fortführung der von *Wang* begonnen Betrachtung lässt insgesamt keine eindeutigen und aussagekräftigen Schlussfolgerungen zu, in der Tendenz scheinen die betrachteten Unternehmen jedoch zu schrumpfen. Dass die Branche aber insgesamt auch für die Einzelakteure in Bewegung geraten ist, zeigt die Zahl der neuen Geschäftssysteme, die sich als E-Learning-Anbieter in der Bildungsbranche etabliert haben. So haben sich innerhalb weniger Jahre zahlreiche Typen von Geschäftsmodellen herausgebildet, die die traditionellen Strukturen grundlegend in Frage stellen und auf diese Weise unumkehrbare Wandlungsprozesse in Gang bringen.[221] Schätzungen gehen hier von ca. 180 Akteuren im Kernbereich der Lernmanagement-Systeme bzw. Lernplattformen, der CBT- und WBT-Produktion sowie der E-Learning-spezifischen Multimediaproduktion und Beratung aus.[222]

---

[220] In Anlehnung an Wang (2004), S. 16 und 20; Schauf / Salzig (2006); Reinhard (2004) und (2005). Bei widersprüchlichen Zahlen wurde der für das jeweilige Unternehmen vollständigere Datensatz herangezogen.

[221] Die folglich zunehmende Konkurrenz und der sich wandelnde Wettbewerb könnten auch wichtige Ursachen für die Entwicklung der in Tabelle 5 betrachteten Unternehmen darstellen.

[222] Vgl. Heddergott (2006), S. 40.

Insgesamt lässt sich damit aus den quantitativen Indikatoren zwar ein Transformationstrend herausarbeiten, das Ergebnis ist jedoch aufgrund der problematischen Datenlage nicht ausreichend überzeugend. Die im Folgenden im Fokus stehenden Auslöser und Treiber des Transformationsprozesses spielen daher eine umso wichtigere Rolle.

3.2.2 Auslöser, Treiber und qualitative Indikatoren der Transformation

Die bisher als Auslöser der Entwicklungen betrachteten Fortschritte im technologischen Bereich stellen zwar einen wichtigen, jedoch keineswegs den einzigen Einflussfaktor dar, dem die Bildungsbranche gegenwärtig ausgesetzt ist.[223] Auch Änderungen auf regulatorischer Ebene sowie sich deutlich wandelnde Erwartungshaltungen auf Seiten der Bildungsnachfrager zeichnen die Bildungsbranche gegenwärtig aus. Transformationsprozesse lassen sich trotz ihrer weitreichenden Bedeutung und ihrer ebenso weit streuenden Konsequenzen oftmals dennoch auf einige wenige, besonders markante Auslöser zurückführen. Abbildung 7 zeigt eine Auswahl der für die Bildungsbranche relevanten Einflüsse. Die angeführten Aspekte haben dabei eine doppelte Bedeutung, da sie nicht nur den allgemeinen Transformationsprozess belegen, sondern zugleich auch für einen Bedeutungszuwachs des E-Learning innerhalb der Bildungsstrukturen sprechen. Sie stehen teilweise in einem interdependenten Verhältnis, an anderen Stellen wiederum weisen sie Überschneidungen auf. Von besonderer Bedeutung dürften die politischen Entwicklungen sowie der gesellschaftliche und der technologische Wandel sein, da sich hieraus ein Großteil der anderen Einflüsse, wie z. B. die veränderten Notwendigkeiten auf dem Arbeitsmarkt, ableiten lässt.[224]

3.2.2.1 Exemplarische Betrachtung regulatorischer Eingriffe auf Hochschulebene

Es lassen sich schnell exemplarische Speerspitzen in Richtung der bestehenden (Hochschul-)Bildungsstrukturen ausmachen, die sich alle dem Ziel verschreiben, die Bildungs- und Forschungspotenziale besser zu entwickeln, und die dabei die bestehenden Strukturen ausdrücklich in Frage stellen:[225]

---

[223] Zur Bedeutung des E-Learning in der Hochschule siehe u.a. Flasdick (2006) und Jechle / Markowski / Dittler (2006).

[224] Siehe hierzu auch Gabriel / Gersch / Weber (2005) und die enthaltenen Videoaufzeichnungen der Vorträge des 6. CCEC-Workshops „Geschäftsmodelle im E-Learning". Mehrfach thematisieren die Referenten hier implizit und explizit die politischen, technologischen, ökonomischen aber auch gesellschaftlichen Auslöser der in den jeweiligen Vorträgen behandelten Entwicklungen und Veränderungen.

[225] Fiedler / Welpe / Picot (2006), S. 2ff. identifizieren für die von ihnen thematisierten insti-

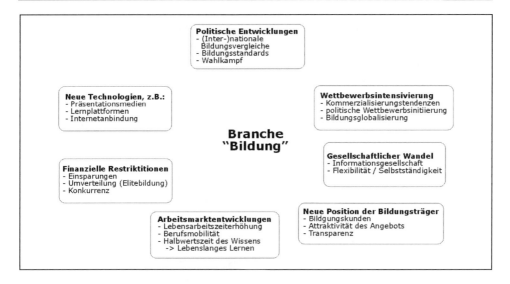

Abbildung 7:   Auslöser und Treiber des Transformationsprozesses im Bildungswesen

- *Hochschulreform und Bologna-Prozess*

  Der Bologna-Prozess begann mit der Sorbonne-Deklaration von 1998, in der die Bildungsminister von Deutschland, Frankreich, Italien und Großbritannien ihren Willen zum Ausdruck brachten, „... *Hemmnisse abzubauen und die Grundlage für eine verbesserte europäische Zusammenarbeit im Bereich der Hochschulentwicklung zu schaffen.*"[226] Die 1999 schließlich von 30 europäischen Bildungsministern unterzeichnete Bologna-Deklaration wurde bei Folgekonferenzen, die insbesondere Kontroll- und Bilanzierungszwecken dienen soll(t)en und für alle zwei Jahre vereinbart sind, mehrmals in ihren Zielsetzungen erweitert. Auch die Zahl der Unterzeichner stieg kontinuierlich an und umfasst mittlerweile 40 europäische Partnerstaaten.[227] Bis 2010 wollen die Partner im Kern einen gemeineuropäischen Hochschulraum und auch einen europäischen Forschungsraum schaffen, deren angestrebte hohe Attraktivität gegenüber Drittländern einhergeht mit einer gesteigerten innereuropäischen Mobilität und ausgeprägten Möglichkeiten für lebenslanges Lernen.[228]

---

tutionellen Maßnahmen auf deutscher Ebene, wie z. B. die Einführung der Juniorprofessur, die Abschaffung der venia legendi oder auch die Beteiligung am Bologna-Prozess, verschiedene konkrete politische Zielsetzungen, darunter die Reduzierung des Eintrittsalters für Professoren, eine größere Unabhängigkeit des wissenschaftlichen Nachwuchses und die Internationalisierung von Forschung und Lehre. Siehe auch BMBF (2004a).

[226] BMBF (2005); Schnitzer (2005), S. 5. Siehe hierzu auch Kohler (2006), S. 2.

[227] Vgl. BMBF (2005); Schnitzer (2005), S. 5; Kohler (2006), S. 3.

[228] Vgl. Kohler (2006), S. 5ff. Die aus der Bologna-Erklärung abgeleiteten Maßnahmen stel-

- *Förderschwerpunkt „Neue Medien in der Bildung"*[229]

  In den Jahren 2000 bis 2004 wurden vom BMBF über 200 Mio. Euro über das Förderprogramm „Neue Medien in der Bildung – Hochschulen" bereitgestellt, um die Grundlagen für eine durchgreifende und breite Integration der Neuen Medien als Lehr- und Lernmittel in Aus- und Weiterbildung zu schaffen. Gefördert wurden dabei 100 Verbundvorhaben an Universitäten und Fachhochschulen mit Fokus auf die Produktion von Content, sowie weitere 25 Notebook-Vorhaben.[230] Im Rahmen des Programms *„eLearning-Dienste für die Wissenschaft"* wurden anschließend noch einmal Mittel bereitgestellt, um den nachhaltigen und professionellen Einsatz der entwickelten Inhalte sicherzustellen.[231]

Für die Universitäten bedeuteten die aufgeführten politisch initiierten Reformen mehr Autonomie und weniger Bürokratie, wenn man von den gezielten Fördermaßnahmen absieht zugleich oftmals aber auch knappere Budgets.[232] Die Universitäten bewegen sich, ebenso wie die anderen deutschen Bildungsakteure, in eine deutlich intensivere Wettbewerbsstruktur hinein, die insbesondere einer Flexibilisierung und Leistungssteigerung zugute kommen soll – Leistungsvergleiche, Lernerfolgs- und Lernzufriedenheitsevaluationen erlangen hierdurch eine immer größere Bedeutung.[233] Unter anderem durch den Bolognaprozess wird dabei im Falle der universitären Bildung zudem ein internationaler Wettbewerb angestoßen, da die einheitlichen Abschlüsse das objektive Ziel eines Studiums vereinheitlichen und damit die diesbezüglichen Studienbedingungen wie Studiengebühren, Ausstattung, durchschnittliche Studiendauer usw. zu international vergleichbaren Auswahlkriterien der Studierenden machen.[234]

---

len deutliche Eingriffe in die nationalen Bildungssysteme dar. Zu diesen Maßnahmen zählen nach Schnitzer (2005), S. 5: (1) die Förderung von Mobilität und Employability durch Harmonisierung des europäischen Bildungsraums, (2) der Ausbau eines europäischen Bildungsraumes im Hochschulbereich, (3) die Etablierung vergleichbarer Abschlüsse und (4) einer gestuften Studienstruktur, (5) ECTS im lebenslangen Lernen, (6) eine europäische Dimension der Qualitätssicherung und (7) der Abbau von Mobilitätshemmnissen.

[229] Förderprogramme stellen ein sehr wichtiges Instrument der Politik zur Beeinflussung der Entwicklung der Hochschulen dar, da sich diese aufgrund der Freiheit von Forschung, Lehre und Kunst einer direkten Einflussnahme – auch im Bereich der digitalen Medien und des E-Learning – weitgehend entziehen. Vgl. Jechle / Markowski / Dittler (2006), S. 190.

[230] Vgl. Jechle / Markowski / Dittler (2006), S. 190ff.; Flasdick (2006), S. 65; DLR (2005).

[231] Vgl. BMBF (2004b); Jechle / Markowski / Dittler (2006), S. 189ff.

[232] Vgl. Weiler (2004).

[233] Vgl. Simon (2001), S. 19 f.

[234] Zu Globalisierungstendenzen im Hochschulbereich siehe bspw. Leszczensky (2005).

Einen besonderen Stellenwert speziell im Hochschulbereich hat zudem die aktuelle Exzellenzinitiative des Bundes, die den Hochschulen bis 2011 insgesamt 1,9 Mrd. Euro in drei Förderlinien zur Verfügung stellt und damit den Wettbewerb zwischen den Hochschulen massiv intensiviert.[235] Die Exzellenzinitiative umfasst mit den „Graduiertenschulen", den „Exzellenzclustern" und den „Zukunftskonzepten zum Ausbau universitärer Spitzenforschung" drei projektorientierte Förderlinien. Geplant ist damit insgesamt die Einrichtung von ca. 40 Graduiertenschulen, die mit einem jährlichen Volumen von jeweils ca. 1 Mio. Euro gefördert werden sollen, die Etablierung von ca. 30 Exzellenzclustern mit einem jährlichen durchschnittlichen Fördervolumen von 6,5 Mio. Euro, sowie die Förderung von bis zu 10 Zukunftskonzepten zum Ausbau universitärer Spitzenforschung mit jährlich ca. 21 Mio. Euro je so genannter Eliteuniversität.[236]

Die Universitäten sind auf diese Bandbreite von Maßnahmen und regulatorischen Eingriffen nicht zuletzt aufgrund der mittelintensiven Förderprogramme eingegangen, wie sich z. B. an der Zahl der neu ins Leben gerufenen MBA-Programme und der hohen Zahl an Förderanträgen und Bewerbungen erkennen lässt.[237] Sie selbst geben der Wettbewerbsintensivierung damit zusätzliches Gewicht und führen zu einem sich selbst verstärkenden Effekt. Abbildung 8 veranschaulicht die Entwicklung in aggregierter und stark vereinfachter Form.[238]

Aufgrund dieser Eingriffe, vor allem jedoch auch durch die Einführung von Studiengebühren, verändert sich gegenwärtig auch die Position der Studierenden als Bildungsempfänger. Diese erlangen ökonomische Relevanz für die Universitäten und werden ein Stück weit „zum Kunden". In Zusammenhang mit den sich rasch verbreitenden Kompetenzen der Studierenden im Umgang mit IuK-Techniken ist damit eine grundlegende Änderung ihrer Erwartungshaltung abzusehen, der sich die konkurrierenden Universitäten stellen müssen. Dies erfordert ein massives Umdenken, da aufgrund des bisher geringen Wettbewerbsdrucks oftmals eine angebotsorientierte, anstelle der nun erforderlichen kundenorientierten Grundhaltung vorherrschend war.

---

[235] Vgl. hierzu ausführlich BMBF (2007b).

[236] Vgl. BMBF (2007b).

[237] So wurden laut DLR (2005) durch das Förderprogramm „Neue Medien in der Bildung" beispielsweise über 100 Verbundvorhaben mit über 500 Projektpartnern aus Universitäten und Fachhochschulen gefördert. Zu den Anträgen in Bezug auf die Exzellenzinitiative siehe BMBF (2007b).

[238] Kleimann / Schmid (2006) geben diesbezüglich einen interessanten Überblick über die von ihnen im Rahmen einer bundesweiten Studie untersuchte „eReadiness der deutschen Hochschulen", wobei sie sich auf den Einsatz von IuK-Technologien in der Verwaltung (E-Campus) und in der Lehre (E-Learning) beziehen.

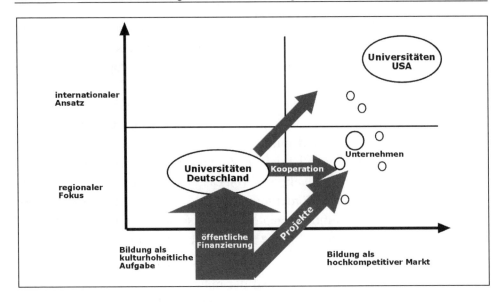

Abbildung 8:   Universitäten im Wettbewerb[239]

3.2.2.2 Förderliche gesellschaftliche und technologische Entwicklungstendenzen

Wichtig für die zukünftige Bedeutung des E-Learning sind auch verschiedene gesellschaftliche und technologische Trends, die den (E-Learning-) Weiterbildungsbedarf sowohl in quantitativer als auch in qualitativer Hinsicht beeinflussen. Eine ganze Reihe solcher Trends werden in der vom Bundesministerium für Bildung und Forschung in Auftrag gegebenen und vom MMB Institut für Medien und Kompetenzforschung in Essen verfassten Studie *„Status quo und Zukunftsperspektiven von E-Learning in Deutschland"* erläutert und in Bezug auf ihren Einfluss auf die zukünftige Bedeutung digitaler Lerninhalte hinterfragt. Einige der zentralen Ergebnisse der Expertise, die die Trends den Kategorien Demografie, Technologie, Arbeitsmarkt und Bildungsmarkt zuordnet, sollen daher kurz erläutert werden.[240]

---

[239] Haasis (2002). Obwohl amerikanische Universitäten aus Sicht der deutschen Universitäten in dieser Entwicklung bereits ein ganzes Stück weiter fortgeschritten sind, werden auch dort in Verbindung mit E-Learning gravierende Veränderungsprozesse identifiziert. Siehe hierzu beispielsweise Hiltz / Turoff (2005): *„The Evolution of Online Learning and the Revolution in Higher Education"*.

[240] Vgl. Michel (2004a); Michel (2004b), S. 6ff. Die genannten Aspekte stellen in Anknüpfung an die angeführten regulatorischen Eingriffe gleichzeitig auch die gesellschaftlichen Herausforderungen dar, denen sich die Universitäten aktuell stellen müssen. Vgl. Lenzen (2006). *Lenzen* identifiziert – weitgehend übereinstimmend mit den hier angeführten Punkten – vier wesentliche Zukunftstrends „Globalisierung", „demografischer Wandel",

Aus der häufig im Zusammenhang mit der Belastung der sozialen Sicherungssysteme genannten demografischen Entwicklung Deutschlands, die sich im Kern in einer zunehmenden Überalterung der Gesellschaft zu äußern beginnt, ergeben sich nach Ansicht der Autoren der Studie zumindest zwei wichtige Einflussfaktoren für die Relevanz von (elektronischer) Weiterbildung:

- Die zunehmend auch aus ökonomischen Gründen notwendige erfolgreiche Integration ausländischer Arbeitnehmer sorgt für einen steigenden Bedarf an integrativen Weiterbildungsaktivitäten.

- Politische Antworten auf die altersmäßige Bevölkerungsentwicklung, wie z. B. die geplante Anhebung des Rentenalters und die Begrenzung der Frühverrentung, deuten auf einen zukünftig höheren Anteil älterer Mitarbeiter in Führungspositionen hin. Damit steigt der Weiterbildungsbedarf (z. B. hinsichtlich aktueller Medienkompetenzen) in einer häufiger familiär gebundenen und beruflich nur schwer entbehrlichen Beschäftigtengruppe, so dass flexible Bildungsoptionen, wie sie dem E-Learning zugerechnet werden, erforderlich sind.

Auch aus technologischer Perspektive lassen sich Trends mit der Konsequenz einer zunehmenden Bedeutung von E-Learning erkennen:

- Die Leistungssteigerungen im Bereich der mobilen Endgeräte rücken M-Learning immer mehr in den Bereich des Möglichen und bieten in Kombination mit einer anwachsenden Gruppe von Berufspendlern weiteres Potenzial für E-Learning.[241]

- Der Diffusionsverlauf des Internet, dem zunächst auf Unternehmensebene der Durchbruch gelang, bevor es sich dank der durch die berufliche Nutzung wachsenden Internetkompetenz der Gesellschaft auch im privaten Bereich durchsetzte, könnte sich beim E-Learning wiederholen. Auch hier fördert die berufliche Nutzung mit der Selbstlernkompetenz eine wesentliche Voraussetzung für die breite Verwendung von E-Learning im privaten Bereich.

Der Wandel der Arbeitswelt stellt ebenfalls Bedeutungszuwächse für das E-Learning in Aussicht. Durchschnittlich häufigere Berufswechsel bergen erheblichen Informations- und Weiterbildungsbedarf. Neue Abschlüsse in der geregelten Weiterbildung, die durch zunehmende Spezialisierung in den Dienstleistungsberufen zu einem unverzichtbaren Erfordernis des mittleren Manage-

---

„wirtschaftlicher Strukturwandel" und „neue Technologien".
[241] Zum Mobile Learning (M-Learning) siehe Abschnitt 2.2.4.1.

ments geworden sind, schaffen zusätzliche Belastungen, die durch hybride Lernszenarien abgemildert werden können. Einige der im Kampf um mehr Arbeitsplätze initiierten Maßnahmen, wie z. B. die Abschaffung der Meisterpflicht für die selbstständige Ausübung einer Reihe der handwerklichen Berufe, führen zu einer Erhöhung der Zahl der selbstständig Beschäftigten und steigern damit den Bedarf an Weiterbildung in betriebswirtschaftlichen Grundthemen.

Schließlich führen auch die sich verkürzende Halbwertszeit von Fachwissen (oder zumindest die sich beschleunigende Wissenserweiterung) zu erheblichen Potenzialen für den E-Learning-Bereich. So fällt mit dem Wandel zur Wissens- bzw. Informationsgesellschaft dem Arbeitnehmer die zentrale Aufgabe zu, sich beschäftigungsfähig zu halten – „Employability" wird hier als Schlagwort genannt.[242]

Damit lässt sich insgesamt festhalten, dass zwar konkrete Zahlen in Bezug auf ein E-Learning-Marktvolumen nicht vorhanden sind und dass auch die verfügbaren Schätzungen aus diversen Gründen nur mit äußerster Vorsicht herangezogen werden können. Zumindest aber lässt sich eine breite Übereinstimmung in Bezug auf das tendenzielle Wachstum im Bereich E-Learning sowie ein breites Spektrum an Gründen und Indikatoren für ein solches Wachstum identifizieren.

3.3 Konsequenzen des Transformationsprozesses

Konsequenzen des Transformationsprozesses zeigen sich sowohl auf der Branchenebene als auch auf der Markt- und der Einzelakteursebene.[243] Auf Branchenebene ist eine Tendenz zum Wertschichtenwettbewerb erkennbar, die durch Spezialisierungen der Akteure in Form einer Reduzierung von Fertigungstiefen und durch eine Verschiebung des Wettbewerbs auf Wertschichten gekennzeichnet ist.[244] Für die Einzelakteure ergibt sich im Rahmen des Transformationsprozesses eine Doppelrolle als Treiber und Getriebene. Durch ihr unternehmerisches Handeln, das zumindest teilweise auch eine Folge der betrachteten Auslöser darstellt, werden sie selbst wiederum zu Auslösern eines veränderten Verhal-

---

[242] Für weitere Informationen zu den Veränderungen der Arbeitswelt durch E-Business siehe Gabriel (2002), S. 215ff.

[243] Die Branchen- und Marktebene werden im Folgenden jedoch gemeinsam betrachtet, da sich auf beiden Ebenen im vorliegenden Kontext ähnliche Konsequenzen abzeichnen und eine Unterscheidung nur im Rahmen einer detaillierteren Analyse und nur in sehr ausdifferenzierten Branchen notwendig erscheint.

[244] Spezialisierte Akteure beginnen beim Wertschichtenwettbewerb, ihre Kernkompetenzen auch in anderen Branchen einzusetzen, so dass sie sich vom traditionellen Branchenwettbewerb zu lösen beginnen und stattdessen mit Anbietern vergleichbarer Wertschöpfungsstufen über Branchengrenzen hinweg konkurrieren.

tens anderer Akteure, so dass sich die Akteure gegenseitig treiben und gleichzeitig jeweils auch getrieben werden. Systematisierungsansätze der sich herausbildenden Geschäftssystemtypen sollen nun einen Überblick über die Entwicklungen im Bereich E-Learning geben, bevor in Kapitel 4 ein Instrument zur Analyse und Organisation einzelner Geschäftssysteme in diesem dynamischen Umfeld erarbeitet wird.

3.3.1 Wertschichtenwettbewerb in der Bildungsbranche

Zur Betrachtung der aufbrechenden traditionellen Strukturen und des sich abzeichnenden Wertschichtenwettbewerbs soll auf der Basis der bisherigen Informationen erneut das Beispiel der Universitäten herangezogen werden. Zwar geht es für Universitäten trotz aller Veränderungen weiterhin darum, das in ihnen gebündelte Wissen an die Studierenden zu vermitteln und gleichzeitig über Forschung das Wissen weiterzuentwickeln, jedoch deutet sich als Konsequenz der dargestellten regulatorischen Eingriffe und der gesellschaftlichen und technologischen Trends die Notwendigkeit einer deutlicheren Profilbildung an. Wie dargestellt wurde, intensiviert sich der Wettbewerb für die Universitäten aktuell gleich in mehrfacher Hinsicht. Die Universitäten konkurrieren u.a. um einen begrenzten Pool an hoch qualifiziertem wissenschaftlichem Personal, um finanzielle Mittel und nunmehr auch (in einem internationalen Wettbewerb) um die neuerdings auch in Deutschland i.d.R. zahlenden Studierenden. Die Wettbewerbsintensivierung betrifft dabei sowohl die Universitäten als Ganzes als auch die in ihr agierenden Institutionen, auf die die Entwicklungen ebenfalls einwirken.

Zunehmender Wettbewerb führt auf Einzelakteursebene typischerweise zu einer konsequenteren Abstimmung von Unternehmensaufgabe, Fertigungstiefe und Wettbewerbsumfeld.[245] Um unnötige Kapital- und Personalbindung zu vermeiden, findet dabei oftmals eine Konzentration der unternehmerischen Aktivitäten auf die jeweiligen Kernkompetenzen statt,[246] was in zunehmendem Maße auch im universitären Umfeld zu beobachten ist. So spezialisieren sich aktuell etwa einzelne Hochschulen und/oder hochschulinterne Institutionen im Rahmen der Exzellenzinitiative, oder es werden notwendige Services – z. B. auch in Verbindung mit E-Learning – speziellen (technischen) Dienstleistern übertragen. Auf diese Weise sollen Spezialisierungsvorteile und Größeneffekte erwirkt werden, die die eigene Wettbewerbsfähigkeit sichern und zugleich Möglichkeiten eröffnen, Kernkompetenzen über Branchengrenzen hinweg auf verschiedenen Wert-

---

[245] Vgl. Picot / Reichwald / Wigand (2003), S. 291.
[246] Vgl. Picot / Reichwald / Wigand (2003), S. 291; Prahalad / Hamel (1990).

schöpfungsstufen konkurrenzfähig anzubieten.[247] Diese Ausdehnung des Einsatzbereichs von Aktivitäten einzelner Wertschöpfungsstufen auf weitere Branchen verändert den traditionell auf eine Branche beschränkten Wettbewerb in einen so genannten Wertschichtenwettbewerb.[248] In der Folge setzen Konvergenzprozesse ein und Branchengrenzen beginnen zu verschwimmen.

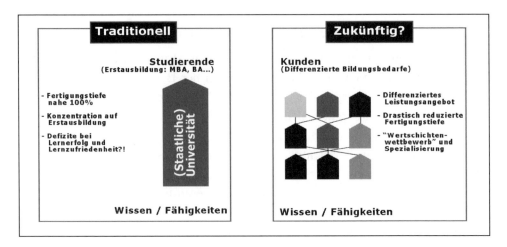

Abbildung 9:   Beginnender Wertschichtenwettbewerb im Bereich der universitären Bildung

Branchentransformationen werden häufig von Markteintritten Branchenfremder begleitet oder werden gar von ihnen ausgelöst, da sie voraussetzen, dass neue Möglichkeiten zur Leistungserbringung bewusst aufgegriffen und umgesetzt werden.[249] Branchenfremde Akteure weisen hier besondere Potenziale auf, da sie den bisherigen Regeln und Zwängen einer Branche nicht unterworfen sind und ggf. in Bezug auf die innovative Leistungserbringung sogar auf Erfahrungen aus anderen Bereichen zurückgreifen können.[250] Auf der Basis neuer technologischer Entwicklungen versuchen sie bei einer konsequenten Nachfragerorientierung Leistungsangebote zu schaffen, die die sich wandelnden Bedürfnisse der Nachfrager effektiver oder effizienter als bisherige Branchenakteure befriedigen oder eine Nachfrage betreffen, die in der gewählten Form noch nicht existierte und deshalb im Rahmen der etablierten Strukturen noch nicht bedient wird.[251]

---

[247] Vgl. Gersch / Goeke (2004a), S. 10f. Hochschulen haben gegenwärtig z. B. offenbar den Weiterbildungsmarkt als ein geeignetes Handlungsfeld für sich entdeckt.

[248] Vgl. Bresser / Heuskel / Nixon (2000), S. 1f.

[249] Vgl. Porter / Rivkin (2000), S. 2ff.

[250] Vgl. Gersch / Goeke (2004b), S. 1532.

[251] Hier ergeben sich besondere Potenziale im Zusammenhang mit E-Learning etwa im Be-

Derartige neue Geschäftssysteme ließen sich in den letzten Jahren auch bereits in der Bildungsbranche erkennen. So reagierten beispielsweise Weiterbildungsportale wie das WebKollegNRW (http://www.webkolleg.nrw.de) als elektronische Marktplätze auf die deutlichen Forderungen von Politik und Wirtschaft nach einem lebenslangen und medial zeitgemäßen Lernen, indem sie E-Learning-Anbieter und -Nachfrager zusammenführen und Möglichkeiten zur elektronischen, orts- und zeitunabhängigen Weiterbildung in modernen hybriden Lernszenarien vermitteln.[252] Andere Akteure spezialisieren sich auf den Vertrieb professioneller Produktionstools für E-Learning-Content oder bieten über den Aufbau spezieller Internetforen und -Communities neue Lösungsansätze für die Probleme einzelner Wertschöpfungsstufen an. Wieder andere Akteure etablieren E-Learning-Netzwerke, die den Erfahrungsaustausch zwischen den Akteuren fördern oder eine Anlaufstelle für Kooperationsgesuche darstellen sollen.[253]

3.3.2 (Neue) Geschäftssysteme als Treiber und Getriebene

Unternehmer als Betreiber der Geschäftssysteme nehmen bei dem dargestellten Transformationsverständnis eine zentrale Rolle in Bezug auf die Markt- bzw. Branchenentwicklung ein. Sie selbst werden durch ihr unternehmerisches Handeln zu Treibern von Veränderungsprozessen, indem sie ihre etablierten Lösungen und Strategien ständig hinterfragen und weiterentwickeln.[254] Transformationsprozesse sind dementsprechend als endlose, unumkehrbare und idiosynkratische Pfade von Entscheidungen zu interpretieren, deren Entwicklungen durch die dargestellten Auslöser beeinflusst werden, da diese die Unternehmer zu Änderungen bewegen, wodurch wiederum Reaktionen bei Konkurrenten initiiert werden.[255]

---

reich des technologischen Supports oder der Contentaufbereitung.

[252] Das WebKollegNRW versucht als elektronischer Marktplatz für Blended Learning-Kurse Angebot und Nachfrage webbasiert zusammenzubringen und hierbei über verschiedene Erlöskomponenten, wie z. B. Erfolgsbeteiligungen und Teilnahmegebühren, Gewinne zu erwirtschaften. Als Vorhaben des Ministeriums für Wirtschaft und Arbeit des Landes Nordrhein-Westfalens präsentiert sich das WebKolleg mit einem breiten Angebotsspektrum, das von Sprachen über IT bis hin zu Politik reicht. Es wurde zunächst bis zum 31.12.2005 mit einem Budget von 450.000 € vollständig aus Mitteln des Landes finanziert. Die sich anschließende schrittweise Kürzung dieses finanziellen Rückhalts sorgte für die Notwendigkeit der Etablierung eines nachhaltigen und tragfähigen Geschäftssystems. Vgl. Salecker (2005a); (2005b).

[253] So z. B. das eLearning Netzwerk Ruhr (http://www.eln-ruhr.de).

[254] Vgl. Gersch / Goeke (2006), S. 8f.

[255] Vgl. Gersch / Goeke (2006), S. 9.

Nach einer Erläuterung und Abgrenzung der Begriffe „Geschäftsmodell" und „Geschäftssystem" soll die Richtung der gegenwärtig in Verbindung mit den Innovationen E-Learning und Blended Learning auftretenden Entwicklungen in der Bildungsbranche durch eine Darstellung verschiedener Systematisierungsansätze für die sich neu herausbildenden Geschäftssysteme untersucht werden.[256] Dabei lässt sich sowohl auf allgemein E-Business-orientierte als auch auf E-Learning-spezifische Ansätze zurückgreifen, die zum Teil eine empirische Basis[257] und zum Teil eine theoretische Basis[258] aufweisen. Zunächst aber soll mit Hilfe einer Unterscheidung der Begriffe „Geschäftsmodell" und „Geschäftssystem" eine Differenzierung von Abstraktionsniveaus in die Betrachtung eingeführt werden.

3.3.2.1 Geschäftsmodelle als abstrakte Typen von Geschäftssystemen

In der Literatur lassen sich zahlreiche Definitionen für den Begriff Geschäftsmodell finden, die teilweise erheblich voneinander abweichen, im Wesentlichen jedoch auf die zwei Verwendungszusammenhänge Geschäfts-(prozess)modellierung in den 1970er Jahren und New Economy-Gründungswelle in den 1990er Jahren zurückgeführt werden können.[259] Allen neueren Definitionen gemein ist zumindest die über das ursprüngliche, auf Prozess- und Datenmodellierung fokussierte Verständnis hinausgehende Bedeutungszuweisung, die aber dennoch bisher nicht zu einem einheitlichen Grundverständnis geführt hat.[260] Während ein Geschäftsmodell ursprünglich ein Instrument des Informationsmanagements darstellte, welches der Modellierung des Informationssystems eines Unternehmens diente, repräsentiert es heute eine Art Funktionserläuterung eines gesamten Unternehmens und ist nicht mehr auf eine IuK-technische Betrachtung beschränkt.[261] Aus einer Vorlage für die Gestaltung von Informationssystemen hat sich also eine aggregierte Zusammenfassung der gesamten Unternehmensarchitektur sowie eine Illustrierung der unternehmerischen Aktivitäten entwickelt,

---

[256] Zum Innovationscharakter von E-Learning und Blended Learning siehe Abschnitt 2.2.

[257] So zum Beispiel der (allgemeine) Ansatz von *Timmers*, der die empirisch relevantesten Geschäftsmodelltypen erläutert und diese anhand ihrer funktionalen Integration und ihres Innovationsgrads systematisiert. Vgl. Timmers (1998).

[258] *Wirtz* beispielsweise orientiert sich bei seinem ebenfalls allgemeinen Systematisierungsansatz am Leistungsangebot und unterscheidet zunächst die vier Grundtypen von Geschäftsmodellen Content, Context, Commerce und Connection, die er anschließend weiter ausdifferenziert. Vgl. Wirtz (2001), S. 217ff.

[259] Vgl. Kröpelin (2003), S. 2f.; Rentmeister / Klein (2001) S. 354f.; Stähler (2001), S. 37; Wirtz (2001), S. 210.

[260] Vgl. Stähler (2001), S. 38f.

[261] Vgl. Stähler (2001), S. 38f.

wobei jede der zahlreichen Definitionen spezifische Schwerpunkte legt. Tabelle 6 fasst eine Auswahl entsprechender (branchenunabhängiger) Definitionen zusammen, die insbesondere auch die Grundlage der bisherigen E-Learning-spezifischen Geschäftsmodellbetrachtungen darstellen.[262]

Afuah / Tucci (2001), S. 3-4, 45.	„... business model. This is the method by which a firm builds and uses its resources to offer its customers better value than its competitors and to make money doing so. It details how a firm makes money now and how it plans to do so in the long term. The model is what enables a firm to have a sustainable competitive advantage, to perform better than its rivals in the long term. A business model can be conceptualized as a system that is made up of components, linkages between the components, and dynamics."
	„Each firm that exploits the internet should have an Internet business model – how it plans to make money long term using the internet. This is a set of Internet- and non-Internet-related activities – planned or evolving – that allows a firm to make money using the Internet and to keep the money coming. If well formulated, a firm's business model gives it a competitive advantage in its industry, enabling the firm to earn greater profits than its competitors. Whether implicit or explicit in a firm's actions, a business model should include answers to a number of questions: What value to offer customers, which customers to provide the value to, how to price the value, who to charge for it ..."
Amit / Zott (2001), S. 511.	„A business model depicts the content, structure, and governance of transactions designed so as to create value through the exploitation of business opportunities."
Rappa (2006)	„... the method of doing business by which a company can sustain itself – that is, generate revenue. The business model spells-out how a company makes money by specifying where it is positioned in the value chain."
Timmers (2000), S. 31.	„A business model is defined as the organisation (or architecture) of product, service and information flows, and the sources of revenues and benefits for suppliers and customers."
Wirtz (2001), S. 211.	„Ein Geschäftsmodell bildet in vereinfachender und aggregierter Form ab, welche Ressourcen in eine Unternehmung fließen und wie diese durch innerbetriebliche Leistungsprozesse (Kombination von Produktionsfaktoren) in vermarktungsfähige Informationen oder Produkte transformiert werden."

Tabelle 6: **Exemplarische Auswahl alternativer Geschäftsmodelldefinitionen**

Während es *Timmers* und *Wirtz* primär um die Charakterisierung und aggregierte Abbildung der Funktionsweise eines Unternehmens geht, weist *Rappa* auf die

---

[262] Vgl. etwa Hoppe / Breitner (2003); Kröpelin (2003); Seufert (2001a); Seufert (2001b).

Relevanz der Positionierung innerhalb der Wertschöpfungskette hin.[263] Einer vornehmlich deskriptiven Zielsetzung steht damit eine strategische Verwendung gegenüber, bei der das Geschäftsmodell sowohl die Konzipierung als auch die Umsetzung der Unternehmensstrategie unterstützen soll.[264]

Die Diskussion und Verwendung des Geschäftsmodellbegriffs im E-Learning-Kontext basiert gegenwärtig weitgehend auf den dargestellten Ansätzen und hat bisher keine spezifische Interpretation hervorgebracht.[265] Die Autoren beschränken sich, trotz des ausdrücklichen E-Learning-Bezugs, zudem i.d.R. ausschließlich auf eine ökonomische Betrachtung. So sehen beispielsweise *Hoppe* und *Breitner*, die sich dem Begriffsverständnis von *Timmers* anschließen, ein Geschäftsmodell als ökonomisch notwendige Ergänzung der bisher primär pädagogischen und technischen E-Learning-Anstrengungen, welche bisher vornehmlich einer optimalen Gestaltung der Lernprozesse sowie einer geeigneten Infrastruktur zugearbeitet haben.[266] Die grundsätzlich sehr zu begrüßende systematische Betrachtung ökonomischer Aspekte im E-Learning-Umfeld bleibt aufgrund dieser „Ergänzungssichtweise" leider weiterhin isoliert von pädagogischen und technischen Betrachtungen und lässt damit eventuelle Schnittstellen und Interdependenzen der verschiedenen Einflussbereiche außer Betracht. Grundsätzlich aber birgt, wie im weiteren Verlauf der Arbeit deutlich wird, nahezu jeder Teilbereich einer ökonomischen Geschäftsmodell- / Geschäftssystemanalyse zahlreiche Anknüpfungspunkte für eine Einbeziehung pädagogischer, technischer und weiterer, z. B. rechtlicher Aspekte in sich, und steht ebenso unter dem Einfluss jedes dieser Bereiche. Eine integrierte Betrachtung wäre daher von hohem Wert und würde eine Abbildung, Planung und Analyse unternehmerischer Aktivitäten im E-Learning-Umfeld ermöglichen, die den vorhandenen Interdependenzen Rechnung trägt. Daher soll in der vorliegenden Arbeit auf der Grundlage der bestehenden Geschäftsmodellbegriffe ein auch in dieser Hinsicht offener Ansatz Anwendung finden, der die Möglichkeit bietet, mit Hilfe einer integrierten Sichtweise einen Gesamtüberblick über zentrale Aspekte aus verschiedenen Wissenschaftsdisziplinen zu vermitteln. Es obliegt dabei, wie

---

[263] Zum Begriff der Wertschöpfungskette bzw. des Wertkettenkonzepts siehe Abschnitt 4.1.4.1. Das Wertkettenkonzept stellt im Kern ein Instrument zur systematischen Analyse von Wertaktivitäten eines Unternehmens dar, mit dessen Hilfe die Ursachen von Wettbewerbsvorteilen untersucht werden können. Die Wertkette untergliedert ein betrachtetes Unternehmen in strategisch relevante Tätigkeiten, die anschließend in Bezug auf ihre Kostenwirkung und das von ihnen ausgehende Differenzierungspotenzial untersucht werden können. Vgl. Porter (2000), S. 63ff.

[264] Vgl. Sandrock / Grunenberg / Lattemann (2005), S. 197f.

[265] Vgl. z. B. Hoppe / Breitner (2003); Seufert (2001a); Seufert (2001b).

[266] Vgl. Hoppe / Breitner (2003).

auch bereits eine Dekomposition des Begriffs in seine Bestandteile Geschäft und Modell zum Ausdruck bringt, dem jeweiligen Verwender des Geschäftsmodell-konzepts, die im konkreten Kontext relevanten Aspekte auszuwählen und damit die Komplexität des Modells zu bestimmen.

Anhand der von *Wüsteneck* stammenden allgemeinen und zusammenfassenden Definition des Begriffs „Modell", die in den 1960er Jahren verfasst wurde, lässt sich die hier vertretene und bereits angesprochene Unterscheidung von Ge-schäftsmodellen und Geschäftssystemen auch terminologisch erläutern. Hier-nach ist ein Modell ein System, „*... das als Repräsentant eines komplizierten Originals auf Grund mit diesem gemeinsamer, für eine bestimmte Aufgabe we-sentlicher Eigenschaften von einem dritten System benutzt, ausgewählt oder ge-schaffen wird, um letzterem die Erfassung oder Beherrschung des Originals zu ermöglichen oder zu erleichtern, beziehungsweise um es zu ersetzen.*[267] Wählt man die gemeinsamen Eigenschaften einer bestimmten Art von Unternehmens-konzepten als Betrachtungselemente eines Geschäftsmodells, so ergibt sich ein abstrahierter Analysegegenstand, der die ökonomische Betrachtung eines Typs unternehmerischer Aktivitäten erlaubt. Ein Geschäftsmodell stellt demzufolge ein auf bestimmte Eigenschaften reduziertes Abbild eines unternehmerischen „Geschäfts" dar, das auf eine gesteigerte Beherrschbarkeit und eine bessere Er-fassbarkeit des Originals abzielt. Der Begriffsteil „Geschäft" bezeichnet dabei nach *Kühn und Grüning* eine *"Produkt- und/oder Leistungsgruppe mit eigenem Marktauftritt",*[268] wobei Geschäfte jeweils „*... mehr oder weniger starke markt- und ressourcenmäßige Synergien mit anderen Geschäften"* aufweisen.[269]

Es werden dementsprechend in dieser Arbeit Geschäftsmodelle als abstrakte Abbilder ökonomischer Aktivitäten verstanden, die durch die Ausrichtung auf eine Vermarktung typischer Leistungsbündel gekennzeichnet sind. Der Begriff Geschäftsmodell bezeichnet dabei „*... allgemein-typisierend die Abbildung des betrieblichen Produktions- und Leistungssystems einer Unternehmung oder ei-ner Kooperations- / Anbietergemeinschaft. In stark vereinfachter, aggregierter und charakterisierender Form wird dargestellt, welche Inputgüter in die Unter-nehmung fließen und wie diese durch innerbetriebliche und kooperative Aktivi-tätsfolgen in vermarktungsfähige Leistungsbündel für als relevant erachtete Märkte transformiert werden. Ansatzpunkte zur Generierung von Erlösen und*

---

[267] Wüsteneck (1963). Zum allgemeinen Modellbegriff siehe auch Stachowiak (1973), S. 128ff., der diesem ein Abbildungsmerkmal, ein Verkürzungsmerkmal und ein pragma-tisches Merkmal zuordnet.
[268] Kühn / Grüning (2000), S. 246.
[269] Kühn / Grüning (2000), S. 246.

Kosten durch eine Geschäftstätigkeit werden aufgezeigt und somit die wesentlichen Grundlagen für Erfolg oder Misserfolg analysiert. "[270]

Geschäftssysteme dagegen stellen konkrete Realisierungen der abstrakten Geschäftsmodelle dar.[271] Demnach ist ein elektronischer Marktplatz für Bildungsangebote im Rahmen der im Folgenden erläuterten Systematisierungen etwa als so genannter Third Party Marketplace[272] und damit als Geschäftsmodell einzustufen, das in 2004 gegründete Weiterbildungsportal WebKollegNRW stellt demgegenüber als Geschäftssystem eine konkrete Realisierung dieses abstrakten Typs internetbasierten unternehmerischen Handelns dar.[273] Diese Unterscheidung von Geschäftsmodellen und Geschäftssystemen steht auch den nachfolgend angeführten Systematisierungsansätzen nicht entgegen, die von den jeweiligen Autoren ohne eine entsprechende begriffliche Differenzierung formuliert wurden. Vielmehr stellt die Unterscheidung eine Erweiterung der bisherigen Ansätze dar, da aufgrund der unterschiedlichen Abstraktionsniveaus und der hierauf aufsetzenden Analysen zusätzlicher Aussagegehalt in die Betrachtung eingebracht werden kann und neue Analysemöglichkeiten auf abstrakter Ebene geschafft werden.

3.3.2.2 Veranschaulichung von Entwicklungstendenzen mit Hilfe ausgewählter Systematisierungsansätze

In der Literatur finden sich eine Reihe alternativer Systematisierungsansätze für internetbasierte Geschäftsmodelle sowohl allgemeiner als auch E-Learning-spezifischer Natur.[274] Im Folgenden werden ausgewählte Ansätze erläutert und jeweilige aus E-Learning-Perspektive interessante Typen von Geschäftsmodellen beispielhaft charakterisiert. Insbesondere bei den allgemeinen Taxonomien, die im ersten Schritt dargestellt werden, kommt es dabei immer wieder zu Überlappungen, da sich zahlreiche Geschäftssysteme aus der Praxis nicht immer genau einem Geschäftsmodelltyp zuordnen lassen.

---

[270] Gersch (2006), S. 82f.

[271] In der Literatur sind auch alternative Auflösungen der Doppelverwendungen des Begriffes Geschäftsmodell auf unterschiedlichen Abstraktionsniveaus zu finden. So schlägt beispielsweise *Bruns* vor, die abstrakte Fassung, also die Typenbezeichnung unternehmerischer Aktivitäten, als Referenzmodell zu bezeichnen und den Begriff des Geschäftsmodells für die konkrete Realisierung durch einzelne Unternehmen zu reservieren. Vgl. Bruns (2005), S. 2ff.

[272] Siehe hierzu die Ausführungen zum Systematisierungsansatz von *Timmers* in Abschnitt 3.3.2.2.

[273] Zum WebKollegNRW siehe www.webkolleg.nrw.de und FN 252.

[274] Vgl. bspw. Rappa (2006); Timmers (2000); Wirtz (2001); Hoppe / Breitner (2003); Seufert (2001a) und (2001b).

Ein erster bekannter Ansatz stammt von *Wirtz,* der die von ihm vorgeschlagene branchenunabhängige Systematisierung am Leistungsangebot ausrichtet.[275] Dabei unterscheidet er vier Basisgeschäftsmodelle, die er entsprechend ihres idealtypischen Leistungsangebots als Content[276], Context[277], Commerce[278] und Connection[279] bezeichnet.[280]

Der ebenfalls allgemein auf internetbasierte Geschäftssysteme bezogene Systematisierungsansatz von *Timmers* basiert im Gegensatz zu der angebotsorientier-

---

[275] Vgl. Wirtz (2001), S. 217ff.

[276] Durch Sammlung, Selektion, Systematisierung, Kompilierung und Bereitstellung von Inhalten soll dieser den Kunden einfach, bequem und ansprechend aufbereitet online zugänglich gemacht werden. Da die bereitgestellten Inhalte gänzlich unterschiedlichen Zwecken, wie z. B. der Information, Unterhaltung oder Bildung des Empfängers dienen können, unterteilt *Wirtz* das Basisgeschäftsmodell Content weiter in die Geschäftsmodellvarianten „E-Information", „E-Education" und „E-Entertainment". Siehe hierzu Wirtz (2001), S. 219ff. Der eigentliche Content wird in der Regel nur zum Teil selbst erstellt. Durch die Tendenz zur Ubiquität von Rohdaten liegt die Wertschöpfung vielmehr in der redaktionellen Aufbereitung sowie in der Personalisierung und Selektion von Inhalten.

[277] Die durch die starke Verbreitung des Internets und die gleichzeitige Zugangskostensenkung deutlich verbesserte Erreichbarkeit von Informationen wurde nicht von einer vergleichbaren Transparenzsteigerung begleitet. Ursache hierfür ist vor allem der starke Anstieg des Informationsumfangs und der Informationskomplexität, die eine zielgerichtete Nutzung der verfügbaren Informationen zunehmlich problematischer gestalten. Das Geschäftsmodell Context zeichnet sich vor diesem Hintergrund durch eine bedarfsorientierte Klassifizierung und Systematisierung von Inhalten aus, die dem Nachfrager keine eigenen Inhalte zur Verfügung stellen, sondern vielmehr als Navigationshilfe und Informationsaggregator dienen. Vgl. Wirtz (2001), S. 242ff.

[278] Geschäftssysteme des Typs Commerce befassen sich mit der Anbahnung, Aushandlung und/oder Abwicklung von Transaktionen. Je nach Unterstützungsgegenstand lassen sie sich demnach der Anbahnung (Attraction), der Aushandlung (Bargaining / Negotiation) bzw. der Abwicklung (Transaction) zuordnen, so dass auch das Geschäftsmodell Commerce in verschiedene Geschäftsmodellalternativen, wie E-Attraction, E-Negotiation und E-Connection weiter ausdifferenziert werden kann. Vgl. Wirtz (2001), S. 231.

[279] Bei Geschäftsmodellen vom Typ Connection wird die Möglichkeit eines Informationsaustauschs zwischen Konsumenten und Unternehmen hergestellt. Diese Verbindungen können technischer, kommerzieller und/oder rein kommunikativer Art sein. Interaktionen von Akteuren in virtuellen Netzwerken, die transaktionskostenbedingt oder aufgrund sonstiger Barrieren ohne die Leistungen der Geschäftssysteme im Bereich Connection nicht möglich wären, werden initiiert. Sofern der physische Zugang zu Netzwerken ermöglicht wird, sind die entsprechenden Geschäftssysteme dabei dem Bereich Inter-Connection zuzuordnen (beispielsweise Internet Service Provider). Werden dagegen Dienstleistungen innerhalb des Internets angeboten, so fällt das Leistungsangebot des Geschäftssystems in den Bereich Intra-Connection. In diesem Bereich wird dem Nutzer beispielsweise über eine Virtuelle Community eine Entscheidungshilfe beim Kauf eines Produkts, eine Möglichkeit zum Austausch von Informationen geboten oder über File-Sharing-Applications der Austausch von Daten mit anderen Nutzern ermöglicht. Vgl. Wirtz (2001), S. 252ff.

[280] Vgl. Wirtz (2001), S. 218.

ten Taxonomie von *Wirtz* auf empirischen Beobachtungen. Er umfasst die folgenden zehn empirisch relevantesten Geschäftsmodelltypen:[281]

- *E-Shop*

- *E-Procurement*

- *E-Auction*

- *E-Mall*

- *Third Party Marketplace*

- *Virtual Communities*

- *Value Chain Service Provider*

- *Value Chain Integrator*

- *Collaboration Platforms*

- *Information Broker*

Nach der Identifikation und Charakterisierung der Geschäftsmodelltypen systematisiert *Timmers* diese, wie in Abbildung 10 dargestellt, anhand der Kriterien „*Degree of Innovation*"[282] und „*Functional Integration*"[283]. Während E-Shops nach dieser Auffassung also lediglich eine elektronische Variante traditioneller Verkaufslösungen darstellen, lassen sich die Funktionen eines Value Chain Integrators[284] überhaupt nicht mehr auf traditionelle Art und Weise ausführen. Entsprechend hoch ist bei derartigen Geschäftsmodellen auch die Abhängigkeit von der Informations- und Kommunikationstechnik, da gerade die Integration der Informationsflüsse das entscheidende Leistungsangebot darstellt. Die von *Timmers* entwickelte Systematisierung ist zumindest in Teilen auch gut auf den E-Learning-Bereich übertragbar.

---

[281] Vgl. Timmers (1998), S. 3ff. Timmers spricht zwar von 11 Typen, fasst jedoch selbst den Geschäftsmodelltyp Trust-Service bei seinen Erläuterungen mit dem Typ Information-Broker zusammen, so dass sich die dargestellte Systematisierung ergibt.

[282] Das Spektrum des Innovationsgrads („Degree of Innovation") reicht nach *Timmers* dabei von einer „elektronischen Version gewöhnlicher Abläufe" bis hin zu „innovationsintensiv", wofür er das Beispiel der Ausgliederung von Funktionen über das Internet anführt.

[283] Das Kriterium der „Functional Integration" bezieht sich auf den funktionellen Integrationsgrad des Geschäftsmodells. So realisieren verschiedene Geschäftsmodelle, wie z. B. „E-Shops", lediglich einzelne Funktionen, andere dagegen, wie z. B. „Value Chain Integrator", integrieren eine ganze Reihe von Funktionen.

[284] Der Schwerpunkt liegt bei diesem Geschäftsmodelltyp auf einer Integration von mehreren Stufen bzw. Funktionen der Wertschöpfungskette. Durch die „richtige Gestaltung" des Informationsflusses zwischen diesen einzelnen Stufen soll eine zusätzliche Wertschöpfung erreicht werden. Hierbei werden u.a. Lösungen für Effizienzsteigerungen, z. B. im Bereich Produktion, Logistik und Vertrieb oder spezieller Services angeboten.

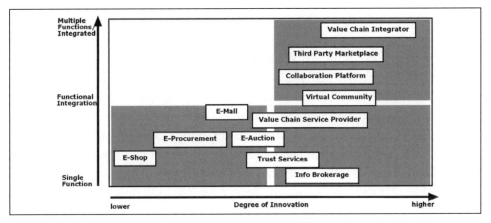

Abbildung 10:   Geschäftsmodelltypen nach Timmers[285]

So wurde mit dem WebKollegNRW bereits ein Beispiel für einen Third Party Marketplace gegeben und die unter dem Gesichtspunkt eines Wertschichtenwettbewerbs angesprochene Spezialisierung von Akteuren weist auf die zunehmende Verbreitung von Value Chain Service Providern hin, die sich nach *Timmers'* Verständnis auf einzelne Funktionen der Wertschöpfungskette fokussieren.[286] In Verbindung mit dieser Spezialisierungstendenz ist auch die Etablierung von Geschäftsmodellen des Typs Value Chain Integrator und Collaboration Platform[287] wahrscheinlich, da neu entstehende Schnittstellen unter Wettbewerbsbedingungen gestaltet werden müssen. Damit wird deutlich, dass der Ansatz seinem allgemeinen Anspruch gerecht wird. Allerdings kann er aufgrund der nur relativ schwachen Ausrichtung auf die Bildungsbranche bzw. den E-Learning-Bereich die an dieser Stelle mit der Erläuterung angestrebte Verdeutlichung von Transformationskonsequenzen nur bedingt leisten.

Ein weiterer anerkannter branchenunabhängiger Ansatz stammt von *Rappa* und unterscheidet neun Geschäftsmodelltypen, die jeweils durch eine Vielzahl verschiedener Unterausprägungen gekennzeichnet sind.[288] *Rappa* betont die Kombinierbarkeit der Geschäftsmodelle unter einer gemeinsamen Internet Business Strategie und weist auf die Dynamik der gegenwärtigen Entwicklung in dem Bereich der Geschäftsmodelle hin, die seines Erachtens weiterhin interessante und

---

[285] Timmers (1998), S. 7.

[286] Vgl. Timmers (1998), S. 6.

[287] Eine Collaboration Platform stellt Werkzeuge und Informationen für die Zusammenarbeit zwischen Unternehmen bereit. Dabei kann ein Schwerpunkt auf bestimmte Funktionen, wie etwa die Ermöglichung einer gemeinsamen Forschung und Entwicklung, gelegt werden. Die Collaboration Platform stellt somit eine Art Vermittler zwischen Unternehmen dar. Vgl. Timmers (1998), S. 6f.

[288] Vgl. Rappa (2006), S. 1ff.

bisher nicht vorzufindende Typen von Geschäftsmodellen hervorzubringen ver-mag.[289] Auch dieser Ansatz lässt sich in Teilen auf die Bildungsbranche und dort speziell auf E-Learning-Akteure anwenden. Die wissenschaftliche Diskussion um den Einfluss von Digitalisierung und Vernetzung auf das Bildungswesen hat im Laufe der letzten Jahre jedoch auch E-Learning-spezifische Geschäftsmodelltaxonomien hervorgebracht, die sich für die vorliegenden Zwecke aufgrund ihrer speziellen Ausrichtung besser eignen. Ähnlich den zuvor dargestellten Ansätzen geht es den jeweiligen Autoren auch hier entweder primär um eine Beschreibung veränderter Markt- und Unternehmensbedingungen und/oder um eine Unterstützung und Analyse der strategischen Planung bei E-Learning-Unternehmen.[290]

3.3.2.2.1 Konvergenz von akademischer und betrieblicher Bildung – Systematisierung neuer Geschäftsmodelle nach *Seufert*

Ausgehend von E-Learning-induzierten Konvergenzprozessen der in der Vergangenheit klar abgegrenzten Bereiche akademischer und betrieblicher Bildung entwickelt *Seufert* eine Taxonomie mit sechs Geschäftsmodelltypen, die sie als „E-Learning Universum" bezeichnet.[291] Vergleichbar mit den in dieser Arbeit dargestellten Kausalitäten des Transformationsprozesses wird E-Learning dabei als Konsequenz des Zusammenwirkens technologischer, sozialer und ökonomischer Treiber sowie eines sich etablierenden neuen Lernparadigmas gesehen und stellt die Grundlage (teil-)virtualisierter[292] neuer Geschäftsmodelle in einem globalisierten Bildungsmarkt dar.[293] Begrifflich folgt *Seufert* dem Geschäftsmodellverständnis von *Timmers*, der ein Geschäftsmodell definiert als „... *architecture for the product, service and information flows, including a description of the various business actors and their roles; and a description of the potential benefits for the various business actors; and a description of the sources of revenue.* "[294]

---

[289] Ausführlich zu diesem Ansatz siehe Rappa (2006).

[290] Vgl. Sandrock / Grunenberg / Lattemann (2005), S. 200f.

[291] Vgl. Seufert (2001a), S. 113f.; Seufert (2001b); Seufert / Guttmann (2002).

[292] Der Begriff „virtuell" wird dabei von *Seufert* differenziert betrachtet. Im informations-technologischen Sinne steht er nach Auffassung der Autorin für die „... *Nutzung lokaler und globaler Datennetze (Intra- oder Internet) zur Optimierung der realen Wertschöpfung",* während Virtualität im betriebswirtschaftlichen Sinne „... *temporäre Netzwerkverbünde zur Erbringung einer bestimmten Leistung unter Nutzung von Informations- und Kommunikationstechnologien"* bezeichnet. Seufert (2002), S. 120.

[293] Vgl. Seufert / Guttmann (2002).

[294] Timmers (1998), S. 4. Zu den Geschäftsmodelldefinitionen siehe Tabelle 6, S. 71.

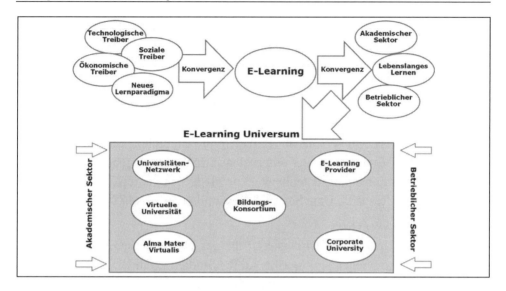

Abbildung 11:   E-Learning-Geschäftsmodelle nach Seufert[295]

Aus der Sicht der einzelnen identifizierten Geschäftsmodelltypen werden auf dieser Basis die möglichen Realisierungsalternativen erörtert und in Anlehnung an die E-Commerce-Terminologie die folgenden Kategorien unterschieden: [296]

- E2B = Education to Business (corporate e-learning): Bildungsprodukte werden auf dem Wirtschaftssektor an Unternehmen vermarktet;

- E2E = Education to Education (university e-learning): Bildungsprodukte werden an Professoren, Universitäten oder andere Bildungsinstitutionen angeboten;

- E2C = Education to Consumer (private e-learning): Bildungsprodukte werden direkt an die „Endverbraucher" distribuiert.

Die einzelnen Geschäftsmodelltypen sind dabei wie folgt charakterisiert:

- *Alma Mater Multimedialis / Alma Mater Virtualis*
  Die Alma Mater Multimedialis stellt eine Erweiterung der traditionellen Universität um Elemente der virtuellen Lehre dar und bewegt sich auf einem Kontinuum zwischen den Extrempolen 100 % Präsenzlehre (On-Campus) und 100 % Online-Lehre (Off-Campus). Das integrierte virtuelle Ergänzungsangebot bietet den Studierenden zusätzliche Koordinations-, Informations- und Kommunikationsmöglichkeiten und reicht von Online-Recherchediensten über Community-Services wie Chats, Diskussionsfo-

---

[295] In Anlehnung an Seufert (2001a), S. 111ff.
[296] Vgl. Seufert (2002), S. 120.

ren und Online-Tutoring bis hin zu multimedialen Lernobjekten wie Web-based Trainings oder ganzen Online-Kursen.[297] Die Universitäten streben bei dieser Strategie teilweise konträr anmutende Ziele wie qualitativ höherwertige, effektivere aber gleichzeitig auch kostengünstigere Lehrangebote an, um sich im globalen Wettbewerb behaupten zu können. Als Beispiel für diese Hybrid-Lösung wird die Wharton Business School der Pennsylvania Universität in Philadelphia angeführt, die diesbezüglich durch die Etablierung der internetbasierten Lernumgebung „Spike",[298] durch die Forschungsdatenbank „knowledge@Wharton" und durch den „Wharton Research Data Service" Bekanntheit erlangte.[299]

- *Virtuelle Universität*
Virtuelle Universitäten realisieren ihr gesamtes Lehrangebot online und erheben im Gegenzug hierfür i.d.R. Studiengebühren. Die folgenden Merkmale werden als konstituierend angesehen:[300]

  o *„Zugehörigkeit zum akademischen Bildungssektor: staatliche oder private Universität mit öffentlicher Verantwortung, Universitäten sind sehr häufig akkreditiert,*

  o *Verleihung akademischer Grade, Zertifizierung von Abschlüssen,*

  o *Einschreibung als Studierender an der Universität, Entrichtung von Universitätsgebühren für die Teilnahme am Studium,*

  o *Nutzung von Informations- und Kommunikationstechnologien entlang der gesamten Wertschöpfungskette: von der Kursentwicklung, Wissensvermittlung, Administration bis hin zu Durchführung von Tests und Prüfungen sowie Karriereberatung,*

  o *Hoher Virtualitätsgrad: gesamtes Kursprogramm unter einem „virtuellen Dach", die off-campus Aktivitäten in der Hochschullehre überwiegen eindeutig. "*

In der Praxis werden die Onlineangebote häufig durch Präsenzveranstaltungen ergänzt, jedoch ist ein physischer Campus grundsätzlich nicht er-

---

[297] Vgl. Seufert (2002), S. 118f.; Seufert / Guttmann (2002).
[298] In den FAQs zu Spike wird die Plattform beschrieben als „... *suite of online tools designed for Wharton students and built into one intuitive, web-based interface. [...] Wharton tools and websites not built into SPIKE are easily reachable from it, making SPIKE both a feature-rich application and an easy way to navigate Wharton's online environment. "* Spike (2006).
[299] Vgl. Seufert (2002), S. 119.
[300] Vgl. Seufert (2002), S. 120.

forderlich. Virtuelle Universitäten stellen mittlerweile eine weltweit etablierte Alternative zu Campus-Universitäten dar und bieten insbesondere berufstätigen Personenkreisen interessante Optionen, beispielsweise in Form von konsekutiven Studienangeboten.

- *Corporate University*

  „A Corporate University is the centralized strategic umbrella for the education and development of employees and value chain members such as customers, suppliers, and dealers. Most importantly, a corporate university is the chief vehicle for disseminating an organization's culture and fostering the development of not only job skills, but also such core workplace skills as learning-to-learn, leadership, creative thinking and problem solving."[301] Die zunächst als primär amerikanisches Phänomen eingestufte Herausbildung unternehmensspezifischer Bildungseinrichtungen hat in den letzten Jahren auch Europa und speziell Deutschland erreicht.[302] Im Kern streben die Unternehmen mit dem Aufbau einer Corporate University eine engere Verzahnung von Personal- und Unternehmensentwicklung und eine Integration der Lernprozesse in den eigenen Strategieprozess an,[303] was *Fresina* in drei strategische Grundfunktionen ausdifferenziert: Entweder wird eine Festigung und Aufrechterhaltung der unternehmensspezifischen Kultur- und Wertevorstellungen angestrebt, ein organisationaler Wandel flankiert oder die Entwicklung und Gestaltung des Unternehmens vorangetrieben.[304]

- *E-Learning-Provider*

  Im Rahmen der Aufspaltung der traditionellen Wertschöpfungskette etablieren sich zudem gegenwärtig zahlreiche neue Akteure auf dem E-Learning-Markt und versuchen als Spezialisten einzelne Stufen der

---

[301] Meister (1998), S. 19ff.

[302] Vgl. Wimmer / Emmerich / Nicolai (2002) und Prince / Beaver (2001).

[303] *Wimmer, Emmerich* und *Nicolai* nehmen in Anlehnung an *Hilse* eine Charakterisierung der Corporate University anhand von sieben „Spannungsfeldern" vor, die Aufschluss über Ziele und Realisierungsalternativen geben. So lassen sich beispielsweise Realisierungen unterscheiden, die den Fokus entweder auf eine Unterstützung des kulturellen Wandels legen (z. B. den Abbau kultureller Differenzen nach einer Fusion zweier Unternehmen) oder aber die Implementierung bestimmter strategischer Positionen, wie etwa eine massive Internationalisierungsstrategie, unterstützen sollen. Eine Aufzählung der weiteren Spannungsfelder stellt die Vielgestaltigkeit der Lernarchitektur Corporate University deutlich heraus: Fokus Organisation ↔ Fokus Individuum, Strategieimplementation ↔ Strategieentwicklung, Ausgewählte Teilnehmer ↔ Breite Zielgruppe, Universitäre Lerninhalte ↔ Unternehmenslerninhalte, Lernen ↔ Geschäft, Face-to-Face ↔ Virtuell. Vgl. Wimmer / Emmerich / Nicolai (2002), S. 2ff.

[304] Vgl. Fresina (1997).

Wertschöpfungskette erfolgreich zu besetzen.[305] Die von *Seufert* vorgeschlagene 8-stufige Wertschöpfungskette, die etwa entsprechend des ur-
sprünglichen Universitätsverständnisses mit einer Fertigungstiefe von nahezu 100 % von den Universitäten selbst realisiert wurde,[306] wird durch
die neuen Akteure wie Contentanbieter, Hersteller von Autorentools oder
Content Management Systemen, durch E-Learning-Portale oder Entwick-
ler von Kommunikationstechnologien starken Spezialisierungstendenzen
und damit einer hohen Dynamik und Wettbewerbsintensität ausgesetzt.
Das Geschäftsmodell E-Learning-Provider wird in diesem Zusammenhang als Sammelbegriff für neue E-Learning-Akteure gesehen und
repräsentiert unterschiedlichste spezialisierte Produkte und Dienstleistungen entlang der gesamten Wertschöpfungskette.[307] Abbildung 12 veranschaulicht die Aufspaltung der Wertschöpfungskette durch spezialisierte E-Learning-Provider.

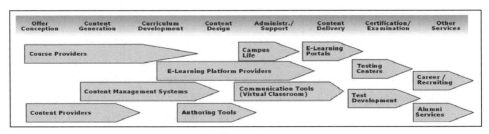

**Abbildung 12:   E-Learning-Provider entlang der sich zunehmend aufspaltenden Wert-
schöpfungskette[308]**

Der zunehmende Wettbewerbsdruck fördert in Verbindung mit der durch die
Aufspaltung der Wertschöpfungskette bewirkten Spezialisierung der Akteure eine wachsende Bedeutung von Kooperationen. Neben den bisherigen Geschäftsmodellen werden daher noch kooperative Modelle, bei denen entweder ausschließlich Universitäten (→ Universitätsnetzwerke oder universitätsinterne
Netzwerke) oder Universitäten und privatwirtschaftliche Akteure zusammenar-
beiten (→ Bildungskonsortien), ergänzt.

---

[305] Dieses Phänomen wurde bereits unter dem Aspekt eines Wertschichtenwettbewerbs in
Abschnitt 3.3.1 angesprochen.
[306] Siehe auch hierzu Abschnitt 3.3.1.
[307] Vgl. Seufert (2002), S. 122.
[308] In Anlehnung an Seufert (2002), S. 122.

Virtualität steht in diesem Zusammenhang nach *Seufert* im Sinne einer betriebswirtschaftlichen Sichtweise für zielorientierte temporäre Netzwerkverbünde, die zu einem wesentlichen Teil auf die Ausschöpfung der Potenziale von IuK-Technologien ausgerichtet sind.[309]

- *Universitätsnetzwerke*
  Mehrere Universitäten realisieren gemeinsam ein hybrides Lehrangebot, indem sie neben der eigentlichen Tätigkeit als Präsenzuniversitäten gemeinsam eine zusätzliche virtuelle Universität bilden[310] bzw. kooperativ einzelne Teile ihres Lehrangebotes in eine Online-Lernumgebung überführen. Auch für dieses Geschäftsmodell lassen sich zahlreiche denkbare Realisierungsmöglichkeiten identifizieren. Eine konkrete Ausgestaltungsoption zeigen *Hoppe* und *Packmohr*, die den Austausch von (E-Learning) Lehrangeboten zwischen der Carl von Ossietzky Universität Oldenburg und der Universität Osnabrück als Bartergeschäft und damit ein ausschließlich auf Leistung und Gegenleistung basierendes Geschäftssystem erläutern.[311]

- *(Internationale) Bildungskonsortien*
  Im Gegensatz zu den Universitätsnetzwerken sind bei diesem Geschäftsmodelltyp auch privatwirtschaftliche Akteure beteiligt. Die gemeinsam entwickelten Leistungsbündel werden an Unternehmen und Privatpersonen als Weiterbildungsangebote vermarktet, so dass die Trennung zwischen universitären und privatwirtschaftlichen Bildungsinstitutionen zunehmend verschwimmt.[312] Die bereits mehrfach angesprochene Wettbewerbsintensivierung macht Kooperationen zu einem immer wichtigeren Instrument zur Schließung von Kompetenzlücken.

3.3.2.2.2 Rahmenmodell für E-Learning-Geschäftsmodelle nach *Hoppe* und *Breitner*

Bei diesem ebenfalls E-Learning-spezifischen Ansatz erarbeiten die Autoren zunächst Klassifizierungen für E-Learning-Produkte und E-Learning-Provider, die dann als Grundlage für ein Rahmenmodell für E-Learning-Geschäftsmodelle dienen. Begrifflich orientieren sie sich ebenfalls an der Definition von *Timmers*

---

[309] Vgl. Seufert (2002), S. 120; Seufert (2001a), S. 119ff.
[310] Vgl. Seufert (2001a), S. 119.
[311] Vgl. Hoppe / Packmohr (2006). Bartergeschäfte sind reine Kompensationsgeschäfte, bei denen die Abwicklung von Transaktionen zwischen zwei Marktpartnern ohne Geldzahlungen erfolgt. Siehe hierzu auch Engelhardt / Günter (1981), S. 137.
[312] Vgl. Seufert (2002). S. 122

und interpretieren ein Geschäftsmodell als architektonischen Rahmen einer Unternehmensstrategie, der die relevanten Disziplinen Wirtschaftswissenschaft, Pädagogik und Technik integriert und durch so genannte Partialmodelle in einer aggregierten und vereinfachten Form abbildet.[313] Die von ihnen unterschiedenen idealtypischen Geschäftsmodelltypen leiten sie aus den E-Learning-Produkten ab, die sie als autonom marktfähige Teile eines E-Learning-Systems definieren.[314]

Ein E-Learning-System besteht im Kern aus einem „Technischen System", welches E-Learning-Technologien[315] und E-Learning-Content umfasst und durch „Manware" (z. B. administrative Leistungen, Pflege und Komponentenentwicklung) und „Orgware" (organisatorische Regelungen und Konzepte in Bezug auf E-Learning und dessen Management) unterstützt wird.[316] Einen wichtigen Teil der E-Learning-Technologie stellen E-Learning-Anwendungen dar, die weiter in Drill & Practice, (Intelligente) Tutorielle Systeme, Simulationen und Computer Supported Cooperative Learning (CSCL) unterschieden werden. Im Hinblick auf das technische System differenzieren die Autoren zudem zwischen einer CBT- und einer WBT-orientierten Realisierung, wobei sie Mobile-based Training (MBT), verstanden als E-Learning für Handhelds, Laptops oder PDAs, aufgrund der nach ihrer Auffassung noch relativ bedeutsamen technischen Beschränkungen als Unterkategorie des Computer-based Training behandeln.[317]

Vor diesem Hintergrund wird jeder autonom marktfähige Teil eines E-Learning-Systems als E-Learning-Produkt bezeichnet, das von E-Learning-Providern am Markt angeboten werden kann. Der Begriff E-Learning-Provider kennzeichnet somit die Allgemeinheit der E-Learning-spezifischen Geschäftsmodelle, die aufgrund der vielfältigen Erscheinungsformen einen gegenwärtig noch sehr intransparenten Markt bilden.[318] Wie auch *Seufert* sehen die Autoren eine grundlegende historische Trennung zwischen kommerziellen und akademischen Anbietern, differenzieren dann aber unabhängig hiervon auf der Basis der an-

---

[313] Vgl. Hoppe / Breitner (2003), S. 4; Breitner / Hoppe (2005), S. 181f. Zur Definition eines Geschäftssystems nach *Timmers* siehe Tabelle 6, S. 71. Eine Unterscheidung von Geschäftsmodellen und Geschäftssystemen wird hier ebenfalls nicht vorgenommen.

[314] Vgl. Hoppe / Breitner (2003), S. 2ff.

[315] Unter E-Learning-Technologien werden Informations- und Kommunikationstechnologien verstanden, die E-Learning ermöglichen bzw. unterstützen. Vgl. Hoppe / Breitner (2003), S. 2.

[316] Vgl. Hoppe / Breitner (2003), S. 2ff.

[317] Vgl. Hoppe / Breitner (2003), S. 2ff. Es sind diesbezüglich jedoch der Zeitpunkt der Veröffentlichung und die seither zu verzeichnenden technischen Fortschritte auf diesem Gebiet zu berücksichtigen. Zum M-Learning siehe Abschnitt 2.2.4.1.

[318] Vgl. Hoppe / Breitner (2003), S. 2ff.

hand des E-Learning-Systems identifizierten E-Learning-Produkte fünf Idealtypen von E-Learning-Providern:[319]

- *Content Provider:* Content Provider vermarkten standardisierte, individualisierte oder individualisierbare Inhalte.

- *Application Provider:* Application Provider sind Anbieter von E-Learning-Anwendungen, die häufig mit Content Providern kooperieren.

- *Hardware Provider:* Eine Spezialisierung auf den E-Learning-Bereich stellt hier die Ausnahme dar, da die entsprechende Hardware in den meisten Fällen auch anderweitig Verwendung finden kann.

- *Service Provider:* Service Provider unterstützen die Vermittlung von Content über E-Learning-Anwendungen durch unterschiedlichste Services, wie z. B. durch die Bereitstellung einer Lernplattform.

- *Full Service Provider:* Bei Full Service Providern werden alle Stufen einer Wertschöpfungskette mit einer Fertigungstiefe von 100 % aus einer Hand realisiert.

Es handelt sich damit bei diesem Ansatz um eine angebotsorientierte Geschäftsmodellsystematik, deren Geschäftsmodelltypen sich durch eine Aufspaltung der Wertschöpfungskette ergeben. Damit die identifizierten Geschäftsmodelle nachhaltig erfolgreich sein können, müssen die sich auf betriebswirtschaftliche Teildisziplinen beziehenden Partialmodelle konsistent gestaltet und die Zielgruppe und das Marktsegment adäquat gewählt sein. Die Autoren verstehen daher ein Geschäftsmodell als Planungs- und Betrachtungsrahmen für die ökonomische Komponente der E-Learning-Strategie eines Unternehmens, mit dessen Hilfe die Komplexität der Betrachtung reduziert und eine auf kritische Erfolgsfaktoren abgestimmte Strategie formuliert werden kann.[320] Als Essenz der drei in der Literatur anerkannten Geschäftsmodellansätze von *Timmers*, *Wirtz* und *Osterwalder / Pigneur* schlagen sie mit dem Marktmodell (market model), dem Aktivitäten-Modell (activity model) und dem Kapitalmodell (asset model) drei Partialmodelle vor, die sie anschließend branchenspezifisch betrachten.[321] Eine Darstellung der Inhalte der Partialmodelle und ihrer weiteren Untergliederungen unterbleibt an dieser Stelle, da im weiteren Verlauf eine modifizierte Fassung des Geschäftsmodellansatzes von *Timmers* im Detail für den E-Learning-Bereich erarbeitet wird.

---

[319] Vgl. Hoppe / Breitner (2003), S. 3f.
[320] Vgl. Hoppe / Breitner (2003), S. 2ff.
[321] Vgl. Timmers (2000); Wirtz (2001); Osterwalder / Pigneur (2002); Breitner / Hoppe (2005), S. 181ff.; Hoppe / Breitner (2003), S. 7ff.

3.4 Zwischenfazit zur Branchentransformation im Bildungswesen

Kapitel 3 hat gezeigt, dass das als Branche interpretierte Bildungswesen gegenwärtig zahlreiche Kennzeichen aufweist, die für eine nachhaltige Branchentransformation sprechen. Diese Branchentransformation stellt etablierte Geschäftssysteme und Strukturen in Frage und hat einen Prozess der Neu- und Umorientierung angestoßen, der mit großen Unsicherheiten für die Beteiligten verbunden ist. Während etablierte Akteure in der Folge ihre eigenen Wertschöpfungsprozesse neu ausrichten und den Einsatzbereich ihrer Kernkompetenzen im Sinne eines Wertschichtenwettbewerbs auf andere Branchen auszuweiten versuchen, etablieren sich gleichzeitig auch eine ganze Reihe neuer Geschäftssysteme, mit denen bei einer starken Kundenorientierung neue Wege der Leistungserbringung gegangen werden.

Die in diesem Zusammenhang dargestellten Systematisierungsansätze für E-Learning-Geschäftsmodelle lassen eine verbindliche und allgemeingültige Basis bisher weitgehend vermissen, obwohl sich zumindest das grundlegende Geschäftsmodellverständnis von *Timmers* durchgesetzt zu haben scheint. Die behandelten Ansätze weisen unterschiedliche Detaillierungsgrade auf, verfolgen unterschiedliche Zielsetzungen und unterscheiden sich in der gewählten Systematisierungsgrundlage, die teilweise empirischer und teilweise theoretischer Natur ist. Die von den Autoren deklarierten Ziele reichen von einer Klassifizierung und Typisierung unternehmerischer Aktivitäten bis hin zur Bereitstellung eines Instruments der strategischen Planung, wobei sich die in der Literatur vertretene Kritik hauptsächlich auf Letzteres bezieht und dem Geschäftsmodellkonzept u.a. Oberflächlichkeit, mangelnde theoretische Fundierung, Inkonsistenz, Missverständlichkeit, eine unzureichende Ableitbarkeit normativer Handlungsempfehlungen und fehlende Methoden zur Analyse, Konzipierung und Gestaltung vorwirft.[322]

Insgesamt sind die genannten Punkte nach hier vertretener Auffassung jedoch nicht als vernichtende grundsätzliche Kritik am Geschäftsmodellkonzept zu verstehen, sondern stellen vielmehr die Notwendigkeit einer wissenschaftlich fundierten Betrachtung und Füllung der einzelnen Bestandteile von Geschäftsmodellen – die i.d.R. durch Partialmodelle repräsentiert werden – heraus. Der Forderung nach theoretisch fundierten Analyseinstrumenten und -ansätzen sowie

---

[322] Vgl. Hedmann / Kalling (2002), Hummel (2002); Porter (2001); Sandrock / Grunenberg / Lattemann (2005), S. 202. So führt *Porter* beispielsweise aus: *„The definition of a business model is murky at best. Mosten often, it seems to refer to a loose conception of how a company does business and generates revenue. Yet simply having a business model is an exceedingly low bar to set for building a company."* Porter (2001), S. 73.

einem Vorgehensmodell zur Formulierung und Gestaltung konkreter Geschäfts-systeme ist zuzustimmen; sie stellt aber die Idee einer systematischen und ag-gregierten Abbildung unternehmerischer Konzepte nicht grundsätzlich in Frage. In diesem Sinne wird die sich nun anschließende Geschäfts- und Partialmodell-betrachtung soweit wie möglich durch anerkannte betriebswirtschaftliche Theo-rien, Modelle und Lehren fundiert, die beispielhaft auf den E-Learning-Bereich übertragen werden.

4   Ein integrierter Geschäftsmodellansatz als Analyseinstrument

Es soll nun mit dem ökonomischen Geschäftsmodellansatz nach *Wirtz*[323] ein Analyseinstrument vorgestellt werden, welches zur aggregierten Analyse unternehmerischen Handelns herangezogen werden kann und zugleich, auf einer abstrakteren Ebene, die Charakterisierung einzelner Marktstufen, hier die der (E-Learning-)Contentveredelung, ermöglicht. Um die Analyse von Geschäftsmodellen bzw. Geschäftssystemen[324] überschaubar und praktikabel zu halten, bietet sich die Unterscheidung von so genannten Partialmodellen an, die jeweils bestimmte betriebswirtschaftliche Teilbereiche fokussieren und im Zusammenspiel ein flexibles Analyseinstrument ergeben. Im Rahmen der folgenden Behandlung des integrierten Geschäftsmodellansatzes werden dabei, aufbauend auf der Serviceinterpretation von Bildungsangeboten, vor allem immer wieder etablierte Konzepte und Ansätze des Strategischen Managements und des Dienstleistungsmanagements herangezogen und unter Einbeziehung didaktischer Zusammenhänge und Gesichtspunkte auf die besonderen Branchencharakteristika ausgerichtet. Auf diese Weise werden konkrete Analysemöglichkeiten, denkbare Lösungsansätze für identifizierte Herausforderungen und Problemstellungen sowie branchentypische Strategien systematisch herausgearbeitet. Konkrete Ausgestaltungsoptionen für einzelne Partialmodelle werden schließlich in Kapitel 5 anhand des Geschäftssystems „Executive MBA Net Economy" aufgezeigt. Hier werden exemplarische Problemstellungen konzeptionell angegangen und insbesondere eine Leistungserstellungsstrategie entwickelt.

4.1   Die Partialmodelle eines integrierten Geschäftsmodells – Das ökonomische Grundmodell

Von den verschiedenen in der Literatur verfügbaren Geschäftsmodellbegriffen wurde der vorliegenden Arbeit die Definition von *Gersch* zugrunde gelegt.[325]

---

[323] Vgl. Wirtz (2001).

[324] Geschäftsmodelle werden hier als abstrakte Typen ökonomischer Aktivitäten mit dem Ziel der Vermarktung typischer Leistungsbündel verstanden (z. B. das Geschäftsmodell „Elektronischer Marktplatz"), während der Begriff Geschäftsystem konkrete Realisierungen eines solchen Geschäftsmodells benennt (z. B. das Geschäftsystem „WebKollegNRW" als Realisierung des Geschäftsmodells „Elektronischer Marktplatz"). Vgl. ausführlich zum Geschäftsmodellbegriff Abschnitt 3.3.2.1.

[325] Der Begriff „Geschäftsmodell" bezeichnet demnach *„... allgemein-typisierend die Abbildung des betrieblichen Produktions- und Leistungssystems einer Unternehmung oder einer Kooperations- / Anbietergemeinschaft. In stark vereinfachter, aggregierter und charakterisierender Form wird dargestellt, welche Inputgüter in die Unternehmung fließen und wie diese durch innerbetriebliche und kooperative Aktivitätsfolgen in vermarktungs-*

Der Wert einer Geschäftsmodell- bzw. Geschäftssystemanalyse liegt insbesondere in der Möglichkeit zur integrierten Berücksichtigung verschiedener betriebswirtschaftlicher Teildisziplinen und der Aggregation und Systematisierung der (interdependenten) Teilaspekte. Die Möglichkeit der Fokussierung einzelner Partialmodelle und der Schwerpunktsetzung innerhalb eines Partialmodells macht die Geschäftssystemanalyse dabei zu einem besonders flexiblen Instrument der Analyse, Planung und Überarbeitung von Wertschöpfungsstrukturen. So bietet sich eine Anwendung nicht nur im Rahmen der strategischen Planung bei Start-up-Unternehmen, Spin-offs oder bei Markteintritten etablierter Akteure in neue Geschäftsfelder an; auch die Analyse von Erfolgs- und Misserfolgsursachen kann maßgeblich von den Eigenschaften des integrierten Geschäftsmodellansatzes und der Partialmodellbetrachtung profitieren.[326]

Nach der nun folgenden Erläuterung des Grundmodells von *Wirtz* werden gezielte Modifikationen in Bezug auf die Partialmodelluntergliederung vorgenommen, wodurch der Geschäftsmodellansatz insbesondere um ein Organisationsmodell erweitert wird. Das Grundmodell von *Wirtz* unterscheidet die in Abbildung 13 dargestellten sechs Partialmodelle:

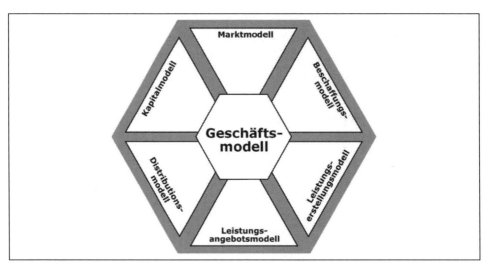

Abbildung 13:   Partialmodelle eines integrierten Geschäftsmodells[327]

fähige Leistungsbündel für als relevant erachtete Märkte transformiert werden. Ansatzpunkte zur Generierung von Erlösen und Kosten durch eine Geschäftstätigkeit werden aufgezeigt und somit die wesentlichen Grundlagen für Erfolg oder Misserfolg analysiert." Gersch (2006), S. 82f. Zu alternativen Definitionen siehe Abschnitt 3.3.2.1.
[326] Einen Überblick über besondere Anwendungspotenziale gibt Gersch (2006), S. 89ff.
[327] In Anlehnung an Wirtz (2001), S. 211.

Das *Marktmodell* befasst sich mit den Märkten, auf denen das betrachtete Unternehmen agiert, und analysiert die an diesen Märkten beteiligten Akteure und ihr Marktverhalten. Da sich die relevanten Akteure aus Nachfragern und Wettbewerbern zusammensetzen, untergliedert *Wirtz* das Marktmodell in ein Nachfrager- und ein Wettbewerbsmodell. Das Nachfragermodell gibt Auskunft über die nachgefragten Leistungen auf den relevanten Absatzmärkten und umfasst insbesondere auch Segmentierungsüberlegungen, die die unternehmensspezifische Antwort auf die unterschiedlichen Bedürfnisse der aktuellen und potenziellen Nachfrager darstellen.[328] Das Wettbewerbsmodell dagegen beschäftigt sich mit einer Analyse der Wettbewerbssituation des Unternehmens, die wiederum durch die Marktstruktur und das Marktverhalten der entsprechenden Akteure auf den relevanten Absatzmärkten beeinflusst wird.[329]

Gegenstand des *Beschaffungsmodells* ist das auf der Struktur der relevanten Märkte und dem dort zu verzeichnenden Marktverhalten aufsetzende Beschaffungsverhalten eines Unternehmens.[330] Es müssen insbesondere Antworten auf die folgenden Fragen gefunden werden:[331]

- In welcher Menge werden welche Inputfaktoren für die zu produzierenden Leistungen benötigt?
- Welche Inputfaktoren werden von welchen Lieferanten beschafft?
- Welches Verhalten zeigt das Unternehmen selbst auf den Beschaffungsmärkten?

Das *Leistungserstellungsmodell* geht auf die Kombination und Transformation von Gütern und Dienstleistungen zu Leistungsbündeln ein, die anschließend dem Kunden angeboten werden.[332] Neben der Struktur der Leistungserstellung werden auch die operative Realisierung des Leistungsangebots und der konkrete Leistungserstellungsprozess betrachtet. *Wirtz* betont diesbezüglich die Nachrangigkeit technischer Gesetzmäßigkeiten, die im Rahmen der ökonomischen Geschäftsmodellanalyse hinter den betriebswirtschaftlichen Zusammenhängen zurückstehen sollen – dieser Prioritätensetzung wird auch im Rahmen dieser Arbeit gefolgt.[333]

---

[328] Vgl. Wirtz (2001), S. 212.
[329] Vgl. Wirtz (2001), S. 212f.
[330] Vgl. Wirtz (2001), S. 213.
[331] Siehe hierzu grundlegend Hansen (1990), S. 464ff.
[332] Vgl. Wirtz (2001), S. 213. Einen Überblick zum Bereich der Produktion geben Günther / Tempelmeier (2005), S. 6ff. Zum Begriff des Leistungsbündels siehe Abschnitt 4.1.3.1.
[333] Vgl. Wirtz (2001), S. 213.

Schwerpunkte sind dabei für den Bildungsbereich die sich verändernden Wertschöpfungsstrukturen und die Rolle der Lernenden als so genannte externe Faktoren im Rahmen der integrativen Leistungserstellungsprozesse.

Welcher Teil des Leistungsspektrums schließlich welchen Kundengruppen angeboten wird, ist Gegenstand des *Leistungsangebotsmodells*. Die beim Nachfragermodell angesprochenen Segmentierungen spielen daher für das Leistungsangebotsmodell eine grundlegende Rolle.[334] Darüber hinaus ist festzuhalten, dass es sich bei dem Leistungsangebot i.d.R. um Leistungsbündel handelt, die sich aus materiellen und immateriellen Teilleistungen zusammensetzen und verschiedenen Vermarktungsbesonderheiten unterliegen. Die Kombination der einzelnen Leistungskomponenten ist sowohl unter ökonomischen als auch unter didaktischen Gesichtspunkten von Interesse und wird unter dem Stichwort Mass Customization als strategisch relevante Aufgabe explizit aufgegriffen.

Das *Distributionsmodell* widmet sich der Frage, welche Leistungsbündel in welcher Art und Weise an den Nachfrager distribuiert werden.[335] Grundlegend ist hierzu u.a. die Unterscheidung materieller und immaterieller, informationsbasierter Güter, da sich hieraus wesentliche Einflussfaktoren für das Distributionsmanagement ergeben.

Bestehend aus Finanzierungs- und Erlösmodell fokussiert das *Kapitalmodell* den Zufluss finanzieller Ressourcen und analysiert die verschiedenen Finanzierungs- und Erlösmöglichkeiten.[336] Der Lern-Service Bereich ist dabei vor allem hinsichtlich der Erlösformen ein interessanter und kritischer Bereich, wobei u.a. die Frage nach der richtigen Preisstrategie für informationsbasierte Güter zu beantworten ist.

4.1.1 Modifikation des Grundmodells

Das von *Wirtz* entwickelte integrierte Geschäftsmodell soll für die weitere Verwendung entsprechend Gersch (2006), (2002a) und (2002b) um ein *Organisationsmodell* ergänzt werden. Das Organisationsmodell behandelt die zentralen Ausprägungen von Aufbau- und Ablauforganisation und befasst sich darüber hinaus insbesondere mit Fragestellungen im Zusammenhang mit kooperativen Geschäftssystemausgestaltungen. Es werden sowohl die verschiedenen Realisierungsformen der Geschäftstätigkeit (kooperativ oder autonom?) als auch die

---

[334] Vgl. Wirtz (2001), S. 213.
[335] Vgl. Wirtz (2001), S. 214; Zum Wesen und zur Bedeutung der Distribution siehe Ahlert (1991), S. 8ff. Einen Überblick über Besonderheiten im Zusammenhang mit Dienstleistungen geben Meffert / Bruhn (2000), S. 435ff.
[336] Vgl. Wirtz (2001), S. 214.

Gestaltung der durch formelle und informelle Strukturen geprägten operativen Prozessabläufe betrachtet. Durch Einbeziehung des Organisationsmodells finden weitreichende Gestaltungselemente moderner Geschäftssysteme Berücksichtigung, die unter dem Einfluss der IuK-Technologien eine intensive Weiterentwicklung erfahren haben. Beispielhaft können hier die „neuen" Koordinationsformen „Virtuelle Unternehmung" und „Modulare Unternehmung", oder die im Rahmen des sich etablierenden Wertschichtenwettbewerbs zu verzeichnenden Kooperationsvorhaben zwischen Konkurrenten („Coompete" bzw. „Coopetition") genannt werden. Das Organisationsmodell stellt angesichts der Entwicklungen in den Bereichen der Organisation von Geschäftssystemen und der Koordination von Transaktionen eine wertvolle Ergänzung des Geschäftsmodellansatzes dar, die einen weiten Handlungs- und Entscheidungsspielraum der Akteure speziell auch im Bildungsbereich sichtbar macht.

Unter Berücksichtigung der Modifikationen ergibt sich das in Abbildung 14 dargestellte integrierte Geschäftsmodell.

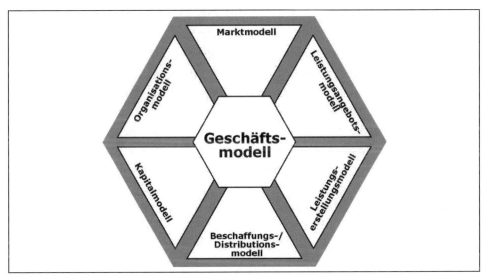

Abbildung 14:   Modifiziertes integriertes Geschäftsmodell[337]

Es werden nun im Folgenden die einzelnen Partialmodelle dieses modifizierten Ansatzes genauer in Augenschein genommen, wobei der Behandlung ausgewählter Aspekte der einzelnen durch die Partialmodelle adressierten betriebswirtschaftlichen Teildisziplinen jeweils eine E-Learning-spezifische und auf die Marktstufe der Contentveredelung fokussierte Perspektive zugrunde gelegt

---

[337] In Anlehnung an Wirtz (2001), S. 211; Gersch (2006), S. 84 und (2002), S. 413.

wird.[338] Der Geschäftsmodellansatz wird damit, neben der aggregierten Darstellung unternehmerischen Handelns, um eine weitere Zielsetzung ergänzt, die als Makroanalyse bezeichnet wird und die Herausstellung typischer Lösungsansätze und Herausforderungen einer Wertschöpfungsstufe verfolgt. Die Reihenfolge der Partialmodelldarstellung orientiert sich dabei am Vorschlag einer systematischen Gesamtbetrachtung, wie sie etwa im Rahmen einer Neuerrichtung eines Geschäftssystems vorzunehmen wäre. Grundsätzlich sind hierfür jedoch, wie auch im Hinblick auf die Partialmodellauswahl, die spezifischen Zielsetzungen einer Geschäftssystembetrachtung ausschlaggebend. Das Finanzierungsmodell, das im Falle einer strategiebestimmenden Geschäftssystemfinanzierung[339] aufgrund seines restriktiven Charakters den anderen Partialmodellen vorangestellt werden müsste, bleibt jedoch zugunsten einer einheitlichen Darstellung in die Kapitalmodellbetrachtung integriert.

4.1.2 Marktmodell

Das *Marktmodell*, welches weiter unterteilt wird in ein Nachfrager- und ein Wettbewerbsmodell, befasst sich mit den Akteuren, denen das Unternehmen gegenübersteht und analysiert die Märkte, auf denen das Unternehmen agiert.[340]

Das *Nachfragermodell* behandelt dabei aktuelle und potenzielle Kunden und fokussiert unter anderem Preisbereitschaften, Präferenzen und Nachfragemengen. Relevante Nachfragemärkte werden identifiziert und Segmentierungen mit dem Ziel der Bearbeitung möglichst homogener Teilmärkte vorgenommen. *Wirtz* betont diesbezüglich die Möglichkeiten der Informations- und Kommunikationstechnologien, die die Segmentierungsbemühungen stark fördern und im Extremfall eine individuelle Ansprache und Behandlung der Kunden erlauben.[341] Diese ist in Bezug auf Lern-Services nicht nur aus ökonomischen, sondern insbesondere auch aus didaktischen Gründen erstrebenswert, worauf noch näher einzugehen ist.

---

[338] Contentveredelung bezeichnet in diesem Zusammenhang die multimediale Aufbereitung von Inhalten, die einhergehen kann mit dem Angebot der resultierenden Lern-Services an Plattform- und Portalbetreiber oder auch (institutionalisierte) Bildungsempfänger.

[339] Bei einer strategiebestimmenden Finanzierung orientiert sich die strategische Planung der Geschäftssystembetreiber an den in einem ersten Schritt ermittelten Finanzierungsmöglichkeiten für das Geschäftssystem. Demgegenüber resultiert die Finanzierungsstrategie bei einer strategieerfüllenden Finanzierung aus der sonstigen strategischen Planung. Siehe hierzu Abschnitt 4.1.6 und Kollmann (2003).

[340] Vgl. Wirtz (2001), S. 212f.

[341] Vgl. Wirtz (2001), S. 212.

Das *Wettbewerbsmodell* dagegen hat die auf den relevanten Märkten vorherr-schenden Marktstrukturen und das von den Akteuren dort an den Tag gelegte Marktverhalten zum Gegenstand. Diese Betrachtung der Konkurrenzsituation ist im aktuellen Entwicklungsstadium der Bildungsbranche von besonderer Rele-vanz, da Unternehmen aufgrund der durch die IuK-Technik stark ausgedehnten Märkte, der für die Transformation einer Branche typischen Markteintritte Bran-chenfremder und des sich abzeichnenden Wertschichtenwettbewerbs einem sich intensivierenden und zunehmend auch über Branchengrenzen hinausgehenden Wettbewerb ausgesetzt sind.[342] Die Marktstruktur im Bildungswesen, die von den einzelnen Akteuren nicht zielgerichtet beeinflusst werden kann, aber den-noch Ergebnis des Marktverhaltens der Gesamtheit der Akteure ist, steht dabei speziell auch unter dem Einfluss landes- und bundespolitischer Initiativen und Diskussionen sowie konjunktureller Entwicklungen. Abbildung 15 fasst zentrale Punkte des Marktmodells mit seinen Bestandteilen Nachfrager- und Wettbe-werbsmodell zusammen.

Als Marktstufe im Vordergrund stehen soll im Folgenden die Contentverede-lung, da die entsprechenden Wertschöpfungsaktivitäten (vornehmlich die In-haltsaufbereitung und -distribution) sowohl ökonomische als auch didaktische Herausforderungen berühren und als Schwerpunkt der gegenwärtigen Auseinan-dersetzungen um die Potenziale innovativer Bildungsangebote einen Eindruck der gesamten Branchensituation und -entwicklung zu vermitteln vermögen.

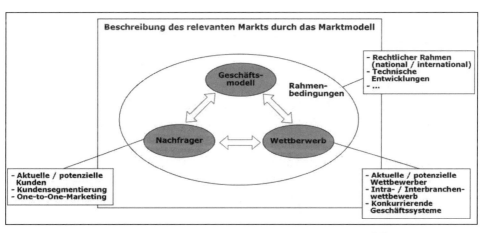

Abbildung 15:   Das Marktmodell des integrierten Geschäftsmodells[343]

---

[342] Zur Transformation der Bildungsbranche siehe Kapitel 3 und Gersch / Weber (2005).
[343] Gersch / Weber (2004), KA 3/9.

4.1.2.1 Ausgewählte Aspekte des Nachfragermodells für die Marktstufe der Contentveredelung

Es werden nun zunächst ausgewählte Aspekte des Nachfragermodells darge-stellt, die speziell den E-Learning-Bereich in seinem gegenwärtigen Entwick-lungsstadium charakterisieren.

4.1.2.1.1 Aktuelle und potenzielle E-Learning-Nachfrager

Seufert und *Guttmann* schlagen in Anlehnung an die E-Commerce-Terminologie eine Klassifizierung der E-Learning-Geschäftsmodelle in die Kategorien

- E2B: Education to Business

- E2E: Education to Education

- E2C: Education to Consumer

vor.[344] Zwar ist der Informationsgewinn durch den Tausch eines der systemati-sierenden Kriterien von B(usiness) zu E(ducation) nicht direkt erkennbar, aber in Bezug auf die Nachfragerschaft beinhaltet der Vorschlag den Hinweis darauf, dass nach Experteneinschätzung zwischen einem akademischen, einem Unter-nehmens- und einem Privatkundensegment zu unterscheiden ist.[345] Schwer-punktmäßig adressiert werden nach Auskunft der 40 größten deutschen E-Lear-ning-Anbieter eindeutig die Unternehmen, die von 83 % der befragten Anbieter als Zielgruppe angegeben wurden.[346] Am wenigsten Beachtung findet demnach der akademische Sektor, der von nur 23 %, im Gegensatz zu 30 % in Bezug auf die Privatkonsumenten, angesprochen wird.[347]

Während sich für den E2B-Bereich und den E2C-Bereich weitere Analysen zu den Nachfragern anführen lassen, nimmt der E2E-Bereich im Contentmarkt ge-genwärtig noch eine Sonderstellung ein, die sich erst im Zuge der angesproche-nen Transformationsprozesse aufweichen könnte. Zwar lassen sich auch hier die Nachfrager näher charakterisieren, jedoch besitzt eine entsprechende Analyse bisher nur wenig ökonomischen Wert, da die Universitäten das Contentangebot klar dominieren und kommerziellen Anbietern wie z. B. Business Schools oder auf Materialebene Buchverlagen nur sehr vereinzelt Gelegenheit gegeben wird, sich zu positionieren.[348] Die Machtverhältnisse zwischen Anbietern und Nach-

---

344 Vgl. Seufert / Guttmann (2002), S. 7.
345 Vgl. hierzu auch Köllinger (2001); Ruttenbur / Spickler / Lurie (2000), S. 38.
346 Vgl. Michel / Pelka (2003), S. 98, 123. Siehe auch Heddergott (2006).
347 Vgl. Michel / Pelka (2003), S. 98.
348 Ausnahmen finden sich bspw. im juristischen Bereich, der durch einen intensiven Paral-lelbetrieb von universitärer Lehre und kommerziellen Repetitorien gekennzeichnet ist.

fragern waren zudem Ursache einer Vernachlässigung kundenorientierter Strategien, da die Produkte durchaus „zwangsverordnet" werden konnten.

Hauptkunden im E2B-Bereich waren auf dem europäischen Markt im Jahr 2002 Banken und Finanzdienstleister, was nach *Payome*, Mitautorin der Studie *„Der europäische Markt für E-Learning 2002"*, auch auf den deutschen Markt übertragen werden kann.[349] Abbildung 16 gibt einen Überblick über verschiedene Branchen mit intensiver E-Learning-Nutzung – der Einsatz von E-Learning in Unternehmen allgemein hat sich nach der Studie *„Corporate Learning"* von MMB/Phsephos in den Jahren seit 2001 kontinuierlich positiv entwickelt und ist insbesondere in 2005 sprunghaft angestiegen.[350] Demnach haben 21 % der Unternehmen erst 2005 mit der Nutzung von E-Learning in der Weiterbildung begonnen, wobei gegenwärtig 20 % der Kleinunternehmen und 41 % der Großunternehmen auf elektronisch unterstütztes Lernen setzen.[351]

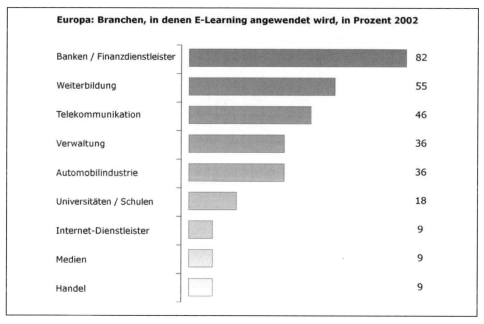

Abbildung 16:   Branchen mit intensiver E-Learning-Nutzung[352]

---

[349] Vgl. Graumann / Köhne (2003), S. 425; Payome (2002).

[350] Vgl. MMB/Psephos (2006).

[351] Vgl. MMB/Psephos (2006). Die Studie zeigte zudem, dass insbesondere Unternehmen mit mehreren Standorten zu den E-Learning-Anwendern zählen, was wiederum die Flexibilitätsvorteile des elektronisch unterstützten Lernens unterstreicht.

[352] In Anlehnung an Graumann / Köhne (2003), S. 425.

In Bezug auf die privaten Konsumenten (E2C-Bereich) ist zunächst zu trennen zwischen beruflich motivierter, aber dennoch privat organisierter und bezahlter Weiterbildung, und vollständig privater, also auch inhaltlich berufsunabhängiger Weiterbildungsnachfrage. In Bezug auf die privat organisierte und bezahlte berufliche Weiterbildung konnte die Studie *„eLearning-Anwendungspotenziale bei Beschäftigten"* besonders attraktive Nachfragerkreise in Abhängigkeit der Branchenzugehörigkeit und der beruflichen Position identifizieren. Eine höhere Stellung geht nach dem Befund der Studie einher mit einer höheren privaten Zahlungsbereitschaft für berufliche Weiterbildung, die sich zudem insbesondere im Dienstleistungssektor und in der Verwaltung finden lässt.[353] Abbildung 17 zeigt die Verbreitung der verschiedenen Anlässe beruflicher Weiterbildung (alle Formen der beruflichen Weiterbildung), wobei Eigeninteresse mit Abstand den Hauptanlass darstellt. Die Studie stellt weiter heraus, dass Kurse am Computer von immerhin 38 % der Befragten genutzt wurden, dass aber Gespräche mit Kollegen bzw. Vorgesetzten (75 %), interne Weiterbildungsmaßnahmen des Unternehmens (62 %) und das Lesen von Fachzeitschriften (62 %) mit Abstand die am meisten genutzten Weiterbildungsformen darstellen.[354]

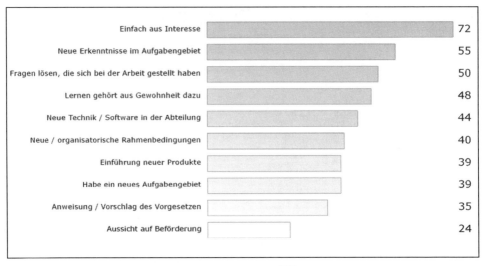

Abbildung 17:   Anlässe beruflicher Weiterbildung[355]

---

[353] Vgl. Nordmedia (2004), S. 19.
[354] Vgl. Nordmedia (2004), S. 24.
[355] In Anlehnung an Nordmedia (2004), S. 21.

Die für das Land Niedersachsen hinsichtlich der unselbstständig Beschäftigten repräsentative Studie kommt allerdings auch zu dem Ergebnis, dass gerade einmal 5 % der 403 Befragten zum Zeitpunkt der Erhebung bereits ein E-Learning-Angebot genutzt haben und dass 54 % bisher keine Vorstellung von E-Learning haben. Hier wird zwar in Verbindung mit dem Befund, dass sich 53 % der bisherigen Nichtnutzer eine Teilnahme an entsprechenden Bildungsangeboten vorstellen könnten auf der einen Seite ein hohes Wachstumspotenzial sichtbar, auf der anderen Seite zeigen die Ergebnisse aber auch deutlich, welche Grundsatzarbeit noch zu leisten ist.[356]

4.1.2.1.2 Marktsegmentierung

Für eine genauere Differenzierung der Nachfrager empfiehlt sich eine Marktsegmentierung, für die sich eine ganze Reihe von Segmentierungskriterien anbieten. Marktsegmentierungsansätze bei E-Learning-Anbietern erlangen speziell für die Wertschöpfungsstufe der Contentveredelung auch unter didaktischen Gesichtspunkten – im Sinne eines zielgruppengerechten Leistungsangebots – einen besonderen Stellenwert, da sowohl Lernerfolg als auch Lernzufriedenheit wichtige Qualitätskriterien für das Leistungsangebot darstellen und u.a. von der Ausrichtung der Bildungsangebote auf die Lernenden abhängen. So sind auch didaktisch motivierte Segmentierungen und Segmentierungskriterien zu berücksichtigen, wobei etwa ein nach Lerntypen differenziertes Leistungsangebot denkbar erscheint.[357]

---

[356] Vgl. Nordmedia (2004), S. 6.

[357] Es existieren verschiedene Untersuchungen zur Existenz und Identifikation von Lerntypen, die teilweise zu konkreten Ansätzen, wie etwa der erfahrungsorientierten Lerntypentheorie von *Kolb* (vgl. Kolb (1984)) oder der wohl bekanntesten Lerntypentheorie nach Sinnesmodalitäten von *Vester* (vgl. Vester (2002)) geführt haben. Insbesondere der Ansatz von *Vester* hat eine intensive Beschäftigung mit unterschiedlichen Lernstilen hervorgerufen, wobei jedoch eine empirische Validierung des Ansatzes bisher nicht gelungen ist. Der Autor selbst gelangt daher zu dem Ergebnis, dass Lernprozesse von einer derartigen Fülle von Einflussfaktoren abhängen, dass letztlich jeder Lerner einen eigenen Lerntyp mit einem individuellen Lernstil darstellt, für den nach Möglichkeit jeweils individuelle Leistungsangebote zu konfigurieren sind. Zwar werden dem E-Learning bzw. Blended Learning erhebliche Potenziale hinsichtlich einer lernerorientierten Ausgestaltung von Bildungsangeboten zugesprochen, jedoch ist der hiermit verbundene Aufwand oftmals so erheblich, dass in der Praxis nicht selten eine viel geringere Ausdifferenzierung zu beobachten ist. Eine Untersuchung der Potenziale einer Lerntypendifferenzierung im E-Learning-Umfeld wäre daher trotz der Einwände sehr zu begrüßen.

Nach Hammann / Palupski / von der Gathen / Welling (2001) bezeichnet Marktsegmentierung „… *die Zerlegung eines heterogenen relevanten Gesamtmarktes
in Teilmärkte, deren Nachfrager auf den Einsatz der Marktbearbeitungsinstru-
mente eines Anbieters homogener reagieren als die Nachfrager im Gesamt-
markt.*"[358] Diese Zerlegung kann anhand einer Vielzahl verschiedener Kriterien
erfolgen, von denen Tabelle 7 eine typische Auswahl zeigt.[359]

Demografisch	Psychografisch	Kaufverhaltensbezogen
Alter	Lebensstil	Preisverhalten
Geschlecht	Persönlichkeit (Werte, Interessen, …)	Mediennutzung (Informationssuchverhalten)
Einkommen	Wagnisfreudigkeit	Einkaufsstättenwahl
Wohnort	Wahrnehmung	Produktwahl (Markentreue, Kaufvolumen)

Tabelle 7:   Marktsegmentierungskriterien[360]

Die Marktsegmentierung ist Teil der Parzellierungsstrategie eines Unternehmens, die neben der Marktfeldstrategie, der Marktsimulierungsstrategie und der
Marktarealstrategie zu den typischen Bausteinen des gesamten Strategiekonzep-
tes einer Unternehmung zählt.[361] Die Parzellierungsstrategie beinhaltet in Er-

---

358 Hammann / Palupski / von der Gathen / Welling (2001), S. 90.
359 Hinsichtlich der Vorgehensweise bei der Segmentierung empfiehlt sich eine Differenzie-
     rung zwischen Konsumgüter- und Investitionsgütermärkten, da im Investitionsgüterbe-
     reich eine im Vergleich noch größere Zahl an Segmentierungskriterien zur Auswahl steht.
     Abhilfe können mehrstufige Segmentierungsansätze schaffen, die beispielsweise der
     Segmentierung anhand von Kriterien der beteiligten Personen (Mikrosegmentierung) eine
     so genannte Makrosegmentierung nach direkt beobachtbaren Größen wie z. B. der Unter-
     nehmensgröße oder der Verwendungshäufigkeit vorschalten. Vgl. Becker (2001), S. 281;
     Hammann / Palupski / von der Gathen / Welling (2001), S. 92f.
360 In Anlehnung an Becker (2001), S. 250ff.
361 Vgl. Hammann / Palupski / von der Gathen / Welling (2001), S. 118. Die Marktfeldstra-
     tegien bestimmen die Kombinationen von Produkten und Märkten, in denen ein Unter-
     nehmen tätig ist bzw. tätig sein wird und bestehen nach Ansoff (1966), S. 150 aus der
     Marktdurchdringung (alter Markt / altes Produkt), der Marktentwicklung (neuer Markt /
     altes Produkt), der Produktentwicklung (alter Markt / neues Produkt) und der Diversifika-
     tion (neuer Markt / neues Produkt). Die Marktstimulierungsstrategie dagegen unterschei-
     det mit der Präferenzstrategie (klar unterscheidbare Leistungen schaffen Präferenzen) und
     der Preis-Mengen-Strategie (Schaffung von Anreizen durch Kostenvorteile) zwei grund-
     sätzlich unterschiedliche Kaufanreize für die Nachfrager. Vgl. Hammann / Palupski / von
     der Gathen / Welling (2001), S. 120f. Der oben genauer dargestellten Parzellierungsstra-
     tegie schließt sich schließlich noch die Marktarealstrategie an, die die räumliche Erstre-
     ckung des Handels in dem Kontinuum von lokal bis global festlegt. Vgl. Hammann / Pa-
     lupski / von der Gathen / Welling (2001), S. 124f.

gänzung zur Segmentierungsentscheidung eine Festlegung hinsichtlich der verfolgten Marktabdeckung, da sowohl bei Marktsegmentierung als auch bei Massenmarketing eine Beschränkung auf einen Marktausschnitt vorgenommen (partielle Marktabdeckung) oder aber der gesamte Markt bearbeitet werden kann (totale Marktabdeckung).[362]

Allein der Blick auf die Webauftritte bedeutender E-Learning-Contentveredeler verrät, dass die Akteure dieser Marktstufe die differenzierte Marktbearbeitung mit Massenmarktstrategien kombinieren. Zu verschiedenen Themenbereichen wie IT, Softskills und Sprachen werden Standardprodukte offeriert, aber nahezu ausnahmslos wird auch die Produktion von individualisierten E-Learning-Lösungen angeboten. Gegenwärtig werden dabei in erster Linie Unternehmen adressiert, was zumindest zwei Hypothesen in Bezug auf die Parzellierungsstrategie zulässt:

- Marktsegmentierung ist bisher nur in geringem Umfang Basis einer differenzierten Produkt-, Preis- oder Kommunikationspolitik, sondern vielmehr Grundlage der Identifikation vielversprechender Teilmärkte im Rahmen einer partiellen Marktabdeckung;
- die partielle Marktbearbeitung ist vornehmlich auf den Education-to-Business-Bereich ausgerichtet, da sich Unternehmen tendenziell durch eine höhere Zahlungsbereitschaft auszeichnen und damit eine größere Chance zur schnellen Refinanzierung der hohen First-Copy Costs bieten.

Auch im Hinblick auf die differenzierte Marktbearbeitung muss sich also eine tatsächliche Kundenorientierung erst durchsetzen und wird aktuell noch von anbieterorientierten Überlegungen überlagert. Da sich aber die Interessen der Bildungsnachfrager in zunehmendem Maße ausdifferenzieren, die Intransparenz im Rahmen des sich verschärfenden Wettbewerbs in Bezug auf Anbieter und Leistungen zunimmt und die Bildungsempfänger eine an Relevanz gewinnende Position einnehmen, werden konkrete Segmentierungsüberlegungen im Bildungsbereich und damit speziell auch im E-Learning-Umfeld an Relevanz gewinnen.

Von besonderem Interesse dürften dabei psychografische Segmentierungen sein, die auf unterschiedlichen Einstellungen, Wertvorstellungen, Wahrnehmungen, Motivationsstrukturen und insbesondere auch Nutzenerwartungen der Nachfrager basieren und damit die subjektiven Elemente in den Vordergrund rücken. Einen diesbezüglich viel beachteten Ansatz stellt das vom Heidelberger Marktforschungsinstitut SINUS SOCIOVISION konzipierte Modell der sozialen Milieus dar, welches Personen mit ähnlichen Werthaltungen, Lebensweisen und

---

362 Vgl. Becker (2001), S. 237ff.

Einstellung gegenüber bestimmten Lebensbereichen zu „Milieu" genannten Segmenten zusammenfasst und damit eine Beschreibung und Analyse gesellschaftlicher Teilgruppen unter verschiedensten Gesichtspunkten ermöglicht.[363]

Das Modell wurde im Rahmen der Untersuchung *„Soziale und regionale Differenzierung von Weiterbildungsverhalten und -interessen"*[364] aufgegriffen und erstmalig zur Ableitung von Milieuprofilen in Bezug auf das Weiterbildungsverhalten, etwaige diesem Verhalten zugrunde liegende motivationale Aspekte, Weiterbildungsbarrieren oder auch Ansprüche und Erwartungen von Seiten der Weiterbildungsrezipienten herangezogen.[365]

4.1.2.2 Ausgewählte Aspekte des Wettbewerbsmodells

Das Wettbewerbsmodell dient der Analyse der Marktstruktur der relevanten Absatzmärkte, der Identifizierung der aktuellen und potenziellen Wettbewerber sowie der Betrachtung des etablierten Marktverhaltens. Da die Anbieter von E-Learning-Content neben dem Wettbewerb untereinander in nahezu allen inhaltlichen Bereichen den traditionellen Angeboten entgegentreten müssen, ist der Markt durch eine hohe Wettbewerbsintensität geprägt. Der Transformationsprozess sorgt indes für eine weitere Wettbewerbsverschärfung, beispielsweise durch Markteintritte Branchenfremder oder durch Diversifizierungsstrategien, wie z. B. das Hineindrängen der Universitäten in den Bereich der kommerziellen Weiterbildung.[366] Insgesamt wird (für alle europäischen Länder) eine Konsolidierung insbesondere im Bereich der kleinen Akteure erwartet, die gegenwärtig den mit Abstand größten Teil der E-Learning-Unternehmen darstellen.[367] Akquisitionen scheinen dabei in der aktuellen Situation jedoch nur bedingt wahrscheinlich, da deren Vorteilhaftigkeit aufgrund der unsicheren und dynamischen Marktentwicklung kaum zuverlässig einzustufen ist.[368]

---

[363] Vgl. Reich (2005), S. 7f.

[364] Vgl. Reich (2005).

[365] Vgl. Reich (2005), S. 8f. Die Ergebnisse der Untersuchung beziehen sich jedoch auf Weiterbildung allgemein und nicht speziell auf E-Learning-gestützte Angebote. Nähere Informationen zu den zentralen Ergebnissen der Untersuchung finden sich bei Reich (2005).

[366] Zur Branchentransformation bzw. allgemein zu den Einflüssen und Veränderungen im Bildungswesen siehe neben Kapitel 3 u.a. Fiedler / Welpe / Picot (2006); Gersch / Weber (2005); Freiling / Gersch / Goeke / Weber (2006).

[367] Vgl. Danish Technological Institute (2004), S. 50f.

[368] Vgl. Danish Technological Institute (2004), S. 50f.

4.1.2.2.1 Branchenstrukturanalyse

Bei der Untersuchung der Wettbewerbssituation stellt nach Ansicht der Vertreter des Market based View (MbV)[369] das Wettbewerbsumfeld in Form der Branchenstruktur die erste wichtige Einflussgröße dar.[370] Die strukturellen Merkmale der Branche bestimmen demnach das Gewinnpotenzial der Branche maßgeblich und müssen bei der Formulierung der Wettbewerbsstrategie einzelner Geschäftssysteme berücksichtigt werden. Der dabei unterstellte Kausalzusammenhang geht zurück auf *Porter* und begründet die Rentabilitätspotenziale eines Unternehmens u.a. mit der Branchenattraktivität, die wiederum aus der konkreten Gestalt und Intensität der folgenden fünf Wettbewerbskräfte resultiert:[371]

- Bedrohung durch (potenzielle) neue Konkurrenten,

- Verhandlungsstärke der Abnehmer,

- Bedrohung durch Ersatzprodukte oder Ersatzdienstleistungen,

- Verhandlungsstärke der Lieferanten und

- Rivalität der bestehenden Unternehmen.

Für die Bildungsbranche zeichnete sich bei der Analyse eine zunehmende Wettbewerbsintensivierung ab, die vor allem auf die zahlreichen neuen Konkurrenten in Form von innovativen E-Learning-Geschäftssystemen, die politisch gewollte Stärkung der Abnehmerposition und das Heranwachsen potenzieller Ersatzprodukte und -dienstleistungen, wie z. B. computergestützte Lern-Services, zurückzuführen ist. Auch der sich verändernde Immaterialitätsgrad der offerierten Lern-Services beeinflusst die Wettbewerbsintensität innerhalb der Branche, da die bei digitalen Gütern gegen Null tendierenden Grenzkosten einen intensiveren Preiswettbewerb begünstigen.[372] Für die etablierten Akteure der Branche entsteht aus diesen Gründen ein starker Druck zur Neupositionierung und zur Realisierung von Effizienz- und Effektivitätspotenzialen mit Hilfe neuer Technologien und innovativer Strategieansätze. Die Betroffenen wurden daher im

---

[369] Der Market based View (MbV) führt Unternehmenserfolg auf unternehmensexterne Faktoren zurück und ist der Industrieökonomik zuzuordnen. Der Analyse von Unternehmenserfolgen liegt hier einer outside-in-Perspektive zugrunde, d.h. die strukturellen Rahmenbedingungen der Branche bestimmen die Wettbewerbsstrategien der Unternehmen, da sich diese an den Analyseergebnissen in Bezug auf die relevanten Märkte orientieren. Wichtigster Vertreter des MbV ist *Porter* (siehe Porter (1995), (2000)), wobei die theoretische Basis des MbV nach Hoskisson / Hitt / Wan / Yiu (1999) auf Bain (1956), (1968) und Mason (1939) zurückzuführen ist.

[370] Vgl. Becker / Fallgatter (2002), S. 73ff.

[371] Vgl. Porter (2000), S. 28ff.

[372] Zu diesem Aspekt und weiteren Besonderheiten siehe Abschnitt 4.1.3.3.

Rahmen der Betrachtung des Transformationsprozesses als Getriebene bezeichnet, die durch ihr unternehmerisches Handeln gleichzeitig auch wieder als Treiber den Transformationsprozess forcieren und andere Akteure zu weiteren Maßnahmen bewegen.[373] Vordergründig entsteht aufgrund dieser Entwicklungen der Eindruck einer abnehmenden Attraktivität der Bildungsbranche, was den Eintritt branchenfremder Akteure fraglich machen würde. Diese sehen jedoch aufgrund der politischen Öffnung der Branche gänzlich neue Möglichkeiten zur Diversifikation bzw. Marktentwicklung und leiten aus innovativen Geschäftssystemgestaltungen (wie z. B. einer konsequenten Konzentration auf Kernkompetenzen, der Umsetzung neuer strategischer Ansätze in der Leistungserstellung und der Erlössystematik) ausreichende Erfolgspotenziale ab.[374]

4.1.2.2.2 Strategische Gruppen

Ergänzt werden kann die Branchenstrukturanalyse durch das Konzept der strategischen Gruppen, das Unternehmen entsprechend ihrer Wettbewerbsstrategien[375] gruppiert, um eine differenziertere Einschätzung der Wettbewerbssituation und -intensität zu ermöglichen.[376] Erfasst werden können durch diese brancheninterne Strukturanalyse unterschiedliche Erfolgspotenziale innerhalb der Branche, der Rivalitätsgrad der strategischen Gruppen zueinander und auch die Mobilität der Unternehmen innerhalb der Branche. Die einzelnen strategischen Gruppen sind in unterschiedlichem Maße den Wettbewerbskräften ausgesetzt und verfügen über spezifische Eintrittsbarrieren,[377] die den Eintritt zusätzlicher Konkurrenten erschweren.[378] Der Transformationsprozess der Bildungsbranche hat zu deutlichen Veränderungen der Mobilitätsbarrieren geführt, wodurch die strategischen Gruppen in Bewegung geraten sind. So führt etwa im Hochschulbereich die internationale Vereinheitlichung von Studienabschlüssen im Rahmen des Bologna-Prozesses zum Wegfall der Eintrittsbarriere „Diplomvergabe" und öffnet durch die Verdrängung des Diplomabschlusses die strategische Gruppe

---

373 Vgl. hierzu Freiling / Gersch / Goeke / Weber (2006) und Abschnitt 3.3.2.

374 Zur Entwicklung des E-Learning-Anbietermarkts siehe Heddergott (2006).

375 *Porter* unterscheidet zahlreiche Dimensionen von Wettbewerbsstrategien, zu denen beispielsweise die Spezialisierung, die Markenidentifikation, die Wahl der Vertriebswege, der Technologievorsprung, die Kostenposition und Regierungsbeziehungen zählen. Vgl. Porter (1995), S. 174f.

376 Vgl. Porter (1995), S. 177ff.; Becker / Fallgatter (2002), S. 77ff.; Hoskisson / Hitt / Wan / Yiu (1999), S. 426ff.

377 Die Eintrittsbarrieren werden von *Porter* allgemein als Mobilitätsbarrieren bezeichnet, da sie nicht nur branchenfremde Unternehmen an einem Brancheneintritt, sondern auch branchenintern die Mobilität der Unternehmen behindern und damit die strategischen Gruppen schützen. Vgl. Porter (1995), S. 180.

378 Vgl. Becker / Fallgatter (2002), S. 78; Hoskisson / Hitt / Wan / Yiu (1999), S. 426ff.

der Universitäten für den internationalen Markt. Technikbasierte Innovationen wie E-Learning führen zudem zur Herausbildung neuer strategischer Gruppen und die politisch initiierte Stärkung der Nachfragerposition durch die Einführung von Studiengebühren wiederum erhöht die Mobilitätsbarriere „Reputation".[379]

4.1.2.2.3 Konkurrentenidentifikation und -analyse

Die Identifikation der Konkurrenten muss sich sowohl auf aktuelle als auch auf potenzielle Wettbewerber beziehen. Da eine solche Identifikation nur aus der Sicht eines konkreten Unternehmens sinnvoll vorzunehmen ist, kann an dieser Stelle lediglich eine Erläuterung der grundsätzlichen Möglichkeiten sowie ein Hinweis auf besonders relevante Aspekte der Konkurrentenanalyse erfolgen.

Zur Identifikation der aktuellen Wettbewerber weisen Hammann / Palupski / von der Gathen / Welling (2001) auf die Potenziale der Konzepte der subjektiven Austauschbarkeit und der konjekturalen Konkurrenzsituation hin, die zwei Instrumente zur Abgrenzung des relevanten Marktes darstellen.[380] Gerade die Identifikation der potenziellen Wettbewerber stellt im E-Learning-Bereich, der

---

[379] Die zunehmende Macht der Studierenden ist ein wichtiger Grund für eine Verschärfung des Wettbewerbs zwischen den Hochschulen. Da Leistungsvergleiche im Vorfeld der eigentlichen Leistungserstellung für die angehenden Studierenden mit erheblichen Schwierigkeiten verbunden sind, wird die Reputation der Bildungsanbieter zu einem zentralen Wettbewerbsaspekt.

[380] Vgl. Hammann / Palupski / von der Gathen / Welling (2001), S. 71. Das Konzept der subjektiven Austauschbarkeit bewertet all diejenigen Unternehmen als Wettbewerber, die Anbieter von Gütern sind, die von den Nachfragern als subjektiv austauschbar eingestuft werden. Vgl. Hammann / Palupski / von der Gathen / Welling (2001), S. 71. So könnten beispielsweise Anbieter eines WBT-Pakets aus der Perspektive eines Anbieters entsprechender traditioneller Schulungen im Rahmen der beruflichen Weiterbildung als Wettbewerber eingestuft werden, sofern Informationen über eine ausreichende Akzeptanz und positive Einschätzung der WBTs durch die Nachfrager vorliegen. Ebenso könnte sich aufgrund des Datenmaterials aber auch der Schluss ergeben, dass die WBT-Anbieter keine aktuellen Wettbewerber darstellen, da die Angebote von den Nachfragern aufgrund technischer Probleme (beispielsweise in Bezug auf die Datenübertragung) nicht für subjektiv austauschbar gehalten werden. Gerade an diesem Beispiel wird jedoch deutlich, dass sich der Kreis der Wettbewerber in diesem Bereich sehr schnell verändern kann. Wenn nämlich, wie oben angeführt, technische Probleme die Ursache der mangelnden Akzeptanz und damit der nicht empfundenen Austauschbarkeit sind, dann könnte bereits die Verbreitung der Breitbandtechnologie innerhalb kürzester Zeit den Kreis der Wettbewerber erheblich erweitern. Das Konzept der konjekturalen Konkurrenzsituation dagegen zeichnet sich durch eine konsequente Anbieterorientierung aus und zählt all die Anbieter zu den Wettbewerbern eines Unternehmens, mit deren Reaktion das Unternehmen in Folge eigener Maßnahmen rechnet. Vgl. Hammann / Palupski / von der Gathen / Welling (2001), S. 71f.

entsprechend der bisherigen Ausführungen als ein äußerst dynamisches Feld innerhalb der sich transformierenden Bildungsbranche aufzufassen ist, eine schwierige Aufgabe dar. *Porter* weist verallgemeinernd und branchenunabhängig auf vier Gruppen von Akteuren hin, die ein besonderes Konkurrenzpotenzial aufweisen:[381]

- *„Unternehmen außerhalb der Branche, die Eintrittsbarrieren leicht überspringen könnten;*

- *Unternehmen, für die der Eintritt in die Branche offensichtlich ein erhebliches Stimulans bedeuten würde;*

- *Unternehmen, für die die Teilnahme am Wettbewerb in der Branche eine offensichtliche Erweiterung ihrer Unternehmensstrategie darstellt;*

- *Abnehmer oder Zulieferer, die vielleicht rückwärts oder vorwärts integrieren wollen. "*

Aktuell dürften sich die Anbieter von E-Learning-Content vornehmlich in der Lage befinden, selbst die neuen Wettbewerber darzustellen, die den traditionellen Bildungsanbietern mit Substitutionsprodukten die Marktanteile streitig zu machen versuchen. Häufig dürfte das Augenmerk daher klar auf die bereits etablierten Konkurrenten im traditionellen Umfeld sowie die zeitgleich auf den Plan tretenden E-Learning-Anbieter gelegt werden. Erwartet werden von den europäischen Akteuren laut Abschlussbericht der *„Study of the e-learning suppliers' „market" in europe"* dabei insbesondere Markteintritte durch Telekommunikationsunternehmen und Berufsverbände, die ihren Kunden zusätzliche E-Learning-Services anbieten wollen.[382]

Das Konkurrenzverhalten der betroffenen Akteure kann dabei, wenn überhaupt eine solche Verallgemeinerung zulässig ist, gegenwärtig tendenziell als friedlich bezeichnet werden, was vor allem auf die aktuelle Marktsituation zurückzufüh-

---

[381] Porter (1995), S. 81.
[382] Vgl. Danish Technological Institute (2004), S. 51. Von großem Interesse wären in diesem Zusammenhang die voraussichtlichen Reaktionen der traditionellen Konkurrenten, da sich diese aufgrund des massiven Angriffs auf die eigene Wettbewerbsposition zu drastischen Maßnahmen genötigt sehen könnten. Um ein möglichst aussagekräftiges Bild der Konkurrenten zu gewinnen, empfiehlt *Porter* die Fokussierung ihrer zukünftigen Ziele, ihrer gegenwärtigen Strategien, ihrer Annahmen und ihrer Fähigkeiten. Aus diesen Punkten kann dann ein Reaktionsprofil der Konkurrenten abgeleitet werden, welches Auskunft darüber gibt, inwiefern diese mit ihrer aktuellen Lage zufrieden sind, welche Schritte und strategischen Veränderungen sich bei ihnen andeuten, wo verwundbare Stellen auszumachen sind und wodurch die größte und wirkungsvollste Reaktion bei ihnen hervorzurufen ist. Vgl. Porter (1995), S. 79ff.

ren ist.[383] So wird zwar unter weitreichender Zustimmung von einer Konsolidierung des Markts (insbesondere im Bereich der Kleinunternehmen) ausgegangen, allerdings ohne dabei die Konkurrenzsituation als ursächlich für diese aus Sicht der Unternehmen häufig existenzbedrohende Entwicklung zu erachten. Vielmehr wird in der mangelnden Nachfrage, die weit hinter den ebenfalls in großer Einigkeit ermittelten Potenzialen zurückbleibt, die Hauptursache hierfür gesehen, so dass aggressives Konkurrenzverhalten, welches typischerweise durch stagnierende Märkte mit einer Tendenz zu Nullsummenspielen[384] gefördert wird, zumindest keine offenkundige Strategieoption darstellt. Hierfür spricht auch die Tatsache, dass der Contentmarkt durch eine relativ hohe Intransparenz und einen geringen Grad an Standardisierung gekennzeichnet ist, was den Nachfragern eine eher geringe Marktmacht hinsichtlich der Auswahl der Anbieter verleiht und damit ebenfalls einen friedlichen Konkurrenzstil fördert. Der bereits mehrfach angesprochene Transformationsprozess wird diesbezüglich aller Voraussicht nach jedoch massive Änderungen herbeiführen.

4.1.3 Leistungsangebotsmodell

Gegenstand des Leistungsangebotsmodells sind die Entscheidungen über das möglichst nach Kundenpräferenzen zu differenzierende Leistungsspektrum, das den identifizierten Kundengruppen (bis hin zum Segment of One) angeboten wird. Es stellen daher insbesondere die im Rahmen des Nachfragermodells angesprochenen Segmentierungsansätze eine wichtige Grundlage für das Leistungsangebotsmodell dar. Zunächst soll an dieser Stelle eine Betrachtung des Leistungsgegenstands selbst erfolgen.

4.1.3.1 Charakterisierung des Absatzobjekts für die Marktstufe der Content-veredelung

Die Leistung der Contentveredelung wurde im Verlaufe der Arbeit bereits definiert als multimediale Aufbereitung von Inhalten in Verbindung mit dem Ange-

---

[383] Unabhängig von der erwarteten Reaktion der Konkurrenten lassen sich anhand von Kriterien wie z. B. der Aggressivität gegenüber der Konkurrenz diverse Verhaltensstile differenzieren. Einem friedlichen Konkurrenzstil, der eine aktive Bekämpfung der Konkurrenz außer Acht lässt, steht dabei ein konfliktärer Konkurrenzstil gegenüber, bei dem die eigenen Ziele ohne Scheu vor Konflikten verfolgt werden. Ein aggressiver Konkurrenzstil zeichnet sich durch ein regelrechtes Angriffsverhalten aus, wohingegen bei einem kooperativen Konkurrenzstil die Zusammenarbeit mit ausgewählten Konkurrenten vor dem Hintergrund konkreter Zielsetzungen im Vordergrund steht. Vgl. Becker (2001), S. 385f.

[384] Der Begriff Nullsummenspiel bezeichnet eine Marktsituation, in der der Absatzgewinn eines Anbieters zwangsläufig einen Absatzverlust bei einem anderen Anbieter bedeutet. Vgl. Becker (2001), S. 371.

bot fertiger Lern-Services an Bildungsempfänger, Plattformanbieter und/oder Portale. Dieses Begriffsverständnis erweist sich bei näherer Betrachtung als relativ weit und integrierend. So lässt sich eine multimediale Aufbereitung von Inhalten auf vielfältige Art und Weise vollziehen, also sowohl in Form einer Buchherausgabe oder einer Lernmodulerstellung als auch auf dem Wege der Gestaltung eines hybriden Lernarrangements, welches Elemente der traditionellen Lehre mit E-Learning-typischen Elementen verbindet. Die Angebotsleistung wiederum kann sowohl den Vertrieb digitaler Web-based Trainings oder einzelner Elemente hieraus über das Internet bedeuten, als auch auf die Durchführung einer komplexen Schulungsmaßnahme hinauslaufen.

Ein charakteristisches Element von E-Learning, dass bereits definiert wurde als *Sammelbegriff für Lernformen, bei denen der aktive Lerner im Mittelpunkt steht und bei denen wesentliche Phasen des Lernprozesses auf einer Unterstützung durch Informations- und Kommunikationstechnologien respektive darauf aufbauenden Lerntechnologien und E-Learning-Systemen beruhen,*[385] ist die Verwendung von IuK-Technik. Daher lässt sich das hier betrachtete Leistungsangebot in einem ersten Schritt wie folgt eingrenzen: Besteht für Bildungsangebote grundsätzlich die Möglichkeit, die Gestalt eines der drei Basislernkonzepte „Traditionelle Präsenzlehre", „Blended Learning" und „E-Learning" anzunehmen, so beschränken sich Contentveredeler im vorliegenden Kontext auf Leistungen innerhalb der Ausprägungsformen Blended Learning und E-Learning. Da jedoch bei enger Auslegung bereits jeder Einsatz von IuK-Techniken traditionelle Präsenzlehrangebote in Blended Learning-Konzepte überführt, ist die reine Präsenzlehre in ihrer Bedeutung heute stark abnehmend und in der Praxis in immer geringerem Maße zu finden.

Versucht man eine Einordnung des Absatzobjekts in den Dienstleistungs- oder Sachleistungssektor vorzunehmen, so ergibt sich aus der dargestellten Vielgestaltigkeit ein nur schwer zu lösendes Problem. Die Schwerpunkte in den aufgezeigten Alternativen können sehr unterschiedlich ausgeprägt sein und oftmals wird erst während des Kontakts mit dem bzw. den Nachfrager(n) deutlich, ob das Leistungsangebot an spezifische Erfordernisse anzupassen ist und unter Integration eines externen Faktors[386] bereitgestellt wird, oder ob es in einer komplett

---

385 Vgl. Abschnitt 2.2.1.

386 „*Unter externen Faktoren sollen dabei solche Faktoren verstanden werden, die zeitlich begrenzt in den Verfügungsbereich eines Dienstleistungsanbieters gelangen und mit den internen Produktionsfaktoren in einen Verarbeitungsprozess integriert werden. Mögliche externe Faktoren sind z. B. Personen (Nachfrager oder seine Mitarbeiter), Objekte, Tiere, Rechte, Nominalgüter und/oder Informationen.*" Engelhardt / Kleinaltenkamp / Reckenfelderbäumer (1993), S. 401.

vorgefertigten Standardversion realisiert werden soll. Von Bedeutung wäre eine Einordnung vor allem für die noch folgenden Betrachtungen der weiteren Partialmodelle, für die sich in Abhängigkeit der Einordnung unterschiedliche Schwerpunktsetzungen empfehlen würden. Gerade der Materialitätsgrad des Leistungsergebnisses und die Integrativität des Leistungserstellungsprozesses stellen als häufig angeführte konstitutive Elemente von Dienstleistungen die Grundlage gängiger Dienstleistungs-Definitionsansätze dar, so dass sich eine Zuhilfenahme einer solchen Definition auch im vorliegenden Fall auf den ersten Blick anbieten würde. De facto erweist sich ein solcher Versuch jedoch als wenig hilfreich, da keiner der Abgrenzungsansätze für den Begriff der Dienstleistung letztlich zu überzeugen vermag.[387] Vielmehr stellt das Leistungsangebot der Contentveredeler im E-Learning-Bereich ein deutliches Beispiel dafür dar, dass es sich bei den Absatzobjekten, wie von den Autoren vertreten, stets um Leistungsbündel handelt, die in unterschiedlichem Umfang materielle und immaterielle Komponenten enthalten und deren Leistungserstellungsprozesse in unterschiedlichem Maße autonom, d.h. ohne Mitwirkung des externen Faktors, bzw. integrativ, d.h. unter Integration eines externen Faktors durchgeführt werden.

Nahezu ausnahmslos werden bei der Realisierung des oben dargestellten Leistungsspektrums der Contentveredelung materielle Bestandteile wie CD-ROMs, Bücher oder Skripte mit immateriellen Komponenten wie Beratungsleistungen, Vorlesungen, der Leitung von Diskussionsforen oder digitaler Lernsoftware zu Bündeln kombiniert, die dann an den Nachfrager weitergegeben werden.[388] Allerdings sind durch die Fortschritte der Informations- und Kommunikationstechnik entgegen der damaligen Auffassung der Autoren *Engelhardt et al.* mittlerweile rein immaterielle Leistungsergebnisse denkbar, da das Internet beispielsweise den Vertrieb von Web-based Trainings auf ausschließlich digitalem Wege ermöglicht und damit nicht zwangsläufig mit der Auslieferung eines physischen Trägermediums einhergehen muss.[389] Diese Neuerung ändert jedoch nichts an der grundsätzlichen Feststellung, dass der Materialitätsgrad des Leistungsergebnisses nicht zur eindeutigen Abgrenzung von Sach- und Dienstleistungen geeignet ist. Es lässt sich zumindest aber jede Art von Leistungsbündel auf einem Kontinuum zwischen hohem und niedrigem Materialitätsgrad einordnen und beinhaltet somit, nunmehr mit der Ausnahme eines rein digitalen Leistungsangebots, jeweils materielle und immaterielle Leistungskomponenten.

---

[387] Vgl. Engelhardt / Kleinaltenkamp / Reckenfelderbäumer (1993).
[388] Siehe zum Beispiel der Weiterbildungsleistung Reckenfelderbäumer / Kim (2004).
[389] Vgl. Engelhardt / Kleinaltenkamp / Reckenfelderbäumer (1993), S. 400.

Aus dem Immaterialitätsgrad des Leistungsbündels ergeben sich verschiedene Probleme bzw. Herausforderungen für die Geschäftssystembetreiber, und auch die Nachfrager werden hierdurch nachhaltig beeinflusst. Abbildung 18 zeigt beispielhaft mögliche Folgen der Immaterialität und bringt damit die Notwendigkeit einer Berücksichtigung dieser Eigenschaft zum Ausdruck.

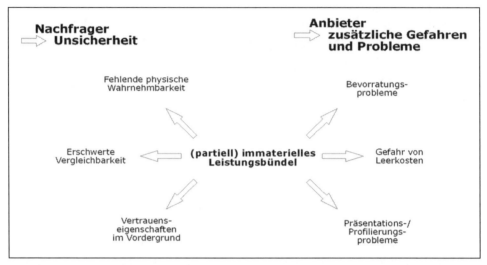

Abbildung 18:   Konsequenzen der Immaterialität für Anbieter und Nachfrager[390]

Es wird deutlich, dass auf Nachfragerseite eine erhöhte Unsicherheit aus der zumindest partiellen Immaterialität resultiert, die zudem positiv mit dieser Eigenschaft des Absatzobjekts korreliert ist. Ein höherer Immaterialitätsgrad führt tendenziell zu ausgeweiteten Erfahrungs- und Vertrauenseigenschaften, da die physische Wahrnehmbarkeit zurückgeht und somit auch die Vergleichbarkeit der Leistung abnimmt. So ist die Leistung eines Anbieters hybrider Lernarrangements zum Zeitpunkt des Vertragsschlusses noch nicht existent und kann dementsprechend vom Nachfrager in qualitativer Hinsicht, wenn überhaupt, nur begrenzt beurteilt werden.[391] Auch kann sich ein Vergleich mit alternativen Angeboten nur auf die Leistungsversprechen der Anbieter beziehen und vermag damit beispielsweise Unsicherheiten in Bezug auf die Verhaltensweisen dieser nicht auszuräumen.[392]

---

[390] In Anlehnung an Engelhardt / Kleinaltenkamp / Reckenfelderbäumer (1993), S. 418ff.
[391] Vgl. Reckenfelderbäumer / Kim (2004), S. 60.
[392] Siehe etwa zu den Konsequenzen im Bereich der Hochschullehre Nietiedt (1996), S. 51ff.

Die Leistungen von Contentveredelern zeichnen sich bei eingeschlossener Durchführung einer wie auch immer gearteten Bildungsmaßnahme darüber hinaus auch das Merkmal der Integrativität aus, was bedeutet, dass vom Nachfrager bereitgestellte externe Faktoren einbezogen werden müssen. Diese externen Faktoren stellen beispielsweise den Gegenstand dar, an dem die Dienstleistung zu erbringen ist oder werden als Information über die konkreten Anforderungen des Nachfragers im Rahmen des Leistungserstellungsprozesses verarbeitet.[393] Eine genauere Darstellung der Herausforderungen und Potenziale dieser integrativen Leistungserstellung im hier betrachteten Bereich erfolgt im Rahmen des Leistungserstellungsmodells, da sich auch hieraus wesentliche Konsequenzen für die Geschäftssystemlogik ergeben.[394]

4.1.3.2 Bildungsangebote als Lern-Services

Die vorliegende Arbeit befasst sich mit Geschäftsmodellen bzw. Geschäftssystemen, wodurch implizit unterstellt wird, dass es sich bei deren Leitungsgegenstand auch um marktfähige Leistungsbündel im obigen Sinne handelt. Tatsächlich aber ist in den letzten Jahren eine heftige und zum Teil sehr emotional geführte Diskussion um den (zukünftigen) Charakter von Bildung(-sdienstleistungen) entbrannt.[395] Eine wichtige Rolle in dieser Diskussion spielen etwa die GATS-Verhandlungen (General Agreement on Trade in Services) der Welthandelsgesellschaft WTO. GATS hat die Liberalisierung des internationalen Handels mit Dienstleistungen zum Gegenstand, wobei die diesbezüglichen Verhandlungen nicht zuletzt wegen der expliziten Einbeziehung von Bildung als einer von 12 Dienstleistungssektoren stark umstritten sind.[396] Eine differenzierte Auseinandersetzung um die Potenziale und Gefahren bzw. Probleme einer bildungsbezogenen Liberalisierung des Welthandels und der damit verbundenen ökonomischen Interpretation von Bildungsangeboten kann und soll aufgrund der sehr hohen Komplexität jedoch nicht Gegenstand dieser Arbeit sein. Vielmehr liegt der Betrachtung von diesbezüglichen Geschäftssystemen und -modellen die folgende Interpretation zugrunde:

-   Trotz der im vorherigen Abschnitt dargestellten Ungenauigkeit einer Unterscheidung von Sach- und Dienstleistungen soll im weiteren Verlauf der Arbeit das Leistungsangebot der betroffenen Geschäftssysteme als Dienst-

---

[393] Vgl. Engelhardt / Kleinaltenkamp / Reckenfelderbäumer (1993), S. 401.
[394] Siehe hierzu Abschnitt 4.1.4.
[395] Vgl. hierzu beispielsweise Müller-Bölig (2000); Bok (2005).
[396] Siehe hierzu stellvertretend für die verschiedenen Positionen Yalcin / Scherrer (2002); Lohmann (2002); Knight (2002); Enders / Haslinger / Rönz / Scherrer (2003).

leistung bezeichnet werden – allerdings nicht mit der Intention, die diesbezüglichen Konsequenzen für die weitere Geschäftsmodellanalyse einzubeziehen,[397] sondern um die mit den hier entwickelten Ideen und Ansätzen adressierten marktfähigen Bildungsangebote begrifflich einzugrenzen.[398]

- Da ein wesentliches Merkmal des betrachteten Leistungsangebots entsprechend der zugrunde gelegten E-Learning-Definition in der Unterstützung bzgl. Ermöglichung durch IuK-Techniken zu sehen ist, weist das betrachtete Absatzobjekt zudem die elementaren Charakteristika von Electronic Services (E-Services) auf.[399] E-Services zeichnen sich durch die Nutzung von Informationstechnik bei der Gestaltung integrativ erstellter Leistungsangebote aus, d.h. sie setzen ein Mindestmaß an elektronisch realisierter Kundenintegration, eine zumindest partiell über Informationstechnik realisierte Leistungserstellung und/oder eine (teilweise) elektronische Distribution zum Nachfrager voraus.[400] Zwar stehen in der Literatur oftmals voll digitalisierte Leistungserstellungsprozesse und Leistungsergebnisse im Zusammenhang mit der Untersuchung von E-Services im Vordergrund, jedoch sind angesichts der obigen Argumentation auch E-Services stets als Leistungsbündel einzustufen, die somit durchaus auch materielle Komponenten im Leistungsergebnis oder im Bereich der externen Faktoren integrieren können.[401]

Das hier betrachtete Leistungsangebot der Lern-Services beschränkt sich damit in der vorliegenden Arbeit auf marktfähige Bildungsangebote, die aufgrund der Nutzung von Informationstechnik eine Nähe zu E-Services aufweisen.[402] Der

---

[397] Diesbezüglich wird vielmehr die dargestellte Logik der Leistungsbündel umgesetzt und auf die sowohl immateriellen als auch materiellen Leistungsbestandteile des Leistungsangebots und deren sowohl integrative als auch autonome Leistungserstellung Bezug genommen.

[398] Einige Ansätze und Konzepte lassen sich jedoch durchaus auch auf Bildungsangebote übertragen und anwenden, die als öffentliche Güter und nicht als marktfähige Leistungsangebote verstanden werden. Denn auch hier liegen etwa effiziente Erstellungsprozesse, effektive Vermittlungsstrategien, Qualitätssteigerungsbemühungen und innovative organisatorische Ansätze im Interesse der beteiligten Akteure.

[399] *„Electronic Services sind selbständige, marktfähige Leistungen, die durch die Bereitstellung von elektronischen Leistungsfähigkeiten des Anbieters (Potenzialdimension) und durch die Integration externer Faktoren (u.a. mit Hilfe des elektronischen Datenaustausches) (Prozessdimension) auf eine nutzenstiftende Wirkung (u.a. durch Be- oder Verarbeitung externer Faktoren) (Ergebnisdimension) abzielen.“* Gersch (2004a), S. 68.

[400] Vgl. Gersch (2004a), S. 68; Gersch (2004c).

[401] Vgl. Gersch (2004c).

[402] Es handelt sich im vorliegenden Kontext damit eigentlich um „E-Lern-Services“.

Begriff Lern-Services steht im Rahmen dieser Arbeit somit zum einen für die Beschränkung auf marktfähige Bildungsangebote und zum anderen für die vorausgesetzte informations- und kommunikationstechnische Mindestunterstützung der Leistungsangebote. Ein differenzierteres Bild dieser Lern-Services sowie der hiermit verbundenen Herausforderungen auf Anbieter- und Nachfragerseite ergibt sich mit Hilfe einer Betrachtung der Leistungsdimensionen Leistungspotenzial, Leistungserstellung und Leistungsergebnis, die sich grundsätzlich bei jeder Art von Service identifizieren lassen.[403]

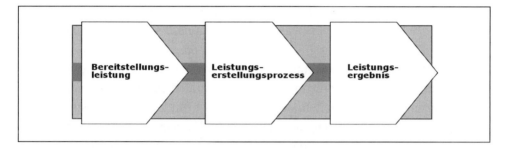

Abbildung 19:   Leistungsdimensionen von Services

-   *Bereitstellungsleistung (Leistungspotenzial): „Die Bereitstellungsleistung ist die Kombination der internen Potential- und Verbrauchsfaktoren, die eine Leistungserstellung ermöglicht (Fähigkeit und Bereitschaft zur Ausübung einer Tätigkeit)."[404]* Klassische Bildungsdienstleistungen lassen sich dabei als Kontraktgüter klassifizieren, verstanden als „... *wirtschaftliche Güter, die beim Kauf noch nicht existieren, somit aus einem Leistungsversprechen bestehen und deren Erstellung nicht standardisierbar ist."[405]* Bei hybriden Lernarrangements setzt die Bereitstellungsleistung

---

[403] Vgl. exemplarisch für viele Engelhardt (1966); Gersch (1998); Engelhardt / Kleinaltenkamp / Reckenfelderbäumer (1993), S. 407ff.; Kleinaltenkamp (2005); Reckenfelderbäumer (2002).

[404] Engelhardt / Kleinaltenkamp / Reckenfelderbäumer (1993), S. 398.

[405] Woratschek (1996), S. 63. Die wenigen vorproduzierbaren Komponenten, wie z. B. Vorlesungsbeilagen, stellen hier i.d.R. eher obligatorische Zusatzleistungen dar, die von den Bildungsnachfragern erwartet werden, jedoch nicht den Kern der nachgefragten Leistung ausmachen. In diesem Zusammenhang ist weiterhin zu beachten, dass *Woratschek* offensichtlich ein anderes Standardisierungsverständnis als hier vorgeschlagen verfolgt. Nachfolgend werden Standardisierungspotenziale gerade auch für Potenzialfaktoren, Leistungserstellungs- und Nutzungsprozesse sowie für Leistungs(teil)ergebnisse und ganze Leistungsbündel aufgezeigt, die die skizzierten Eigenschaften von so genannten Kontraktgütern aufweisen. Diese Interpretation – die insb. auf die gleichförmige Wiederhol- und Nutzbarkeit der Elemente (mit u.a. divergierender und jeweils genauer zu benennender

jedoch neben den auch bei klassischen Bildungsdienstleistungen erforderlichen personellen Ressourcen zur Durchführung der Veranstaltung, den
Räumlichkeiten und den begleitenden Lernmaterialien zumindest das Be-
reithalten und die Konfiguration eines Lernmanagement-Systems und die
Produktion der E-Learning-Komponenten voraus. In Abhängigkeit der
Ausgestaltung des Blended Learning-Mix ist gerade hier eine Steigerung
des Anteils an vorproduzierbaren Leistungskomponenten sowie an standardisierten Potenzialfaktoren und Prozessen möglich.[406]

- *Leistungserstellungsprozess: „Der (finale) Leistungserstellungsprozess
   stellt eine durch die Aktivierung der Bereitstellungsleistung ausgelöste
   Tätigkeit dar, bei der interne und gegebenenfalls externe Produktionsfaktoren zum Zwecke der Bedarfsdeckung in einen Produktionsprozeß integriert werden."[407]* Hierunter fällt die Durchführung des Lernarrangements, bei der die Lernenden, die den zentralen externen Faktor der Leistungserstellung darstellen, das Lehrangebot mit all seinen Leistungskomponenten in Anspruch nehmen. Beispielsweise in Form abgehaltener
   Lehrveranstaltungen werden hier die internen mit den externen Produktionsfaktoren zusammengeführt und zu einem Leistungsergebnis
   transformiert.

- *Leistungsergebnis: „Das Leistungsergebnis ist das Ergebnis einer abgeschlossenen Tätigkeit (des Leistungserstellungsprozesses), das geeignet
   ist, einen Nutzen für den Nachfrager zu stiften."[408]* Eine konsequente
   Auslegung der Definition lässt in Bezug auf universitäre Lern-Services
   auf den ersten Blick etwa den Schluss zu, dass es sich bei dem Leistungsergebnis der Lehrveranstaltungen ausschließlich um die Vergabe des Leis-
   tungsnachweises handelt. Dieser Nutzen wird den Studierenden allerdings
   nur dann zuteil, wenn eine, je nach Veranstaltungstyp unterschiedlich ge-
   artete, Prüfungsleistung erfolgreich absolviert wurde. Betrachtet man den
   Lernerfolg als wichtiges Element der Leistungsqualität, ergibt sich damit

---

Standardisierungsreichweite) abstellt – dürfte auch eher den Eindrücken vieler Lernender
entsprechen, die beim (wiederholten) Besuch traditioneller Veranstaltungsformen durchaus auch deren häufig genutztes Standardisierungspotenzial (manchmal positiv, zumeist
aber negativ) wahrnehmen.

[406] Dieser Aspekt wird im weiteren Verlauf noch intensiv, zunächst auf abstrakter Ebene
(u.a. in diesem Abschnitt) und in Kapitel 5 auch konkret am Beispiel des Geschäftssystems „Executive MBA Net Economy" unter dem Gesichtspunkt einer Mass Customization-Strategie bei Lern-Services betrachtet. Siehe hierzu auch Gabriel / Gersch / Weber
(2007).

[407] Engelhardt / Kleinaltenkamp / Reckenfelderbäumer (1993), S. 398.

[408] Engelhardt / Kleinaltenkamp / Reckenfelderbäumer (1993), S. 398.

eine sehr eigentümliche Situation: die Studierenden müssen am Ende des Leistungserstellungsprozesses den Nachweis erbringen, dass dieser in ausreichendem Maße erfolgreich war. Während die formalen Konsequenzen des Ergebnisses der Qualitätsmessung allein der Leistungsempfänger zu tragen hat, sind dennoch die (wahrgenommene) Bereitstellungsleistung des Anbieters, die (wahrgenommenen) Leistungserstellungsprozesse sowie die Leistungsergebnisse bzw. Teile hiervon Gegenstand einer differenzierten Qualitätsbetrachtung. Diesbezügliche Mängel gleich welcher Art müssen folglich aus dem originären Interesse des Leistungsnachfragers am Nutzen stiftenden Leistungsergebnis durch einen erhöhten Einsatz seinerseits ausgeglichen werden. Durch die eingangs angedeuteten Veränderungen wird sich diese Sachlage jedoch grundlegend wandeln, da nun die Leistungsnachfrager den Leistungsanbieter in zunehmend stärkerem Maße in die Verantwortung nehmen und sanktionieren können.[409] Traditionelle Akteure wie Universitäten als Leistungserbringer erfahren immer deutlicher die Bedeutung sowie die Herausforderungen eines differenzierten Qualitäts- und Kundenzufriedenheitsmanagements, die in anderen serviceorientierten Branchen seit langem ausgiebig diskutiert und bewältigt werden (müssen) und von denen hier exemplarisch eine kleine Auswahl genannt sei:[410]

o   Die Bedeutung der durch den Kunden bei der Teilnahme am Leistungserstellungsprozess wahrgenommenen Aspekte, z. B. in Bezug auf Pünktlichkeit, Zuverlässigkeit und Qualitätsanmutung von Elementen der Bereitstellungsleistung sowie einzelner Erstellungsteilprozesse.

---

[409] Zum Beispiel in Form negativer Evaluationen mit entsprechender Folgewirkung auf die bei Kontraktgütern überragend wichtige Reputation eines Anbieters (mit entsprechender Wirkung auf zukünftige „potenzielle Kunden"), durch Unterlassen eigener „Folgetransaktionen" bei zukünftigen Lehr- respektive Leistungsangeboten dieses Anbieters und/oder durch die aktuell vorgesehenen Möglichkeiten, Studiengebühren bei ungenügenden Leistungen zurückzuverlangen. Vgl. bzgl. des Zusammenhanges von Kunden(un)zufriedenheit und Kunden-(nicht)bindung u.a. Homburg / Stock (2005) sowie die dort erörterten Zusammenhänge zwischen Zufriedenheit und den durch sie begründeten Folge- und Zusatztransaktionen eines Kunden bzw. seiner Weiterempfehlung des Leistungsangebots bzw. des Anbieters an Dritte.

[410] Vgl. zu grds. Herausforderungen des Qualitätsmanagements sowie der Messung, Gestaltung und Steuerung der Kundenzufriedenheit bei Dienstleistungen insbesondere Bruhn (1997); Bruhn (2000); Haller (1995); Hentschel (2000); Homburg / Stock (2005); Stauss / Hentschel (1992); Stauss (2000); Zeithaml / Berry / Parasuraman (1988).

o Der Einfluss einzelner Kunden auf das erzielte Leistungsergebnis sowie die Qualitätswahrnehmung anderer – ebenfalls am Prozess teilnehmender – Nachfrager.

o Die Bedeutung der Einhaltung eines ex ante gegebenen Leistungsversprechens in verschiedenen – von Kundengruppen auch unterschiedlich gewichteten – Bereichen und Aspekten der Leistung.

o Möglichkeiten zur Steuerung der ex ante vorhandenen Leistungsanforderungen und -erwartungen auf Seiten der Kunden sowie der ex post erinnerten und ggf. an Dritte kommunizierten Leistungswahrnehmung.

o Existenz, Ausgestaltung und Beeinflussungsmöglichkeiten diverser Gaps zwischen Kundenanforderungen und Kundenwahrnehmung / -erfahrung.

4.1.3.3 Besonderheiten digitaler Leistungskomponenten

Zumindest Teile der Lern-Services als Leistungsbündel sind als E-Learning-Elemente digitaler Natur, weshalb nachfolgend ein Blick auf die darin begründeten Besonderheiten entsprechender Leistungsangebote geworfen wird. Zu den wesentlichen Eigenschaften digitaler Leistungskomponenten zählen u.a. die folgenden Punkte:[411]

- Sie weisen tendenziell hohe Erstellungskosten für das erste Exemplar auf, während die Reproduktionskosten i.d.R gering ausfallen, bzw. sogar vollständig vernachlässigt werden können.

- Es existieren keine gebrauchsbedingten Abnutzungserscheinungen.

- Eine Weiterverarbeitung ist im Normalfall möglich, und es bestehen dementsprechend Möglichkeiten zur Individualisierung.

- Die Distributionskosten tendieren gegen Null und die Anzahl der erstellten Kopien ist i.d.R. nicht begrenzt.

Die Besonderheiten digitaler Leistungskomponenten bzw. Leistungsbündel können gleichermaßen zu Vor- und Nachteilen führen, deren Relevanz jedoch nur unter Berücksichtigung eines konkreten Geschäftssystems bewertet werden kann. So ergeben sich aufgrund der geringen variablen Kosten Stückkostendegressionseffekte, da die Fixkosten der Produkterstellung mit steigender Produk-

---

[411] Vgl. Luxem (2001), S. 24f.; Shapiro / Varian (1999).

tionsmenge kostensenkend verteilt werden können („economies of scale").[412] Die Kostenstruktur bedingt aber auch die Gefahr eines ruinösen Preiswettbewerbs, da die konkurrierenden Anbieter durch die niedrigen, im Extremfall vernachlässigbaren variablen Kosten stets einen Anreiz behalten, ihre Konkurrenten zu unterbieten.[413] Die leichte und von Natur aus unbegrenzte Reproduzierbarkeit führt zudem zu nur unter erheblichem Aufwand und in letzter Konsequenz dennoch lediglich begrenzt kontrollierbaren Vervielfältigungsmöglichkeiten. Auch die fehlende Abnutzung der digitalen Leistungsangebote kann sich als problematisch erweisen, da ggf. ältere Produkte den mehrfachen Absatz im Sinne von Verbrauchsgütern behindern.[414]

Shapiro und *Varian* leiten aus diesen Besonderheiten sehr grundsätzliche Konsequenzen für Informationsmärkte und die auf den Märkten agierenden Unternehmen ab, deren Geltung für den Lern-Service-Bereich aufgrund der i.d.R. hybriden Zusammensetzung der Leistungsbündel noch nicht abschätzbar ist. So sehen die Autoren beispielsweise nur zwei mögliche nachhaltige Marktstrukturen, die entweder durch ein dominantes Unternehmen mit größenbedingten Kostenvorteilen, oder durch ein stark differenziertes Leistungsangebot verschiedener Anbieter geprägt sind.[415] Gegenwärtig scheint sich für Lern-Services eher letzteres einzustellen, jedoch ist speziell für die digitalen Leistungsangebote bzw. -komponenten einzelner inhaltlicher Bereiche (z. B. WBTs zu Standardthemen) durchaus auch die Herausbildung dominanter Anbieter denkbar. Die konkreten wettbewerbsstrategischen Empfehlungen der Autoren, wie z. B. der Rat einer aggressiven, statt einer auf Erlösoptimierung abzielenden Preispolitik für First-Mover, erscheint dementsprechend speziell für diese Anbieter relevant.[416]

---

[412] Vgl. Shapiro / Varian (2001), S. 21. Je größer die Stückzahl, desto geringer sind folglich die Durchschnittskosten. *Shapiro* und *Varian* weisen jedoch auch darauf hin, dass ein großer Teil der fixen Kosten als sunk costs einzustufen ist, die vor Beginn der finalen Leistungserstellung aufzubringen sind und für deren Ergebnisse im Falle einer unbefriedigenden Absatzentwicklung oftmals nur ein sehr begrenzter Wiederverkaufsmarkt zur Verfügung steht. Das mit dem Fixkostenblock verbundene Vorfinanzierungsrisiko ist folglich tendenziell hoch. Vgl. Shapiro / Varian (2001), S. 21.

[413] Vgl. Shapiro / Varian (1999), S. 22ff.

[414] Zwar können Lizenzierungsmaßnahmen und regelmäßige Updates Abhilfe schaffen, jedoch wiederum nur in Verbindung mit erheblichen zusätzlichen Aufwendungen. Vgl. Shapiro / Varian (1999), S. 21.

[415] Vgl. Shapiro / Varian (1999), S. 24ff.

[416] Vgl. Shapiro / Varian (1999), S. 29ff.

4.1.3.4 Wettbewerbsstrategische Überlegungen – Potenziale einer Mass Customization bei Lern-Services

Das Leistungsangebotsmodell beinhaltet die unternehmensspezifische Antwort auf die Frage, welches Leistungsspektrum welchen Kundengruppen angeboten wird. Da an dieser Stelle jedoch eine Marktstufe Gegenstand der Betrachtung ist und damit eine Analyse eines konkreten Unternehmens vielfältige alternative Ansätze verdecken würde, soll an dieser Stelle stattdessen der Frage nachgegangen werden, welche Gestaltungsmöglichkeiten und wettbewerbsstrategischen Optionen sich den Geschäftssystembetreibern der betrachteten Marktstufe aufgrund der Eigenschaften des Leistungsangebots bieten. Wie zuvor herausgearbeitet wurde, handelt es sich bei dem Absatzobjekt um komplexe Leistungsbündel, die zumindest partiell integrativ erstellt werden und im Ergebnis einen in Abhängigkeit der konkreten Ausgestaltung mehr oder minder hohen Immaterialitätsgrad aufweisen. Die Anbieter entsprechender Leistungsbündel müssen auf der Basis dieser Erkenntnis und angesichts der bereits unter dem Schlagwort Branchentransformation behandelten sich wandelnden Wettbewerbs- und Wertschöpfungsstrukturen eine nachhaltige Wettbewerbsstrategie aufbauen. Nach *Porter* kann eine solche Wettbewerbsstrategie grundsätzlich entweder auf eine Differenzierung gegenüber den Wettbewerbern in Form einer einmaligen Problemlösung abzielen (Differenzierungsstrategie), oder aber einem nachhaltigen Kostenvorteil dienen (Strategie der Kostenführerschaft).[417] Darüber hinaus bietet sich die Möglichkeit, an Stelle des gesamten Absatzmarkts einen als besonders attraktiv erachteten Teilmarkt in den Fokus zu stellen und hier wiederum eine der obigen Strategiealternativen zu verfolgen (Konzentrationsstrategie).[418] Diese generischen Wettbewerbsstrategien sind nach *Porter* nur in Ausnahmefällen (und temporär) kombinierbar und werden von ihm als grundsätzlich unvereinbar angesehen.[419]

---

[417] Vgl. Porter (1995), S. 62ff.

[418] Vgl. Porter (1995), S. 67f.

[419] Vgl. hierzu überblicksartig Büttgen (2002), S. 261f.; Fleck (1995), S. 14ff. Im Wesentlichen werden demnach drei Argumente für die Unvereinbarkeit angeführt: Nach der *Konvexitätshypothese* führt die gleichzeitige Verfolgung einer auf hohen Marktanteilen aufbauenden Kostenführerschaft und der mit einem Exklusivitätsanspruch einhergehenden Differenzierungsstrategie zu einer Position „zwischen den Stühlen", die mit einer schlechten Rentabilität verbunden ist. Vgl. Porter (1995), S. 71ff. Entsprechend dem *Konzentrationsprinzip* erfordert die Verschiedenartigkeit der Strategien eine konsequente Ausrichtung der Organisationsstruktur und -kultur auf den gewählten Strategietyp sowie entsprechend abgestimmte Anreiz- und Sanktionssysteme. Das *Konsistenzprinzip* schließlich erklärt die Strategien für gegenläufig und weist auf ein ab einem bestimmten Grad an Kosteneinsparungen abnehmendes Differenzierungspotenzial bzw. sich steigernde Kosten bei erhöhter Differenzierung hin.

Bei einer Untersuchung des Management-Education-Bereichs haben *Piller* und *Möslein* jedoch ein überraschendes Wettbewerbsverhalten der Anbieter identifiziert. So agieren die Akteure in diesem Bereich ihrer Auffassung nach, als gäbe es keinen sich intensivierenden Wettbewerb, sondern lediglich Marktwachstum, keine Wandlung von Anbieter- zu Käufermärkten, sondern ausschließlich neu entstehende Anbieteroptionen, keinerlei neue und zu berücksichtigende ökonomische Effekte, sondern festgeschriebene „image-price-quality"-Relationen.[420] Die Leistungsangebote und Leistungserstellungsprozesse eines Großteils der Anbieter zeichnen sich nach Auffassung der Autoren aus durch[421]

- eine geringe Skalierbarkeit,

- unbeständige Leistungserstellungsprozesse,

- einen geringen Grad an Vorfertigung,

- hohe Flexibilitätsanforderungen,

- einen geringen Einsatz von Automatisierungstechniken und

- eine hohe Arbeitsintensität.

Zweifellos lassen sich die meisten der angeführten Eigenschaften auch auf andere Bildungsbereiche übertragen. Nimmt man die reinen E-Learning-Anbieter aus, so lässt sich für den gesamten Blended Learning-Bereich ein entsprechendes Bild konstatieren, lediglich verbunden mit einem intensiveren Einsatz von IuK-Techniken. Unter Berücksichtigung der Strategiealternativen nach *Porter* weist ein solches Verhalten auf eine Differenzierungsstrategie hin, bei der flexible, unbeständige Leistungserstellungsprozesse mit einer hohen Arbeitsintensität zur Erstellung individualisierter Leistungsangebote eingesetzt werden, um nachhaltige Differenzierungsvorteile gegenüber den Wettbewerbern zu erzielen, die von den Nachfragern mit einem entsprechenden Entgelt (über-)kompensiert werden. Tatsächlich aber verzeichnen *Piller* und *Möslein* überraschend häufig durchaus standardisierte und austauschbare Leistungsangebote. So führt etwa die Vereinheitlichung von Bildungsabschlüssen im Hochschulbereich zu standardisierten und weitgehend (auch international) austauschbaren Leistungsergebnissen. Während also die Leistungserstellungsprozesse auf eine Differenzierungsstrategie hinweisen, entspricht das Leistungsergebnis eher einem kostenorientierten Wettbewerbsverhalten. Diesen Widerspruch bezeichnen die Autoren als *„efficiency paradox of developing and delivering management content".*[422]

---

[420] Vgl. Piller / Möslein (2002), S. 2f.
[421] Vgl. Piller / Möslein (2002), S. 3.
[422] Vgl. Piller / Möslein (2002), S. 3f.

Als Konsequenz der zunehmenden Marktdynamik, der verkürzten Produktlebenszyklen und der weiterentwickelten Produktionstechnologien haben sich entgegen der Ausschließlichkeitsargumentation von *Porter* in zahlreichen Branchen jedoch mittlerweile hybride Strategietypen herausgebildet, die den generischen Ansätzen unter bestimmten Voraussetzungen durch eine Kombination der Vorteile beider Strategierichtungen überlegen sein können.[423] Neben einer sequenziellen Kombination von kostenorientierten mit differenzierungsorientierten Strategien sowie einer räumlich entkoppelten Strategieverknüpfung haben sich auch Simultanansätze etablieren können, zu denen insbesondere auch das Konzept der Mass Customization zählt.[424]

Die aus den Begriffen Mass Production und Customization zusammengesetzte Wortschöpfung Mass Customization geht zurück auf *Pine* und bringt die Auflösung der Gegensätzlichkeit der Konzepte zum Ausdruck.[425] Als hybrider wettbewerbsstrategischer Ansatz ist Mass Customization ausgerichtet auf *„Wettbewerbsvorteile durch maßgeschneiderte Problemlösungen bei einem dem Massenmarketing vergleichbaren Kostenniveau".*[426] Die Instrumente der Mass Customization bieten Möglichkeiten, das eigene Leistungsangebot auf kleine Zielgruppen bzw. sogar einzelne Leistungsempfänger auszurichten, ohne dabei die Leistungserstellungsprozesse unter Kostengesichtspunkten aus dem Ruder laufen zu lassen. Das Konzept stellt damit angesichts der gegenwärtigen Situation der Bildungsbranche ein sehr vielversprechendes und wettbewerbsrelevantes Konzept dar, welches im sich nun anschließenden Leistungserstellungsmodell zunächst auf abstrakter Ebene weiterentwickelt wird, bevor in Abschnitt 5.2 ein konkretes Beispiel eine Umsetzungsmöglichkeit u.a. auf der Basis so genannter Serviceplattformen verdeutlicht. Im Rahmen des Leistungsangebotsmodells eröffnen sich bei einer erfolgreichen Etablierung eines Mass Customization-Konzepts im Ergebnis vielversprechende Möglichkeiten zur Realisierung kundenindividueller Leistungsangebote.

4.1.4 Leistungserstellungsmodell

„Das Leistungserstellungsmodell bildet die Kombination von Gütern und Dienstleistungen sowie deren Transformation in Angebotsleistungen ab."[427] Hier finden sich folglich Informationen über die Struktur der Leistungserstel-

---

[423] Vgl. Büttgen (2002), S. 263; Corsten / Will (1992), S. 293f.; Fleck (1995), S. 36.

[424] Vgl. Büttgen (2002), S. 263f.

[425] Vgl. hierzu u.a. Piller (2006); Piller / Schoder (1999); Pine (1993).

[426] Reiß / Beck (1995), S. 63.

[427] Wirtz (2001), S. 213.

lung, die operative Realisierung des Leistungsangebots sowie den konkreten Leistungserstellungsprozess. Einen wesentlichen Beitrag zur Systematisierung der Leistungserstellung leistet das Wertkettenkonzept von *Porter*, welches im Folgenden den Ausgangspunkt der Betrachtung darstellt. Anschließend werden mit der „Integrativen Leistungslehre" die Lernenden als externe Faktoren in die Analyse einbezogen, woraus sich erheblich Konsequenzen für die strategischen Ausrichtungsmöglichkeiten der Leistungserstellung ergeben. Mit dem bereits im Rahmen des Leistungsangebotsmodells angesprochenen Konzept der Mass Customization wird schließlich beispielhaft eine Leistungserstellungsstrategie aufgezeigt, die die generischen Wettbewerbsstrategien der Kostenführerschaft und der Differenzierung zu integrieren vermag.

4.1.4.1 Anwendung des Wertkettenkonzepts auf den Lern-Service-Bereich

Das Wertkettenkonzept von *Porter* stellt ein Instrument zur systematischen Analyse der Wertaktivitäten[428] einer Unternehmung dar, mit dessen Hilfe sich die Ursachen für Wettbewerbsvorteile untersuchen lassen.[429] Die Wertkette untergliedert ein betrachtetes Unternehmen in strategisch relevante Tätigkeiten, die anschließend in Bezug auf ihre Kostenwirkung und das von ihnen ausgehende Differenzierungspotenzial untersucht werden können.[430] Die Wertkette eines spezifischen Unternehmens ist dabei in Abhängigkeit der gewählten Wertschöpfungstiefe eingebettet in ein System von Wertketten der Akteure auf vor- und nachgelagerten Wertschöpfungsstufen. Das resultierende Gesamtsystem wird als Wertsystem bezeichnet, so dass das Wertkettenkonzept zwei Ebenen betrifft:[431]

-   Einerseits ist die Verknüpfung der Wertketten verschiedener Wertschöpfungsstufen als Wertsystem zu betrachten. Das Wertsystem gibt aus der Sicht einzelner Akteure bspw. Aufschluss über Lieferanten und Nachfrager, verdeutlicht diesbezügliche Abhängigkeiten, zeigt Möglichkeiten zur Zwischenschaltung bzw. Ausschaltung von Wertschöpfungsstufen auf und verdeutlicht unter Umständen Diversifizierungspotenziale.[432]

---

[428] Wertaktivitäten sind nach *Porter* physisch und technologisch unterscheidbare, von einem Unternehmen ausgeführte Aktivitäten, die zusammen mit der Gewinnspanne den durch die Wertkette abgebildeten Gesamtwert darstellen. Vgl. Porter (2000), S. 68f.

[429] Vgl. Porter (2000), S. 63ff.

[430] Vgl. Porter (2000), S. 63. An dieser Stelle knüpft *Porter* konsequent an die von ihm entwickelten generischen Wettbewerbsstrategien an, die bereits in Abschnitt 4.1.2.2 thematisiert wurden. Demnach kann ein Unternehmen grundsätzlich entweder Kostenvorteile oder Differenzierungsvorteile anstreben.

[431] Vgl. Porter (2000), S. 64; Elloumi (2004), S. 67ff.

[432] Zu diesen als Intermediation bzw. Disintermediation bezeichneten Möglichkeiten siehe

- Jeder einzelne der an dem Wertsystem partizipierenden Akteure besitzt zudem eine interne Wertschöpfungskette, die die oben angesprochenen strategisch relevanten Tätigkeiten zum Gegenstand hat. Eine systematische Analyse ermöglicht insbesondere die Identifikation potenzieller zusätzlicher Wettbewerbsvorteile und die Untersuchung der Ursachen bestehender Wettbewerbsvorteile.

Jeder einzelne Akteur ist damit in der Regel Teil eines umfassenden Wertsystems (sofern nicht eine 100-prozentige Wertschöpfungstiefe vorliegt) und muss in Form seiner spezifischen Wertkette einzelne Stufen des Wertsystems wettbewerbsfähig realisieren sowie die Schnittstellen zu den vor- und nachgelagerten Wertschöpfungsstufen vorteilhaft gestalten, um erfolgreich bestehen zu können.

Da sich die Partialmodellanalysen hier auf einer abstrakten Ebene bewegen, steht an dieser Stelle die Betrachtung des Wertsystems für den Lern-Service-Bereich im Vordergrund. Es sei diesbezüglich zudem auf die Ausführungen zur Transformation der Bildungsbranche und zum branchenspezifischen Marktmodell verwiesen, in denen bereits zentrale Aspekte erläutert bzw. diskutiert wurden, die *Porter* als Schritte einer Wertsystemanalyse bezeichnet.[433] Die nachfolgenden Ausführungen liefern daher in Form des Wertkettenkonzepts quasi im Nachgang eine Konkretisierung für die bereits durchgeführte Untersuchung der Wertschöpfungsstrukturen und beschränken sich daher auf eine kurze Betrachtung der identifizierten Ebenen.[434]

4.1.4.1.1 Wertsystemebene

Der gesamte Lern-Service-Wertschöpfungsprozess von der Entwicklung der Inhalte bis hin zur Betreuung der Nachfrager lässt sich den in Abbildung 20 abstrahiert dargestellten Akteursgruppen zuordnen, die im Zusammenspiel das relevante Wertsystem in vereinfachter Form abbilden.

Abschnitt 4.1.5.2.

[433] So z. B. die Branchenstrukturanalyse in Abschnitt 4.1.2.2.1, die mit den Wettbewerbskräften die Einflussfaktoren in Bezug auf die Branchenattraktivität untersucht.

[434] Diese Vorgehensweise wurde gewählt, da die Darstellungen der Branchentransformation und des Marktmodells die massiven Änderungen im Allgemeinen und die Herausbildung neuer Geschäftsmodelle und -systeme im Speziellen verdeutlichen und begründen. Zudem erschien eine vom Wertsystem losgelöste Betrachtung nicht unverständlich, auch wenn damit vorläufig der in Bezug auf Geschäftsmodelle in der Literatur vorgebrachten Kritik einer mangelnden theoretischen Fundierung ein Stück weit Vorschub geleistet wurde.

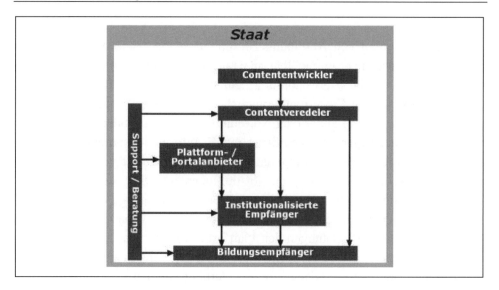

Abbildung 20:   Vereinfachtes Lern-Service-Wertsystem

Contentveredeler bereiten die Inhalte multimedial auf und bieten sie als Lern-Services den Plattform- und Portalanbietern, oder auch direkt den (institutionalisierten) Bildungsempfängern an. *Plattform- und Portalanbieter* offerieren fertige E-Learning-Produkte (oftmals durch traditionelle Elemente zu Blended Learning-Angeboten ergänzt) potenziellen Nachfragern und ermöglichen bei Vertragsschluss den Zugriff auf die Angebote. Zu dieser Kategorie sind sowohl Intermediäre, wie z. B. elektronische Marktplätze für Bildungsangebote, als auch durchführende Institutionen (z. B. Anbieter von Studiengängen, Zertifikatskursen, usw.) zu zählen. Auch die *Bildungsempfänger*, seien sie privater oder institutionalisierter Natur, sind ausdrücklich dem Wertschöpfungsprozess zuzurechnen, da sie, wie im weiteren Verlauf der Betrachtung des Leistungserstellungsmodells gezeigt wird, die Wertschöpfung als externe Faktoren maßgeblich mit beeinflussen. Insbesondere die Contentveredeler, die Plattform- und Portalanbieter und die Bildungsempfänger werden durch spezialisierte *Beratungs- und Supportdienstleister* unterstützt. Hierzu zählen auch IT- bzw. E-Learning-Dienstleister, wie z. B. Anbieter von Autorentools oder Lernmanagement-Systemen, die neben den Systemen selbst oftmals auch deren Einführung, Pflege und Wartung anbieten. In der Literatur wird bei Beschreibungen der Marktstruktur häufig auf zunächst noch abstrakterer Ebene zwischen Anbietern, Intermediären (insbesondere Plattform- und Portalanbieter) und Nachfragern unterschieden, wobei die Anbieter wiederum dem privaten oder dem öffentlichen Sektor, und die Nachfrager beispielsweise einem akademischen, einem Firmenkunden-

und einem Privatkundensegment zugeordnet werden.[435] Diese Aufteilung ist unter Berücksichtigung von Abbildung 20 zumindest um solche Institutionen zu ergänzen, die zwar nicht unmittelbar an Transaktionen beteiligt sind, jedoch indirekt Einfluss auf die Wertschöpfung nehmen, indem sie z. B. Lern-Services einer qualitätsmäßigen Einstufung unterziehen, normative Rahmenbedingungen setzen (z. B. Bund und Länder oder Normungsinstitutionen) oder den Informationsstand der Nachfragerseite beeinflussen (z. B. Informationsportale). Auch diese Akteure werden hier der Gruppe der Support- und Beratungsdienstleister zugerechnet bzw. setzen als staatliche Institutionen wichtige Rahmenbedingungen.[436] Die in der Abbildung enthaltenen Pfeile symbolisieren den Wertschöpfungsprozess, der durchaus verschiedene Wege nehmen kann. So können etwa Contentveredeler ihre Leistungen den Plattform- und Portalanbietern offerieren oder aber den direkten Weg zum Bildungsempfänger wählen und dort ihre Lern-Services anbieten. Diese insbesondere bei internetgestützten Leistungsangeboten bestehenden Distributionswegoptionen werden im Rahmen des Distributionsmodells aufgrund ihres starken Bezugs zu E-Learning-Angeboten näher in Augenschein genommen.[437]

4.1.4.1.2 Wertkettenbetrachtung

Die im Rahmen der Partialmodellanalyse fokussierte Wertschöpfungsstufe der Contentveredelung lässt sich in Bezug auf zu realisierende Aktivitäten und potenzielle Wettbewerbsvorteile nun durch eine Wertkette näher charakterisieren. Es sei aber ausdrücklich auf die nur beschränkte Aussagekraft der Darstellung hingewiesen, die mit dem fehlenden Bezug zu einem konkreten Unternehmen, bzw. im Falle eines diversifizierten Unternehmens einer Unternehmenseinheit[438] (hier Geschäftssystem) zu erklären ist.

---

[435] Vgl. beispielsweise Ruttenbur / Spickler / Lurie (2000), S. 37f.; Seufert / Guttmann (2002).

[436] Wie im weiteren Verlauf gezeigt wird, tritt der Staat mit seinen Institutionen durchaus auch als aktiver Wertschöpfungsakteur auf und beschränkt sich nicht ausschließlich auf Rahmen setzende Aktivitäten.

[437] Siehe hierzu Abschnitt 4.1.5.2.3.

[438] *Porter* schreibt zu diesem Aspekt: *„Die für die Entwicklung einer Wertkette relevante Ebene sind die Unternehmenstätigkeiten in einer bestimmten Branche (Unternehmenseinheit). Eine die gesamte Branche – bzw. den Sektor – umfassende Wertkette wäre zu allgemein, da sie die wichtigen Quellen von Wettbewerbsvorteilen nicht erhellen würde."* Porter (2000), S. 76.

Im Vordergrund stehen daher eine Charakterisierung der Wertaktivitäten der Contentveredeler und die Verdeutlichung des Analyseinstruments der Wertkette, dessen Übertragung auf den E-Learning-Bereich bereits von verschiedenen Autoren vorgeschlagen wurde.[439]

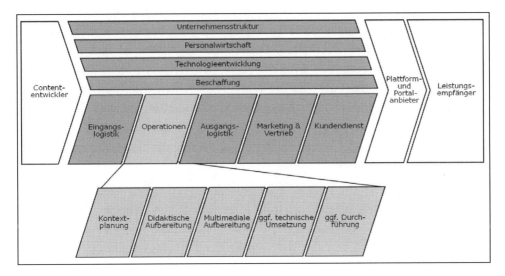

Abbildung 21:   Exemplarische und vereinfachte Übertragung des Wertkettenkonzepts auf die Marktstufe der Contentveredelung[440]

Abbildung 21 zeigt die von *Porter* vorgeschlagene Wertkette und ordnet diese für die Wertschöpfungsstufe der Contentveredeler exemplarisch in das zuvor dargestellte Wertsystem ein. Die vorgelagerte Wertschöpfungsstufe der Content-entwicklung liefert die Inhalte, die nach der Transformation durch die Content-veredeler den Plattform- / Portalanbietern bzw. den Leistungsempfängern wei-terveräußert werden. Die in der Wertkette dargestellten strategisch relevanten Tätigkeiten sind in primäre (Eingangslogistik, Operationen, Ausgangslogistik, Marketing und Vertrieb, Kundendienst) und unterstützende Aktivitäten (Unter-nehmensstruktur, Personalwirtschaft, Technologieentwicklung, Beschaffung) unterteilt.[441] Die einzelnen Kategorien von primären Aktivitäten lassen sich in Abhängigkeit des Untersuchungsziels für ein konkretes Geschäftssystem weiter

439 In der Literatur finden sich Wertkettenkonzepte für den E-Learning-Bereich beispielswei-se bei Breitner / Hoppe (2005); Elloumi (2004); Seufert / Guttmann (2002) und Stacey (2001).

440 In Anlehnung an Porter (2000), S. 78.

441 Während primäre Aktivitäten den konkreten Leistungserstellungsprozess ausmachen, ge-währleisten die unterstützenden Aktivitäten die Aufrechterhaltung der primären Aktivitä-ten und auch von sich selbst. Vgl. Porter (2000), S. 67ff.

ausdifferenzieren, wie im unteren Teil der Abbildung exemplarisch und verallgemeinernd für einen Typ Contentveredeler geschehen. Dieser könnte sich etwa auf die multimediale Aufbereitung und technische Umsetzung der zugelieferten Inhalte entsprechend eines speziell entwickelten und abgestimmten didaktischen Konzepts sowie auf die Einbindung der veredelten Inhalte in konkrete Lernarrangements und deren Durchführung spezialisieren. Jede der angeführten Tätigkeiten ließe sich bei einem direkten Geschäftssystembezug weiter detaillieren und in Bezug auf Kostenverhalten, Differenzierungspotenzial und Interdependenzen mit anderen Aktivitäten untersuchen. Die Wertkette stellt damit ein flexibles Analyseinstrument dar, das die strategieadäquate Gestaltung einzelner Tätigkeiten bzw. ganzer Aktivitätenkategorien eines Geschäftssystems fördert.

4.1.4.2 Implikationen der Integrativen Leistungslehre für die Marktstufe der Contentveredelung

Die in Abbildung 21 exemplarisch dargestellten Aktivitäten eines Contentveredelers weisen bereits auf eine wichtige Eigenschaft von Lern-Services hin, die im Folgenden unter dem Begriff Kundenintegration bzw. integrative Leistungslehre thematisiert wird und die Beteiligung der Leistungsempfänger am Wertschöpfungsprozess bezeichnet.

4.1.4.2.1 Integrativität als elementares Charakteristikum von Lern-Services

Neben der (partiellen) Immaterialität wurde im Rahmen der Ausführungen zum Leistungsangebotsmodell mit der Integrativität des Leistungserstellungsprozesses bereits auf eine zweite zentrale Ursache für Besonderheiten bei der Realisierung von Lern-Services hingewiesen. Da die mit Lern-Services angestrebten Lernprozesse ausschließlich bei den Lernenden selbst stattfinden können, hängen die ihnen zugrunde liegenden Leistungserstellungsprozesse und auch das jeweils resultierende Leistungsergebnis in erheblichem Maße von der Bereitschaft zur Beteiligung auf Seiten der Leistungsempfänger und der Qualität dieser Beteiligung ab. Auch jede Leistungsindividualisierung, die bei Lern-Services aufgrund der Lernerfolgs- und Lernzufriedenheitsbestrebungen in didaktischer Hinsicht, zugleich aus Wettbewerbsgründen aber auch unter ökonomischen Gesichtspunkten angestrebt wird (Differenzierungsvorteile), macht die Integration der Lern-Service-Empfänger erforderlich, beispielsweise in der Gestalt einzelkundenbezogener Informationen.[442] Die Lernenden sind also in verschiedenen

---

[442] In Bezug auf die informationsbezogenen Effekte ist zwischen Potenzialinformationen und externen Prozessinformationen zu unterscheiden. Während Potenzialinformationen unabhängig vom konkreten Bedarf als allgemeine Umfeld- und Marktinformationen die Ge-

Formen unmittelbar an den Leistungserstellungsprozessen der Lern-Service-Anbieter beteiligt, was in der Dienstleistungsliteratur allgemein als Integration externer Faktoren bezeichnet wird.[443] Auch für den Fall einer B2B-Ausrichtung eines Geschäftssystems spielt die Beteiligung der nachgelagerten Wertschöpfungsstufen eine wichtige Rolle. So sind zumindest Informationen über die gewünschte Beschaffenheit, die Schnittstellengestaltung, die Modularisierung und vor allem auch die didaktische Ausgestaltung der aufbereiteten Inhalte unter Berücksichtigung des kundenspezifischen Konzepts für die Einbindung der veredelten Inhalte in einzelne Lernarrangements bzw. (Weiter-)Bildungsprogramme unabdinglich, und prägen den Leistungserstellungsprozess maßgeblich mit.

Unter Berücksichtigung der bereits im Leistungsangebotsmodell eingeführten Unterscheidung der Leistungsdimensionen Leistungsbereitschaft (Leistungspotenzial), Leistungserstellung und Leistungsergebnis ergibt sich für integrative Leistungserstellungsprozesse damit die in Abbildung 22 dargestellte und anschließend erläuterte Struktur, die erhebliche Konsequenzen für die Vermarktung von Lern-Services hat.[444] Durch Vorkombination lassen sich auf Leistungspotenzialebene in Abhängigkeit des Absatzobjekts ggf. bereits ohne konkrete Kundenaufträge halbfertige oder sogar fertige Erzeugnisse erstellen, die gemeinsam mit den verbleibenden Potenzial- und Verbrauchsfaktoren die internen Faktoren der Leistungserstellung darstellen. Je größer der Anteil an integrativen Leistungskomponenten, desto geringer ist in der Tendenz das Potenzial zur Vorkombination und damit zur Standardisierung. Im Prozess der Leistungserstellung kommt es dann zur Zusammenführung von internen und externen Faktoren. Bei Lern-Services kann dies etwa in Form der Durchführung eines Bildungsangebots erfolgen (der Lernende selbst ist dann der externe Faktor) oder aber etwa auch durch eine kundenindividuelle Produktion digitaler Lern-Services (die vom Nachfrager bereitgestellten Informationen bzgl. der Beschaffenheit der Lern-Services sind der externe Faktor) geschehen. Der Leistungser-

---

staltung des Leistungspotenzials beeinflussen, werden externe Prozessinformationen als mit Einzelkunden verknüpfte Informationen erst während der Verknüpfung mit der Bereitstellungsleistung im Prozess der Leistungserstellung zu Produktionsfaktoren. Vgl. Kleinaltenkamp (2000a), S. 347f.

[443] Vgl. exemplarisch für viele Kleinaltenkamp (2000a); Engelhardt / Kleinaltenkamp / Reckenfelderbäumer (1993); Gersch (1998). Unter externen Faktoren sind Faktoren zu verstehen, „ ... *die zeitlich begrenzt in den Verfügungsbereich eines Dienstleistungsanbieters gelangen und mit den internen Produktionsfaktoren in einen Verarbeitungsprozess integriert werden. Mögliche externe Faktoren sind z. B. Personen (Nachfrager oder seine Mitarbeiter), Objekte, Tiere, Rechte, Nominalgüter und/oder Informationen.* " Engelhardt / Kleinaltenkamp / Reckenfelderbäumer (1993), S. 401.

[444] Für eine Erläuterung der Service-Dimensionen siehe Abschnitt 4.1.3.2.

stellungsprozess führt schließlich zum Leistungsergebnis, welches aufgrund des integrativen Charakters der Leistungserstellung ebenfalls vom Leistungsempfänger selbst abhängt.

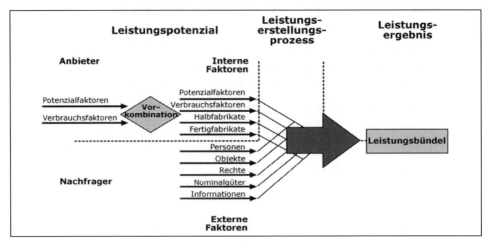

Abbildung 22:   Integrative Leistungserstellung[445]

4.1.4.2.2 Konsequenzen der Integrativität

Die notwendige Beteiligung der Lernenden am Leistungserstellungsprozess verstärkt die in Abschnitt 4.1.3.1 bereits aus der partiellen Immaterialität abgeleiteten Probleme und Herausforderungen. So entstehen etwa zusätzliche Unsicherheiten beim Leistungsempfänger darüber, inwiefern der Leistungsanbieter die externen Faktoren im Leistungserstellungsprozess adäquat zu berücksichtigen vermag.[446] Auch der Kontraktgutcharakter,[447] der eine Qualitätseinschätzung erschwert und Angebote alternativer Leistungsanbieter damit weniger vergleichbar macht, wird durch den integrativen Charakter zusätzlich verstärkt.[448]

Das Leistungsversprechen des Leistungsanbieters wird darüber hinaus in qualitativer Hinsicht unzuverlässiger, da der Ablauf der Leistungserstellung und das letztliche Leistungsergebnis von der Beteiligungsqualität des externen Faktors abhängt – Lernerfolg ist ohne eine entsprechende Bereitschaft der Lernenden nicht zu erreichen. Zusätzlich wird der Anbieter vor Planungs- und Steuerungs-

---

[445] In Anlehnung an Kleinaltenkamp (2000a), S. 336.

[446] Vgl. Kleinaltenkamp (2000a), S. 348f.

[447] *„Kontraktgüter sind wirtschaftliche Güter, die beim Kauf noch nicht existieren, somit aus einem Leistungsversprechen bestehen und deren Erstellung nicht standardisierbar ist."* Woratschek (1996), S. 63.

[448] Vgl. Reckenfelderbäumer / Kim (2004), S. 59f.; Gersch (1998), S. 37f.

probleme gestellt, da er beispielsweise aufgrund der zumindest teilweise fehlenden Lagerfähigkeit der Leistungsbündel Nachfrageschwankungen nur durch eine Kapazitätsausrichtung an hohen Nachfragemengen auffangen kann und somit die Gefahr von Leerkosten tragen muss. Diese Planungs- und Steuerungsprobleme beziehen sich auch auf die Durchführungen von Lern-Services, die aufgrund der Einbeziehung des Leistungsempfängers in die Leistungserstellung nur begrenzt planbar sind. Wenn, wie unter ökonomischen aber auch unter didaktischen Gesichtspunkten durchaus sinnvoll, die Leistungserstellung mit mehreren Leistungsempfängern gleichzeitig stattfindet, dann entstehen weitere Herausforderungen. So müssen die Leistungserstellungskonzepte in diesem Fall – insbesondere in Form didaktischer Konzepte zur Durchführung der Lern-Services – die resultierenden Lernprozesse soweit wie möglich von den Vorteilen des kollaborativen Lernens profitieren lassen, zugleich aber etwaige negative Abstrahleffekte durch störende und/oder unmotivierte Leistungsempfänger verhindern. Auch unterschiedliche Lerngewohnheiten und Vorkenntnisse der Lernenden können Probleme darstellen.

Die Beteiligung des Leistungsempfängers am Leistungserstellungsprozess stellt die Geschäftssystembetreiber jedoch nicht nur vor Schwierigkeiten, sondern sie lässt sich bei einer entsprechenden strategischen Ausrichtung der Leistungserstellung auch als Instrument zur Individualisierung des Leistungsangebots einsetzen. Eine entsprechende Möglichkeit bietet das Konzept der Mass Customization, welches bereits als Instrument zur wettbewerbsorientierten Abstimmung von Leistungserstellung und Leistungsangebot vorgestellt wurde.

4.1.4.3 Mass Customization bei Lern-Services als beispielhafte wettbewerbsstrategische Ausrichtung des Leistungserstellungsmodells

Der Grad der Einbeziehung des Leistungsempfängers in den Prozess der Leistungserstellung beeinflusst, wie gezeigt wurde, in wesentlichem Ausmaß die Gestaltungs- und Planungsfreiheit eines Contentveredelers und muss daher mit der strategischen Ausrichtung des entsprechenden Geschäftssystems abgestimmt werden. Die in zahlreichen Veröffentlichungen und Konferenzdiskussionen angeführten Erfahrungen mit E-Learning und Blended Learning lassen dabei vermuten, dass die für andere Branchen diskutierten generischen Wettbewerbsstrategien – entweder über einen nutzenbezogenen Differenzierungsvorteil oder über einen effizienzbegründeten Kostenvorteil zu verfügen – auch im Bereich der Lern-Services relevant sind. Im Ergebnis leitet sich hieraus vermeintlich das Erfordernis ab, als Lern-Service-Anbieter entweder die eine oder die andere Strategierichtung für sich in Anspruch zu nehmen und die eigenen Leistungsangebote, die Leistungserstellungsprozesse und auch die Form der Kundenintegra-

tion konsequent auf Kostenvorteile oder auf nutzenbezogene Differenzierungsvorteile auszurichten. Es wurde jedoch bereits im Rahmen des Leistungsangebotsmodells darauf hingewiesen, dass in der Praxis vielfach weder die eine noch
die andere strategische Ausrichtung konsequent verfolgt wird, sondern dass
stattdessen auf formale Marktstandards ausgerichtete Leistungsergebnisse (z. B.
in Form international vereinheitlichter Abschlüsse) mit zwar vermeintlich hoch
flexiblen, aber auch kostenintensiven Leistungserstellungsprozessen erstellt
werden.[449] Weder werden in diesen Fällen durch Standardisierung ermöglichte
Kostenvorteile erzielt, noch werden Differenzierungsvorteile, die die aktuell
aufwendig anmutenden Leistungserstellungsprozesse eigentlich erwarten lassen,
nachhaltig realisiert und/oder kommuniziert.

Mass Customization wurde als eine mögliche Lösungsstrategie für diese aus
strategischer Sicht widersprüchliche Situation herausgestellt, die es den Geschäftssystembetreibern erlaubt, ihre Leistungsangebote ständig neu anzupassen
und dem Trend zur Individualisierung nachzukommen, gleichzeitig aber auch
über eine gezielte Standardisierung von Leistungskomponenten und Teilen der
Leistungserstellung ein niedriges Kostenniveau zu sichern und auf diese Weise
insgesamt der Wettbewerbsverschärfung gerecht zu werden.[450] Eine aus Anbie-
tersicht (teilweise) standardisierte Bereitstellungsleistung und Leistungserstellung wird dazu mit einer zielgruppendifferenzierten Leistungsangebots(re)konfi-
guration und einem soweit möglich und sinnvoll individualisierten Leistungser-
stellungserlebnis durch den Nachfrager verbunden. Die notwendige Kundenintegration wird nicht als Hindernis bzw. Einschränkung betrachtet, sondern dient in
Verbindung mit den Potenzialen des E- bzw. Blended Learning als Quelle von
Individualisierungsmöglichkeiten, die einer gleichzeitigen streckenweisen Standardisierung nicht im Wege stehen. Die bereits in anderen Serviceindustrien be-
richteten Erfahrungen, dass Standardisierung und Differenzierung bzw. Individualisierung keineswegs unvereinbare Gegensätze darstellen, lassen sich gut
auf den Bereich der computerunterstützten Lehre übertragen. Die Standardisierung von Teilleistungen und Teilprozessen im Rahmen einer speziell auch didaktisch fundierten Modularisierungsstrategie offenbart Möglichkeiten, zielgruppenspezifische oder gar individualisierte Lern-Services auch unter Kostengesichtspunkten wettbewerbsfähig zu realisieren und die generischen wettbewerbsstrategischen Ansätze vorteilhaft miteinander zu verbinden.[451] Die Standardisierung kann dabei oftmals sogar mit einer – auch durch den Nachfrager

---

[449] Vgl. Abschnitt 4.1.3.4 und Gabriel / Gersch / Weber (2007); (2006c); (2006b).

[450] Zu den wettbewerbsrelevanten Potenzialen der Mass Customization im Electronic Business siehe Reichwald / Piller (2002).

[451] Siehe hierzu Gabriel / Gersch / Weber (2007); (2006c); (2006b).

empfundenen – Qualitätssteigerung der Leistungsangebote einhergehen.[452] Abbildung 23 zeigt eine auf Modularisierung beruhende Möglichkeit zur Mass Customization, bei der die Leistungsindividualisierung durch eine speziell auf den Leistungsempfänger ausgerichtete Kombination standardisiert erstellter Leistungskomponenten erreicht wird. Übertragen auf die Leistungsdimensionen bedeutet dies eine schwerpunktmäßige Standardisierung im Rahmen der Bereitstellungsleistung und eine Individualisierung der letztlichen Leistungsbündel im Verlaufe der (finalen) Leistungserstellung. Dieses Vorgehen macht eine detaillierte Erhebung und Analyse der Kundenanforderungen unerlässlich. Bei Lern-Services müssten unter anderem das Vorwissen, die Lerngewohnheiten, der Lernstil und die der Inanspruchnahme des Leistungsangebots zugrunde liegende Motivation berücksichtigt werden. E-Learning-Komponenten als Elemente der Leistungsbündel machen darüber hinaus die diesbezüglichen Einstellungen und Erfahrungen der Lernenden sowie ihre Kompetenzen und ihre Ausstattung mit der notwendigen technischen Infrastruktur interessant. Die Lernenden selbst und die von ihnen benötigten Informationen als externe Faktoren spielen bei Individualisierungsbemühungen dementsprechend eine sehr große Rolle.

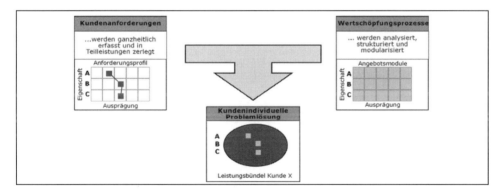

Abbildung 23: Kundenindividualisierte Leistungen auf der Basis modularisierter Wertschöpfungsprozesse[453]

---

[452] Vgl. die in der Literatur dokumentierten Ergebnisse z. B. für Hotels, Restaurants sowie weitere klassischen Dienstleistungen, z. B. bei Berry / Parasuraman (1991); Hill (1988); Shostack (1984); Fischer / Herrmann / Huber (2001); Meyer / Dornach (1998). Aktuell scheinen ähnliche Erfahrungen auch bei deutschen Krankenhäusern gemacht zu werden, die nach einer Privatisierung mit anschließender Geschäftsprozessstandardisierung eine bis zu 30% Kostensenkung mit gleichzeitig deutlich verbesserten Kennziffern in Bezug auf Kunden- und Mitarbeiterzufriedenheit aufweisen können. Vgl. Rhön Klinikum (2005).

[453] In Anlehnung an Weiber / Weber (2000), S. 480.

Abbildung 24 zeigt überblicksartig weitere Instrumente einer Mass Customization sowie deren Wirkmechanismus und die daraus resultierenden Kosten- und Individualisierungspotenziale. Eine besondere Rolle dürfte im Lern-Service-Bereich neben der Modularisierung die Selbstindividualisierung spielen, die sich aufgrund des integrativen Charakters der Lern-Services mit dem Lerner als zentralem externem Faktor in besonderer Weise anbietet.

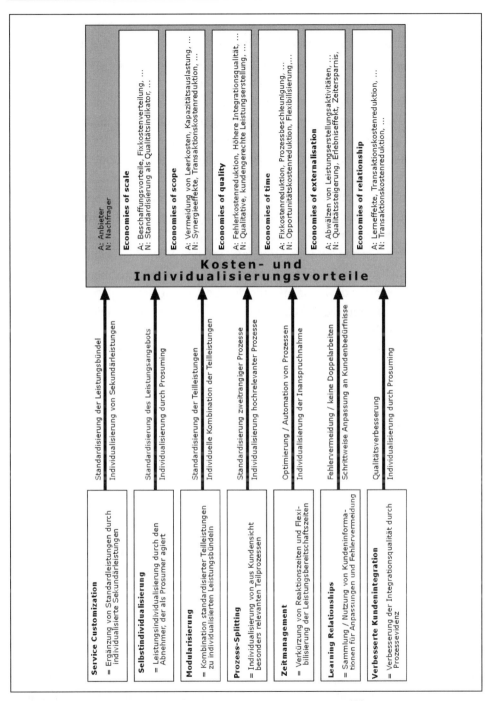

Abbildung 24:   Mass Customization im Dienstleistungsbereich[454]

---

[454] In Anlehnung an Büttgen (2002), S. 272ff.

Für das Leistungserstellungsmodell von Contentveredelern kann in Bezug auf eine Mass Customization-Strategie damit gefolgert werden, dass zunächst die für das Leistungsangebot eines Anbieters geeigneten Umsetzungsinstrumente zu identifizieren sind, wobei vor allem Modularisierungs- und Selbstindividualisierungsansätze wohl ein großes Potenzial aufweisen. Darauf aufbauend sind, je nach Umsetzungsvariante die einzelnen Leistungsdimensionen systematisch auf geeignete Ansatzpunkte zu untersuchen, bei einer Modularisierungsstrategie etwa in der Form von Modularisierungsoptionen, die eine standardisierte Vorproduktion von Leistungskomponenten erlauben. Für die kundenindividuelle Kombination der einzelnen Komponenten sind dann die notwendigen Informationen von den Leistungsempfängern zu beschaffen, damit auf der Grundlage eines auf die Lernenden abgestimmten didaktischen Modells die Leistungsbündel konfiguriert werden können. Wie ein solches Vorgehen konkret aussehen kann, wird in Abschnitt 5.2.1 in Form eines auf Serviceplattformen[455] aufbauenden Mass Customization-Konzepts für das Leistungserstellungsmodell des Geschäftssystems „Executive MBA Net Economy" dargestellt. Die Serviceplattformen dienen dabei zum einen als weiteres Umsetzungsinstrument für die Realisierung von Standardisierungspotenzialen im Lern-Service-Bereich, sie stellen gleichzeitig aber auch die Grundlage für eine unter didaktischen Gesichtspunkten sinnvolle Integration der modularisierten Inhalte dar.

4.1.5 Beschaffungs- und Distributionsmodell

Beschaffungs- und Distributionsmodell betreffen die Schnittstellen des Unternehmens zu den vor- und nachgelagerten Wertschöpfungsstufen. Auf Einzelakteursebene muss entschieden werden, welche Inputfaktoren und Teilleistungen von welchen Lieferanten beschafft werden und welche Strategien auf den relevanten Beschaffungsmärkten verfolgt werden sollen (Beschaffungsmodell). Zugleich muss für die angebotenen Leistungsbündel ein geeignetes Distributionsmanagement realisiert werden, welches beispielsweise über die eingesetzten Distributionskanäle und die Vertriebsorganisation entscheidet.

---

[455] Die Diskussion von Plattformstrategien hat ihren Schwerpunkt im industriellen Bereich. Erste Übertragungen auf Services lassen aber ein großes Anwendungspotenzial auch im Servicebereich vermuten. *Stauss* charakterisiert in Anlehnung an *Meyer* und *Lehnerd* Serviceplattformen als entwickelte Sets von optionalen Teilelementen / -systemen und Schnittstellen, die eine mehrfach verwendbare Struktur bilden auf deren Grundlage immer wieder differenzierte Leistungsangebote effizient und effektiv entwickelt und realisiert werden können. Vgl. Stauss (2006), S. 322ff.; Meyer / Lehnerd (1997).

Digitalisierung und Vernetzung führen auf der Ebene des Wertsystems insbesondere in Bezug auf digitale Leistungsangebote zu Veränderungsmöglichkeiten, die die traditionellen Wertschöpfungsstrukturen teilweise erheblich in Frage stellen.[456]

4.1.5.1 Beschaffungsmodell

Die sich im Rahmen des Transformationsprozesses tendenziell reduzierende Fertigungstiefe innerhalb der Bildungsbranche führt zu einem größeren Bedarf an unternehmensübergreifender Koordination.[457] Neben der erforderlichen Festlegung der Wertschöpfungstiefe und den damit einhergehenden Entscheidungen über strategische Auslagerungen von Funktionen bzw. deren zielgerichtete Integration, muss jedes Geschäftssystem auf der Basis von Make-or-Buy-Entscheidungen über die Auswahl und den Umfang der zu beschaffenden bzw. selbst zu erstellenden Inputfaktoren und Teilleistungen entscheiden.[458]

4.1.5.1.1 Interne Faktoren der Leistungserstellung

Grundvoraussetzung für Beschaffungsentscheidungen ist die Kenntnis über die für die Leistungserstellungsprozesse erforderlichen internen Faktoren,[459] bzw. über die für deren Vorkombination erforderlichen Inputfaktoren[460] und Teilleistungen. Ein entsprechender Versuch, diese zu erfassen, wurde von *Hagenhoff* im Hinblick auf universitäre Bildungskooperationen vorgenommen.[461] Die Autorin identifiziert zunächst generell zur Herstellung von Bildungsprodukten und zur Durchführung von Bildungsdienstleistungen notwendige Ressourcen und Kompetenzen[462] und hinterfragt anschließend jeweils deren Vorhandensein in uni-

---

[456] Zum Wertsystem siehe Abschnitt 4.1.4.1.

[457] Zur Transformation der Bildungsbranche siehe Kapitel 3.

[458] In Bezug auf die anschließend anstehende Ausgestaltung der Beschaffungsprozesse kann auf eine intensive Behandlung in der Literatur verwiesen werden, die in der letzten Zeit unter dem Schlagwort Electronic Procurement insbesondere auch die Potenziale einer IuK-technischen Unterstützung zum Gegenstand hatte. Vgl. Wirtz (2001), S. 299ff. Im Folgenden stehen die internen Faktoren der Leistungserstellung und die damit verbundenen Make-or-Buy-Entscheidungen im Vordergrund.

[459] Zum Begriff der internen Faktoren siehe die Ausführungen zur integrativen Leistungserstellung in Abschnitt 4.1.4.2. Interne Faktoren bezeichnen demnach die Summe aus durch Vorkombination entstandenen Erzeugnissen und verbleibenden Potenzial- und Verbrauchsfaktoren, die in den Leistungserstellungsprozess einfließen.

[460] Inputfaktoren bzw. Inputgüter sind „... *homogene, prinzipiell marktgängige, unternehmensextern oder -intern erstellte Faktoren, die den Ausgangspunkt weiterer Verwertungs- oder Veredelungsaktivitäten bilden.*" Gersch / Freiling / Goeke (2005), S. 44f.

[461] Vgl. Hagenhoff (2002).

[462] *Hagenhoff* verwendet die Begriffe Ressourcen und Kompetenzen sehr allgemein und legt

versitären Bildungskooperationen.[463] Sie unterscheidet dabei, grob vergleichbar mit den in der vorliegenden Arbeit zur Charakterisierung von Lern-Services herangezogenen Leistungsdimensionen Bereitstellungsleistung, Leistungserstellung und Leistungsergebnis, zwischen den Phasen „Herstellen der Leistungsbereitschaft" und „Durchführen der eigentlichen Dienstleistung".[464] In Bezug auf die Herstellung der Leistungsbereitschaft leitet die Autorin die notwendigen Kompetenzen und Fähigkeiten aus einschlägigen Vorgehenskonzepten für die Entwicklung von Lernsoftware ab, deren Aktivitäten sie Gruppen zuordnet, die nach ihrer Argumentation die Notwendigkeit von Kompetenzen und Fähigkeiten in den Fachbereichen Inhalt, Didaktik, Mediendesign, Sprecherziehung / Schauspielkunst, Technik und Projektmanagement begründen.[465] Die von *Hagenhoff* darüber hinaus als notwendig erachteten Objekte bzw. Hilfsmittel gliedern sich in die Bereiche Hard- und Software und dienen der Produktion von Medienobjekten in den Darstellungsarten Text, Grafik, Animation, Audio und Video sowie der „Montage der Bildungsprodukte".[466]

Im Gegensatz zu dem von *Hagenhoff* vorgenommenen Versuch, eine (für den universitären Bereich) allgemeingültige Übersicht über die notwendigen Inputfaktoren, Ressourcen und Kompetenzen zu entwickeln, wird in der vorliegenden Arbeit ein stärkerer Geschäftssystembezug und ein konkreter begrifflicher Rahmen für eine Ressourcen und Kompetenzenbetrachtung befürwortet (s.o.). In den Ausführungen zum Organisationsmodell wird jedoch trotz dieser Kritik der mangelnden Allgemeingültigkeit ein exemplarisches Sollprofil an Kompetenzen und Ressourcen für Geschäftsmodelle der Marktstufe der Contentveredelung entwickelt, um darauf aufbauend die Möglichkeiten einer kompetenzorientierten Analyse im Zusammenhang mit kooperativen Ausgestaltungen von Lern-

---

ihnen nicht, wie in dieser Arbeit geschehen, das spezifische Begriffsverständnis der Competence-based Theory of the Firm zugrunde. Zum hier verwendeten Begriffsverständnis siehe Abschnitt 4.1.7.2. bzw. Gersch / Freiling / Goeke (2005).

[463] Vgl. Hagenhoff (2002), S. 137ff.

[464] Unter „Herstellung der Leistungsbereitschaft" versteht *Hagenhoff* vornehmlich die Produktion von Bildungsprodukten, die von ihr wiederum auf allgemeiner Ebene mit internetbasierter Lernsoftware gleichgesetzt werden. Vgl. Hagenhoff (2002), S. 138ff.

[465] Berücksichtigt werden dabei die von den drei Autoren Bodendorf (1990), Steppi (1989) und Apostolopoulos / Geukes / Zimmermann (1996) herausgearbeiteten Aktivitäten zur Lernsoftwareentwicklung. Auf eine Darstellung der einzelnen Tätigkeiten wird hier verzichtet. Es sei diesbezüglich verwiesen auf die aggregierte Darstellung bei Hagenhoff (2002), S. 139.

[466] Vgl. hierzu Hagenhoff (2002), S. 139ff. In ähnlicher Art und Weise untersucht *Hagenhoff* die zur Erstellung von Bildungsdienstleistungen erforderlichen Ressourcen und Kompetenzen, so dass an dieser Stelle auf die entsprechenden Ausführungen verwiesen werden kann. Vgl. Hagenhoff (2002), S. 143ff.

Service-Geschäftssystemen veranschaulichen zu können. Dabei wird auch deutlich, wie sich auf der Basis einer Geschäftssystembetrachtung notwendige Kompetenz- und Ressourcenbündel identifizieren lassen, die dann eine geeignete Grundlage für weitere Analysen darstellen.[467]

4.1.5.1.2 Make-or-Buy-Entscheidung

Nach einer Herausarbeitung der für die Leistungsangebotsrealisierung notwendigen Inputfaktoren und Teilleistungen ist mit Hilfe von Make-or-Buy-Entscheidungen über deren Eigenerstellung oder Fremdbezug zu entscheiden. Die Frage, welche Faktoren im Rahmen der Leistungserstellung einer Unternehmung selbst erbracht („Make") und welche Leistungen von anderen Wirtschaftseinheiten bezogen werden sollen („Buy"), ist aufgrund der Wettbewerbsintensivierung, der interdisziplinären Anforderungen und der resultierenden Spezialisierungstendenzen für die Anbieter von Lern-Services von hoher Bedeutung. Im Rahmen der durch Digitalisierung und Vernetzung veränderten Umfeldbedingungen wirtschaftlichen Handels erhält die Make-or-Buy-Entscheidung gar eine immer höhere Relevanz, da sich die Möglichkeiten zum „Outsourcing" durch die neuen technischen Möglichkeiten zunehmend verbessern.[468] Die Bezeichnung suggeriert dabei zwar, dass es nur die beiden Extremalternativen „vollständige Eigenerstellung" oder „Fremdvergabe und Einkauf am Markt" bei der Realisierung einzelner Wertaktivitäten gibt, tatsächlich aber existiert eine unübersehbare Vielzahl von Zwischenformen, die den Raum zwischen den Koordinationsformen Markt einerseits („Buy") und Hierarchie andererseits („Make") ausfüllen.[469]

Um die Quellen der eigenen Wettbewerbsfähigkeit und -vorteile nicht zu gefährden, stufen Geschäftssystemträger i.d.R. zunächst die notwendigen Teilleistungen und Leistungskomponenten ihrer Leistungserstellungsprozesse im Hinblick auf ihren diesbezüglichen Beitrag ein. Dabei werden so genannte Kernleistungen als so wichtig erachtet, dass sie zwingend unternehmensintern erbracht werden müssen. Den Kernleistungen stehen Fremdleistungen gegenüber, bei de-

---

[467] Siehe hierzu Abschnitt 4.1.7.3.

[468] *„Der Begriff Outsourcing ist eine künstliche Wortschöpfung. Sie leitet sich ab aus der sprachlichen Konfiguration „outside resource using". Charakteristisch für ein Outsourcing ist die Übertragung betrieblicher Funktionen auf ausgegliederte Institutionen oder externe Dienstleistungsunternehmen. Outsourcing führt daher stets zu einer Verringerung der Wertschöpfungstiefe. Insofern lässt sich Outsourcing als ein Teilaspekt der Make-or-Buy-Problematik interpretieren."* Wurl / Lazanowski (2002), S. 1541.

[469] Vgl. Engelhardt / Reckenfelderbäumer (1993), S. 268; Picot / Reichwald / Wigand (2003), S. 71ff. und Abschnitt 4.1.7.3.3.

nen eine Eigenerstellung durch das Unternehmen aus verschiedenen Gründen von vornherein ausgeschlossen ist. Zur Disposition in Bezug auf Make-or-Buy-Entscheidungen stehen die verbleibenden Kannleistungen, bei denen sowohl eine unternehmensinterne Selbsterstellung als auch ein Fremdbezug bei Unternehmensexternen denkbar ist.[470] Neben den ökonomischen Argumenten für oder gegen eine Selbsterstellung notwendiger Wertaktivitäten im Rahmen eines Geschäftssystems gibt es notwendige Mindestvoraussetzungen, ohne die ein Fremdbezug von vornerein ausscheidet. So muss es sich bei den Kannleistungen um modularisierte und standardisierte Leistungsmodule handeln, und es müssen eindeutige Prozess- und Kommunikationsschnittstellen zu den in Frage kommenden externen Dienstleistern etabliert werden können.[471]

Die bei der Entscheidungsfindung zu berücksichtigen Kriterien sind vielfältig und teilweise konfliktionär, weshalb sie einen wesentlichen Grund für die Komplexität der Make-or-Buy-Problematik darstellen. Da geschäftssystemspezifische Aspekte, wie z. B. die besonderen Kontextanforderungen von Lern-Services oder die in Betracht kommenden Bezugsquellen, unbedingt zu berücksichtigen sind, können an dieser Stelle keine pauschalisierten Empfehlungen bzw. etwaiger Entscheidungsmuster angeführt werden.[472] Neben einer Berücksichtigung von Aspekten wie zu erwartenden qualitativen Auswirkungen,[473] Flexibilitätskonsequenzen[474] und etwaigen Kundenkontaktpunktentwicklungen[475]

---

[470] Vgl. Hahn / Hungenberg / Kaufmann (1994), S. 74.

[471] Im Lern-Service-Bereich lässt sich dieses Erfordernis etwa am Beispiel der Lernmaterialien nachvollziehen, die bei umfassenden Bildungsangeboten selten aus einer Hand realisiert werden können. Will der Anbieter daher etwa WBTs von Dritten als Komponenten in sein Leistungsbündel einbeziehen, so müssen zumindest die technische Integration – z. B. in Bezug auf das verwendete Lernmanagement-System – und die didaktische Integration im Hinblick auf die lerntheoretische Ausrichtung gewährleistet sein.

[472] Vgl. allgemein und branchenunabhängig zu diesen und weiteren Entscheidungskriterien Engelhardt / Reckenfelderbäumer (1993), S. 271ff.

[473] Im Wesentlichen müssen in Bezug auf das Kriterium der Qualität mit der Bedeutung der jeweiligen Teilleistung für das Leistungsangebot insgesamt und dem Qualitätsrisiko eines Fremdbezugs zwei Aspekte unterschieden werden. Die Entscheidung gegen eine Eigenerstellung kann dabei grundsätzlich sowohl eine Qualitätseinbuße als auch einen Qualitätszugewinn bedeuten. Sofern der externe Dienstleister über Spezialisierungsvorteile und/oder langjährige Erfahrungen verfügt, bieten sich Potenziale einer Qualitätssteigerung, wobei jedoch die koordinativen Herausforderungen und etwaige Schnittstellenprobleme einer auf mehrere Akteure verteilten Wertschöpfung zu berücksichtigen sind. In Bezug auf die aus der (partiellen) Immaterialität und Integrativität von Lern-Services erwachsenden Unsicherheiten kommt zudem die zielgerichtete Einbindung externer Dienstleister als Qualitätsindikatoren in Betracht.

[474] Diesbezüglich ist sowohl die Entstehung möglicher Bindungen an Lieferanten oder Technologien zu beachten als auch die tendenziell unterschiedliche Kostenstruktur im Rahmen der Leistungserstellung. Einer durch die Buy-Entscheidung ggf. möglichen Umwandlung

kann für die Marktstufe der Contentveredelung der „didaktische Fit" der Teilleistungen ein weiteres wichtiges Entscheidungskriterium darstellen. Die von vorgelagerten Wertschöpfungsstufen beschafften Teilleistungen müssen unter didaktischen Gesichtspunkten in das Leistungsangebot zu integrieren sein, was bei einer Zielgruppendifferenzierung bzw. gar einer Leistungsindividualisierung ein hoch flexibles Leistungserstellungsmodell erfordert. Gemeinsam mit dem notwendigen Standardisierungsgrad führt dieses didaktische Kriterium scheinbar zu einer deutlichen Einschränkung der in Betracht kommenden Beschaffungsobjekte. Das bereits angesprochene Konzept der Mass Customization zeigt jedoch, dass eine differenzierte Betrachtung angezeigt ist, da über zielgruppenorientierte Designprozesse gerade bei hybriden Lern-Services durchaus Möglichkeiten zur sinnvollen Integration verschiedenartiger Teilleistungen in die Leistungsbündel geschaffen werden können. Eine gewisse Heterogenität im Komponentenrepertoire stellt vielmehr sogar eine Voraussetzung sowohl für anbieterseitige als auch für nachfragerseitige Individualisierungskonzepte (Selbstindividualisierung) dar.[476]

4.1.5.2 Distributionsmodell

Ausgehend von dem Begriff des Distributionsmanagements werden nachfolgend neben einer Übertragung ausgewählter distributionspolitischer Herausforderungen für Dienstleistungen auf den Bereich der Lern-Services wichtige, in der Literatur i.d.R. branchenunabhängig diskutierte Änderungstendenzen auf ihre Gültigkeit für das Bildungswesen untersucht. Dabei kommen deutlich Interdependenzen zwischen ökonomischen und didaktischen Überlegungen zum Vorschein, da beispielsweise die Wahl des Distributionskanals für Lern-Services

---

von Fixkosten in variable Kosten stehen oftmals notwendige spezifische Investitionen, z. B. im technologischen Bereich, gegenüber.

[475] Inhaber und Gestalter von Kundenkontaktpunkten besitzen maßgeblichen Einfluss auf den gesamten Prozess der Kundenintegration. Sie gelangen zudem an die sowohl für die Erlöskonzepte von Geschäftssystemen als auch für die Verbesserung der absatzpolitischen Instrumente wichtigen erfassbaren Kundendaten. Diese Gründe veranlassen viele Anbieter, ggf. auch an bestehenden Vertriebsstrukturen vorbei, den Kundenkontakt direkt zu suchen und entsprechend der eigenen Zielsetzungen und Interessen zu nutzen.

[476] Das Beschaffungsmodell weist über die aufgeführten Aspekte hinaus verschiedene Schnittstellen mit anderen Partialmodellen des integrierten Geschäftsmodells auf, auf die an dieser Stelle verwiesen sei. So wurden Besonderheiten digitaler Güter, deren Berücksichtigung auch für entsprechende Beschaffungsprozesse zu berücksichtigen sind, bereits im Leistungsangebotsmodell thematisiert, und im noch ausstehenden Organisationsmodell wird mit den so genannten Closing-Gap Allianzen eine Möglichkeit zur Schließung von Ressourcen- und Kompetenzlücken im Profil eines Geschäftssystems auf ihre Übertragbarkeit und Relevanz für den E-Learning-Bereich hinterfragt.

u.a. eng mit der Frage nach der richtigen anzuwendenden Vermittlungsstrategie für die Lerninhalte verknüpft ist.

Nach einer Darstellung gängiger, aber durchaus heterogener Begriffsverständnisse formuliert *Wirtz* eine Definition des Begriffs Distributionsmanagement, die hier die Ausgangslage der Betrachtung darstellt. Danach wird unter Distributionsmanagement *„... die Gesamtheit aller Maßnahmen verstanden, die dazu dienen, die Produkte und Leistungen eines Unternehmens so bereitzustellen, dass diese den Bedürfnissen der Nachfrager in räumlicher, zeitlicher, quantitativer und qualitativer Hinsicht gerecht werden.*"[477] Entsprechend seiner weiteren Ausführungen betrifft das Distributionsmanagement damit insbesondere die Absatzwege, die Absatzorganisation und die Absatzlogistik:[478]

- Zunächst ist in Form des *Absatzwegs* (alternativ „Vertriebskanal") festzulegen, welche Handelsstufen bei der Distribution eines Leistungsbündels an den Nachfrager eingeschaltet werden sollen. Sofern sich diesbezüglich (z. B. an aktuellen didaktischen Strömungen orientierte) Branchentrends abzeichnen, kann von der Absatzwegegestaltung ein bedeutender Einfluss auf das Wertsystem ausgehen, da ggf. Intermediations- bzw. Disintermediationsprozesse ausgelöst werden.

- In Abhängigkeit vom Absatzweg muss anschließend über die *Absatzorganisation* entschieden werden, die die Art und Weise der Kontaktaufnahme mit dem Nachfrager bestimmt.[479] *Wirtz* untergliedert die Absatzorganisation in die Teilaufgaben „Gestaltung der Verkaufsaufgabe", „Wahl der Verkaufsorgane" und „Steuerung der Verkaufsaufgabe / Verkaufsorgane", wobei er den Verkaufsorganen als Distributionsakteuren eine besondere Relevanz zuspricht.[480]

- Im letzten Schritt schließlich wird in Form der *Absatzlogistik* die konkrete Auslieferung des Leistungsbündels an den Nachfrager gestaltet, um räumliche und zeitliche Distanzen zwischen dem Ort der Leistungserstellung und dem Ort des Verkaufs bzw. der Inanspruchnahme zu überwinden.[481]

Für den Bereich der Lern-Services muss berücksichtigt werden, dass je nach Ausgestaltung der Leistungsbündel Teilkomponenten im Moment der Inanspruchnahme lokal bzw. multi-lokal zu erstellen sind, so dass für diese Teilkom-

---

[477] Wirtz (2001), S. 376.
[478] Vgl. Wirtz (2001), S. 376ff.
[479] Vgl. Becker (2001), S. 539.
[480] Vgl. Wirtz (2001), S. 378.
[481] Vgl. Scheuch (1993), S. 359.

ponenten bzw. für die gesamten Leistungsbündel als Kontraktgüter ggf. lediglich Leistungsversprechen distribuiert werden können. Hieraus ergeben sich wichtige Implikationen für das gesamte Distributionsmanagement, da z. B. etwaige nachfragerseitige Unsicherheiten zu berücksichtigen sind.

Im Wesentlichen ist im Nachfolgenden zu klären, inwiefern die Distribution von (hybriden) Lern-Services ähnliche Strukturen zulässt wie die Distribution von Dienstleistungen allgemein bzw. auch die Distribution physischer Güter, welche Möglichkeiten sich hinsichtlich der Gestaltung der Absatzwege und der Absatzlogistik eröffnen und welche Kriterien und Einflussfaktoren im Prozess der Entscheidungsfindung zu berücksichtigen sind. Darüber hinaus wird sich ein Abschnitt mit distributionspolitischen Optionen bei rein digitalen Lern-Services befassen, die entweder als Ergänzung bereits etablierter Leistungsangebote platziert oder aber ausschließlich über den virtuellen Vertriebskanal Internet distribuiert werden sollen. Um hierbei eine konkretere Betrachtung vornehmen zu können, wird den Universitäten als originär akademischen, in zunehmendem Maße aber auch kommerziellen Wertschöpfungsakteuren im Wertsystem, besonderes Augenmerk geschenkt.[482]

4.1.5.2.1 Gestaltung des Vertriebssystems bei Lern-Services

Hinsichtlich der Absatzwegegestaltung wird in der Literatur üblicherweise zunächst zwischen direktem und indirektem Absatz unterschieden, wobei bei indirektem Absatz unabhängige Handelsunternehmen in den Distributionsprozess eingeschaltet sind, während beim direkten Absatz keine Handelsbetriebe zwischengeschaltet werden.[483] Im Extremfall sind bei Lern-Services zwar keinerlei physische Produkte an den Nachfrager zu bringen (z. B. bei einer reinen Onlinevermarktung von WBTs), aber dennoch kann auch bei einem ausschließlich auf das Internet konzentrierten Vertrieb zwischen einer direkten und einer indirekten Realisierung unterschieden werden, da auch hier sowohl die Einschaltung von Zwischenstufen (Bereitstellung der WBTs über URLs, die nicht dem Anbieter selbst zuzurechnen sind) und direkter Distribution (Bereitstellung alleine über die URL des Lern-Service-Anbieters) in Betracht kommen.[484]

---

[482] Diese Entwicklung ist im wirtschaftswissenschaftlichen Bereich beispielsweise konkret erkennbar an der verstärkten Etablierung kostenpflichtiger BA- und MBA-Programme. Vgl. zu der sich ändernden Rolle der Universitäten etwa Müller-Bölig (2000); Nietiedt (1996).

[483] Vgl. Nieschlag / Dichtl / Hörschgen (2002), S. 915.

[484] Siehe hierzu die vergleichbaren Überlegungen zur Online-Distribution journalistischer Inhalte bei Gerpott / Schlegel (2002).

Abbildung 25 zeigt zunächst allgemein traditionelle Absatzwege, die nachfolgend unter Berücksichtigung der in Abschnitt 4.1.3 dargestellten Besonderheiten von Lern-Services auf ihre diesbezügliche Gültigkeit untersucht werden.

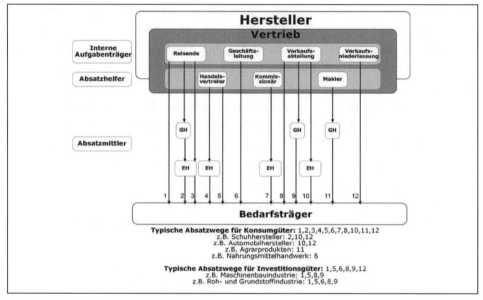

Abbildung 25:   Typische Absatzwege[485]

Auch bei Lern-Services ist also zwischen direkter und indirekter Distribution zu unterscheiden, wobei bei direkter Distribution die Abgabe der Verpflichtungserklärung und die finale Leistungserstellung aus einer Hand erfolgen, während bei indirekter Distribution beispielsweise der Vertrieb des Leistungsversprechens auf Absatzmittler übertragen wird.[486] Der direkte Vertrieb von Dienstleistungen kann dabei unmittelbar, also zentralisiert an einer Stelle, oder aber mittelbar erfolgen; bei indirektem Vertrieb kann der Absatzmittler entweder als reiner „Verkäufer" der Leistung agieren, oder (wie i.d.R. der Fall) aktiv in den Leistungserstellungsprozess eingebunden werden.[487] Die im Rahmen der vorliegenden Arbeit bereits mehrfach thematisierte Wettbewerbsintensivierung, die untrennbar mit Globalisierungstendenzen verbunden ist, dürfte sich in Bezug auf das Distributionsmanagement bei Lern-Services insbesondere im Falle integrierter zwischenmenschlicher Interaktionen (etwa in Form von Präsenzveranstaltun-

---

485 In Anlehnung an Nieschlag / Dichtl / Hörschgen (2002), S. 916.

486 Vgl. allgemein zur direkten und indirekten Distribution von Dienstleistungen Meffert / Bruhn (2000), S. 439ff.

487 Vgl. Meffert / Bruhn (2000), S. 440ff. und 444ff.

gen im Rahmen hybrider Leistungsangebote) als Treiber mittelbarer Distributionsoptionen erweisen und/oder zum stärkeren Einsatz von Co-Producern führen, was bereits an den Beispielen in Tabelle 8 deutlich wird. Ein wichtiger Grund für einen solchen Trend dürfte beispielsweise in der gegenwärtig stark propagierten Kombination von Präsenzelementen und Onlineelementen in hybriden Arrangements liegen, wodurch eine (partielle) Leistungserstellung vor Ort unabkömmlich wird, so dass bei räumlich stark ausgedehnten Zielmärkten entsprechende Distributionsstrategien notwendig sind. Unabhängig von den im Folgenden beispielhaft angeführten, teilweise international agierenden Unternehmen spricht dabei für eine tendenzielle Ausdehnung der Zielmärkte, dass die partielle Virtualität des Angebots mit einer hohen räumlichen und zeitlichen Flexibilität der Service-Empfänger in Verbindung gebracht wird, und dass Online-Vertriebskanäle vom Grundsatz her eher auf Distanzgeschäfte ausgerichtet sind.[488] Im Bestreben, eine ausreichende Nachfrage für innovative Lern-Service-Angebote zu erreichen, dürfte daher nur selten ein regionales Kriterium für die Abgrenzung des relevanten Markts herangezogen werden, so dass nach Möglichkeiten einer regional übergreifenden oder sogar internationalen Vor-Ort-Leistungserstellung gesucht werden muss. Schon jetzt lassen sich unter anderem etwa eine Reihe von Franchising-Ansätzen[489] identifizieren, die in diesem Zusammenhang offenbar sowohl auf nationaler wie auch auf internationaler Ebene als eine zunehmend attraktive Wettbewerbsstrategie erachtet werden.

Tabelle 8 ordnet den alternativen Vertriebswegausgestaltungen Beispiele zu und unterscheidet dabei im Sinne der Kontraktgutlogik zwischen der Abgabe des Leistungsversprechens und der Realisierung der eigentlichen Leistung.[490]

---

[488] Vgl. Wirtz (2002), S. 677.

[489] Nach der laut Deutscher Franchise Verband e.V. offiziellen Definition der European Franchise Federation (EFF) ist Franchising „... *ein Vertriebssystem, durch das Waren und/oder Dienstleistungen und/oder Technologien vermarktet werden. Es gründet sich auf eine enge und fortlaufende Zusammenarbeit rechtlich und finanziell selbständiger und unabhängiger Unternehmen, den Franchise-Geber und seine Franchise-Nehmer. Der Franchise-Geber gewährt seinen Franchise-Nehmern das Recht und legt ihnen gleichzeitig die Verpflichtung auf, ein Geschäft entsprechend seinem Konzept zu betreiben. Dieses Recht berechtigt und verpflichtet den Franchise-Nehmer, gegen ein direktes oder indirektes Entgelt im Rahmen und für die Dauer eines schriftlichen, zu diesem Zweck zwischen den Parteien abgeschlossenen Franchise-Vertrags bei laufender technischer und betriebswirtschaftlicher Unterstützung durch den Franchise-Geber, den Systemnamen und/oder das Warenzeichen und/oder die Dienstleistungsmarke und/oder andere gewerbliche Schutz- oder Urheberrechte sowie das Know-how, die wirtschaftlichen und technischen Methoden und das Geschäftssystem des Franchise-Gebers zu nutzen. [...]* ". Deutscher Franchise Verband e.V. (2006).

[490] *„Kontraktgüter sind wirtschaftliche Güter, die beim Kauf noch nicht existieren, somit aus*

		Vertriebsweg			
		direkt		indirekt	
		unmittelbar	mittelbar	„Verkäufer"	„Co-Producer"
Vertriebsobjekt	Eigentliche Leistung	Unmittelbare Direktdistribution der Leistung	Mittelbare Direktdistribution der Leistung	Indirekter Vertrieb der Leistung über Absatzmittler	Indirekter Vertrieb der Leistung über „Co-Producer"
		z. B. Schulung in zentraler Ausbildungsstätte	z. B. Vertrieb über Filial- oder Franchisesystem; Onlinevertrieb digitaler Leistungsangebote	z. B. (Mehrfach) Angebot von WBTs über Internetplattformen	z. B. Durchführung von Lern-Services mit standardisierten Lehrmaterialien durch int. Kooperationspartner
		Beispiel: Klassische Universität	Beispiele: Berlitz, New Horizons	Beispiel: WebKollegNRW	Beispiel: ESCP-EAP
	Leistungsversprechen	Unmittelbare Direktdistribution des Leistungsversprechens	Mittelbare Direktdistribution des Leistungsversprechens	Indirekter Vertrieb der Leistungsversprechen über Absatzmittler	Indirekter Vertrieb des Leistungsversprechens über „Co-Producer"
		z. B. Vertragsanbahnung für weitere Services während laufender Leistungserstellung	z. B. Vertragsschlüsse über Filial- oder Franchisesystem; Möglichkeit zu Online-Verträgen	z. B. Angebot von hybriden Lern-Services über Internetportale	z. B. Vertragsschluss durch internationale Repräsentanzbüros
				Beispiel: WebKollegNRW	Beispiel: USQ

Tabelle 8:   **Alternative Vertriebswege für Lern-Services**[491]

Beispielerläuterungen:

- *Berlitz:*
  Nach eigenen Angaben verfügt Berlitz mittlerweile über mehr als 500

---

einem Leistungsversprechen bestehen und deren Erstellung nicht standardisierbar ist."
Woratschek (1996), S. 63.
[491] In Anlehnung an Meffert / Bruhn (2000), S. 440 und 445.

Sprachzentren weltweit und nimmt damit auf dem Weltmarkt eine bedeutende Position unter den Anbietern von Sprachtraining ein.[492] Berlitz wurde 2001 zu 100 % von der japanischen Benesse Corporation übernommen, einem Verlag für Fernunterrichtsprogramme und Lernmaterialien. Die 500 Standorte sind dabei entweder Tochtergesellschaften oder agieren als Franchisepartner.[493] Das Unternehmen verfolgt damit eine mittelbare direkte Distributionsstrategie, die es ihm ermöglicht im Sinne eines Subsidiaritätsprinzips durch die Franchisepartner den Besonderheiten der einzelnen Absatzregionen gerecht zu werden.

- *New Horizons:*
  Das 1982 in Los Angeles (Kalifornien, USA) gegründete Franchise-Unternehmen New Horizons hat sich als Trainingsanbieter auf den Bereich IT spezialisiert und verfügt laut eigener Website gegenwärtig über mehr als 250 Trainingscenter in über 40 Ländern. Das Leistungsangebot umfasst sowohl präsenz- und interaktionsbetonte Tages-, Abend- und Wochenendseminare als auch reine E-Learning-Kurse. Neben diesen eigenen Lern-Services offeriert New Horizons als Co-Producer jedoch auch Zertifizierungstests der Softwareanbieter, die es den Teilnehmern ermöglichen, den Erfolg ihrer Weiterbildungsaktivitäten zu belegen.[494] Auch hier liegt in Bezug auf die eigene Distributionsstrategie eine mittelbare direkte Distribution vor, jedoch stellt New Horizons zugleich auch ein Beispiel für einen Co-Producer im Rahmen des Distributionsmanagements der kooperierenden Softwareanbieter dar.

- *ESCP-EAP:*
  Die 1999 aus einer Fusion der französischen ESCP (Paris Graduate School of Management) und der ebenfalls französischen EAP (European School of Management) hervorgegangene ESCP-EAP betreibt zurzeit Schulen an 5 europäischen Standorten (Berlin, London, Madrid, Paris und Turin). Die dreifach akkreditierte ESCP-EAP[495] ist nach eigenen Angaben die einzige europäische Hochschule, die mit dem „ESCP-EAP Master's in Management (EMIM)" ein internationales Studium länderübergreifend realisiert.[496] Darüber hinaus werden am deutschen Standort in Berlin, der

---

[492] Vgl. Berlitz (2006).
[493] Vgl. Berlitz (2006); Hovestadt / Pompe / Stegelmann (2002), S. 30.
[494] Vgl. New Horizons (2006).
[495] Angeführt werden die folgenden Akkreditierungen: 1992 durch die britische AMBA, 1998 und erneut 2003 durch EQUIS und 2003 durch die amerikanische AACSB. Vgl. ESCP-EAP (2006).
[496] Vgl. ESCP-EAP (2006).

als eingetragener Verein agiert, verschiedene postgraduale Weiterbildungsstudiengänge sowie ein Promotionsstudium angeboten. Die Berliner Schule ist in Deutschland als wissenschaftliche Hochschule anerkannt und zur Verleihung der Titel „Diplom-Kaufmann / Diplom-Kauffrau", „MSc" und „MBA" befugt. Die internationalen Standorte stellen im Falle der ESCP-EAP nicht einzig Instrumente zur Ausdehnung des Absatzmarkts dar, sondern repräsentieren insbesondere eine qualitative Eigenschaft des Leistungsangebots und erbringen als Co-Producer einen Teil der Leistungserstellungsprozesse.[497]

- *WebKollegNRW:*
  Mit dem WebKollegNRW ist zudem ein Beispiel für einen Absatzmittler gegeben. Das ursprünglich vom Land Nordrhein-Westfalen auf den Weg gebrachte Weiterbildungsportal agiert als Intermediär, der den Anbietern die Möglichkeit bietet, Blended Learning-Angebote zu platzieren und den Nachfragern die Suche und Buchung qualitätsgeprüfter Weiterbildungsangebote erleichtert.[498] Das WebKollegNRW weist dabei einen breiten Trägerkreis auf, der vom Ministerium für Wirtschaft und Arbeit bis zum Westdeutschen Rundfunk reicht und insbesondere in den ersten Jahren eine solide finanzielle Basis für den Aufbau und die Etablierung des Portals sicherstellt. Im Wesentlichen besteht für Weiterbildungsnachfrager auf den Seiten des WebKollegNRW die Möglichkeit Kursbuchungen vorzunehmen, so dass hier entsprechend der vorgestellten Systematisierung vornehmlich Leistungsversprechen vertrieben werden. Dabei müssen die deutlich in den Fokus gestellten hybriden Weiterbildungsangebote aus Präsenz- und Onlineelementen nicht unbedingt aus einer Hand stammen, sondern können auch auf Kooperationen von Anbietern zurückgehen. So können beispielsweise zwei Anbieter, von denen sich einer auf die Realisierung von Präsenzphasen und der andere auf die Erstellung der digitalen Onlineelemente spezialisiert hat, gemeinsam ein Blended Learning-Angebot offerieren.[499] Die auf der Angebotsseite angebundenen Unternehmen realisieren mit Hilfe des WebKollegs somit einen indirekten Vertrieb ihrer Leistungen bzw. Leistungsversprechen über einen Absatzmittler.

---

[497] Vgl. Hovestadt / Pompe / Stegelmann (2002), S. 24.
[498] Vgl. Salecker (2005a), S. 2.
[499] Vgl. Salecker (2005b).

- *University of Southern Queensland (USQ):*
  Bei der USQ handelt es sich um eine staatliche australische Universität, die parallel als Präsenz- und als Fernuniversität agiert. Der Hauptcampus der Universität liegt in Toowoomba (Australien), von wo aus auch das gesamte Fernstudienangebot, teilweise über interaktive Lernsoftware und teilweise in Papierform, abgewickelt wird.[500] Die so genannten Study Center fungieren primär als internationale Repräsentanzbüros, die eine Beratung der Studierenden vor und während des Studiums gewährleisten sollen. Darüber hinaus werden hier jedoch auch notwendige Präsenzelemente wie begleitende Seminare und Prüfungen durchgeführt. Damit vertreibt die USQ ihre Leistungsangebote zumindest auch indirekt über die Study-Center, die Teile der finalen Leistungserstellung übernehmen bzw. die Anbahnung neuer Geschäftsbeziehungen als Co-Producer unterstützen.[501]

Alle angeführten Distributionsarten lassen sich damit auch bei Anbietern von Lern-Services identifizieren. Allerdings sind bei der strategischen Auswahl der Absatzwege und der Gestaltung des Distributionssystems die Besonderheiten der Bildungsabsatzobjekte zu berücksichtigen, die neben den Charakteristika der Integrativität und Immaterialität insbesondere didaktischer Natur sind. So wirkt sich die vorab vorzunehmende Grundsatzentscheidung einer Unternehmung über die Art der Betreuung und das Verhältnis von Online- und Präsenzlehre direkt auf die Gestaltungsparameter des Distributionsmanagements aus. Die i.d.R. mit kommerziellen E-Learning-Aktivitäten verbundenen Bestrebungen in Richtung hoher Flexibilität müssen etwa bei einer Befürwortung hybrider Veranstaltungssettings durch geeignete organisatorische Maßnahmen flankiert werden. Bei kleineren oder räumlich auf einen oder wenige Standorte beschränkten Akteuren (wie z. B. bei Universitäten) führt dies unmittelbar zu Kooperationserfordernissen mit beispielsweise als Co-Producern agierenden Absatzmittlern, wenn nicht das Absatzgebiet auf den Einzugskreis des Akteurs beschränkt bleiben soll. Darüber hinaus dürften im Falle universitärer Akteure insbesondere auch Kompetenzlücken im Hinblick auf das Distributionsmanagement zu kooperativen Geschäftssystemstrategien führen, da das Distributionsmanagement hier eine bisher nur in seltenen Fällen beanspruchte Wertschöpfungsaktivität darstellt.

---

[500] Vgl. European Study Center Bretten (2006); USQ (2006); Hovestadt / Pompe / Stegelmann (2002), S. 10.
[501] Vgl. European Study Center Bretten (2006); USQ (2006); Hovestadt / Pompe / Stegelmann (2002), S. 10.

Diesem Gedanken wird im Rahmen des Organisationsmodells zunächst auf abstrakter Ebene näher nachgegangen, bevor in Kapitel 5 ein konkretes Beispiel eines kooperativen Geschäftssystems mehrerer universitärer Partner thematisiert wird.[502]

4.1.5.2.2 Absatzorganisation und Absatzlogistik bei Lern-Services

Die *Absatzorganisation* wird dem Bereich der akquisitorischen Distribution zugerechnet und verfolgt das Ziel, Absatzkontakte zu Kunden herzustellen.[503] Darüber hinaus muss auch über die organisatorische Ausgestaltung eines entsprechenden Unternehmensbereichs entschieden werden, was beispielsweise bei Universitäten aufgrund der bisher weitgehend fehlenden institutionellen Voraussetzungen eine nicht zu unterschätzende Aufgabe von strategischer Relevanz darstellt.[504] Auf eine Darstellung der verschiedenen Formen des persönlichen Kontakts zu den Abnehmern wird an dieser Stelle verzichtet, es ist allerdings aufgrund der aus der (partiellen) Immaterialität von Lern-Services resultierenden Unsicherheit der Nachfrager von einer speziell bei umfassenden und finanziell aufwendigen Lern-Services relativ hohen Bedeutung des persönlichen Kontakts auszugehen.[505]

Die konkreten Herausforderungen der *Absatzlogistik* im Rahmen des Distributionsmanagements hängen bei Lern-Services stark von den im Rahmen des Leistungsangebotsmodells und des Leistungserstellungsmodells erläuterten Ausprägungen der Leistungsbündel hinsichtlich Immaterialität und der notwendigen Beteiligung externer Faktoren ab. Die von *Meffert* und *Bruhn* angeführten grundsätzlichen Herausforderungen und Aspekte des logistischen Systems bei Dienstleistungen besitzen dabei auch für Lern-Services Geltung. Demnach sind zumindest in den Bereichen „Ort der Leistungserstellung", „Lagerhaltung materieller Leistungselemente und Faktoren" und „Transport materieller Leistungselemente und Faktoren" Planungs- und Vorbereitungsmaßnahmen zu treffen. So müssen für Präsenzveranstaltungen insbesondere das raumzeitliche Präsenzkrite-

---

502 Zum Organisationsmodell siehe Abschnitt 4.1.7.

503 Vgl. Becker (2001), S. 539; Wirtz (2001), S. 378. Im Gegensatz dazu zählt die im Anschluss erläuterte Absatzlogistik zum Bereich der physischen Distribution. Vgl. Becker (2001), S. 556.

504 Siehe hierzu Dohmen / Simons (2003), S. 180ff.

505 Einen umfassenden Überblick über die alternativen Ausgestaltungsformen des persönlichen Verkaufs einschließlich der hiermit zusammenhängenden Schulungs-, Entlohnungs- und Führungsaufgaben bieten Becker (2001), S. 539ff.; Nieschlag / Dichtl / Hörschgen (2002), S. 934ff. Auch hinsichtlich der Steuerung und Kontrolle der Verkaufsorgane mit Hilfe entsprechender Entlohnungs- und Incentivesysteme sei auf die Ausführungen in den angegebenen Quellen verwiesen.

rium erfüllt sein und ein adäquater Ort für die finale Leistungserstellung bereitgehalten werden, bei der Onlinedistribution von Web-based Trainings die Online-Verfügbarkeit der Lernmaterialien sichergestellt und bei hybriden Lern-Services zusätzlich zu den genanten Aspekten eine zweckmäßige Koordination der einzelnen Komponenten, beispielsweise in Form einer adaptiven Contentfreigabe, realisiert werden.

Gerade bei einer Distribution von hybriden Lern-Services muss der Ort der Leistungserstellung bedacht werden, da zwar der Vertrieb von Leistungsversprechen über das Internet relativ einfach zu realisieren ist, die tatsächliche Durchführung von Präsenzelementen aber mit der Herausforderung verbunden ist, die Leistungsempfänger am Ort der Leistungserstellung zu versammeln. Bei der Wahl des Standortes sind neben der Größe des Einzugsgebiets dabei beispielsweise auch die Qualität und Erreichbarkeit der Räumlichkeiten zu berücksichtigen. Das raumzeitliche Präsenzkriterium, also die konkrete Notwendigkeit, Lehrende und Lernende räumlich und zeitlich zusammenzubringen, erweist sich zudem vom Grundsatz her als kontraproduktiv in Bezug auf die in der in der Literatur intensiv behandelten Flexibilitätsvorteile von E-Learning-(unterstützten) Leistungsangeboten. Bei einer konsequenten qualitätsorientierten Planung kann jedoch insbesondere die persönliche Interaktion (auch unter didaktischen Gesichtspunkten) die Leistungswahrnehmung der Lernenden positiv beeinflussen.

4.1.5.2.3 Electronic Distribution von (digitalen) Lern-Services

Besondere Bedeutung für digitale Lern-Services besitzt die E-Distribution, bei der wesentliche Teile der Distributionsaktivitäten auf elektronischem Wege realisiert werden.[506] Hierzu sollen die folgenden zwei Aspekte im Hinblick auf ihre Relevanz für Lern-Services hinterfragt werden:

- Etwaige Intermediations-, Disintermediations- und Reintermediationsprozesse im Zuge der Transformation der Bildungsbranche;

- Besonderheiten und Einflussfaktoren bei der Online-Distribution im engeren Sinne bei digitalen Lern-Services.

Electronic Distribution bezeichnet nach *Wirtz* „... *die Ausübung wertschöpfender Aktivitäten der Distributionswertkette*[507] *in einem elektronisch basierten*

---

[506] Vgl. Wirtz (2001), S. 383ff.
[507] Die Idee der Abbildung einer Folge von Wertschöpfungsaktivitäten mit Hilfe einer Wertkette wird von *Wirtz* speziell auch auf den Bereich der Distribution übertragen, weshalb er in der angeführten Definition den Begriff der Distributionswertkette verwendet. Vgl. Wirtz (2001), S. 377.

Vertriebsweg. Dabei soll von elektronischer Distribution im engeren Sinne gesprochen werden, wenn auch die Bereitstellung bzw. Überbringung der Unternehmensleistung zum Kunden auf elektronischem Weg erfolgt. Erfolgen hingegen der Informationsaustausch und die Bestellung elektronisch, die Bereitstellung der Ware jedoch auf physischem Wege, so soll von Electronic Distribution im weiteren Sinne gesprochen werden. "[508]

4.1.5.2.3.1 Intermediation, Disintermediation und Reintermediation

Das Internet ist nicht das einzige, aber sicherlich eines der gegenwärtig bedeutsamsten elektronischen Medien, die wesentlichen Einfluss auf die Absatzwegegestaltung nehmen. So ermöglicht es beispielsweise neue Formen des direkten Absatzes und eröffnet den Anbietern Möglichkeiten zur Ausschaltung etablierter Absatzmittler, was als Disintermediation bezeichnet wird.[509] Hierdurch verlagern sich tendenziell distributionsspezifische Wertschöpfungsaktivitäten auf den Hersteller, wodurch bei geeigneten Voraussetzungen und einer sorgfältigen Berücksichtigung etwaiger Konsequenzen der Disintermediation beispielsweise der Marktmacht einzelner Handelsstufen entgegengewirkt, Koordinationserfordernisse abgebaut, Gewinnmargen der ausgeschalteten Marktstufen eingespart und damit insgesamt Transaktionskosten gesenkt werden können.[510] Da Disintermediation für Zwischenhandelsstufen gravierende Konsequenzen haben kann, stellt sich die Frage, inwiefern diese Gegenmaßnahmen ergreifen können bzw. inwiefern neue, Mehrwert schöpfende Zwischenrollen in dem sich insgesamt tendenziell aufspaltendem Wertsystem besetzt werden können. Die jeweils branchenspezifisch zu betrachtende Durchdringung der Prozesse und Strukturen des Wertsystems mit Digitalisierung und Vernetzung kann auch Intermediationsprozesse, also die Etablierung zusätzlicher Akteure in Gang setzen, da die in Abschnitt 3.3.1 herausgestellte Aufspaltung der Wertkette zusätzlichen Koordinationsbedarf schafft und die Beschränkung der Akteure auf ihre Kernkompetenzen die Vergabe bisher intern erbrachter Leistungserstellungsprozesse an neue Ak-

---

[508] Wirtz (2001), S. 384.

[509] Vgl. Nieschlag / Dichtl / Hörschgen (2002), S. 963; Saunders / Brown / Brucker / Blomingdale (2001), S. 50ff.; Wirtz (2001), S. 386f.

[510] Vgl. Nieschlag / Dichtl / Hörschgen (2002), S. 963. Einen interessanten Überblick über die angesprochenen Voraussetzungen einer erfolgreichen Disintermediation geben Saunders / Brown / Brucker / Blomingdale (2002). So weisen sie unter anderem auf die Notwendigkeit einer Berücksichtigung der Tatsache hin, dass zwar Funktionsträger eliminierbar sind, nicht aber die Funktionen selbst vernachlässigt werden dürfen, dass trotz Disintermediation eine konsequente Kundenorientierung sichergestellt sein muss und dass die Positionierung und das Image von Marken bei Disintermediationsentscheidungen berücksichtigt werden sollten.

teure erforderlich macht.[511] Finden Disintermediationsprozesse statt, die aber von der Etablierung neuer Akteure, die wiederum weiterhin zu erfüllende bzw. neue Koordinationsaufgaben übernehmen, begleitet werden, so liegt schließlich eine so genannte Reintermediation vor.[512]

Einen insbesondere in der Anfangszeit von E-Learning sehr intensiv und emotional diskutierten Disintermediationsansatz stellt die (partielle) Ausschaltung von Lehrkräften mit Hilfe reiner Selbststudiumsmaterialien, beispielsweise in Form von E-Learning-Content, dar. Die Gesamtheit der Lehrkräfte der verschiedenen Bildungsinstitutionen bekleidet, ungeachtet etwaiger lernerfolgsbezogener Diskussionen, als Co-Producer der Verlage und als Entscheidungsträger in Bezug auf die Auswahl der Unterrichtsmaterialien eine wichtige Position im Wertsystem und verfügt damit über eine systembedingte Marktmacht. Diesbezüglich dürften sich beispielsweise im Schulbereich und dort vor allem in den das Zentralabitur einführenden Bundesländern interessante Entwicklungen ergeben, da die Schulen als Wertschöpfungsstufe partiell disintermediert werden können, wenn es um die Vorbereitung auf nicht mehr von den Lehrkräften individuell ausgestaltete Abiturprüfungen geht. Dann können kommerzielle Bildungsanbieter parallel zur Schule Vorbereitungsmöglichkeiten anbieten, die, ähnlich der Situation in der juristischen Ausbildung, in Konkurrenz zu den staatlichen Angeboten treten.

Bei einem didaktischen Fokus kann gegenwärtig allerdings zumindest von einem klaren Votum zugunsten der Präsenzlehre ausgegangen werden, was mit der Herausbildung und starken Frequentierung des Begriffs Blended Learning auch deutlich zu belegen ist. Sucht man in der geführten Diskussion nach Hinweisen auf die erläuterten Intermediations-, Disintermediations- und Reintermediationsprozesse, so lassen sich durchaus entsprechende Beiträge finden.[513] Eine

---

[511] In der Literatur wird insbesondere die Herausbildung so genanter Infomediäre (Suchmaschinen, Trustservices zur Übernahme von Sicherungs- und Treuhandfunktionen, Catalog-Provider, …) diskutiert, die sich auf die Gestaltung bzw. Unterstützung von Informationsströmen im Rahmen der Anbahnung, Vereinbarung und Durchführung von Transaktionen konzentrieren. Vgl. hierzu beispielsweise Benjamin / Wigand (1995), S. 62ff.; Rayport / Sviokla (1996), S. 21ff.

[512] Vgl. Merz (1999), S. 301. Es besteht für disintermediationsgefährdete Intermediäre durchaus auch die Möglichkeit, durch eine an aktuellen Änderungen, wie z. B. der Ausbreitung der Internetnutzung zu E-Learning-Zwecken orientierte Anpassung ihres Wertschöpfungsbeitrags ihre Existenz im Wertsystem zu sichern.

[513] So ist beispielsweise ein auf die angeführte bildungsorientierte Disintermediationsdiskussion bezogener Beitrag der im Jahr 2000 in Port Elizabeth (South Africa) abgehaltenen Conference on Information Technology in Tertiary Education (CITTE) mit „The evolution of the lecturer: change or be disintermediated!" tituliert.

„ökonomische Disintermediation" innerhalb der kommerziellen Strukturen der Bildungsbranche wird in jedem Fall das sich herausbildende Wertsystem deutlich prägen. Den Akteuren empfiehlt sich daher eine gründliche Beobachtung und Analyse der in diese Richtung gehenden Entwicklungen und eine kritische Betrachtung des eigenen Geschäftssystems in Bezug auf etwaige Schwachstellen oder Potenziale.

4.1.5.2.3.2 Besondere Potenziale und Herausforderungen einer elektronischen Distribution rein digitaler Lern-Services

Im Folgenden soll mit dem online distribuierbaren E-Learning-Content eine Teilleistung fokussiert werden, um diesbezügliche ökonomische Gesichtspunkte (an dieser Stelle losgelöst von didaktischen Diskussionen um die Sinnhaftigkeit der reinen Online-Lehre) aufzuzeigen. Relevanz besitzen diese Überlegungen für alle Akteure, die entweder in Ergänzung zu ihrem traditionellen bzw. ihrem hybriden Leistungsbündel ein zusätzliches reines Onlineangebot in Betracht ziehen oder gar ein ausschließlich online verfügbares Absatzobjekt in ihr Sortiment integrieren wollen bzw. integriert haben. Hier wird speziell auf die Universitäten abgestellt, um die sich bietenden Optionen und Entscheidungskriterien aus einer spezifischen Perspektive aufzeigen zu können.

In Anknüpfung an die bisherigen Ausführungen zur Wahl des Absatzwegs kann auch für den virtuellen Distributionskanal noch einmal zwischen einer direkten und einer indirekten Distribution des veredelten digitalen Contents unterschieden und darüber hinaus zwischen einer Erst- und einer Mehrfachverwertung des Contents differenziert werden. Während kommerzielle Anbieter, sofern es sich nicht um exklusive Individuallösungen für einen speziellen Nachfrager handelt, bereits modularisierte Leistungssortimente aufbauen und die einzelnen Teilleistungen damit nicht nur mehrfach neu konfigurieren, sondern auch einzeln vermarkten können, beginnen akademische Akteure gerade erst mit entsprechenden Überlegungen. Die Aufsplittung der in den meisten Fällen bisher als untrennbar erachteten Leistungsbündel der Hochschulen ist bisher weitgehend unüblich.[514] Neben Rentabilitätszielen müssen bei den im Falle einer virtuellen Vermarktung anstehenden Distributionsentscheidungen insbesondere auch markenpolitische Überlegungen konsequent berücksichtigt werden, da Marken angesichts der bereits im Rahmen des Leistungsangebotsmodells diskutierten Korrelation von Immaterialität und Nachfragerunsicherheit unter Wettbewerbsgesichtspunkten

---

[514] Zwar weist der Studienaufbau oftmals durchaus einen modularen Charakter auf, jedoch zeigen bisherige Vermarktungskonzepte deutlich, dass weiterhin das Angebot umfassender Bildungsprodukte (z. B. in Form eines MBA-Programms) favorisiert wird.

eine wichtige Rolle als Qualitätsindikator spielen.[515] In den meisten Fällen kommt für Universitäten ausschließlich eine ergänzende Online-Distribution ihrer Inhalte in Betracht, die weiterhin primär zur Gewährleistung der traditionellen universitären Lehre entwickelt werden. Zwar können sich hier im Rahmen der dargestellten Transformationsprozesse durchaus anderweitige Entwicklungen einstellen, jedoch dürfte der erhebliche Aufwand bei der Erstellung multimedialer Inhalte i.d.R. eine Mehrfachverwertung digitalisierter Inhalte nach sich ziehen. Die Universitäten können dann zwischen einer direkten Distribution ausschließlich über eine eigene Webpräsenz oder eine indirekte Distribution über Zwischenhandelsstufen entscheiden, wobei in letzterem Fall wiederum eine Exklusivdistribution über einen zumindest partiell beherrschbaren Absatzmittler und eine intensive indirekte Distribution über möglichst viele Intermediäre zur Auswahl stünden.[516]

Eine Beurteilung der Optionen und auch der denkbaren „Kanalkonflikte" kann nur bei einer klaren strategischen Maßgabe hinsichtlich der zu erreichenden markenbezogenen sowie der rentabilitätsbezogenen Zielsetzungen erfolgen. So bietet eine direkte Online-Distribution zwar aufgrund der vollständigen Kontrolle gute markenpolitische Gestaltungsmöglichkeiten, erweitert jedoch unter Rentabilitätsgesichtspunkten die Potenziale der Universität nur im Umfang der eigenen Markenstärke und Kommunikationsanstrengungen.[517] Im Gegensatz dazu würde eine zumindest selektive indirekte Distribution die Reichweite des Angebots stärker erweitern, die Universität aber hinsichtlich der Kompatibilität von Online-Markenerscheinungsbild und etabliertem Universitätsimage vor erhebliche Qualitätssicherungs-, Kontroll- und Durchsetzungsprobleme stellen.

In den meisten Fällen stellen Online-Vertriebsaktivitäten einen Teil einer Mehrkanalstrategie (Multi-Channel-Distribution) dar, wohingegen bei neuen, internetbasierten Geschäftsmodellen durchaus auch eine ausschließliche elektronische Distribution in Betracht kommt. Bei Mehrkanalstrategien stehen den Potenzialen wie z. B. einer Steigerung der Kundenprofitabilität durch zusätzliche Services und einer besseren Verfügbarkeit, einer Senkung der Distributionskosten oder einer besseren Ressourcenallokation anhand kunden-, produkt- oder markenspezifischer Faktoren nicht zu verachtende Risiken und Herausforderungen gegenüber.[518] So könnten sich beispielsweise Kannibalisierungseffekte ergeben, wenn das Wachstum des neuen Distributionskanals zu Lasten der bis-

---

[515] Vgl. hierzu auch Reckenfelderbäumer / Kim (2004).
[516] Vgl. Gerpott / Schlegel (2002), S. 139.
[517] Vgl. Gerpott / Schlegel (2002), S. 139.
[518] Vgl. Wirtz (2002), S. 681.

her etablierten Absatzwege geht. Werden bei der E-Distribution zudem Handelsstufen ausgeschaltet, können diese Benachteiligungen der Handelspartner in den
traditionellen Absatzwegen zu erheblichen Konflikten und Koordinationsprob-
lemen führen.[519] Ein gezieltes Multi-Channel-Management[520] muss daher die
unterschiedlichen Vertriebswege mit dem Ziel der Verbreiterung der Kundenba-
sis und der Vertiefung bestehender Kundenbeziehungen aufeinander abstimmen
und das mit dem Einsatz der teilweise interdependenten Vertriebswege verbundene Konfliktpotenzial umfassend berücksichtigen.[521]

Zusammenfassend kann festgehalten werden, dass das Distributionsmodell eines
Lern-Service-Anbieters eine ganze Reihe bedeutender Entscheidungen enthält,
die unter besonderer Berücksichtigung der Charakteristika des Leistungsgegenstands getroffen werden müssen. In Verbindung mit einer tendenziellen Ausbreitung von Multikanalstrategien ist in einem sich aufspaltenden Wertsystem dabei
eine zunehmende Relevanz kooperativer Strategien zu erwarten. Das Distributionsmodell steht insbesondere auch unter dem Einfluss didaktischer Grundsatz-
überlegungen, die beispielsweise den Rahmen für eine (partiell) virtuelle Distribution bilden. Sofern das Internet als Vertriebskanal eingesetzt werden soll,
müssen neben rentabilitätsbezogenen Zielen immer auch markenpolitische Aspekte Berücksichtigung finden, was speziell für bisher nur am Rande wettbe-
werbsbedrohte Anbieter wie Universitäten eine relativ neue strategische Herausforderung darstellt. In Bezug auf die gesamte Branche und das etablierte Wertsystem sind gegenwärtig zudem die distributionsbezogenen Prozesse der Intermediation, Disintermediation und Reintermediation von Bedeutung.

4.1.6 Kapitalmodell

Das Kapitalmodell bildet den finanziellen Ressourcenzufluss sowie die Refinan-
zierungsoptionen eines Geschäftssystems ab. Es wird daher in ein Finanzie-
rungs- und ein Erlösmodell unterteilt, die beide für den E-Commerce-Bereich im
Allgemeinen und auch für den E-Learning-Bereich im Speziellen verschiedene
Besonderheiten und neue Gestaltungsmöglichkeiten aufweisen.[522] Während das
Finanzierungsmodell die Finanzierungsquellen für die Unternehmenstätigkeiten

---

[519] Vgl. Wirtz (2001), S. 292, Wirtz (2002), S. 681.

[520] Multi-Channel-Management kann nach Wirtz (2002), S. 677 „... *als die integrierte und
koordinierte Entwicklung, Gestaltung und Steuerung von Produkt- und Informationsflüs-
sen über multiple Vertriebskanäle zur Optimierung des Distributionsmanagements verstanden werden."*

[521] Vgl. Wirtz (2002), S. 677.

[522] Vgl. Wirtz (2001), S. 432; Nieschlag / Dichtl / Hörschgen (2002), S. 860ff.; Breitner /
Hoppe (2005), S. 184ff.

zum Gegenstand hat, geht das Erlösmodell der Frage nach, auf welche Art und Weise Erlöse generiert werden können. Über das Kapitalmodell insgesamt ist damit für das jeweilige Geschäftssystem sicherzustellen, dass in jeder Phase die anfallenden Kosten gedeckt sind und dass mittel- bzw. langfristig ein Gewinn erwirtschaftet werden kann.

Nach *Breitner* und *Hoppe* müssen die Geschäftssystembetreiber im E-Learning-Umfeld dabei die in Tabelle 9 angeführten Kostenpositionen berücksichtigen, wobei die Relevanz und das Gewicht der einzelnen Faktoren von der konkreten Geschäftssystemausrichtung abhängen.[523]

	Fixe Kosten	**Variable Kosten**
Gemeinkosten	- Verwaltung und sonstige Personalkosten - Grundstücke und Bauten - Technische Infrastruktur - Pflege und Wartung - Versicherungen	- Variable Personalkosten - Qualifizierungsmaß-nahmen - Support
Marketingkosten	- Marketing-Infrastruktur	- Marktforschung
Leistungserstellungs-kosten	- Organisation und Ausrüs-tung	- Inhalte - Lizenzen und Rechte - Verpackungen - Distributionskosten
Infrastrukturkosten	- Kommunikationsinfra-struktur - Feste Anbindungskosten	- Variable Anbindungs-kosten

Tabelle 9:   **Typische Kosten von E-Learning-Akteuren**[524]

Eine Konkretisierung des Leistungserstellungsaufwands bei Multimediaproduktionen verfolgten die Projektpartner, die das COSTЄR-Tool entwickelten.[525] Die im Internet frei zugängliche Software ermöglicht die Kalkulation von Produktionskosten auf der Basis von Erfahrungswerten hinsichtlich notwendiger Aktivitäten und ihrer jeweiligen Kostenbeiträge. Hierdurch soll das Tool die Veran-

---

[523] Nach Seibt (2001) bezeichnet der Begriff Kosten „... *den monetär bewerteten Verzehr von Gütern und Arbeitsleistungen zum Zwecke der Erreichung der betrieblichen Ziele.*" Seibt (2001), S. 2.

[524] In Anlehnung an Breitner / Hoppe (2005), S. 184.

[525] Vgl. Arnold / Vanbuel (2003); www.coster.ws.

schlagung realistischer Preise sowie Kostenvergleiche unterstützen.[526] *Gutbrod, Jung* und *Fischer* entwickeln darüber hinaus ein allgemeines Kalkulationsmodell für Blended Learning-Kurse, welches sich durch eine kostenmäßige Gleichstellung traditioneller und technologieorientierter Lehrmedien, eine Verteilung von Fixkostenblöcken über unterschiedliche Veranstaltungsphasen und eine Unterscheidung von Inhaltskosten („Manuskriptkosten") und Kosten für die Aufbereitung der Inhalte auszeichnet.[527] Hierdurch lässt sich das Modell insbesondere auch als Kalkulationsgrundlage für den Vergleich von E-Learning und traditionellen Lernarrangements heranziehen. Die Autoren sehen zudem Möglichkeiten zur Analyse von Kostentreibern, weshalb sie das Kalkulationsmodell unter anderem als Instrument zur Identifikation und Realisierung von Kostensenkungspotenzialen herausstellen.[528]

Dieser Anbieterperspektive stehen anwenderorientierte Kostenanalysen gegenüber, die die Einbettung, Nutzung und Wartung von E-Learning-Systemen betrachten. *Seibt* etwa unterscheidet bei seinem auf Unternehmen fokussierten Vorschlag vier Schichten von „Electronic-Learning-Systemen" (ELS), die über die resultierende Komplexität und damit über die anfallenden Kostenarten entscheiden.[529] Darüber hinaus weist *Seibt* auf die Notwendigkeit einer Unterscheidung von „Ausgabewirksamen Kosten für Pilotprojekte"[530] und Gesamtkosten für verbindliche, auf Dauer angelegte Systeme und Maßnahmen hin, die er insbesondere mit den für die beiden Szenarien unterschiedlichen Rahmenbedingungen und der bei einem dauerhaften Einsatz notwendigen Einbettung in bestehende Systeme begründet.[531] 19 ausgabewirksamen Kostenarten bei Pilotprojekten stehen demnach 43 Kostenarten beim Dauereinsatz gegenüber, die sich den vier Kostenbereichen

---

[526] Vgl. Arnold / Vanbuel (2003), S. 1.
[527] Vgl. Gutbrod / Jung / Fischer (2003).
[528] Vgl. Gutbrod / Jung / Fischer (2003), S. 258.
[529] Vgl. Seibt (2001), S. 5. Es handelt sich dabei um eine „Inhalts-Schicht", eine „Anwendungs-Schicht", eine „Plattform-Schicht" und eine „Umgebungs-Schicht". Während die ersten beiden Schichten noch eine geringe Komplexität zulassen, steigert der Einsatz einer Lernplattform (als Element der Plattform-Schicht) die Komplexität bereits auf ein mittleres Niveau. Sofern über die Umgebungs-Schicht eine integrierte Lern- und Arbeitsumgebung angestrebt wird, handelt es sich nach *Seibt* schließlich um ELS hoher Komplexität.
[530] Pilotprojekte verfolgen im Gegensatz zum dauerhaften Betrieb Ziele wie die Sammlung von Erfahrungen, die Erprobung von Eigenschaften und Akzeptanz, die Überprüfung der Verträglichkeit mit gegebenen Rahmenbedingungen und die Abschätzung der Kosten von Entwicklung, Betrieb und Nutzung eines verbindlichen operativen Systems. Vgl. Seibt (2001), S. 23.
[531] Vgl. Seibt (2001), S. 22ff.

- Kosten der Entwurfs-, Entwicklungs-, und Implementierungsprozesse,

- Kosten der Integrations- und Erprobungsprozesse,

- Kosten der verbindlichen Betriebs-, Pflege-, Weiterentwicklungsprozesse und

- Kosten der Evaluierungsprozesse

zuordnen lassen.[532]

Alle Kostenbetrachtungen zeigen deutlich die weit gefächerten Aktivitäten im Zusammenhang mit der Entwicklung bzw. zielgerichteten Verwendung von E-Learning (gestützten) Bildungs- bzw. Weiterbildungsangeboten. Das Verhältnis von Fixkosten zu variablen Kosten ist dabei für Anbieter von Lern-Services von hoher Relevanz, da die Kostenstruktur über das zu bewältigende Vorfinanzierungsrisiko mitentscheidet, welches wiederum Einfluss auf die Gestalt des Finanzierungsmodells nimmt.

4.1.6.1 Finanzierungsmodell und Vorfinanzierungsrisiko

Mit der ungünstigen Kostenstruktur, die auf die oftmals aufwendige Aufbereitung der Inhalte zurückzuführen ist, und der Akzeptanzproblematik in Bezug auf kostenpflichtige Lern-Services, wurden zwei Ursachen für das zentrale Vorfinanzierungsrisiko von Lern-Service-Geschäftssystemen angesprochen. Die Entscheidung zugunsten strategieerfüllender Finanzierungskonzepte wird hierdurch tendenziell erschwert.[533] Die strategische Ausrichtung der Geschäftssysteme unterliegt in der Praxis gegenwärtig vielmehr oftmals den Einschränkungen der für die Betreiber erkennbaren Finanzierungsmöglichkeiten (so genannte Strategiebestimmende Finanzierung).[534]

Zwar stellt die Kapitalherkunft nur ein Differenzierungsmerkmal betrieblicher Finanzierung unter vielen dar, aber dennoch soll sich die Darstellung an dieser Stelle hierauf beschränken.[535] Wird die Mittelherkunft zur Unterscheidung he-

---

[532] Vgl. Seibt (2001), S. 24ff.

[533] Der Strategieerfüllenden Finanzierung, bei der finanzielle Lücken zur Umsetzung der entwickelten Unternehmensstrategie durch Finanzierungsinstrumente geschlossen werden, steht eine Strategiebestimmende Finanzierung gegenüber. Hierbei orientieren sich die Geschäftssystembetreiber hinsichtlich der strategischen Ausgestaltung des Geschäftssystems an den Finanzierungsmöglichkeiten und akzeptieren die zur Verfügung stehenden finanziellen Mittel als gegeben. Vgl. hierzu und zu weiteren Ausdifferenzierungen der Finanzierungsmodelle Kollmann (2003), S. 270.

[534] Vgl. Kollmann (2003), S. 270.

[535] So kann beispielsweise auch nach der Rechtstellung des Kapitalgebers, der Kapitalfristigkeit oder dem Finanzierungsanlass differenziert werden.

rangezogen, so ist grundsätzlich zwischen Innen- und Außenfinanzierung zu differenzieren. Innenfinanzierung kann beispielsweise in Form einer Selbstfinanzierung erfolgen, für die sich bei Lern-Service-Geschäftssystemen auf der
Marktstufe der Contentveredeler unter anderem folgende Instrumente anbieten
und in der Praxis auch bereits Anwendung finden:[536]

- Unentgeltlicher Arbeitseinsatz der Gründer,

- Mittel aus Forschungs- und Entwicklungsprojekten,[537]

- Arbeit an der Unternehmensgründung bei gleichzeitiger Absicherung
  durch Einkommen aus abhängiger Erwerbsarbeit und

- von Kunden geleistete Anzahlungen auf noch zu erbringende Leistungen.

Im Falle einer Außenfinanzierung wird der Unternehmung dagegen von außen
Kapital zugefügt, wodurch der Kapitalgeber Gläubigerrechte (Kreditfinanzie-
rung) oder Beteiligungsrechte erwirbt. Auch hier lässt sich eine Vielzahl von
Systematisierungskriterien, wie z. B. die Kreditlaufzeit, die Art der Besicherung
oder die Widmung des Kredits finden. Einen Überblick über die idealtypische
Entwicklung des Finanzierungsbedarfs, typische Finanzierungsinstrumente und
Finanzierungsquellen bei Lern-Service-Geschäftssystemen bzw. -modellen gibt
Abbildung 26. Die stark vereinfachten und idealtypischen Kurven der Gewinn-
und Verlusterwartung verdeutlichen die unterschiedlichen Kostenstrukturen bei
vornehmlich digitalen bzw. vornehmlich traditionellen Leistungsangeboten.[538]

4.1.6.2 Erlösmodell

Lern-Services als Leistungsgegenstand implizieren spezifische Herausforderungen für das Erlösmodell, die sich aus dem Spannungsverhältnis der aufwendigen interdisziplinären Leistungserstellung und der weitgehend unbekannten
und mit großer Wahrscheinlichkeit stark divergierenden Zahlungs- bzw. Preisbereitschaften der Nachfrager ergeben.

---

[536] Vgl. allgemein zu den Instrumenten der Selbstfinanzierung im Electronic Business Kollmann (2003), S. 271.

[537] So z. B. das in Kapitel 5 behandelte Geschäftssystem „Executive MBA Net Economy",
das auf den Ergebnissen einer gemeinsamen Projektarbeit der beteiligten Partner im
Rahmen des BMBF-Förderprogramms „Neue Medien in der Bildung" aufsetzt.

[538] Während die digitale Aufbereitung im Vorfeld tendenziell höhere Fixkosten bedingt, ermöglichen die wiederum tendenziell geringeren variablen Kosten in der „Later Stage" einen früheren Break-even. Bei einem solchen Vergleich ist jedoch zu beachten, dass die
Geschäftssystembetreiber in Abhängigkeit ihrer konkreten Kostenstruktur unterschiedliche Bereitschaften in Bezug auf einen etwaigen Preiswettbewerb aufweisen, was wiederum den Kurvenverlauf erheblich beeinflussen kann.

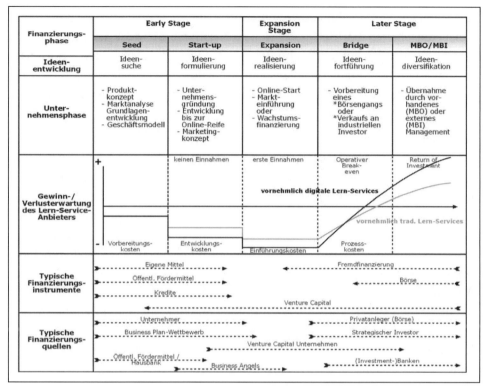

Abbildung 26: Finanzierungsbedarf und Finanzierungsquellen[539]

Bei der Etablierung und Abstimmung der Erlösquellen müssen daher auch die Preisbereitschaften der Nachfrager ermittelt werden, da diese das Potenzial einzelner Erlösquellen bzw. des gesamten Erlöskonzepts maßgeblich mitbeeinflussen.[540] Nicht immer ist dabei der zahlende Nachfrager auch der Leistungsempfänger, wie z. B. im Falle einer Kostenübernahme für berufliche Weiterbildung durch den Arbeitgeber.[541] Die Leistungsbeziehungen eines Anbieters sind daher auch auf ihre Strukturen und die Interessen der beteiligten Akteure zu untersuchen.

Lern-Services wurden im Rahmen dieser Arbeit auf marktfähige Bildungsangebote beschränkt, die zudem über ein Mindestmaß an technischer Unterstützung verfügen.[542] Die mit dieser Eingrenzung verbundene „definitorische Marktfähigkeit" sorgt zwar für eine Vermeidung der Problematik um den Wirtschafts-

---

539 In Anlehnung an Kollmann (2003), S. 272.
540 Nach Seibt (2001), S. 2 „... *sind Erlöse die einem Unternehmen von außen zufließenden Wertzuwächse, die es für Leistungen erhält, die es an Marktpartner abgibt."*
541 Vgl. Breitner / Hoppe (2005), S. 184.
542 Siehe hierzu Abschnitt 4.1.3.2.

gutscharakter von Bildung, bedingt jedoch nicht gleichzeitig auch adäquate Preisbereitschaften bei den potenziellen Nachfragern. Diese hängen vielmehr sowohl von den jeweiligen Nachfragern und ihrem aktuellen Bedarf / Informationsstand, dem inhaltlichen Gegenstand der Bildungsangebote, dem Anlass der Inanspruchnahme als auch vom Kreis der Geschäftssystemträger ab, dem sich die Nachfrager gegenüber sehen.[543]

Für zum Großteil bzw. sogar vollständig digitalisierte und über das Internet vertriebene Lern-Services lassen sich unter anderem die Erkenntnisse zur allgemeinen Zahlungsbereitschaftsproblematik für Paid-Content als Indiz der Gegebenheiten heranziehen. Trotz des starken Wachstums der vergangenen Jahre in diesem Bereich und der steigenden Zahlungsbereitschaft bei Internetnutzern für digitale Produkte fällt es dem Großteil der Anbieter von Paid-Content weiterhin schwer, adäquate monetäre Gegenleistungen durchzusetzen.[544] Während Paid-Content im B2B-Bereich anerkannt und akzeptiert ist, leidet der B2C-Bereich trotz einer positiven Entwicklung weiterhin unter einer „for free"-Mentalität.[545] Die im Ergebnis sehr inhomogene (und auch produktabhängige) Zahlungsbereitschaft der Internetnutzer bedingt besondere Anforderungen an die Preispolitik der Anbieter digitaler Produkte, da hierdurch die Preisgestaltung unter den gegebenen Produktions- und Vertriebsbedingungen erschwert wird.[546]

Preisdifferenzierungsansätze stellen daher wichtige Instrumente des Preismanagements dar, die darauf abzielen, die unterschiedlichen Zahlungsbereitschaften so weit wie möglich abzuschöpfen. Bevor aber Preisdifferenzierungsansätze eingesetzt werden können, sind die Preisbereitschaften der potenziellen Abnehmer überhaupt erst zu ermitteln.[547] Neben direkten und indirekten Preisabfragen werden diesbezüglich in der Literatur u.a. Lotterien und Auktionen, jeweils mit unterschiedlichen Gestaltungsvarianten und Merkmalen, diskutiert.[548] Eine Überprüfung der Eignung der Verfahren für Lern-Services wäre angesichts des positiv mit der inhaltlichen und didaktischen Aufbereitung der Leistungsangebo-

---

[543] Vgl. Völckner (2006), S. 40.

[544] Vgl. Theysohn / Prokopowicz / Skiera (2005), S. 170.

[545] Vgl. Theysohn / Prokopowicz / Skiera (2005), S. 174f. „Das Anbieten kostenfreier Informationen in der Entstehung und weiterer Entwicklung des Internet hat bei vielen Konsumenten zur Ausbildung einer »for free« Mentalität geführt." Theysohn / Prokopowicz / Skiera (2005), S. 174.

[546] Vgl. Theysohn / Prokopowicz / Skiera (2005), S. 175.

[547] Einen umfassenden Überblick über den State of the Art zur Messung individueller Zahlungsbereitschaften gibt Völckner (2006), die die verschiedenen Messmethoden zudem hinsichtlich ihrer Validität, Reliabilität, Praktikabilität und Anwendbarkeit auf neue Produkte hinterfragt.

[548] Vgl. Völckner (2006), S. 35.

te korrelierten Vorfinanzierungsrisikos von hoher Bedeutung. In diesem Zusammenhang müsste auch der Einfluss der besonderen, aus der (partiellen) Immaterialität und Integrativität der Lern-Services resultierenden Schwierigkeiten
in Bezug auf die Vergleichbarkeit (Nachfragerperspektive) und Kommunizier-
barkeit (Anbieterperspektive) entsprechender Leistungsangebote näher betrachtet werden.

4.1.6.2.1 Erlösformen

Von noch grundlegenderer Bedeutung für die Gestaltung des Erlösmodells ist
die Identifikation geeigneter Erlösformen. Die von *Wirtz* vorgeschlagene Systematisierung anhand der Kriterien „Transaktionsabhängigkeit" und „Adressat" in
transaktionsabhängige und transaktionsunabhängige sowie direkte und indirekte
Erlösformen lässt sich als Grundstein auch auf Lern-Service-Geschäftssysteme
der Marktstufe der Contentveredelung übertragen. Transaktionsabhängige Erlöse hängen dabei im Gegensatz zu transaktionsunabhängigen Erlösen von einer
konkreten Interaktion mit dem Nachfrager ab, was bei der organisatorischen
Umsetzung im Vergleich zu transaktionsunabhängigen Erlösen tendenziell einen
höheren Aufwand bedingt.[549] Direkte Erlöse werden unmittelbar vom Nutzer,
indirekte Erlösformen dagegen von Dritten bezogen. Üblicherweise beschränken
sich Unternehmen nicht auf einzelne Erlösformen, sondern kombinieren verschiedene Alternativen miteinander, um eine Optimierung des Erlösquellen-
stroms im Sinne einer "Multi-Revenue-Stream-Optimierung" zu erreichen.[550]
Tabelle 10 zeigt Realisierungsbeispiele für die verschiedenen Erlösformen aus
dem E-Learning-Umfeld.

Während Transaktionserlöse an den Empfang eines konkreten Leistungsangebots geknüpft sind, werden dem Nutzer bei Verbindungs- bzw. Nutzungsgebüh-
ren zeitraumabhängige Zahlungsverpflichtungen auferlegt. In beiden Fällen
werden die Erlöse bei den Leistungsempfängern erhoben und stehen in Bezug zu
einzelnen Transaktionen. Einrichtungs- und Grundgebühren dagegen stellen
Entgelte für die transaktionsunabhängige Bereitstellung von Nutzungsmöglich-
keiten dar, wie z. B. die einmalig erforderliche Anbindung an eine Lernplattform
(Einrichtungsgebühr) und die anschließende Freischaltung eines Contentpools
an Lernmaterialien, der für einen bestimmten Zeitraum zur Verfügung gestellt
wird (Grundgebühren).

---

[549] Vgl. Kröpelin (2003), S. 9f.
[550] Vgl. Wirtz (2001), S. 215.

	Direkte Erlösgenerierung	Indirekte Erlösgenerierung
Transaktionsabhängige Erlösformen	- Transaktionserlöse für Contentangebote (WBTs, Fallstudien, Vorträge, Downloads, …) - Zeitabhängige Nutzungsgebühren für die Teilnahme an Diskussionsforen, Online-Sessions, Chats, … - Verbindungsgebühren bei Portal- oder Lernplattform-Login, WBT-Start, … - …	- Erlösformen wie bei direkter Generierung, jedoch getragen durch Arbeitgeber - Provisionen für WBT-Vertrieb - …
Transaktionsunabhängige Erlösformen	- Einrichtungsgebühren für Lernplattform- oder Portalanbindungen - Grundgebühren für Contentpoolzugang - …	- Durch Arbeitgeber bezahlte Mitgliedsbeiträge für Weiterbildungsangebote - Bannerwerbung - Data-Mining-Erlöse - Sponsorship - …

Tabelle 10:   **Grundlegende E-Learning-Erlösmodellsystematik[551]**

Bei einer Aufteilung von Zahlung und Inanspruchnahme der Lern-Services auf Arbeitgeber und Arbeitnehmer lassen sich die bisher angeführten Erlösformen auch als indirekte Erlösformen interpretieren, da die Erlöse in diesen Fällen nicht von den eigentlichen Leistungsempfängern bezogen werden. Darüber hinaus können als originär indirekte Erlöse transaktionsabhängige Provisionen generiert werden, die auf der Vermittlung von Geschäftspartnern bzw. einzelner Transaktionen beruhen.[552] Über eine Bereitstellung von Werbeflächen auf Internetseiten lassen sich bei vorhandenen Webpräsenzen zudem Werbungs- bzw. Sponsoringerlöse[553] erzielen, die in Bezug auf digitale Leistungsangebote aufgrund der bei Internetnutzern weit verbreiteten „for free"-Mentalität auch ge-

---

[551] In Anlehnung an Wirtz (2001), S. 215.

[552] Diese Erlösform ist insbesondere bei Plattform- und Portalanbietern anzutreffen, deren Geschäftssystem auf das Zusammenbringen von Angebot und Nachfrage ausgerichtet ist. So z. B. das WebKollegNRW, das den Fokus auf die Vermittlung von Blended Learning-Angeboten legt und damit eine konkrete Lern-Service-Plattform darstellt. Hier wird eine Erfolgsprovision in Höhe von 10 % je über die Plattform gebuchtem Kurs erhoben. Vgl. Salecker (2005b).

[553] Nach Wirtz entstehen Sponsoringerlöse durch eine i.d.R. temporäre exklusive Vermietung von Werberaum im Internet an dritte Unternehmen. Vgl. Wirtz (2001), S. 216.

genwärtig noch die dominierende Erlösquelle darstellen.[554] Data-Mining-Erlöse wiederum basieren auf dem Verkauf von Nutzerprofilen und zählen ebenfalls zu den indirekten transaktionsunabhängigen Erlösformen. Hier müssen in Abhängigkeit der erhobenen Daten rechtliche und/oder moralische Einschränkungen Berücksichtigung finden, was den Handlungsspielraum der Geschäftssystembetreiber einschränken kann.

Welche Potenziale die einzelnen Erlösformen aufweisen, kann nur unter Berücksichtigung der konkreten Rahmenbedingungen einzelner Anbieter erörtert werden. *Mendling et al.* zeigen beispielsweise Umsetzungsmöglichkeiten für die drei Erlösformen „Advertising" (Bannerwerbung), „Sponsorship" und „Content Distribution"[555] für universitäre Lern-Service-Anbieter.[556] In diesem Rahmen weisen sie auch auf Aspekte hin, die im Zusammenhang mit den einzelnen Erlösformen zu erörtern sind, wie etwa die nutzerzahlabhängige Attraktivität einer universitären Lernplattform für Bannerwerbung.[557] Eine kurze Erläuterung typischer Erlösformen im E-Learning-Umfeld findet sich zudem bei *Breitner* und *Hoppe*, die sich dabei auf Leistungsangebote in Form von CBT und WBT beziehen.[558]

4.1.6.2.2 Preismanagement

Stehen die Erlösformen fest, so stellt sich die Frage nach einer optimalen Preissetzung. Das Preismanagement muss dabei die Besonderheiten von Lern-Services berücksichtigen, die vor allem auf deren (partieller) Immaterialität und Integrativität beruhen. Darüber hinaus zu Berücksichtigen ist je nach Ausprägung des Service-Angebots[559]

- bei einer stark interaktiven Ausgestaltung mit einem relativ hohen Präsenzanteil die Notwendigkeit einer permanenten Aufrechterhaltung der Leistungsbereitschaft, und

- bei vornehmlich digitalen Leistungsangeboten die besondere Kostenstruktur digitaler Güter sowie die im Internet immer noch sehr bedeutsame „for free"-Mentalität.

---

[554] Vgl. BVDW (2004), S. 32f.; Wirtz (2001), S. 433f.
[555] Die Erlösform „Content Distribution" ist aufgrund der unterschiedlichen Realisierungsmöglichkeiten nicht eindeutig in die Erlösmodellsystematik von *Wirtz* einzuordnen.
[556] Vgl. Mendling et al. (2005).
[557] Vgl. Mendling et al. (2005), S. 304ff.
[558] Vgl. Breitner / Hoppe (2005), S. 185f.
[559] Vgl. Meffert / Bruhn (2000), S. 409ff.; Nieschlag / Dichtl / Hörschgen (2002), S. 860ff.; Wirtz (2001), S. 433f.

Tabelle 11 zeigt Implikationen der Besonderheiten für das Preismanagement.

Charakteristikum von Lern-Services	Implikationen für das Preismanagement
(partielle) Immaterialität	- Preis als Qualitätsindikator - Unklares Preis-Leistungsverhältnis - Beschränkte Ermittelbarkeit von Preisbereitschaften
(partielle) Integrativität	- Integrativität als Differenzierungsinstrument - Qualität des externen Faktors als Preisdeterminante - Individuelle Preissetzung
Permanente Leistungsfähigkeit	- Leerkostengefahr - Kostenzurechnungsproblematik in Bezug auf Gemeinkosten - Preispolitik zur Steuerung der Kapazitätsauslastung
Kostenstruktur digitaler Güter	- Ggf. geringe Zahlungsbereitschaft („for-free"-Mentalität) - Schnelle Marktpenetration erforderlich - Tendenz zu ruinösem Preiswettbewerb

Tabelle 11: **Implikationen von Lern-Service-Eigenschaften für das Preismanagement**[560]

Der Preis erweist sich in Bezug auf die aus der Immaterialität resultierende schwierige qualitative Einschätzbarkeit von Lern-Services durch den Nachfrager als wichtiger potenzieller Qualitätsindikator. Gleichzeitig bedingt jedoch das Einschätzungsproblem der Nachfrager eine erschwerte Ermittlung von Preisbereitschaften. Zudem bleiben die Aussagekraft des Preises und damit auch der angesprochene Effekt als Ersatzkriterium zur Qualitätsbeurteilung aufgrund des unklaren Preis-Leistungsverhältnisses begrenzt.[561] Die Integrativität steht aufgrund der tendenziell individuellen Leistungserstellungsprozesse und Leistungsergebnisse einer standardisierten Preissetzung im Wege. Da die Qualität und Intensität der Einbindung externer Faktoren nicht allein in der Hand der Leistungsanbieter liegt, ist eine ex ante Einschätzung des notwendigen Ressourceneinsatzes als etwaige Kalkulationsgrundlage – wenn überhaupt – nur ungenau

---

[560] In Anlehnung an Meffert / Bruhn (2000), S. 409ff.
[561] Vgl. Meffert / Bruhn (2000), S. 490f.

möglich.[562] Die notwendige permanente Leistungsbereitschaft führt darüber hinaus bei den Präsenzanteilen der Lern-Service-Angebote zu einem erheblichen Leerkostenrisiko auf Seiten der Leistungsanbieter. Es müssen Formen einer flexiblen Anbindung von Kapazitäten an das Geschäftssystem gefunden werden, die einen zu starken Anstieg der Fixkosten verhindern, gleichzeitig aber die flexible Erfüllung von Leistungsversprechen ermöglichen. Der dennoch u.a. durch die permanente Leistungsbereitschaft implizierte höhere Fixkostenanteil führt zudem zu einer Kostenzurechnungsproblematik, da eine verursachungsgerechte Verteilung von Kosten auf Kostenträger erschwert wird.[563]

Unter Berücksichtigung der in Abhängigkeit der Geschäftssystemausgestaltung relevanten Besonderheiten sind anschließend die Ziele der Preispolitik festzulegen, um den eigentlichen Preissetzungsprozess zu kanalisieren.[564] In der für zahlreiche Akteure der Bildungsbranche gegenwärtig einschlägigen Phase der Markteinführung von Lern-Services sind dabei sowohl unternehmensgerichtete Ziele, wie beispielsweise die Reduzierung der Leerkostengefahr durch eine preisbezogene Nachfragesteuerung als auch marktgerichtete Ziele, wie die Förderung der Produkteinführung oder der Aufbau einer qualitativen Reputation, plausibel.[565] Die eigentliche Preisbildung kann dementsprechend kostenorientiert und/oder marktorientiert erfolgen, wobei sich letzteres auf die Abnehmer und/oder den Wettbewerb als Marktteilnehmer beziehen kann.[566] Die kostenorientierte Preisfindung ist dabei für Anbieter von Lern-Services aufgrund der fixkostenlastigen Kostenstruktur und der Probleme bei der Verteilung und Zuordnung von Gemeinkosten nur bedingt geeignet.[567] Auch eine schwerpunktmäßige Orientierung an der Konkurrenz birgt aufgrund der bei intensivem Wettbewerb und vergleichsweise geringen variablen Kosten resultierenden Tendenz zu ruinösem Preiswettbewerb erhebliche Risiken in sich. Von besonderem Interesse dürften daher die Instrumente einer abnehmerorientierten Preisfindung sein, zu denen insbesondere auch Preisbündelungs- und -differenzierungsstrategien zählen.[568]

Preisdifferenzierung stellt eine Strategie dar, „ *... mit der ein prinzipiell gleiches Produkt an verschiedene Nachfrager zu unterschiedlichen Preisen möglichst*

---

[562] Vgl. Meffert / Bruhn (2000), S. 410.
[563] Vgl. Meffert / Bruhn (2000), S. 410.
[564] Vgl. Meffert / Bruhn (2000), S. 413.
[565] Vgl. Meffert / Bruhn (2000), S. 413.
[566] Vgl. Nieschlag / Dichtl / Hörschgen (2002), S. 861; Meffert / Bruhn (2000), S. 415ff.
[567] Vgl. Nieschlag / Dichtl /Hörschgen (2002), S. 811ff; Meffert / Bruhn (2000), S. 416.
[568] Siehe hierzu beispielsweise Nieschlag / Dichtl /Hörschgen (2002), S. 861ff; Meffert / Bruhn (2000), S. 420ff.; Wirtz (2001), S. 430ff.

gewinnbringend verkauft wird."[569] Hier kommt grundsätzlich eine Vielzahl von Differenzierungskriterien in Betracht, die entweder die Grundlage einer anbieterseitigen Preisdifferenzierung – im Extremfall mit individualisierten Preisen, im Normalfall mit segmentierungsbasierten Gruppendifferenzierungen – oder einer Selbstselektion durch den Leistungsempfänger darstellen.[570] Dabei erscheinen im Hinblick auf Lern-Services insbesondere leistungsbezogene und kundenbezogene Preisdifferenzierungen realisierbar. Die unterschiedlichen Zahlungsbereitschaften im E2B-Bereich im Vergleich zum E2C-Bereich stellen einen hohen Preisdifferenzierungsanreiz dar, wobei sich die Zugehörigkeit einzelner Nachfrager prinzipiell gut überprüfen bzw. nachweisen lässt. Der Leistungsbündelcharakter von Lern-Services bietet zudem zahlreiche Möglichkeiten, den eigentlichen Leistungsgegenstand zu variieren und damit unterschiedliche Preise für eine weitgehend identische Kernleistung zu rechtfertigen.[571] Angesichts der in der Regel sowohl unter inhaltlichen Gesichtspunkten (Behandlung unterschiedlicher Themenfelder) als auch unter aufbereitungstechnischen Gesichtspunkten (WBTs, Fallstudien, usw.) angebotenen Produktvielfalt erscheint zudem eine speziell hierauf aufbauende Preisdifferenzierung in Form einer Produktbündelung naheliegend. Mit Produktbündelungsstrategien lässt sich eine künstliche Reduzierung der Streuung der Preisbereitschaften anstreben, wodurch ggf. zusätzliche Erlöse mittels einer Übertragung der Konsumentenrente erzielt werden können.[572] Wie Bakos / Brynjolfsson (1996) herausstellen, bietet sich ein solches Vorgehen insbesondere bei Informationsgütern an, was auf die im Extremfall vernachlässigbaren variablen Kosten und die daraus resultierenden nahezu grenzkostenfreien Vervielfältigungsmöglichkeiten zurückzuführen ist, die im Ergebnis die Gewinnmaximierung einer Umsatzmaximierung angleichen.[573] Neben der Einzelpreissetzung, die als Entbündelung (Unbundled-Sales) bezeichnet wird, und der reinen Bündelung (Pure-Bundling), bei der kein Einzelkauf der gebündelten Produkte möglich ist, können auch gemischte Bündelungsstrategien verfolgt werden (Mixed-Bundling).[574] Die Untersuchung der Preisgestaltungsoptionen für Lern-Services und der Entwicklung der Zahlungsbereitschaften der potenziellen Leistungsempfänger stellt eine der zentralen Heraus-

---

[569] Skiera (2001), S. 269.

[570] Vgl. Skiera (2001), S. 271; Wirtz (2001), S. 434ff.

[571] So könnte etwa der Detaillierungsgrad der Informationsdarstellung (Anzahl der Beispiele, Vertiefungsmöglichkeiten usw.) oder die wissenschaftliche Fundierung (Aktualität der verwendeten Quellen, Verweise auf weiterführende Literatur, Sprachstil usw.) variiert werden.

[572] Vgl. Wirtz (2001), S. 448ff.

[573] Vgl. Gehrke / Burghardt / Schumann (2002), S. 346.

[574] Vgl. Gehrke / Burghardt / Schumann (2002), S. 347; Wirtz (2001), S. 448.

forderungen dar, wenn es um die nachhaltige Etablierung von Lern-Service-Geschäftssystemen bzw. -modellen geht.

4.1.7 Organisationsmodell

Das Organisationsmodell[575] ergänzt die bisherige Geschäftsmodellbetrachtung um Fragen der Aufbau- und Ablauforganisation sowie der organisatorischen Ausgestaltung unternehmensübergreifender Zusammenarbeit.[576] Nach einer einführenden Darstellung des Organisationsproblems und damit einer Herausstellung der branchenunabhängigen zentralen Herausforderungen des Partialmodells soll der Fokus auf Kooperationsansätze im Bildungswesen gerichtet werden, die die Realisierung E-Learning-unterstützter oder auch rein E-Learning-basierter Lern-Services, beispielsweise als Realisierung einer Multi-Channel-Strategie entsprechend der Ausführungen zum Distributionsmodell, verfolgen. Wichtige Ergebnisse und identifizierte Herausforderungen aus den zuvor dargestellten Partialmodellen werden damit aufgegriffen und unter organisationstheoretischen Gesichtspunkten weiterentwickelt.

4.1.7.1 Das Organisationsproblem und die Ebenen der Organisation

Ein wesentlicher Ansatzpunkt zur Minderung der Knappheit von Gütern ist nach herrschender Meinung im Konzept der Arbeitsteilung und Spezialisierung zu sehen, das einerseits Möglichkeiten zur Entwicklung besonderer Kenntnisse und Fähigkeiten schafft, gleichzeitig aber auch erst die notwendige Beherrschbarkeit von für Einzelpersonen zu komplexen Aufgaben sicherstellt.[577] Tauschvorgänge

---

[575] Es muss diesbezüglich zwischen einem instrumentellen („die Unternehmung hat eine Organisation") und einem institutionellen Organisationsbegriff („die Unternehmung ist eine Organisation") unterschieden werden. Nach dem institutionellen Verständnis werden ganze Systeme, wie Unternehmen, Schulen, Behörden usw. als Organisationen bezeichnet, während die instrumentelle Auffassung die Organisation als ein Mittel zur Zielerreichung sozialer Systeme interpretiert. Einen Überblick über die unterschiedlichen Auffassungen geben beispielsweise Bühner (2004), S. 1ff. und Schreyögg (2003), S. 4ff.

[576] Bühner (2004) grenzt die Aufbauorganisation dabei wie folgt von der Ablauforganisation ab: *„Unter Aufbauorganisation wird die Festlegung der Aufgabe nach den Merkmalen der Verrichtung und des Objekts verstanden. Die Aufbauorganisation betrifft die Gliederung des Unternehmens in arbeitsteilige Einheiten und ihre Koordination. Die Ablauforganisation ist darüber hinaus durch die Festlegung der Aufgabe nach den Merkmalen ‚Raum' und insbesondere ‚Zeit' gekennzeichnet. Die Ablauforganisation detailliert mit zunehmender Bestimmung des Organisationsgrades nach Raum- und Zeitgesichtspunkten das in der Aufbauorganisation festgelegte Handeln. Während die Aufbauorganisation das Gebilde des Unternehmens festlegt, bestimmt die Ablauforganisation das prozessuale Geschehen, den Ablauf im Unternehmensgebilde."* Bühner (2004), S. 11.

[577] Vgl. Picot / Reichwald / Wigand (2003), S. 23ff.

als Beschaffungsprozesse nicht selbst hergestellter Güter sowie Abstimmungsprozesse zwischen Herstellern spezialisierter Teilleistungen eines zusammengesetzten (Gesamt-)Leistungsbündels sind dabei eine logische Konsequenz. Zur erfolgreichen Realisierung von Arbeitsteilung und Spezialisierung sowie der sich hieraus ergebenden Tausch- und Abstimmungsprozesse sind Informationen notwendig, die die Zerlegung der Gesamtaufgabe in adäquate Teilaufgaben, deren Zuordnung zu den am besten geeigneten Aufgabenträgern, die Kontrolle der Aufgabenerfüllung, die optimale Abwicklung der Tauschvorgänge und die Zusammenführung der Teilleistungen ermöglichen. Da diese Informationen jedoch selbst ein knappes Gut darstellen, können Organisationsprobleme – Probleme des Nichtwissens oder des Nichtwollens – auftreten.

Neben technologischen Innovationen zielen insbesondere organisatorische Maßnahmen darauf ab, diesem so genannten „Organisationsproblem" durch geeignete Koordinations- und Motivationsmechanismen zu begegnen.[578] Organisatorische Maßnahmen können sich dabei, wie in Tabelle 12 veranschaulicht, auf unterschiedliche Betrachtungsobjekte und auf unterschiedliche Ebenen beziehen, denen sich exemplarische Gestaltungskonzepte zuordnen lassen.

Ebene	Betrachtungsobjekt	Exemplarische Gestaltungskonzepte
Makroebene	Wertschöpfungskette	z. B. Kooperationen, Allianzenbildung, Outsourcing, Lizenzvergabe
Mesoebene	Unternehmensstruktur	z. B. Bildung von Matrixstrukturen, Divisionen, Zentralbereichen
Mikroebene	Arbeitsorganisation	z. B. Aufgabenintegration, Gruppenkonzepte, Geschäftsprozessoptimierung

Tabelle 12:   Ebenen der Organisation[579]

Sich wandelnde Markt- und Wettbewerbsbedingungen, die Fortschritte in der Informations- und Kommunikationstechnik sowie sich verschiebende gesellschaftliche Wertvorstellungen stellen die Akteure aktuell auch im Bildungswesen vor erhebliche (Re-)Organisationsprobleme, da die etablierten traditionellen Organisationsformen den Anforderungen nicht mehr gerecht werden.[580] Auf welcher der genannten Ebenen sich die Umsetzung neuer Organisationsstrategien empfiehlt, hängt dabei unter anderem von der Komplexität der gehandelten Produkte und der auf dem bzw. den relevanten Märkten vorherrschenden Unsicherheit ab.

---

[578] Vgl. Picot (1982); Picot / Reichwald / Wigand (2003), S. 26ff.
[579] In Anlehnung an Reichwald / Möslein (1997), S. 9.
[580] Vgl. allgemein zum Wandel der Wettbewerbsbedingungen Picot / Reichwald / Wigand (2003), S. 2ff. und speziell zur Transformation des Bildungswesens Kapitel 3.

So bilden nach *Pribilla, Reichwald* und *Göcke* hierarchische Organisationsformen bei Produkten und Dienstleistungen geringer Komplexität in einem stabilen Marktumfeld einen geeigneten Rahmen, während die Autoren bei hoher Marktunsicherheit in Verbindung mit komplexen Absatzobjekten kurzfristige, aufgabenbezogene Adhoc-Kooperationen im Sinne virtueller Organisationsformen empfehlen.[581] Den Herausforderungen einer zunehmenden Produkt- oder Dienstleistungskomplexität kann nach Auffassung der Autoren insbesondere mit einer Modularisierungsstrategie begegnet werden, während steigende Marktunsicherheiten tendenziell für verstärkte Kooperationsüberlegungen sprechen. Organisatorische Ansätze und Aktivitäten sollten sich im Falle stabiler Marktsituationen damit vornehmlich auf unternehmensinterne Aspekte, also auf die Mikro- und/oder die Mesoebene beziehen, während im Falle zunehmender oder großer Unsicherheit die Makroebene zu fokussieren ist.

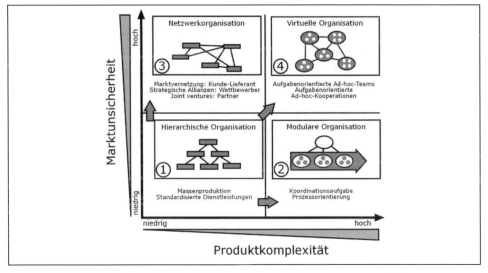

Abbildung 27:   Wettbewerbsbedingungen und Organisationsstrategien[582]

In Anbetracht der dieser Arbeit zugrunde liegenden schwerpunktmäßigen Untersuchung geschäftsmodellbezogener Konsequenzen der bereits erkennbaren bzw. sich ankündigenden Transformationsprozesse im Bildungswesen, ist folglich der Fokus primär auf die Makroebene zu legen. Kooperationen stellen hier einen organisatorischen Ansatz dar, der die unsichere Branchen- bzw. Marktsituation der Contentveredeler in besonderem Maße zu berücksichtigen vermag.

---

[581] Vgl. Pribilla / Reichwald / Göcke (1996), S. 4ff.
[582] Pribilla / Reichwald / Göcke (1996), S. 5.

4.1.7.2 Kooperationen als strategischer Organisationsansatz im sich transformierenden Bildungswesen

Kooperationen wurden in der E-Learning-Literatur bereits mehrfach als naheliegende organisatorische Gestaltungsoption identifiziert und hinterfragt. Dabei wurde teilweise der Fokus auf universitäre Akteure gelegt,[583] an anderer Stelle wurden aber auch allgemein Kooperationspotenziale für die gesamte Branche untersucht.[584] Im Wesentlichen wurden jeweils die sich ergänzenden Ressourcen und Kompetenzen der (potenziellen) Kooperationspartner als Kooperationsmotiv herausgestellt, da angesichts der interdisziplinären Anforderungen an Contentveredeler nur in Ausnahmefällen sämtliche für den erfolgreichen Betrieb eines entsprechenden Geschäftssystems notwendigen Ressourcen und Kompetenzen in der Hand eines Akteurs vereinigt sind.[585]

Die bisher im Verlaufe dieser Arbeit dargestellten Auswirkungen des Transformationsprozesses, wie z. B. die Herausbildung neuer Geschäftssysteme oder der sich etablierende Wertschichtenwettbewerb, plausibilisieren diese Diskussion um die Potenziale kooperativer Ansätze. Zusätzlich weisen sie jedoch in Form der herausgestellten Dynamik des Entwicklungsprozesses und der damit verbundenen Entwicklungsunsicherheit auf einen weiteren wichtigen Einflussfaktor in Bezug auf Allianzen hin. Obwohl nämlich die Betriebswirtschaft Kooperationen, wie z. B. die von *Hagenhoff* und auch von *Picot* und *Jaros-Sturhahn* adressierten Closing-Gap Allianzen[586] bereits intensiv diskutiert (hat), wurde eine etwaige besondere Rolle solcher Ansätze in Zeiten eines tief greifenden Wandels der Unternehmensumfelder bisher kaum thematisiert. Es zeigt sich, dass verschiedene Kooperationsformen dabei nicht nur als Konsequenzen sich verändernder Rahmenbedingungen zu betrachten sind, sondern dass sie zugleich auch wieder den Transformationsprozess der jeweiligen Branche vorantreiben.[587]

4.1.7.3 Ableitung von Kooperationsoptionen mit Hilfe einer kompetenzorientierten Analyse

Nachdem nun die Makroebene der Organisation und dort speziell Kooperationen als (exemplarischer) Schwerpunkt des Organisationsmodells herausgearbeitet

---

583 So z. B. bei Hagenhoff (2002).

584 Siehe hierzu etwa Picot / Jaros-Sturhahn (2001).

585 Vgl. Picot / Jaros-Sturhahn (2001), S. 21. Hagenhoff verweist in Bezug auf denkbare Kooperationsziele auf Ebert (1998), der verschiedene Arten von Synergieeffekten als potenzielle Ziele herausstellt. Vgl. Hagenhoff (2002), S. 81ff.

586 Zu Closing-Gap Allianzen, die auf die Schließung von Kompetenzlücke abzielen, siehe Freiling (1998c).

587 Vgl. Freiling / Gersch / Goeke / Weber (2006).

wurden, stellt sich die Frage, mit wem sollte ein Bildungsakteur in welcher institutionellen Form in welchen Bereichen kooperieren? Als Instrument zur Beantwortung dieser Frage wird im Folgenden eine vierstufige kompetenzorientierte Analyse vorgestellt, die auf der Basis einer Partialmodellanalyse notwendige Erfolgsvoraussetzungen einer Geschäftssystemrealisierung ableitet und darauf aufbauend mittels Kompetenzlückenanalyse erfolgversprechende Kooperationsmöglichkeiten zu identifizieren versucht.[588] Im Rahmen der Behandlung des Organisationsmodells bleibt es jedoch wie bei den bisherigen Partialmodellanalysen bei der Fokussierung der Wertschöpfungsstufe der Contentveredelung, weshalb hier keine konkreten Kooperationsmöglichkeiten aus der kompetenzorientierten Analyse abgeleitet werden können. Der verallgemeinert dargestellte Ablauf wird jedoch in Abschnitt 5.1 durch einen konkreten Geschäftssystembezug am Beispiel Executive MBA Net Economy ergänzt.

Die bisherige ganzheitliche Betrachtung des integrierten Geschäftsmodells mit Hilfe der verschiedenen Partialmodelle ermöglicht die Identifikation potenzieller kritischer Erfolgsfaktoren, die den Erfolg oder Misserfolg entsprechender Geschäftssystemrealisierungen wesentlich mitbestimmen.[589] Deren Identifikation stellt nach der Partialmodellbetrachtung im Rahmen der Geschäftsmodellanalyse den zweiten wichtigen Schritt der kompetenzorientierten Analyse dar. Anschließend sind im dritten Schritt die zu ihrer Beherrschung erforderlichen Ressourcen und Kompetenzen in Form eines idealtypischen Soll-Profils zu ermitteln und mit den Ist-Profilen potenzieller Kooperationspartner im Sinne einer Kompetenzlückenanalyse abzugleichen.[590] Dieser Zusammenhang zwischen den identifizierten Erfolgsvoraussetzungen und den zu ihrer Beherrschung auf Geschäftssystembetreiberseite notwendigen Kompetenzen und Ressourcen lässt sich mit Hilfe der Competence-based Theory of the Firm (CbTF) erklären:[591] Nach der Grundaussage der aus dem Resource-based View (RbV)[592] hervorgegangenen

---

[588] Die Verknüpfung der vier Arbeitsschritte im Konzept der kompetenzorientierten Analyse geht zurück auf Gersch (2002) und Gersch (2003).

[589] Mit Hilfe von Erfolgsfaktoren wird versucht, wesentliche Aspekte, die über Erfolg oder Misserfolg von ökonomischen Aktivitäten entscheiden, auf wenige Hauptfaktoren zurück zu führen. Zentral ist dabei die Annahme, dass trotz Mehrdimensionalität und Multikausalität des Unternehmenserfolgs einige wenige Einflussgrößen über Erfolg und Misserfolg entscheiden und damit die Komplexität des Entscheidungsfelds für die Unternehmensleitung verringert werden kann. Vgl. Nieschlag / Dichtl / Hörschgen (2002), S. 279. Zur kritischen Diskussion des Ansatzes der kritischen Erfolgsfaktoren sei verwiesen auf Nicolai / Kieser (2002).

[590] Zur Kompetenzlückenanalyse (Competence Gap Analysis) siehe Freiling (1998a), S. 74.

[591] Vgl. Gersch / Freiling / Goeke (2005).

[592] Im Gegensatz zum industrieökonomischen Ansatz *Porters*, der den Markt und die Branchenstrukturen bei der Analyse von Wettbewerbsvorteilen in den Vordergrund stellt

CbTF erklärt die anbieterindividuelle Existenz und Ausprägung wettbewerbsrelevanter Kompetenzen und Ressourcen die Möglichkeiten zur Etablierung nachhaltiger Wettbewerbsvorteile.[593] Jedes einzelne Unternehmen ist damit als einzigartige Kombination von Kompetenzen und Ressourcen zu interpretieren, wobei die Kompetenzen zur koordinierten Nutzung dieser Ressourcen über den Erfolg oder Misserfolg entscheiden.[594] Auf der Basis der Kompetenzlückenanalyse sind anschließend Quellen des Ressourcen- und Kompetenzerwerbs zu erörtern, sofern nicht ein Akteur alle notwendigen Ressourcen und Kompetenzen auf sich vereint. Vorliegend wird der Fokus dabei auf Kooperationen gelegt; gleichwohl kommen auch Eigenerstellung, Fremderwerb oder Fusion als Schließungsstrategien für die identifizierten Lücken in Betracht. Mit Hilfe der Kompetenzlückenanalyse lassen sich nun grundsätzlich geeignete Kooperationsalternativen identifizieren, für die anschließend geeignete institutionelle Kooperationsdesigns zu bestimmen sind.[595]

(Outside-In-Perspektive), werden Wettbewerbsvorteile beim RbV aus der Unternehmung heraus erklärt (Inside-Out-Perspektive). Vgl. Becker / Fallgatter (2002), S. 37ff. Da jedoch eine Erklärung von Wettbewerbsvorteilen ausschließlich aus den Unternehmen heraus aufgrund des unzweifelhaften Einflusses der externen Rahmenbedingungen kaum sinnvoll ist, stellt der RbV letztlich eine Kombination beider Perspektiven dar. Siehe hierzu Gersch / Freiling / Goeke (2005).

[593] Vgl. Freiling / Gersch / Goeke (2006); Gersch / Freiling / Goeke (2005). Ressourcen sind dabei definiert als „... *das Ergebnis durch Veredelungsprozesse weiter entwickelter Inputgüter, die wesentlich zur Heterogenität der Unternehmung und zur Sicherstellung aktueller und zukünftiger Wettbewerbsfähigkeit der Unternehmung beitragen (sollen)."* Kompetenzen sind dagegen „... *wiederholbare, auf der Nutzung von Wissen beruhende, durch Regeln geleitete und daher nicht zufällige Handlungspotenziale einer Organisation, die zielgerichtete Prozesse sowohl im Rahmen der Disposition zukünftiger Leistungsbereitschaften als auch im Rahmen konkreter Marktzufuhr- und Marktprozesse ermöglichen. Sie dienen dem Erhalt der als notwendig erachteten Wettbewerbsfähigkeit und gegebenenfalls der Realisierung konkreter Wettbewerbsvorteile."* Gersch (2006), S. 189 (Ressourcen) bzw. S. 192f. (Kompetenzen).

[594] Diesbezüglich ist zu betonen, dass nicht nur eine Ressourcen- und Kompetenzausstattung zu einer Beherrschung der Erfolgsvoraussetzungen führen kann, sondern dass es sich vielmehr um eine indeterminierte Kausalität handelt, so dass verschiedenste erfolgreiche Kombinationen möglich sind. Vgl. Gersch (2002), S. 419.

[595] Auch Picot / Jaros-Sturhahn (2001) empfehlen die Erstellung eines Anforderungsprofils, welches neben dem Punkt „Optimale Ergänzung der eigenen Ressourcen" auch „Vertrauen und Sympathie", die „Leistungsfähigkeit des bzw. der potenziellen Kooperationspartner", „Kooperationserfahrungen" und die „IuK-technische Rahmenbedingungen" berücksichtigt.

4.1.7.3.1 Identifikation notwendiger Erfolgsvoraussetzungen

Zunächst sei angemerkt, dass sich kritische Erfolgsfaktoren nicht allgemeingültig identifizieren lassen, so dass sich diesbezügliche Überlegungen und Untersuchungen eigentlich auf ein konkretes Geschäftssystem und nicht auf einen Typ Geschäftsmodell oder gar auf eine Wertschöpfungsstufe beziehen müssten.[596] Es lassen sich jedoch durchaus auch, und so auch gegenwärtig für die Marktstufe der Contentveredelung, einige typische Herausforderungen erkennen, die Betreiber entsprechender Geschäftssysteme notwendigerweise beherrschen müssen. Diese Faktoren, die im Lern-Service-Umfeld zum Teil auf die Interdisziplinarität der Wertschöpfungsaktivitäten und zum Teil auf die Branchensituation zurückzuführen sind, wurden im Rahmen dieser Arbeit auf der Basis der bisherigen Partialmodellbetrachtungen sowie mit Hilfe von Fachdiskussionen identifiziert und sollen im Folgenden als „notwendige Erfolgsvoraussetzungen" die weiteren Überlegungen im Rahmen der kompetenzorientierten Analyse vorbereiten.[597]

Eine Rückschau auf die Partialmodellanalysen lässt zumindest auf die folgenden Bereiche als Quellen geschäftssystemunabhängiger und damit wertschöpfungsstufenspezifischer Erfolgsvoraussetzungen schließen:

- *Strategiekonforme Leistungsangebotskonfiguration und Aufbau einer Marke / Reputation*
  Die den Nachfragern angebotenen Leistungsbündel müssen auf ökonomischer und didaktischer Ebene gemäß der strategischen Ausrichtung des Geschäftssystems konfiguriert sein. Die zumindest partielle Immaterialität der Lern-Services verstärkt zudem die Notwendigkeit der Etablierung einer Marke bzw. Reputation als Qualitätsindikator für das Leistungsangebot. Gleichzeitig erscheint ein direkter Zusammenhang zwischen der Marke und Reputation und der Zahlungsbereitschaft der relevanten Zielgruppe plausibel. Den unterschiedlichen Interessen und Zielsetzungen der Nachfrager muss dabei eine klare Positionierung in Form eines differenzierten Leistungsangebots entgegengestellt werden, das deutlich zu kommunizieren ist.

---

[596] Vgl. Nicolai / Kieser (2002), S. 580.
[597] Der Begriff der „notwendigen Erfolgsvoraussetzungen" soll die teilweise massive und in vorliegendem Kontext berechtigt erscheinende Kritik an der Erfolgsfaktorenforschung zumindest begrifflich anerkennen. So wird neben methodischen Schwächen beispielsweise auf die Nichtverallgemeinerbarkeit geschäftssystemspezifischer Erfolgsfaktoren hingewiesen oder darauf aufmerksam gemacht, *„ ... dass die Verbreitung des Wissens um Erfolgsfaktoren diese unwirksam mache".* Vgl. ausführlich zu diesen und weiteren Kritikpunkten Nicolai / Kieser (2002).

- *Interdisziplinär tragfähiges Leistungserstellungskonzept*
  In der Literatur werden zahlreiche, zum Teil sehr aufwendige didaktische Bestrebungen als unerlässlich für E-Learning-basierte Lern-Services bezeichnet, die bei einer konsequenten Umsetzung eine wirtschaftliche Leistungserstellung massiv erschweren würden. Adäquate Leistungserstellungskonzepte, die sowohl ökonomischen als auch didaktischen Anforderungen genügen, können sich daher als Quelle dauerhafter Wettbewerbsvorteile erweisen.

- *Didaktisch und ökonomisch abgestimmtes Multichannelmanagement*
  Die Auswahl und Gestaltung der Absatzkanäle muss gleich mehreren Herausforderungen standhalten, die sowohl ökonomischer Natur als auch didaktischer Natur sind. Neben den in der Literatur bereits intensiv diskutierten Risiken, hier sei nochmals auf die Kannibalisierungseffekte gegenüber etablierten Absatzkanälen verwiesen, muss z. B. auch die Wahrung der Marke und Reputation gesichert sein, was etwa im Hinblick auf die mit der Marke verbundene Qualitätsanmutung bei unterschiedlichen Absatzkanälen sehr problematisch sein kann.[598] Die Markenproblematik gilt umso mehr, wenn bei kooperativen Geschäftssystemen die ggf. in unterschiedlichen Händen liegenden Kontaktpunkte diesbezüglich koordiniert und kontrolliert werden müssen.

- *Akzeptiertes und tragfähiges Erlöskonzept*
  Das Erlöskonzept muss eine Auflösung des Spannungsverhältnisses von Zahlungsbereitschaft und Tragfähigkeit gewährleisten. Die gegenwärtig nur beschränkt vorhandene (und zwischen den Absatzkanälen zudem variierende) Akzeptanz einer Behandlung von Bildungsangeboten im Sinne ökonomischer Güter macht das Erlösmodell in Verbindung mit der aufwendigen und interdisziplinären Leistungserstellung zu einer komplexen Herausforderung.

- *Effektive Allokation und zugleich effiziente Koordination der notwendigen Wertschöpfungsaktivitäten*
  Die interdisziplinären Anforderungen an die Geschäftssystembetreiber bedingen die Zusammenarbeit von Experten unterschiedlicher Fachrichtungen. Diesbezüglich ist eine effektive Verteilung der Wertschöpfungs-

---

[598] Hatte sich beispielsweise eine Universität an dem Aufbau eines reinen Internet-Fernlehreangebots beteiligt, so musste der Trend zu hybriden Lernarrangements und die zunehmende Kritik an reiner Fernlehre als Bedrohung einer hohen didaktischen Qualitätsmarkierung betrachtet und entsprechend berücksichtigt werden, um die diesbezügliche Markenaufladung bzw. Reputation zu erhalten.

aktivitäten auf geeignete Akteure (unternehmensintern oder unternehmensübergreifend) und zugleich eine effiziente Koordination der Teilleistungen (Wahl des richtigen Koordinationsdesigns) notwendig.

4.1.7.3.2 Competence Gap Analysis

Für eine Kompetenzlückenanalyse müssen nun die Ist-Profile der für eine Kooperation in Frage kommenden Akteure einem idealtypischen Soll-Profil gegenüber gestellt werden.[599] Die Ist-Profile der Akteure ergänzen sich dann bei erfolgversprechenden Kooperationsmöglichkeiten zu großen Teilen des Soll-Profils, im Extremfall gar zum gesamten Soll-Profil, so dass sich die denkbaren Kooperationskonstellationen hinsichtlich ihrer Attraktivität beurteilen lassen. Problematisch bei der Kompetenzlückenanalyse ist jedoch sowohl die Identifikation eines realistischen Soll-Profils als auch die Ermittlung der potenziellen Geschäftssystemakteure und ihrer Ist-Profile. Nur bei einem konkreten Geschäftssystembezug lässt sich aus den Erfolgsvoraussetzungen überhaupt ein konkretes Soll-Profil herunterbrechen, da hierzu ein sehr genaues Bild von den zu erfüllenden Aufgaben und den dazu erforderlichen Ressourcen und Kompetenzen erforderlich ist. Da vorliegend der Fokus auf einer ganzen Wertschöpfungsstufe liegt und damit ein konkretes Geschäftssystem als Bezugsrahmen fehlt, können lediglich relativ grobe Kompetenz- und Ressourcenbündel angeführt werden, die ausreichend Spielraum für die Realisierung unterschiedlicher Geschäftssystem- bzw. Geschäftsmodelltypen im Bereich der Contentveredelung lassen. Die folgenden Kompetenz- und Ressourcenbündel sind daher als subjektive Auswahl und als Vorschläge zu verstehen, die aus der durchgeführten Partialmodellanalyse und den mit ihrer Hilfe ermittelten notwendigen Erfolgsvoraussetzungen abgeleitet wurden:

- *Leistungsangebot*
    - o Bildungskompetenz (Marke / Reputation)
    - o Strategiekonforme Inhalte
    - o Titelvergabebefähigung
- *Leistungserstellung*
    - o Didaktisch / ökonomisch adäquates Leistungserstellungskonzept

---

[599] Siehe Freiling (1998a), S. 74.

- o Leistungserstellungskapazitäten / -infrastruktur
  (sowohl für die Bereitstellungsleistung als auch die Leistungserstellung in Form der Durchführung)

- *Distribution / Beschaffung*

  - o Absatzmarktzugang

  - o Multichannelmanagement

- *Kapitalmodell*

  - o Ggf. Vorfinanzierung

  - o Akzeptiertes und tragfähiges Erlöskonzept

Auch die Identifikation potenzieller Akteure ist dementsprechend schwierig und angreifbar. In Betracht kommen hier zumindest die folgenden Gruppen:

- *(Akademische) Bildungsanbieter (insbesondere universitäre Akteure)*
  Etablierte Bildungsanbieter haben ein natürliches Interesse daran, die Wertschöpfungsstufe der Contentveredelung zu besetzen und sind dementsprechend zweifellos als potenzielle Akteursgruppe zu berücksichtigen. Teilweise werden dabei mit dem Begriff Bildungsanbieter gleich mehrere Ebenen adressiert, da sich z. B. im universitären Umfeld sowohl eine Universität als Institution in ein entsprechendes Geschäftssystem einbringen kann, dies aber auch durch kleinere organisatorische Einheiten, wie z. B. Fakultäten oder einzelne Lehrstühle geschehen kann.

- *Branchennahe E-Business-Unternehmen (z. B. Verlage)*
  Potenzielle Geschäftssystembetreiber könnten auch aus dem Pool etablierter branchennaher E-Business-Unternehmen erwachsen, die ihre Ressourcen und Kompetenzen im Bereich Onlinevertrieb (beispielsweise in Bezug auf Marketingaktivitäten, die Distribution digitaler Produkte oder Abrechnungssysteme) in zusätzlichen Märkten einsetzen wollen. Nahe liegend – teilweise werden auch bereits entsprechende Ansätze realisiert – wäre eine solche Strategie beispielsweise bei Verlagen oder Verlagsgruppen, die in den letzten Jahren intensiv an der Etablierung eines Onlinegeschäfts gearbeitet haben und nun über eine entsprechende Infrastruktur verfügen.

- *(Groß-)Unternehmen (z. B. Banken, Industrieunternehmen)*
  Ein weiterer Kandidat für den Betrieb eines entsprechenden Geschäftssystems ist in branchenfremden (Groß-)Unternehmen zu sehen, die über keine eigene Corporate University verfügen, aber dennoch ein auf die eigenen speziellen Bedürfnisse abgestimmtes, E-Learning-basiertes Weiter-

bildungsprogramm etablieren möchten. Die wirtschaftlichen Transformationsprozesse in verschiedenen Branchen führen auf Unternehmensebene in vielen Fällen zu einem erheblichen Weiterbildungsdruck, dem mit Hilfe adäquater Strategien, so auch ggf. in Form von Weiterbildungs-Kooperationen, zu begegnen versucht wird.

-   *Staatliche Institutionen (z. B. Schulen, Ministerien)*
    Auch staatliche Institutionen kommen für eine Geschäftssystembeteiligung in Frage, da von Ihnen ein erhebliches Interesse an der gezielten Etablierung bestimmter Leistungsangebote ausgehen kann.[600] Zwar ist die Rolle von staatlichen Institutionen außerhalb des Hochschulwesens (wie etwa Schulen) als aktive Geschäftssystemakteure bisher nur schwer vorstellbar, jedoch sind etwa Übertragungen der im universitären Umfeld erfolgreich etablierten Barteransätze[601] durchaus denkbar, da die beteiligten Akteure hierdurch bei ihrer originären Aufgabenerfüllung einen erkennbaren potenziellen Wettbewerbsvorteil erlangen.[602] Ob und inwiefern sich auch gewinnorientierte Ansätze durchsetzen können, bleibt abzuwarten. Konzepte wie die Selbstständige Schule oder der Globalhaushalt für Universitäten führen die entsprechenden Institutionen zumindest näher an diesen Aktivitätsbereich heran.[603]

-   *Spezielle IT- bzw. E-Learning-Dienstleister*
    Spezialisierte IT- und E-Learning-Dienstleister kommen für die Einbringung einzelner Ressourcen- und Kompetenzbündel in Betracht, wie z. B. die Bereitstellung eines Lernmanagement-Systems, eines WBT-Autorentools oder die multimediale Aufbereitung bereits vorhandenen Contents. Da derartige Dienstleister aufgrund der hohen Spezialisierung kaum bereit sein werden, die Exklusivität ihrer Ressourcen und Kompetenzen durch Kooperationen zu gefährden, sind Geschäftssystembeteiligungen hier nur in sehr ausgewählten Konstellationen denkbar. Die gemeinsame Entwicklung geschäftssystemspezifischer Lösungen mit entsprechenden Dienstleistern, bzw. die komplette Fremdvergabe einzelner

---

[600] Siehe hierzu und im Folgenden das Beispiel abitur-online.nrw.

[601] Bartergeschäfte sind reine Kompensationsgeschäfte, bei denen die Abwicklung von Transaktionen zwischen zwei Marktpartnern ohne Geldzahlungen erfolgt. Siehe hierzu Hoppe / Packmohr (2006) und Engelhardt / Günter (1981), S. 137.

[602] Siehe etwa Hoppe / Packmohr (2006), die ein Geschäftssystem erläutern, das den interuniversitären Austausch von Lehrangeboten zwischen der Carl von Ossietzky Universität Oldenburg und der Universität Osnabrück zum Gegenstand hat.

[603] Einen Überblick über das Projekt „Selbstständige Schule.nrw" vermittelt die Projektseite im Internet: http://www.selbststaendige-schule.nrw.de. Zu den Veränderungen des universitären Selbstverständnisses siehe etwa Bok (2005); Müller-Bölig (2000).

Teilleistungen an diese Dienstleister, stellt vor allem in Bezug auf Kompetenzen und Ressourcen eine sinnvolle Option dar, deren Eigenentwicklung für die Geschäftssystembetreiber zu zeit- und kostenintensiv und mit Unsicherheiten verbunden wäre.

4.1.7.3.3 Schließung identifizierter Ressourcen- und Kompetenzlücken durch Kooperationen

Welche Kooperationskonstellationen sich nun in Bezug auf das dargestellte Soll-Profil zwischen den identifizierten Betreiberkandidaten empfehlen, hängt von den Ist-Profilen der einzelnen Akteure bzw. Akteursgruppen ab. Da diese jedoch bei dem gewählten Abstraktionsniveau kaum verallgemeinerbar zu ermitteln sind, sollen mit den Projekten abitur-online.nrw und Executive MBA Net Economy im Rahmen dieser Arbeit stattdessen zwei in der Praxis vorzufindende Kooperationen beispielhaft dargestellt werden.[604] Zudem werden vorab die denkbaren Formen der Zusammenarbeit und die grundsätzlich zur Verfügung stehenden Koordinationsdesigns überblicksartig erläutert.

Hinsichtlich der Realisierung eines Geschäftssystems kann neben der vollständig autonomen Realisierung und der Fusion mit einem oder mehreren Partnern eine ganze Reihe unterschiedlicher Kooperationsformen unterschieden werden. Diese lassen sich vereinfachend, wie in Abbildung 28 geschehen, in zeitlich begrenzte und dauerhafte Formen der Zusammenarbeit unterteilen, wobei die Dauer der Kooperation eng mit dem Kooperationszweck verbunden ist. Sofern Unternehmen die Kooperation als „Competence Building Alliance"[605] zum Aufbau von Ressourcen eingehen, um das Geschäftssystem später allein betreiben zu können, stellt eine befristete Form der Zusammenarbeit die geeignete Alternative dar. Bei dauerhaften Kooperationsformen dagegen ist auch der eigentliche Geschäftssystembetrieb Gegenstand der Kooperation.[606] Jede der aufgeführten Formen der Zusammenarbeit repräsentiert wiederum ein bestimmtes Koordinationskonstrukt, welches sich in einer spezifischen Art und Weise der Koordinationsinstrumente Markt und Hierarchie bedient und damit eine kooperative Leistungserstellung erst ermöglicht.

---

[604] Während das Projekt abitur-online.nrw noch im Rahmen der Organisationsmodelldarstellung als Beispiel angeführt wird, wird das Geschäftssystem „Executive MBA Net Economy" in Abschnitt 5.1 ausführlich behandelt.

[605] Die Bezeichnung „Competence Building Alliances" (alternativ „Competence Leveraging Alliances") für Allianzen, deren Kooperationsziel der Aufbau oder die Übertragung von Ressourcen auf einzelne potenzielle Geschäftssystembetreiber ist, geht auf Sanchez / Heene / Thomas (1996) zurück.

[606] Vgl. Gersch (2002), S. 429.

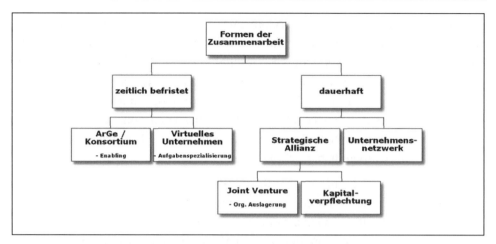

Abbildung 28:   Alternative Formen der Zusammenarbeit

Für Koordinationsaktivitäten wird allgemein von einer Markt-Hierarchie-Dicho-tomie ausgegangen. Zwischen den beiden Reinformen existieren jedoch zahllose hybride Koordinationsdesigns, die häufig unter dem Begriff Unternehmens-netzwerke zusammengefasst werden und sowohl marktliche als auch hierarchi-sche Koordinationsinstrumente zum Einsatz bringen. Während (elektronische) Märkte[607] mit Hilfe von Angebot und Nachfrage über den Preis zu einem Koor-dinationsergebnis gelangen, bedienen sich Hierarchien[608] der typischen Über- und Unterordnungsinstrumente „zentrale Weisung", „Regeln", „Macht" und „Autorität".[609] Unternehmensnetzwerke verbinden hierarchische und marktliche Koordination, d.h. Transaktionen werden teilweise über den Preismechanismus, teilweise aber auch über Weisungsgebundenheiten koordiniert. Die Unterneh-mensnetzwerke können dabei entweder durch Gleichberechtigung der beteiligten Partner gekennzeichnet sein oder aber durch ein fokales Unternehmen dominiert werden. In Abhängigkeit von der Existenz eines fokalen Unternehmens wird zwischen hierarchisch-pyramidalen, also auf ein Kernunternehmen fokussierten Netzwerken, und polyzentrischen Netzwerken, die auf homogenen gegenseitigen Abhängigkeiten beruhen, unterschieden.[610] Während in hierarchisch-pyra-midalen Kooperationen durch die größere Abhängigkeit vom fokalen Unter-

---

[607] Ein elektronischer Markt ist nach Picot / Reichwald / Wigand (2003), S. 339 „… *ein Teilmarkt eines bestimmten Gütermarktes, der sich dadurch abgrenzt, daß der Vertrags-schluss und einzelne Phasen der Markttransaktion durch informationstechnische Systeme unterstützt werden.*"

[608] Hierarchien sind nach *Zbornik* die „*Gesamtheit der ökonomischen Bedingungen zwischen Mitgliedern einer Gruppe von Wirtschaftssubjekten, mit zentralisierten Machtstrukturen, zur Planung von Geschäftstransaktionen.*" Zbornik (1996), S. 59.

[609] Vgl. Zbornik (1996), S. 45ff.

[610] Vgl. Wildemann (1996), S. 423ff.; Zbornik (1996), S. 49.

nehmen verstärkt hierarchische Mechanismen einsetzbar sind, bauen polyzentrische Konstrukte tendenziell eher auf marktlichen Mechanismen auf.[611] Ob ein Bildungsakteur nun ein kooperatives Geschäftssystem als fokales Unternehmen dominieren oder polyzentrische Strukturen aufbauen sollte, hängt unter anderem von Faktoren wie Vertrauen, der vorherrschenden Kooperationskultur und etwaigen Netzwerkkompetenzen ab, vor allem aber auch von der Einschätzung des Akteurs darüber, inwiefern zentrale Ressourcen und Kompetenzen, wie sie oben dargestellt wurden, beherrscht werden.

Als konkretes Beispiel eines kooperativen Geschäftssystems auf der Wertschöpfungsstufe der Contentveredelung wird nun abschließend das Projekt abitur-online.nrw vorgestellt.[612] Gemeinsam wird hier von den Verlagen Klett und Cornelsen unter der Koordinationsherrschaft des Landes Nordrhein-Westfalen ein E-Learning-Angebot zur Unterstützung der Gymnasialen Oberstufe entwickelt.[613] Die Verlage realisieren die contentbezogenen Wertschöpfungsaktivitäten (insbesondere die Erstellung der multimedialen Inhalte) und gewährleisten die Lern-Infrastruktur in Form der Lernplattform SelGO. Das auf Landesseite zuständige Ministerium übernimmt für die partizipierenden Modellschulen die Kosten, steuert über verschiedene Institutionen insbesondere auch didaktisches Know-how bei und koordiniert als Projektträger die Zusammenarbeit. Dritter Partner in dem Kooperationsprojekt ist IBM. In Zusammenarbeit mit dem Unternehmen wurden Qualifizierungsbausteine für das Lehren und Lernen mit digi-

---

[611] Vgl. Wildemann (1996), S. 423ff.

[612] Abitur-online.nrw wurde im Jahr 2002 vom damaligen „Ministerium für Schule, Jugend und Kinder des Landes Nordrhein-Westfalen" (MSJK) ins Leben gerufen und geht auf das Vorläuferprojekt „abitur-online.nrw/Weiterbildung: Abendgymnasium" zurück. Es wurde zunächst an Weiterbildungskollegs erprobt, in dem Präsenz- und internetgestützte Selbstlernphasen innerhalb der Gymnasialen Oberstufe kombiniert wurden. Das Ministerium betätigt sich seither als Träger des Projekts, wenngleich die Projekt- und Modellschulen nicht vom Ministerium, sondern von den jeweils zuständigen Bezirksregierungen (Arnsberg, Detmold, Düsseldorf, Köln und Münster) betreut werden. Innerhalb einer Ausschreibung konnten sich Gymnasien, Gesamtschulen, Weiterbildungskollegs und Berufskollegs um eine Teilnahme bewerben – 169 Schulen erhielten schließlich den Zuschlag, darunter 93 Gymnasien, 47 Gesamtschulen, 14 Weiterbildungskollegs und 15 Berufsbildungskollegs, die von den Erfahrungen und Einsatzmodellen aus der Pilotphase profitieren und die erstellten Konzepte und Materialien erproben und evaluieren sollen. Die Implementierungsphase, innerhalb derer eine landesweite Einführung und Nutzung angestrebt wird, ist frühestens für das Schuljahr 2007/08 vorgesehen. Vgl. Landesinstitut für Schule (2003).

[613] An dieser Stelle soll auf eine Darstellung der komplexen Strukturen des Projekts verzichtet werden und stattdessen vereinfachend vom „Land" als staatlichem Verwaltungsträger als beteiligtem Akteur ausgegangen werden. Für eine Erläuterung der tatsächlichen Ausgestaltung der Kooperation sei verwiesen auf Landesinstitut für Schule (2003).

talen Medien entwickelt, die den Beteiligten über die Lernplattform zur Verfügung gestellt werden. Die Ressourcen und Kompetenzen der Akteure ergänzen sich somit zu einem weit gefächerten Profil.

Es stellt sich jedoch die Frage, inwiefern hier tatsächlich wettbewerbsrelevante Ressourcen und Kompetenzen vorliegen, da es beispielsweise den Lehrkräften obliegt, die eigentliche Integrationsleistung zu erbringen, obwohl bei diesen schon aufgrund der bisher fehlenden Materialien nur in Ausnahmefällen entsprechende Erfahrungen vorliegen können. Die didaktische Tragfähigkeit des Leistungserstellungsmodells erscheint daher zumindest partiell fraglich. Ebenfalls problematisch erscheint das Erlöskonzept. Die knappen Budgets der Schulen werden eine eigenständige Finanzierung ohne Unterstützung des Landes nicht zulassen, so dass eine starke Abhängigkeit von Landesmitteln besteht. Der Projektcharakter weist aber auf eine zeitlich begrenzte Form der Zusammenarbeit der Partner hin, weshalb das gegenwärtige Erlöskonzept als nicht nachhaltig einzustufen ist. Darüber hinaus müsste aufgrund des begrenzten Zeithorizonts der Aufbau der notwendigen Kompetenzen und Ressourcen bei dem zukünftigen Trägerkreis gesichert sein, damit nicht nach Ablauf der Modellphase wieder auftretende Ressourcen- und Kompetenzlücken einen dauerhaften Erfolg des Geschäftssystems verhindern. Zwar wurden also insgesamt temporär Ressourcen- und Kompetenzlücken geschlossen, die Erfolgsaussichten für eine dauerhafte Etablierung des Geschäftssystems hängen jedoch entscheidend von der zukünftigen Zusammensetzung des Geschäftssystemträgerkreises, der Entwicklung eines nachhaltigen Erlöskonzepts und dem Aufbau leistungsangebotskonformer didaktischer Kompetenzen bei den Lehrkräften ab.

4.1.7.4 Schlussfolgerungen in Bezug auf das Organisationsmodell

Mit der kompetenzorientierten Analyse wurde im Rahmen des Organisationsmodells auf abstrakter Ebene ein Analyseinstrument für Kooperationsentscheidungen aufgezeigt. Kooperationen stellen in der gegenwärtigen Situation der Bildungsbranche, die durch Unsicherheiten, eine hohe Dynamik sowie breit gefächerte Anforderungen an die Geschäftssysteme geprägt ist, eine vielversprechende Strategiealternative auf organisationaler Ebene dar. Sie wurden dabei als Instrument zur Schließung von Ressourcen- und Kompetenzlücken aufgefasst, weshalb die angesprochenen kooperativen Arrangements dem Typus der Closing-Gap Allianzen zuzuordnen sind.[614] Abschließend sei jedoch darauf hingewiesen, dass weitere Motive für Kooperationen in dynamischen Umfeldern iden-

---

[614] Vgl. Freiling / Gersch / Goeke / Weber (2006).

tifiziert werden können, deren Überprüfung im Kontext der Bildungsbranchen-transformation hoch interessant wäre.[615] So können Kooperationen etwa als „Optionsnetzwerke" etabliert werden, die den beteiligten Akteuren die Möglichkeit zur flexiblen und schnellen Reaktion auf sich plötzlich abzeichnende „Windows of Opportunity" bieten. Ein weiteres Kooperationsmotiv in sich transformierenden Branchen ist in den durch die Zusammenarbeit entstehenden Möglichkeiten zur Beeinflussung branchenweiter Entwicklungen, wie z. B. der Etablierung von Standards, zu sehen. In diesem Fall handelt es sich bei der Zusammenarbeit um eine Art „Steering Alliance", die eine für die Partner günstige Beeinflussung der Branchenentwicklung zum Ziel hat.[616]

4.2 Zwischenfazit zum integrierten Geschäftsmodellansatz in seiner Lern-Service-spezifischen Interpretation

Der integrierte Geschäftsmodellansatz stellt ein flexibles Instrument zur Planung und Analyse von Geschäftssystemen dar, das auch die im vorliegenden Fall relevanten Wissenschaftsdisziplinen zu integrieren vermag. Mit Hilfe der Unterscheidung der Partialmodelle Marktmodell, Leistungsangebotsmodell, Leistungserstellungsmodell, Beschaffungs-/Distributionsmodell, Kapitalmodell und Organisationsmodell lässt sich dabei die Analyse im Anwendungsfall auf die im spezifischen Betrachtungskontext relevanten Aspekte fokussieren, wodurch insgesamt die Komplexität begrenzt gehalten werden kann. Als eine wichtige Grundlage für die Anwendung der Geschäftsmodellanalyse auf Akteure des Bildungswesens wurde der Leistungsgegenstand der Lern-Services herausgearbeitet, die als Leistungsbündel immaterielle und integrative Komponenten enthalten, aus denen sich für die einzelnen Partialmodelle wiederum branchenspezifische Herausforderungen ableiten lassen. Für eine ganze Reihe dieser Herausforderungen bieten jedoch Erkenntnisse und Erfahrungen des strategischen Managements und des Dienstleistungsmanagements konstruktive und vielversprechende Lösungsansätze an, was etwa am Beispiel des Leistungserstellungsmodells im Zusammenhang mit der Integrativität der Leistungserstellung von Contentveredelern gezeigt wurde. Gerade der bisher nur konzeptionell thematisierten Mass Customization von Lern-Services ist angesichts des zunehmenden Wettbewerbs und der damit verbundenen Notwendigkeit einer wettbewerbsstrategischen Ausrichtung der Geschäftssysteme ein erhebliches Potenzial beizumessen. Wie ein solches Leistungserstellungskonzept in der Praxis aussehen und wie das

---

[615] Vgl. Freiling / Gersch / Goeke / Weber (2006).

[616] Zur Übertragbarkeit der für dynamische Umfelder identifizierten Kooperationsmotive auf E-Learning-Akteure siehe Freiling / Gersch / Goeke / Weber (2006).

theoretische Fundament im Lern-Service-Kontext ausgestaltet sein kann, ist Gegenstand des nachfolgenden fünften Kapitels. Nach einer abstrakten Betrachtung der sich in der Konsequenz der Branchentransformation etablierenden neuen Geschäftsmodelltypen in Kapitel 3 und der Erarbeitung eines Analyseinstruments in Form des integrierten Geschäftsmodellansatzes in diesem vierten Kapitel, wird damit die Perspektive weiter konkretisiert. Am Beispiel eines konkreten Geschäftssystems wird eine auf so genannten Serviceplattformen aufsetzende Möglichkeit zur Realisierung eines auf Mass Customization-Potenziale ausgerichteten Leistungserstellungsmodells im Kontext neuer Geschäftssysteme in den Vordergrund gerückt. Die ökonomischen Konzepte und Erkenntnisse werden dabei mit den innovativen Lehr- und Lernkonzepten E-Learning und Blended Learning konzeptionell zusammengeführt, da diese sowohl eine wichtige Grundlage des betrachteten Geschäftssystems insgesamt als auch speziell des Leistungserstellungsmodell darstellen.

5   Lern-Service-Engineering im Geschäftssystem „Executive MBA Net Economy"

Hinter dem Namen „Executive MBA Net Economy" verbirgt sich ein Konsortium aus 10 Lehrstühlen von fünf renommierten deutschen Universitäten (Freie Universität Berlin, Humboldt-Universität Berlin, Universität Trier, Universität Würzburg, Ruhr-Universität Bochum) und einem Kompetenzzentrum für E-Learning und Multimedia der Freien Universität Berlin (CeDiS), das derzeit an der gemeinsamen Etablierung eines Masterstudiengangs arbeitet. Angestoßen wurde die Idee eines verteilten und E-Learning-unterstützten MBA-Angebots bereits bei einem gemeinsamen Projekt der Partner, welches durch das BMBF im Rahmen des Programms „Neue Medien in der Bildung" im Zeitraum 2001 bis 2004 gefördert wurde und die Erstellung eines Online-Curriculums zur Net Economy zum Ziel hatte. Es wurde dabei ein umfangreicher Contentpool von insgesamt ca. 480 Lernmodulen und multimedialen Fallstudien zu den ökonomischen Konsequenzen der Digitalisierung und Vernetzung entwickelt, der nun als inhaltliches Rückgrat des Executive MBA dient.[617] Das Geschäftssystem des Executive MBA Net Economy stellt gleich aus mehreren Gründen ein besonders geeignetes Beispiel für die vorliegende Arbeit dar, da es:

- in vollem Umfang den thematisierten Konsequenzen der Branchentransformation und auch einem internationalen Wettbewerb ausgesetzt ist;

- die ebenfalls diskutierte Kommerzialisierung von universitären Bildungsangeboten im Weiterbildungsmarkt illustriert (im Sinne einer Diversifizierungsstrategie);

- auf Ebene der Konsortialpartner aktuell mit der Ausgestaltung tragfähiger Partialmodelllösungen befasst ist;

- einen innovativen Ansatz mit starkem E-Learning-Bezug darstellt, der von der in Kapitel 4 entwickelten Lern-Service-spezifischen Interpretation des integrierten Geschäftsmodellansatzes profitieren kann;

- ausgezeichnete Möglichkeiten bietet, die Potenziale, Herausforderungen und Probleme E-Learning-basierter Bildungsangebote zu diskutieren.

---

[617] Nähere Informationen zu dem in 2004 ausgelaufenen Projekt „New Economy" mit dem Förderkennzeichen 08NM106E und zum aktuellen Stand der Bemühungen um den Online-MBA „Net Economy" sind im Internet unter http://www.internetoekonomie.org bzw. http://www.net-economy-mba.de erhältlich.

5.1 Geschäftssystembetrachtung „Executive MBA Net Economy"

Im Rahmen einer kurzen Geschäftssystembetrachtung, bei der der Schwerpunkt auf das Organisationsmodell gelegt wird, werden zunächst notwendige Ressourcen- und Kompetenzbündel für E-Learning-unterstützte MBA-Programme erarbeitet, bevor hierauf aufbauend das Bochumer Leistungserstellungsmodell im Detail betrachtet wird.[618] Die Orientierung an Ressourcen und Kompetenzen verfolgt dabei zwei Zielsetzungen: Einerseits kann hierdurch die kooperative Ausgestaltung des Geschäftssystems anhand der in Abschnitt 4.1.7.3 erläuterten Vorgehensweise („Kompetenzbasierte Analyse") auf ihre Erfolgsaussichten hinterfragt werden,[619] gleichzeitig lassen sich auf diese Weise aber auch besondere Herausforderungen des Executive MBA Net Economy sichtbar machen, die auch den Aufhänger für die Fokussierung des Leistungserstellungsmodells und des darin thematisierten Lern-Service-Engineering darstellen.

5.1.1 Marktmodell

Zur Zielgruppe des Geschäftssystems Net Economy zählen insbesondere Berufstätige aus den Bereichen New Media und Net Economy, die einen interdisziplinären MBA-Abschluss anstreben, um sich beruflich weiterentwickeln zu können. Das konsekutive Angebot richtet sich demnach an einen bereits im Arbeitsleben befindlichen Personenkreis, der einem vollständigen Präsenzangebot nicht nachkommen kann bzw. nicht nachkommen will.[620] Dementsprechend muss sich das Geschäftssystem im Wettbewerb gegen alle traditionellen und auch alle E-Learning-unterstützten MBA-Angebote behaupten, die einen ver-

---

[618] Dabei wird das in den Abschnitten 4.1.3.4 und 4.1.4.3 entwickelte Konzept der Mass Customization von Lern-Services zu einem Lern-Service-Engineering weiterentwickelt. Eine zentrale Rolle spielen dabei Serviceplattformen, die im E-Learning- bzw. Blended Learning-Kontext bereits als Idealtypen von Veranstaltungen und damit als Lernszenarien interpretiert wurden. Siehe hierzu Abschnitt 2.2.1.2.

[619] Mit Hilfe der vierstufigen kompetenzorientierten Analyse lässt sich der strategische „Fit" der Partner herausarbeiten. Auf der Basis einer Partialmodellanalyse werden dabei notwendige Erfolgsvoraussetzungen einer Geschäftssystemrealisierung betrachtet und darauf aufbauend mittels Kompetenzlückenanalyse erfolgversprechende Kooperationsmöglichkeiten mit potenziellen Partnern identifiziert. Im vorliegenden Fall dient das Vorgehen jedoch aufgrund des bereits bestehenden Partnerkreises vornehmlich der Bewertung der Erfolgsaussichten und der Identifizierung ggf. verbleibender Kompetenzlücken und nicht der Einstufung alternativer Ausgestaltungsmöglichkeiten der Partnerschaft. Allgemein zur kompetenzorientierten Analyse siehe Gersch (2002) und Gersch (2003).

[620] Zulassungsvoraussetzungen für eine Teilnahme am Executive MBA Net Economy sind dabei ein erster berufsqualifizierender Hochschulabschluss (Universität oder Fachhochschule), eine mindestens zweijährige berufliche Tätigkeit im Bereich der Net Economy und englische Sprachkenntnisse entsprechend der Niveaustufe B1 des Gemeinsamen Europäischen Referenzrahmens (GER). Siehe hierzu http://www.net-economy-mba.de.

gleichbaren Wert für die Karriereplanung in Aussicht stellen. Wettbewerber stammen dabei aufgrund des international anerkannten MBA-Abschlusses sowohl aus dem In- und dem Ausland.[621] Das Verhalten der Nachfrager zeichnet sich dabei durch einen intensiven Vergleich der Angebote in Bezug auf ihre Reputation (und auch die Reputation der Anbieter), den Preis und die Durchführungsmodalitäten aus,[622] was ein ebenso intensives Wettbewerbsverhalten der konkurrierenden Anbieter nach sich zieht.

5.1.2 Leistungsangebotsmodell

Der Abschluss stellt bei dem Executive MBA Net Economy eindeutig das wesentliche Leistungsergebnis dar, das den Teilnehmern in Aussicht gestellt wird. Alleinstellungsmerkmal soll dabei der Nachweis einer umfassenden und integrativen Abdeckung des Themenbereichs der Net Economy sein, was Erkenntnisse der Wirtschaftswissenschaft, der Informatik und der Medienwissenschaft einschließt.[623] Für Nicht-Teilnehmer besteht zudem die Möglichkeit, über die einzelnen Geschäftssystempartner Zertifikatskurse zu absolvieren, die auf einzelne Bausteine des Gesamtangebots beschränkt sind. Wesentliches Kennzeichen des Leistungserlebnisses durch die Teilnehmer ist in beiden Fällen der hybride Charakter im Sinne eines Blended Learning, der aus der Verbindung von regelmäßigen Online- und Präsenzphasen sowie der Integration unterschiedlichster Formen der Lehre – die jeweils in der Verantwortung der Lehrenden liegen – resultiert. Neben der fachlichen Attraktivität, die durch die aktuellen und interdisziplinären Inhalte von anerkannten Experten gewährleistet wird, soll speziell die multimediale Aufbereitung der Inhalte der Onlinephasen zu webbasierten und multimedialen Selbstlerneinheiten (WBTs) und Fallstudien einen Mehrwert darstellen, der über moderne Technik und eine didaktisch fundierte Umsetzung mehr Effektivität und Flexibilität gewährleistet. Des Weiteren realisieren die Partner auf der Basis des Blended Learning-Konzepts einen verteilten Ablauf

---

[621] Wie groß das Angebot an MBA-Programmen mittlerweile ist, zeigen MBA-Portale wie www.mba.de, www.mba.info und www.mba-gate.de. Bereits im Jahr 2001 existierten nach einer Studie im Auftrag des BMBF international ca. 5000 MBA-Programme von 1500 Anbietern, die ca. 350.000 Studierende bedienten. Vgl. BMBF (2001), S. 7. Insbesondere in Deutschland hat sich das Angebot seitdem massiv vergrößert. Vgl. Schwertfeger (2006).

[622] Vgl. Reitz (2007).

[623] Das Curriculum ist in vier Bereiche gegliedert und umfasst übergreifende Rahmenbedingungen einer Net Economy, die sich hieraus ergebenden Austauschprozesse auf Märkten sowie Handlungsoptionen einzelner Akteure auf Anbieter- und Nachfragerseite. Für detaillierte Informationen zu den Inhalten des Curriculums siehe http://www.net-economy-mba.de/Studieninhalte.

des Studiengangs, der die Teilnehmer mit allen vier beteiligten Standorten in Kontakt bringt und so ein Erlebniselement in das Angebot integriert.

Das Leistungsangebot des Geschäftssystems zeichnet sich insgesamt durch die typische (partielle) Immaterialität aus, was verschiedene Konsequenzen, wie etwa die Gefahr von Leerkosten,[624] Präsentations- und Profilierungsprobleme oder auch eine angesichts der Neuigkeit erschwerte Vergleichbarkeit mit anderen MBA-Angeboten nach sich zieht.[625] Eine Differenzierung des Leistungsangebots nach Kundengruppen findet bisher nicht statt.

5.1.3 Leistungserstellungsmodell

Im Rahmen einer Betrachtung des Leistungserstellungskonzepts des Geschäftssystems empfiehlt sich wieder die Unterscheidung der Service-Dimensionen Leistungsbereitschaft, (finale) Leistungserstellung und Leistungsergebnis.[626] Während die aus den Lernmaterialien bestehende Leistungsbereitschaft im Wesentlichen im Verlaufe des Projekts New Economy aufgebaut wurde, ist die eigentliche Leistungserstellung in der Durchführung des MBA-Programms zu sehen. Jeder der Partner ist hierbei für zwei 3-monatige Lernarrangements zuständig, die jeweils aus einer Onlinephase und einer Präsenzphase am entsprechenden Standort bestehen. Im Verlaufe der insgesamt 2 Studienjahre erleben die Teilnehmer somit eine verteilte und kooperative Leistungserstellung an den vier Standorten Berlin, Trier, Würzburg und Bochum. Aus Sicht der Geschäftssystembetreiber stellt das Leistungserstellungsmodell aufgrund der Wettbewerbskräfte eine zentrale Herausforderung dar, da es einerseits der angestrebten hochqualitativen Ausrichtung des MBA-Programms gerecht werden muss,[627] gleichzeitig aber trotz der kostenintensiven Leistungserstellung einen ökonomischen Erfolg nicht verhindern darf.[628] Einem möglichst beiden Ansprüchen gerecht

---

[624] So müssen die Geschäftssystembetreiber das vollständige Angebot und damit die vollen Leistungserstellungskapazitäten auch dann aufrechterhalten, wenn die Nachfrage kurzfristig stark nachlässt. Nur so können sie sicherstellen, dass die Leistung im Bedarfsfall überhaupt vollständig erbracht werden kann.

[625] Allgemein zu bedeutenden Konsequenzen der Immaterialität siehe Engelhardt / Kleinaltenkamp / Reckenfelderbäumer (1993), S. 418ff. und Abschnitt 4.1.3.1.

[626] Die Dimension Leistungsergebnis wurde bereits im Rahmen des Leistungsangebotsmodells behandelt. Zu dem Hintergrund der Leistungsdimensionen siehe Abschnitt 4.1.3.2.

[627] Indikatoren für die qualitativ hochwertige Ausrichtung des Executive MBA Net Economy sind u.a. die Besetzung der Faculty mit renommierten Hochschullehrern, die Selbstdarstellung des Angebots in den Pressemitteilungen und die Preisstrategie, die im Rahmen des Kapitalmodells reflektiert wird.

[628] Entsprechend der Bochumer Produktionserfahrungen aus dem Projekt New Economy erforderte jede Minute Lernzeit je nach Aufmachung und Kontext einen Produktionsaufwand von ca. 3-6 Stunden.

werdenden Leistungserstellungskonzept, wie es in den folgenden Abschnitten erarbeitet wird, ist angesichts dieser Rahmenbedingungen ein besonderer Wert beizumessen. Aufgrund der vergleichsweise hohen Eigenverantwortlichkeit der Teilnehmer während der Onlinephasen zeichnet sich der Leistungserstellungsprozess zudem durch eine besonders hohe Relevanz des externen Faktors aus.

5.1.4 Beschaffungs- und Distributionsmodell

Das MBA-Programm als Sammlung hybrider Lernarrangements soll in erster Linie eine hohe Flexibilität der Teilnehmer und damit die Vereinbarkeit von Beruf und Studium gewährleisten. Traditionelle Formen der Lehre während der Präsenzphasen werden dementsprechend mit digitalen E-Learning-Elementen, die mit Hilfe eines Lernmanagement-Systems über das Internet distribuiert werden, verbunden. Die neben der in Projektarbeit aufgebauten Bereitstellungsleistung notwendigen Inputfaktoren und Ressourcen für die Leistungserstellung werden weitgehend von den Partnern eingebracht. Hierzu zählen u.a. räumliche und personelle Mittel sowie zusätzliche Lernmaterialien. Zudem wurden weitere Partner in das Konsortium aufgenommen, die bei der Entwicklung des Materialpools nicht mitgewirkt haben, nun aber inhaltliche Lücken, die für das umfassende und interdisziplinäre Curriculum geschlossen werden müssen, abdecken.[629]

5.1.5 Kapitalmodell

Finanzielle Ressourcen für die Etablierung des Geschäftssystems wurden bisher weitgehend von den Partnern selbst aufgebracht.[630] Ein Großteil der Mittel floss dabei in Marketingaktivitäten, die sich auf eine Erhöhung des Bekanntheitsgrads des Studienangebots richteten.[631] Insbesondere aber auch nicht-monetäre Beiträge, wie z. B. Arbeitseinsatz, IuK-Infrastruktur und Lernmaterialien wurden als Formen der Selbstfinanzierung beigesteuert, um den Executive MBA Net Economy auf den Weg zu bringen.[632] In Verbindung mit den enormen Produktionskosten für die multimedialen Lernmaterialien zeigt sich beim Finanzierungsmo-

---

[629] Vgl. Reitz (2007). Dies zeigt auch ein Vergleich der beiden Internetauftritte, die jeweils über die beteiligten Partner informieren. Vgl. hierzu http://www.internetoekonomie.org für das Projekt und http://www.net-economy-mba.de für den MBA.

[630] Mit „Partnern" sind in diesem Fall die Lehrstuhlinhaber gemeint. Teilweise wurden jedoch auch durch die beteiligten Universitäten Mittel bereitgestellt. Vgl. Reitz (2007).

[631] Beispielsweise in Form von Zeitungsannoncen, Messeauftritten, die Erstellung von Informationsbroschüren und die Beschaffung von Interessentendaten. Vgl. Reitz (2007).

[632] Siehe hierzu Abschnitt 4.1.6.1. Einen Überblick über gängige Instrumente der Selbstfinanzierung im E-Business gibt Kollmann (2003), S. 271.

dell deutlich das im Verlauf der Arbeit angesprochene Vorfinanzierungsrisiko, welches im Wesentlichen durch die Projektförderung „New Economy" beim Aufbau der Leistungsbereitschaft und durch die Bereitschaft der Partner zur Selbstfinanzierung abgefangen werden konnte.

Erlöse sind im Rahmen des Geschäftssystems auf der Basis der vorgesehenen Teilnahmegebühren in Höhe von 20.000 € je Teilnehmer eingeplant. Das Erlöskonzept sieht neben diesen transaktionsunabhängigen Teilnahmegebühren, die je nach Situation der Teilnehmer von diesen selbst oder durch ihre Arbeitgeber getragen werden sollen, bisher keine weiteren Erlösquellen vor. Die Preissetzung hat sich dabei zum einen an den in Verbindung mit einer Durchführung kalkulierten Kosten orientiert, soll jedoch gleichzeitig als Indikator für die aufgrund der Neuigkeit und der Immaterialität und Integrativität für den Nachfrager schwer einschätzbare Qualität des Leistungsangebots dienen. Angesichts mangelnder Vergleiche unterliegt die Preissetzung dabei der Problematik einer nur beschränkt ermittelbaren Zahlungsbereitschaft, so dass hierin speziell in der Anfangsphase ein erfolgskritisches Element des Geschäftssystems zu sehen ist.

5.1.6 Organisationsmodell

Das Organisationsmodell zeichnet sich durch den kooperativen Charakter des Geschäftssystems aus. Es stellt die Antwort auf die interdisziplinären Herausforderungen dar, denen das Geschäftssystem im Wettbewerb ausgesetzt ist. In Anbetracht der mit erheblichen Unsicherheiten einhergehenden Branchentransformation stellt eine solche Organisationsstrategie zwar einen viel versprechenden Ansatz dar,[633] sie muss jedoch auch in einer geeigneten Art und Weise umgesetzt werden.[634] Als Instrument zur Planung und Analyse von Kooperationen wurde in Abschnitt 4.1.7.3 die kompetenzorientierte Analyse vorgestellt, die der Identifizierung und Bewertung potenzieller Geschäftssystempartner dient. Da im vorliegenden Fall jedoch bereits ein Konsortium existiert, sollen nicht etwaige zusätzliche Partner, sondern die bestehende Zusammensetzung daraufhin untersucht werden, inwiefern notwendige Erfolgsvoraussetzungen beherrscht werden.

5.1.6.1 Notwendige Erfolgsvoraussetzungen in Form von Ressourcen- und Kompetenzbündeln – eine vereinfachte Kompetenzlückenanalyse

Auf der Grundlage verschiedener Experteninterviews, die im Zeitraum von 2001 bis 2006 mit Experten des deutschen Bildungswesens geführt wurden, und ins-

---

[633] Vgl. Pribilla / Reichwald / Göcke (1996), S. 5.
[634] So sollte sich beispielsweise die Zusammensetzung der Partner am konkreten Kooperationsmotiv orientieren.

besondere auf der Basis zweier halbtägiger Workshops aus den Jahren 2002 und 2006, konnten die folgenden Ressourcen- und Kompetenzbündel als notwendige Erfolgsvoraussetzungen für E-Learning-unterstützte MBA-Geschäftssysteme abgleitet werden, für die jeweils die dargestellten Realisierungen im Rahmen des Geschäftssystems Executive MBA Net Economy ausgemacht werden können:[635]

- *Reputation / Marke*

  Die Reputation kommerzieller MBA-Programme ist von entscheidender Bedeutung für die Akzeptanz der Programme im Markt. Es lässt sich eine direkte Korrelation zwischen der Reputation der Programme und der Zahlungsbereitschaft der Zielgruppe unterstellen, wobei unterschiedliche Präferenzen der Teilnehmer vorzufinden sind. Während einige aus Gründen der Karriereplanung eine gesteigerte Anerkennung durch Vorgesetzte anstreben, steht bei anderen der Aufbau eines Netzwerks oder teilweise auch die persönliche Herausforderung im Vordergrund. Sofern lediglich der Abschluss als Karrierevoraussetzung Kern des Interesses ist, stellt dagegen die leichte Erreichbarkeit ein wesentliches Entscheidungskriterium dar. Dementsprechend sind neben der klaren Positionierung und Ausrichtung eines entsprechenden Geschäftssystems auch die Kommunikation dieser Merkmale und die Herausstellung des damit verbundenen Werts für die Teilnehmer von hoher Bedeutung für den Erfolg. Ein zentrales Instrument hierzu stellt das Markenmanagement dar. Für die im vorliegenden Fall im Vordergrund stehenden universitären Akteure kommen diesbezüglich etwa Dachmarkenstrategien,[636] die Integration renommierter Experten oder die Zertifizierung bzw. Akkreditierung der eigenen Angebote durch z. B. Audits als mögliche Strategieansätze in Betracht.

- *Content und Curriculum*

  Die Erstellung eines E-Learning-unterstützten MBA-Angebots für den Bereich Net Economy erfordert professionell entwickelten und qualitativ hochwertigen Content, der sowohl aktuell als auch praxisnah ist. Die Geschäftssystembetreiber verfolgen diese Notwendigkeit durch eine Verteilung der inhaltlichen Verantwortung auf die beteiligten Lehrstühle, die sich jeweils durch ihre Expertise in dem durch sie vertretenen Bereich

---

[635] Vgl. Gabriel / Gersch / Weber (2005); Engelhardt / Gabriel / Gersch (2002).

[636] So könnten Universitäten als bekannte Dachmarken auf neue, ggf. auch kooperative Geschäftssysteme übertragen werden. Dachmarken stellen gegenüber Einzelmarken das gegenteilige Extrem dar, bei dem sämtliche Leistungsbündel eines Akteurs unter einer einheitlichen Marke angeboten werden. Vgl. Becker (2001), S. 197; Nieschlag / Dichtl / Hörschgen (2002), S. 677f. Zu den Vor- und Nachteilen verschiedener Markenstrategien und deren Kombinierbarkeit siehe Becker (2001), S. 195ff.

auszeichnen. Diese verteilte Content-Strategie erhöht die ohnehin hohe Bedeutung eines konsistenten Curriculum-Designs noch zusätzlich. Ebenso wichtig, aufgrund der verteilten Contentverantwortung aber auch herausfordernd, ist die Zertifizierung der Teilnehmerleistungen. Im Fall des Executive MBA Net Economy wurde ein federführender Partner, die Freie Universität Berlin, vereinbart, bei dem der Studiengang offiziell aufgehängt ist und der dementsprechend auch die Verleihung des MBA vornimmt.

- *Didaktik*

Die verschiedenen Servicekomponenten müssen nicht nur produziert, sondern insbesondere auch in einer didaktisch adäquaten Weise kombiniert und arrangiert werden.[637] Die E-Learning-Phasen stellen in didaktischer Hinsicht eine besondere Herausforderung dar, da hier die Motivation und Betreuung der Teilnehmer nicht mit den etablierten Verfahrensweisen der Akteure gewährleistet werden kann. Einen wichtigen diesbezüglichen Lösungsansatz im Rahmen des Executive MBA Net Economy stellen multimediale Fallstudien dar, die entsprechend moderner lerntheoretischer Ansätze Möglichkeiten zur Integration der unterschiedlichen Elemente in praxisorientierten, komplexen Problemstellungen bieten.[638] Als Rahmengeschichten fördern sie dabei gleichzeitig den Aufbau inhaltlicher Kontexte, wodurch die Motivation und die Orientierung der Lernenden unterstützt werden sollen.[639]

- *Kommerzialisierung*

Da der Executive MBA Net Economy als kommerzielles Weiterbildungsangebot entwickelt wurde, sind nachhaltige und wettbewerbsfähige Lösungen für alle Partialmodelle des Geschäftssystems erforderlich. Neben der Gestaltung eines tragfähigen und akzeptierten Erlösmodells sind dabei

---

[637] Dieses Erfordernis bezieht sich sowohl auf die Online- und Offlinephasen als auch auf die einzelnen Komponenten innerhalb dieser Phasen, die zu einem sinnvollen Gesamtkonstrukt integriert werden müssen.

[638] Zu den lerntheoretischen Ansätzen (bzw. Lernparadigmen) siehe Abschnitt 2.1.2. Fallstudien, wie sie im Rahmen des Executive MBA Net Economy konzipiert wurden, bieten aufgrund ihrer problemorientierten Ausgestaltung und der hohen Aktivität der Lernenden ein besonderes Potenzial für kognitivistische und, im Rahmen der streckenweisen Loslösung von zu vermittelnden objektiven Wissensbeständen, konstruktivistische Lernprozesse. Auch Bolz (2002), S. 27 betont die deutlich erkennbaren Übereinstimmungen der Forderungen des Konstruktivismus mit den Stärken der Fallstudienmethode.

[639] Dieses Vorgehen hat sich in Bochum im Rahmen universitärer Lehrveranstaltungen, in denen die entwickelten Materialien bereits regelmäßig eingesetzt und evaluiert wurden, auch durchaus als wirksam erwiesen.

in der Anfangsphase aufgrund der starken internationalen Konkurrenz u.a. Marketingaktivitäten von besonderer Bedeutung für den Erfolg des Geschäftssystems.[640] Das Leistungserstellungsmodell stellt ebenfalls eine besondere Herausforderung dar, da die Betreiber entgegen der bisherigen universitären Praxis eine klare wettbewerbsstrategische Ausrichtung verfolgen müssen, was angesichts des i.d.R. hohen Leistungserstellungsaufwands in Verbindung mit E-Learning-Angeboten eine komplexe Aufgabe darstellt.[641]

- *IuK-Technologien*
  Neben ökonomischen und didaktischen Aspekten muss auch die notwendige technische Infrastruktur entwickelt werden, bzw. auf der Seite der Lernenden gewährleistet sein, um die E-Learning-Komponenten wirksam einsetzen zu können. Im Rahmen der Geschäftssystementwicklung wurde diesbezüglich insbesondere Wert auf die Entwicklung eines Autorentools gelegt, welches einerseits den didaktischen Anforderungen gerecht wird, gleichzeitig aber auch technisch adäquate Ergebnisse zu produzieren vermag.[642] Da die Produktionsphase weitgehend abgeschlossen ist, steht nunmehr die (technische) Bereitstellung der Lernmaterialien im Vordergrund. Eine wesentliche Rolle spielt hier das Lernmanagement-System, welches auch das Rückgrat einer intensiven und fortlaufenden Interaktion zwischen Teilnehmern und Betreuern im Verlaufe der Leistungserstellung darstellen soll.

5.1.6.2 Bewertung der kooperativen Ausgestaltung des Geschäftssystems „Executive MBA Net Economy"

Die kooperative Ausgestaltung des Geschäftssystems Executive MBA Net Economy hat die Beherrschung einer ganzen Reihe der angeführten Erfolgsvoraussetzungen ermöglicht bzw. zumindest gefördert. Insbesondere in den Bereichen Content und Curriculum, IuK-Technologien und Didaktik konnten adäquate Lösungsansätze und Konzepte gefunden werden. Problematisch erscheint aber wei-

---

[640] Besondere Herausforderungen erwachsen diesbezüglich aus der Neuheit des Angebots, der partiellen Immaterialität und dem hohem Integrativitätsgrad. Vgl. hierzu auch Reckenfelderbäumer / Kim (2004).

[641] Siehe hierzu ausführlich Abschnitt 5.2.

[642] Die verteilte Contentstrategie beeinflusste die Entwicklung des Autorentools dabei maßgeblich, da das Tool angesichts der zahlreichen und teilweise im Umgang mit entsprechenden Werkzeugen ungeübten Autoren eine möglichst einfache Bedienbarkeit aufweisen musste. Gelöst wurde dieser Anspruch durch ein makrobasiertes Tool, welches auf der Wordumgebung aufsetzt.

terhin die Kommerzialisierung, sowohl in Bezug auf eine dauerhafte Aufrechterhaltung eines qualitativ hochwertigen Leistungsangebots als auch im Hinblick
auf die Vermarktung des MBA-Programms. So musste der Start des ersten
Durchlaufs verschoben werden, da zum vorgesehenen Startzeitpunkt zunächst
keine ausreichende Teilnehmerzahl akquiriert werden konnte, die für die kollaborativen Lernprozesse und den Netzwerkgedanken als unerlässlich erachtet
wurde. Die Partner arbeiten daher derzeit an einer Weiterentwicklung des Geschäftssystems und der Vermarktungsstrategie, was insbesondere ein veränder-
tes Distributionsmodell nach sich ziehen könnte. Der Executive MBA Net Economy soll dabei ggf. an einer übergreifenden Institution verankert werden, was
mit großer Wahrscheinlichkeit auch eine Anpassung des Erlösmodells zur Folge
hätte.[643] Während die diesbezügliche Entwicklung abzuwarten bleibt, lässt sich
auf der Basis der bisherigen Ausführungen und Erkenntnisse dieser Arbeit eine
geeignet erscheinende Leistungserstellungsstrategie entwickeln, die nun abschließend im Vordergrund stehen soll. Diese Leistungserstellungsstrategie
greift gleichermaßen die Herausforderungen in Bezug auf die dauerhafte Gewährleistung adäquaten Contents und die ökonomische Tragfähigkeit des Geschäftssystems vor dem Hintergrund des sich intensivierenden Wettbewerbs auf.

5.2 Lern-Service-Engineering – Ausgewählte Aspekte des „Bochumer Leistungserstellungsmodells"

Lern-Service-Engineering zielt auf eine sowohl didaktisch fundierte als auch
ökonomisch wettbewerbsfähige Leistungserstellung ab. Es bezieht sich dabei
sowohl auf die Produktion einzelner Komponenten von Lern-Services als auch
auf deren Kombination zu Leistungsbündeln in Form von konkreten Lernarrangements im Prozess des didaktischen Designs.[644] Der Ansatz wurde im Rahmen
der Realisierung innovativer Lehr- und Lernkonzepte am Lehrstuhl für Wirtschaftsinformatik der Ruhr-Universität Bochum in Zusammenarbeit mit dem
ebenfalls dort angesiedelten Competence Center E-Commerce entwickelt, wobei
speziell Wert auf die Übertragbarkeit im Allgemeinen, und auf die Übertragbarkeit auf das Leistungserstellungsmodell des Executive MBA Net Economy im
Besonderen gelegt wurde.[645]

---

[643] Vgl. Reitz (2007).

[644] Didaktisches Design als didaktisch ausgerichteter Gestaltungsprozess berührt „... *den
Lernprozess, die Lernzeit und den Lernort, die Lehrenden und Lernenden sowie die eingesetzten Medien. Diese Gesamtheit wird in der Regel als Lernarrangement bezeichnet.
Didaktisches Design betrifft also in erster Linie Planung, Durchführung und Nachbereitung eines Lernangebotes.*" Tribelhorn (2005).

[645] Vgl. Gabriel / Gersch / Weber (2007); (2006c); (2006b).

Eine wichtige Rolle spielt hierbei das Blended Learning, welches bereits als Lernkonzept definiert wurde, das die Möglichkeiten der Digitalisierung und Vernetzung über Internet oder Intranet mit klassischen Lernformen und -medien in einem zielgerichteten Lernarrangement verbindet.[646] Das anerkannte didaktische Potenzial von Blended Learning kennzeichnet im vorliegenden Kontext allerdings nicht nur die zielgerichtete Kombination von E-Learning und Präsenzlehre und die Integration verschiedener methodischer Ansätze, sondern auch die Zusammenführung von standardisierten Teilleistungen mit – zum Teil auch persönlichen – Interaktionsprozessen im Rahmen der integrativen Leistungserstellung, die gemeinsam das Leistungsbündel des Lernarrangements ausmachen.

Der hier verwendete Begriff des Lern-Service-Engineering baut auf dem Blended Learning-Gedanken auf und nimmt zugleich Bezug auf das Software Engineering, das von *Balzert* als „… *zielorientierte Bereitstellung und systematische Verwendung von Prinzipien, Methoden und Werkzeugen für die arbeitsteilige, ingenieurmäßige Entwicklung und Anwendung von umfangreichen Software-Systemen*" definiert wird.[647] Der Begriff Lern-Service-Engineering soll damit verschiedene Punkte zum Ausdruck bringen:

- Es geht um eine zielorientierte Entwicklung und Bereitstellung von Prinzipien, Methoden und Werkzeugen (hier z. B. Mass Customization und Serviceplattformstrategien), wodurch die Berücksichtigung der Dimensionen Kosten, Zeit, Qualität und Flexibilität herausgestellt wird.[648]

- Entwicklung und Durchführung von hybriden Lernarrangements sind als systematische, arbeitsteilige Prozesse zu betrachten, die eine streckenweise gleichförmige Realisierung zulassen.

- Die hybride Struktur der Lern-Services im Sinne des Blended Learning eröffnet ein besonderes Potenzial für einen gleichermaßen ökonomisch wie didaktisch tragfähigen Engineering-Prozess.

In diesem Kontext fokussiert der nachfolgende Abschnitt die Mass Customization als ein wichtiges dem Lern-Service-Engineering zugrunde liegendes Konzept und zeigt damit zugleich an einem konkreten Beispiel, wie eine interdisziplinäre Ausgestaltung der Partialmodelle des integrierten Geschäftsmodellansatzes erfolgen kann und welches Potenzial hiermit verbunden ist.

---

[646] Vgl. Sauter / Sauter / Bender (2004), S. 68. Siehe hierzu auch Abschnitt 2.2.2.

[647] Balzert (2000), S. 36. Anzumerken ist, dass Balzert mit dem Zitat den deutschen Begriff des Software Engineering („Software Technik") definiert.

[648] Vgl. Balzert (2000), S. 36.

5.2.1 Mass Customization bei Lern-Services

Mass Customization wurde in den Ausführungen zum Leistungsangebotsmodell[649] und zum Leistungserstellungsmodell[650] als ein Ansatz zur Aufhebung der Gegensätzlichkeit von wettbewerbsstrategischer Differenzierung und Kostenorientierung dargestellt, der somit auch die beiden Bereiche der Leistungserstellung und des Leistungsangebots (und damit auch die entsprechenden Partialmodelle) miteinander verknüpft. Bereits begrifflich werden hier die „Mass Production" auf der einen Seite und die „Customization" auf der anderen Seite integriert, wozu in der praktischen Umsetzung zumeist technologische Konzepte zum Einsatz kommen. Das Lern-Service-Engineering basiert auf einer Mass Customization-Strategie, die auf Komponentenebene insbesondere mit Hilfe einer standardisierten Vorgehensweise bei der Lernmodulproduktion umgesetzt wird, mit deren Hilfe aufeinander abgestimmte, strukturell ebenfalls standardisierte Lernobjekte erstellt werden. Gleichzeitig wird mit Hilfe so genannter Serviceplattformen, die für den Lern-Service-Bereich auf Veranstaltungsebene in Abschnitt 2.2.1.2 bereits als Lernszenarien definiert wurden, auch die Verwendung der auf diese Weise erstellten Komponenten in Lernarrangements vorbereitet. Auch hier bieten sich Standardisierungspotenziale, z. B. bezüglich der Abläufe und der Schnittstellengestaltung, die individuellen Leistungserstellungserlebnissen der Lernenden nicht im Wege stehen.

Den zweiten wichtigen Baustein der Mass Customization neben der Standardisierung stellt das didaktische Design dar, bei dem die standardisierten Teilergebnisse auf der Basis der Serviceplattformen zielgruppenorientiert kombiniert und mit individuellen Leistungskomponenten sowie insbesondere den externen Faktoren zu zielgruppenspezifischen Lernarrangements konkretisiert werden. Auf diese Weise wird bei der Mass Customization mit Hilfe einer Modularisierung der Anteil vielfach verwendbarer Komponenten erhöht und zugleich über das didaktische Potenzial des Blended Learning eine negativ empfundene Standardisierung auf Seiten der Leistungsnachfrager vermieden. Damit die so entstehenden Leistungsbündel den Anforderungen der jeweiligen Zielgruppe entsprechen, sind diese soweit wie möglich im Vorfeld der Leistungserstellung oder im Verlaufe der „Kundenbeziehung" zu erfassen.

Zunächst werden nun die Standardisierungsmöglichkeiten unter Berücksichtigung der Leistungsdimensionen näher betrachtet, bevor anschließend der Prozess des didaktischen Designs und damit die Individualisierung beleuchtet wird.

---

[649] Siehe hierzu Abschnitt 4.1.3.4.
[650] Siehe hierzu Abschnitt 4.1.4.3.

5.2.1.1 Standardisierung von Leistungserstellungsprozessen und Elementen der Bereitstellungsleistung

Einen wichtigen Bestandteil der (E-Learning-)Bereitstellungsleistung im Kontext der Bochumer Lern-Services (insbesondere Lehrveranstaltungen im Blended Learning-Format) stellen die WBTs und Fallstudien dar, die im Rahmen des bereits angesprochenen BMBF-Projekts New Economy vorproduziert wurden.[651] Bezüglich ihrer Erstellung und Verwendung kommen im Rahmen der Leistungsangebotsrealisierung verschiedene Formen der Standardisierung zum Einsatz, die auch verschiedene Perspektiven (Anbieter- und Nachfragerperspektive) und Zielrichtungen verfolgen. Die in den bisherigen Ausführungen zur Erstellung von Lern-Services dargestellte Sichtweise repräsentiert die in Bezug auf integrative Leistungen durchaus auch kritisch reflektierte industriellorientierte Sichtweise, die den Leistungserstellungsprozess mit Hilfe der aus der Industriebetriebslehre stammenden Produktionsmodelle in Input, Throughput und Output unterteilt.[652] Standardisierung ist nach dieser Auffassung zu interpretieren als der Versuch, eine Effizienzsteigerung bei der Durchführung einzelner Prozesse und auch bezogen auf die Abfolge des gesamten Leistungserstellungsprozesses durch eine Verringerung der Indeterminiertheit[653] von Input, Throughput und Output zu erreichen.[654] Im Gegensatz hierzu halten Vertreter der interaktionsorientierten Sichtweise diese Denkweise angesichts der Beteiligung von Menschen als Aufgabenträger und zugleich Objekte im Sinne externer Faktoren, sowie aufgrund der interaktiven Prozesse und des Einflusses subjektiver und situationsbedingter Aspekte auf Prozess und Ergebnis bei integrativen Leistungen für ungeeignet.[655] Neben der Betonung der Interaktionsprozesse insgesamt ist für diese Sichtweise die Unterscheidung von Hindernis- und echten Service-Interaktionen und damit die differenzierende Berücksichtigung der Perspektive

---

[651] Die inhaltliche Spannbreite der über 480 WBTs und Fallstudien ist dabei so groß, dass ein flexibles Repertoire zur Anreicherung und Unterstützung von Lehrveranstaltungen besteht.

[652] Vgl. u.a. Corsten (1993), Sp. 766; Corsten / Gössinger (2005), S. 155ff.; Gersch (1995), S. 43; Lehmann (1993), S. 29.

[653] Im Gegensatz zu indeterminierten Prozessen liegen determinierte Prozesse vor, „ ...wenn qualitativ, quantitativ und zeitlich exakt beschreibbare Inputfaktoren durch eine eindeutige Regel, die die Aktionen der Aufgabenträger und die Abfolge der Aktionen beschreibt, in ein Ergebnis transformiert werden, das art- und mengenmäßig sowie in zeitlicher und örtlicher Hinsicht eindeutig vorab bestimmbare Merkmalsausprägungen aufweist." Gersch (1995), S. 44.

[654] Vgl. Gerhardt (1987), S. 93ff.; Gersch (1995), S. 45; Jacob (1995); Kleinaltenkamp / Jacob (1999).

[655] Vgl. u.a. Klaus (1984), S. 470; Klaus (1991), S. 251; Lehmann (1989), S. 146; Lehmann (1993), S. 31; Staffelbach (1988), S. 279; Schlesinger / Heskett (1991), S. 71ff.

der Nachfrager besonders charakteristisch. Standardisierung kann demnach insbesondere an Teilprozessen ansetzen, die keine nutzenstiftenden Interaktionen zwischen Menschen betreffen, zum Beispiel dort, wo autonome Prozesse keine Beteiligung des Nachfragers als externem Faktor erfordern bzw. bei integrativen Prozessen, die vom Nachfrager als Hindernis empfunden werden und dementsprechend eine möglichst schnelle und effiziente Abwicklung verlangen.[656] Bei so genannten Service-Interaktionen ist zielgruppenorientiert oder sogar individuell zu prüfen, welche Standardisierungserwartungen der bzw. die jeweiligen Nachfrager haben und inwiefern eine mögliche Standardisierung die Kundenzufriedenheit sowie die wahrgenommene Qualität beeinflussen könnte.[657] In diesem Sinne basiert das nachfolgend dargestellte Standardisierungskonzept für Lern-Services auf beiden – sowohl der industriell- als auch der interaktionsorientierten – Sichtweise.[658] Die Nachfragerperspektive zielt dabei insbesondere auf die Qualitätsdimensionen und somit indirekt auf mögliche Differenzierungsvorteile ab,[659] die Anbieterperspektive stellt das zusätzlich auch kostenorientierte Pendant dar, so dass durch eine integrierte Betrachtung der Perspektiven beide Porterschen Strategierichtungen Teil des Konzepts und damit Rückgrat der Mass Customization-Strategie sind. Abbildung 29 verdeutlicht das Spannungsfeld zwischen anbieter- und nachfragerorientierter Standardisierung, die im Gesamtkonzept zu vereinen sind.

---

[656] Vgl. Gersch (1995), S. 49f.

[657] Diesbezüglich sei die Blue-Printing-Analyse als eine gute Möglichkeit zur Berücksichtigung beider Sichtweisen erwähnt, mit deren Hilfe die Leistungserstellung und die Standardisierungsansätze integrativer Leistungen analysiert werden können. Die Blue-Printing-Analyse unterstützt Rationalisierungen, indem sie Leistungserstellungsprozesse vollständig abbildet und Zusammenhänge verdeutlicht, sie macht jedoch zugleich auch die Kundenkontaktpunkte und damit nutzenstiftende Interaktionen sichtbar, die die Wahrnehmung der Nachfrager in besonderem Maße beeinflussen. Siehe hierzu Fließ / Völker-Hendrik (2002); Fließ / Lasshoff / Meckel (2004); Gersch (1995); Kleinaltenkamp (2000b); Stauss (2000).

[658] Eine Blue-Printing-Analyse von Lern-Services, z. B. im Bereich der universitären Lehre, wäre auch deshalb von hohem Wert für Evaluationsansätze, da diese bisher weitgehend auf merkmalsorientierte Methoden beschränkt sind. Vgl. Gabriel / Gersch / Weber (2006a).

[659] Als Ausgangspunkt der Qualitätsforschung wird häufig das Confirmation / Disconfirmation-Paradigma (CD-Paradigma) genannt, welches Qualität auf einen Vergleich der tatsächlichen Erfahrung eines Kunden bei Inanspruchnahme einer Leistung (Ist-Leistung) mit seinem Erwartungsniveau (Soll-Leistung) zurückführt. Somit ist der Abgleich von Standardisierungserwartung und erlebter Standardisierung durch den Bildungsnachfrager im vorliegenden Anwendungsfall als ein wichtiges qualitätsbildendes Element zu betrachten. Vgl. u.a. Homburg / Stock (2005); Stauss / Hentschel (1992); Zeithaml / Berry / Parasuraman (1988).

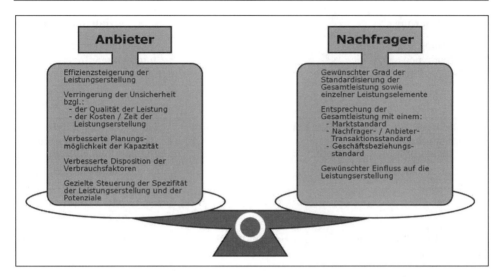

Abbildung 29:   Spannungsfeld anbieter- und nachfragerorientierter Standardisierung[660]

Tabelle 13 gibt einen Überblick über die verschiedenen Ebenen, an denen nun die Standardisierung und auch die Individualisierung im Rahmen der Mass Customization ansetzen kann. Während in Bezug auf die in Abbildung 24 aufgeführten Instrumente auf Komponentenebene vornehmlich eine Modularisierung mit standardisierten (Teil-)Komponenten und zielgruppenorientierten Kombinationsprozessen (und Möglichkeiten zur Eigenindividualisierung) realisiert wird, basiert die Mass Customization auf den Ebenen der Veranstaltungsphasen und der Veranstaltungen auf einem Serviceplattformansatz. Die (Teil-)Standardisierung bezieht sich hier auf eine Vorkombination von Leistungskomponenten, Schnittstellen und Abläufen, die als Lernszenarien oder Teile hiervon (idealtypische Veranstaltungsphasen) bestimmte Zielsetzungen repräsentieren und auf diese Weise die Konzipierung von konkreten Veranstaltungen unterstützen.

5.2.1.1.1 Standardisierung der WBTs als (E-Learning-)Komponenten der Bereitstellungsleistung

Eine wichtige Standardisierung im Rahmen der Bereitstellungsleistung bezieht sich auf die WBTs, die ein wesentliches Element der hybriden Lernarrangements darstellen. Sowohl der Produktionsprozess als auch die Struktur sowie die enthaltenen Elemente der WBTs selbst wurden standardisiert, so dass sowohl eine Prozessstandardisierung des Erstellungsvorgangs als auch eine Ergebnisstandardisierung vorgenommen wurde.

---

[660] In Anlehnung an Gersch (1995), S. 84.

Standardisierung	Ebene	Individualisierung
Konzipierung von Veranstaltungsgrundtypen als Serviceplattformen	**Veranstaltungen**	Kombination der Veranstaltungsphasen; Individualisierung des Ablaufs, auch durch Einfluss der externen Faktoren
Standardisierte Abläufe und Vermittlungskomponenten innerhalb von Teilarrangements mit spezifischen Lernzielen	**Veranstaltungsphasen**	Zielgruppenorientierte Kombination der Komponenten; Ergänzung durch individuelle Leistungskomponenten; konstruktivistische Lernprozesse bei Fallstudienbearbeitung
Vereinheitlichung von Aufbau, Bedienung, Design und technischen Schnittstellen; Vorgabe eines didaktischen Modells	**Komponenten**	Eigenindividualisierung der Lernpfade; Eigenindividualisierung durch Wahl der Vermittlungsalternative bzw. der in Anspruch genommenen WBTs

Tabelle 13:   Ebenen der Standardisierung und Individualisierung[661]

Indirekt werden darüber hinaus zum Beispiel durch die Interfacegestaltung sowie die ermöglichten Lernpfade durch die WBTs auch spätere Nutzungsprozesse sowie die Eingriffs- und Gestaltungsmöglichkeiten des externen Faktors mehr oder minder stark standardisiert.

In Bezug auf die Prozessstandardisierung ist hier die Unterscheidung von Bereitstellungsleistung und finaler Leistungserstellung von hoher Bedeutung, da sich die Leistungserstellung aufgrund der Beteiligung der Studierenden als hoch integrativer Prozess darstellt, so dass die Standardisierungspotenziale speziell auch von der Gleichförmigkeit des externen Faktors abhängen.[662] So fällt auch im vorliegenden Fall die Prozessstandardisierung im Rahmen der autonomen Bereitstellungsleistung deutlich intensiver aus als die der späteren Durchführung des Lernarrangements beziehungsweise der ermöglichten Lern- / Nutzungspfade durch den Nutzer, die aber dennoch ebenfalls eine gewisse Determinierung erfahren. Abbildung 30 zeigt den Bochumer WBT-Produktionsprozess, der im Wesentlichen aus den folgenden drei Schritten besteht:[663]

---

[661] Vgl. Gabriel / Gersch / Weber (2007), S. 8.

[662] Diesbezüglich hat sich die These herausgebildet, dass autonome Prozesse einfacher zu standardisieren seien als integrative Prozesse. Für eine kritische Diskussion siehe Gersch (1995), S. 29ff.

[663] Vgl. Gabriel / Gersch / Weber (2007), S. 9f.

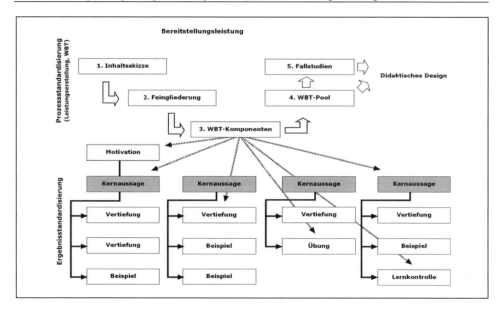

Abbildung 30:   Prozess- und (Teil-)Ergebnisstandardisierung im Rahmen der Bereitstellungsleistung auf Komponentenebene (WBT-Produktion)

-   Zunächst wird auf der Basis der verfügbaren Rohmaterialien eine *Inhaltsskizze* erstellt, die den Inhalt eines WBTs kurz zusammenfasst, dieses in den Gesamtkontext der verfügbaren Lernmaterialien einordnet und grundlegende didaktische Optionen und Entscheidungen, wie z. B. die verwendeten Darstellungsformen, Lernziele, vorgesehene Abbildungen, Animationen und Videos dokumentiert.

-   Die *Feingliederung* als zweiter Schritt dient der Strukturierung der Inhalte entsprechend den Vorgaben des didaktischen Modells, welches im konkreten Anwendungsfall für alle WBT-Autoren verbindlich festgelegt wurde. Die Inhalte werden zerlegt und jeweils einem bestimmten Komponententyp zugeordnet.[664] Die Feingliederung dient im Rahmen kooperativer Produktionsprozesse gleichzeitig als Statuskontrolle, da z. B. die Produktion von Animationen, Abbildungen und Videos Spezialisten übertragen worden ist, die durch Drehbücher gesteuert werden.

---

[664] Grundlage hierfür ist der so genannte Kernaussagenansatz, der auf einem Set möglicher Modulkomponenten basiert (Kernaussagen, Vertiefungen, Übungen, Beispiele, …). Die jeweils in den Kernaussagen enthaltenen Inhalte können von den Lernenden entsprechend ihrer individuellen Neigungen durch Bearbeitung der optionalen Zusatzkomponenten hinterfragt bzw. vertieft werden. Die Komponenten repräsentieren jeweils auch unterschiedliche Aufbereitungsformen. Zum Kernaussagenansatz siehe Gersch / Malinowski (2003).

- Auf der Basis der Feingliederung werden anschließend die Komponenten produziert, d. h. die Inhalte geschrieben, Multimediaelemente erstellt und die einzelnen Elemente zu Kernaussagen, Vertiefungen, Beispielen, Übungen oder Lernkontrollen zusammengefügt. Jede Komponente verfügt über eine spezifische, im didaktischen Modell festgelegte Position und Funktion, so dass grundsätzlich eine (Re-)Kombination der einzelnen Komponenten zu neuen WBTs möglich ist.[665] Auch jede der Teilaufgaben, wie beispielsweise die Produktion der Multimediaelemente, folgt Rahmenvorgaben, die die Schnittstellenkompatibilität, ein konsistentes Design, eine einheitliche Bedienung usw. sicherstellen. Um eine Einhaltung der Vorgaben zu erreichen, wird jede Stufe des Produktionsprozesses durch einen zweiten Modulautor begleitet („Vier-Augen-Prinzip mit Coaching-Effekt").

Die erstellten WBTs bilden gemeinsam mit den weiteren Komponenten den Pool interner Produktionsfaktoren, der für die späteren finalen Leistungserstellungsprozesse zur Verfügung steht. Im Prozess des didaktischen Designs, der in Abschnitt 5.2.1.2 als zweiter wichtiger Baustein des Lern-Service-Engineering behandelt wird, werden die WBTs mit weiteren E-Learning-Komponenten, Elementen der traditionellen Lehre und den externen Faktoren zu hybriden Lernarrangements kombiniert. Die Prozessstandardisierung im Rahmen der Erstellung wichtiger Elemente der Bereitstellungsleistung entspricht damit im Ablauf der einzelnen Schritte einer Routineprogrammierung, d.h. die Abfolge ist genau vorgegeben und strikt zu befolgen. Jeder einzelne Schritt wiederum ist als Rahmenprogrammierung einzustufen. Es ist der vorgegebene Komponentenkatalog zu verwenden, es sind die Farbvorgaben für die Multimediaelemente einzuhalten, die Inhaltsskizze hat die Mindestangaben zu enthalten usw. Wie aber zum Beispiel einzelne Komponenten innerhalb der WBTs im Detail verknüpft werden oder wie die Inhalte und die Animationen ausgestaltet sind, bleibt den jeweiligen Aufgabenträgern überlassen. Die Prozessstandardisierung zielt damit deutlich auf die Anbieterperspektive ab und ist insbesondere als Voraussetzung für Effizienzsteigerungen in Form von Synergie- und Lerneffekten zu verstehen.[666]

Die (Produkt-)Standardisierung der WBTs bezieht sich vornehmlich auf die enthaltenen Komponenten, die Bedienung, das Design, die technischen Schnittstel-

---

[665] Es sei jedoch betont, dass dieses Potenzial nur in Grenzen und nur bei einer ausreichenden didaktischen Kontrolle und ggf. Anpassung der Komponenten nutzbar ist, um nicht die Konsistenz der Selbstlerneinheiten zu gefährden.

[666] Zu den wichtigsten Aspekten einer anbieterorientierten Standardisierung siehe Abbildung 29.

len sowie das didaktische Modell (u.a. ermöglichte Lernpfade, Navigationsmög-
lichkeiten sowie zum Teil alternative Formen der Wissensaneignung) und betrifft sowohl die Anbieter- als auch die Nachfragerperspektive. Wie bereits dar-
gelegt wurde, gilt es bei einer nachfragerorientierten Betrachtung die Standardisierungserwartungen sowie die tatsächlich erlebte Standardisierung der Nachfrager in Augenschein zu nehmen, um die späteren integrativen Leistungserstel-
lungs- und Nutzungsprozesse sowie die angebotenen Leistungs(teil)ergebnisse
hierauf abstellen zu können. Die Standardisierungserwartungen der Nachfrager
im Allgemeinen werden u.a. beeinflusst durch die situative Bedeutung der jeweiligen Interaktion, die jeweils empfundenen Unsicherheiten zum Beispiel in
Bezug auf die Qualität,[667] die Neuartigkeit der Leistung oder die Risikoeinstel-
lung der Nachfrager.[668] Die Bochumer Erfahrungen zeigen deutlich, dass Lernende beispielsweise die Standardisierung der WBT-Struktur als äußerst positiv
empfinden. Ein wichtiger Grund hierfür dürfte in der Anfangs angesprochenen
Belastung der Lernenden durch die neue Form des Lernens liegen. Die damit
verbundene Bindung kognitiver Ressourcen durch allgemeine Nutzungs- und
Handhabungsfragen ist möglichst gering zu halten, damit nicht der intendierte
und im Vordergrund stehende Lernprozess negativ beeinflusst wird. Die Nutzung der WBTs muss für die Lernenden schnell zur Selbstverständlichkeit werden können, was durch eine gezielte und ausgewogene Standardisierung gefördert werden kann.

5.2.1.1.2 Serviceplattformbasierte Standardisierung

Serviceplattformen, die ihren Ursprung im industriellen Bereich haben, werden
von *Stauss* in Anlehnung an *Meyer* und *Lehnerd* als entwickelte Sets von optionalen Teilelementen / -systemen und Schnittstellen charakterisiert, die eine
mehrfach verwendbare Struktur bilden auf deren Grundlage immer wieder differenzierte Leistungsangebote effizient und effektiv entwickelt und realisiert werden können.[669] Im Kontext des Lehrens und Lernens können sie entweder als
Veranstaltungsgrundtypen (Lernszenarien) realisiert werden, die dann als Basis

---

[667] Auch Lern-Services als Kontraktgüter weisen für die meisten Nachfrager überwiegend
Erfahrungs-, zum Teil auch Vertrauenseigenschaften auf. Vgl. diesbzgl. insb. Kaas
(1991); Schade / Schott (1993a); Schade / Schott (1993b). Die Nachfrager unterliegen insofern besonderen Formen der Qualitätsunsicherheit, denen durch zielgerichtete Maßnahmen von Seiten der Anbieter begegnet werden kann. Standardisierung kann in diesem
Zusammenhang als direkte Maßnahme zur Bewältigung möglicher Unsicherheitsursachen
als auch als notwendige Voraussetzung weiterer Instrumente (z. B. Zertifizierung, Tests
durch unabhängige Institutionen etc.) interpretiert werden.
[668] Vgl. Gersch (1995), S. 65.
[669] Vgl. Stauss (2006), S. 322ff.; Meyer / Lehnerd (1997).

für verschiedene Bildungsangebote dienen, oder sie werden innerhalb der Lern-szenarien als idealtypische Veranstaltungsphasen aufgebaut.

Die Standardisierung auf Ebene der Veranstaltungsphasen bezieht sich auf eine Vorkombination von Leistungskomponenten, die als Teilarrangements bestimm-te Zielsetzungen und Abläufe repräsentieren. So ist beispielsweise bei Beginn insbesondere interdisziplinärer Veranstaltungen häufig eine Phase erforderlich, die es der oftmals heterogenen Gruppe der Lernenden (z. B. Studierende ver-schiedener Vertiefungsrichtungen) erlaubt, das Basiswissen der einzelnen Teil-disziplinen auszubauen. Hierzu bietet sich eine Veranstaltungsphase mit schwerpunktmäßigem Selbststudium an, bei dem z. B. WBTs die Grundlagenin-halte zeit- und ortsunabhängig bereitstellen und Diskussionsforen zur Klärung von Fragen verfügbar sind, die tutoriell aktiv betreut werden. Im weiteren Ver-lauf des Settings bzw. in Lernszenarien mit anderen Zielsetzungen, bei denen ei-ne problemorientierte Auseinandersetzung mit praxisnahen Fragestellungen im Vordergrund stehen soll, bietet sich die Verwendung einer kollaborativen Ver-anstaltungsphase an, die mit Hilfe multimedialer Fallstudien eine aktive Wis-senskonstruktion, losgelöst von objektiven Wissensbeständen fördert.[670]

Auf Veranstaltungsebene schließlich stellen die Veranstaltungsgrundtypen als Serviceplattformen die Basis für die Entwicklung differenzierter Leistungsange-bote dar. Sie setzten sich aus idealtypischen Veranstaltungsphasen, Leistungspo-tenzialen (WBTs, Fallstudien, Vortragsaufzeichnungen, Betreuern usw.), Pro-zessen und Schnittstellen zusammen, die gemeinsam die Grundlage zur Ent-wicklung und Realisierung immer wieder neu ausgerichteter Leistungsangebote (Lernarrangements) darstellen. Für die Hochschullehre wurden in Bochum bis-her die in Abbildung 31 aufgeführten Lernszenarien im Blended Learning-Format entwickelt, von denen dem nachfolgend (in Abschnitt 5.2.2) beispielhaft dargestellten Seminar Net Economy als Lernarrangement eine Kombination der Lernszenarien „Fallstudienbasierte Übung" und „Internationales Seminar" zugrunde liegt.

5.2.1.2 Der Prozess des didaktischen Designs als zielgruppenorientierter Kom-binationsprozess

Die konkrete Kombination der einzelnen Leistungskomponenten im Rahmen der Leistungserstellung stellt den zweiten wichtigen Teil des Lern-Service-Engineering dar.

---

[670] Zu den Potenzialen konstruktivistischer Ansätze in der ökonomischen Bildung siehe auch Löbler (2006) und Abschnitt 2.1.2.3.

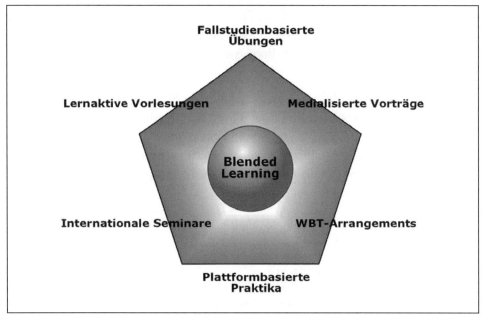

Abbildung 31: **Bochumer Lernszenarien als Serviceplattformen für die Hochschullehre**

Hier ist Sorge dafür zu tragen, dass das zu konzipierende Lernarrangement – auf wettbewerbsfähigem Kostenniveau – den Qualitätsansprüchen der Studierenden gerecht wird und sich möglichst positiv von konkurrierenden Angeboten abhebt. Dieser Prozess des didaktischen Designs[671] kann aufgrund seiner Vielseitigkeit und Komplexität an dieser Stelle nicht adäquat erörtert werden. Es geht zunächst vielmehr um die generelle Verdeutlichung von Individualisierungsoptionen und um ein Beispiel, das die vielfältigen Möglichkeiten zur Kombination der einzelnen Komponenten und Elemente sowie die daraus resultierenden Individualisierungspotenziale in einem konkreten Kontext aufzeigt. Die Individualisierung kann dabei sowohl nachfragerseitig als auch anbieterseitig erfolgen, wobei insbesondere die folgenden Optionen bestehen:

- *Nachfragerseitige Eigenindividualisierung (Beispiele):*

  o Die Lernenden können die Lernpfade in Bezug auf die Auswahl und Reihenfolge der in Anspruch genommenen Informationsquellen weitgehend frei bestimmen. Vorgaben von Seiten der Lehren-

---

[671] Wie bereits dargestellt berührt das didaktische Design als didaktisch ausgerichteter Gestaltungsprozess „… *den Lernprozess, die Lernzeit und den Lernort, die Lehrenden und Lernenden sowie die eingesetzten Medien. Diese Gesamtheit wird in der Regel als Lernarrangement bezeichnet. Didaktisches Design betrifft also in erster Linie Planung, Durchführung und Nachbereitung eines Lernangebotes.*" Tribelhorn (2005).

den werden lediglich in Form von Veranstaltungsphasen gegeben, die jeweils bestimmte inhaltliche Schwerpunkte setzen und in Bezug auf den Veranstaltungsablauf spezifische Funktionen übernehmen (s. o.).

o Ebenfalls obliegt es an verschiedenen Stellen den Lernenden selbst, die subjektiv hilfreichste Form der Inhaltsdarstellung aus einem Kanon alternativer Aufbereitungsvarianten zu wählen. Bei universitären Veranstaltungen stehen im Wesentlichen WBTs, Aufsätze, Vorlesungen und Fachvorträge von externen Referenten zur Verfügung.

o Auch innerhalb der WBTs, die nach einem speziellen didaktischen Modell aufgebaut sind, können individuelle Lernpfade gewählt werden.[672]

o Darüber hinaus individualisieren die Lernenden bei der Bearbeitung der konstruktivistisch ausgestalteten Fallstudien Teile der Lernprozesse und des Lerngegenstands durch die aktive Konstruktion von Lösungsansätzen im Rahmen komplexer Aufgabenstellungen.

- *Anbieterseitige Individualisierung (Beispiele):*

o Die teilstandardisierten idealtypischen Veranstaltungsphasen können entsprechend der Zielsetzungen des Lernarrangements und auf der Grundlage der entwickelten Lernszenarien (re-)kombiniert werden. Sie bestimmen so den Rahmen der Veranstaltungen.

o Innerhalb der Phasen eines Lernarrangements können wiederum die modularisierten Komponenten zielgruppenspezifisch kombiniert werden. Dabei kann nicht nur der Umfang und die inhaltliche Ausrichtung bestimmt, sondern auch die Auswahl der zielgruppenadäquaten Lernformen vorgenommen werden.

o Auch auf der Ebene der Leistungskomponenten wird durch eine Auswahl geeigneter Aufbereitungsformen eine Ausrichtung auf die Zielgruppe vorgenommen. So stehen die Fallstudien beispielsweise als reine Online-, aber auch als Hybridversionen zur Verfügung, wobei letztere vor allem auch Präsenzelemente in das Setting integrieren. Auf dieser Ebene findet somit auf der Grundlage einer Zielgruppenanalyse eine Spezifizierung des Komponentenangebots statt, wobei die Komponenten aber weiterhin zielgerichtet gestaltete

---

[672] Siehe hierzu den unteren Teil von Abbildung 30.

Möglichkeiten für eine Eigenindividualisierung durch die Lernenden bieten.

Wie ein Ergebnis des Lern-Service-Engineering in der Praxis aussehen kann, wird nun abschließend anhand eines Beispiels aus dem universitären Lehrangebot des Lehrstuhls für Wirtschaftsinformatik und des Competence Center E-Commerce der Ruhr-Universität Bochum erläutert.

5.2.2 Das Lernarrangement Net Economy als exemplarisches Ergebnis des Lern-Service-Engineering

Das dargestellte Lern-Service-Engineering war bereits Grundlage verschiedener Veranstaltungen des Lehrstuhls für Wirtschaftsinformatik und des Competence Center E-Commerce, die auf der Basis der konzipierten Lernszenarien entwickelt wurden. Es hat sich dabei deutlich das Potenzial zur dauerhaften Verankerung innovativer Lehr- und Lernkonzepte in der universitären Lehre gezeigt,[673] die mit Hilfe der Lernszenarien zudem systematisch und über einen längeren Zeitraum weiterentwickelt werden können. Gleichzeitig bietet sich die Möglichkeit, auf der Basis der gesammelten Erfahrungen mit einzelnen Konzepten neue Wege zu gehen, beispielsweise durch eine Verknüpfung mehrerer Lernszenarien, wodurch gezielt deren spezifische Merkmale miteinander verbunden werden können. Das nachfolgend dargestellte Hauptstudiumsseminar Net Economy stellt das Ergebnis einer solchen Kombination von Lernszenarien dar und weist darüber hinaus einen sehr intensiven Einsatz von E-Learning-Elementen auf, weshalb es hier als Beispiel besonders geeignet erscheint.

Innovativ an dem Ansatz ist zum einen die didaktische Konzeption und technische Realisierung eines Lernarrangements innerhalb eines internationalen Lernnetzwerks zur Erreichung mehrdimensionaler Lernziele. Im Rahmen des Lernarrangements werden die Studierenden darüber hinaus zu Mitproduzenten – und zwar über die „gewöhnlichen" Lernaktivitäten und Evaluationen hinaus – da sie insbesondere in der letzten Veranstaltungsphase das Lernarrangement auf der Basis ihrer eigenen Erfahrungen aus den vorhergegangenen Veranstaltungsphasen weiterentwickeln und verbessern.[674]

---

[673] So wurde die Vorlesung Electronic Marketing bereits mehrfach erfolgreich als hybrides Lernarrangement auf der Grundlage des Lernszenarios „Lernaktive Vorlesung" realisiert und konnte dabei durch positive Evaluationsergebnisse (Gesamtnote nach dem deutschen Schulnotensystem im Sommersemester 2005: 1,84; im Sommersemester 2006: 1,90) überzeugen. Für nähere Informationen zu den bisherigen Evaluationsergebnissen siehe beispielsweise Gabriel / Gersch / Weber (2007) und (2004).

[674] Einen Überblick über das Veranstaltungskonzept und den für die Studierenden relevanten

Inhaltlich werden in dem Seminar Themen aus dem Bereich Electronic Business nach dem Blended Learning-Konzept vermittelt bzw. erarbeitet. Wesentlicher Betrachtungsgegenstand sind die ökonomischen Konsequenzen der Digitalisierung und Vernetzung, wozu die Studierenden im Verlaufe des Seminars (in Kleingruppen) verschiedene Aufgaben sowohl über das Internet als auch im Rahmen von Präsenzveranstaltungen bearbeiten. Webbasierte Fallstudien, die gemeinsam mit dem Chinesisch-Deutschen Hochschulkolleg (CDHK) der Tongji Universität Shanghai und einer Abteilung der Marmara Universität Istanbul durchgeführt werden, geben den Studierenden Gelegenheit, internationale Kontakte zu knüpfen und Erfahrungen im länderübergreifenden E-Learning zu sammeln. So werden neben der Lernmodulbearbeitung (sowohl z.T. in Einzel- wie auch in Teamarbeit) u.a. Videokonferenzen abgehalten, bei denen die Studierenden ihre Arbeitsergebnisse online präsentieren und es werden Expertenvorträge zu den Themenbereichen der Veranstaltung per Videostream verfügbar gemacht. Digitales Rückgrat der Veranstaltung und Koordinationsinstrument für die Teamarbeit der Studierenden ist die Lernplattform Blackboard; die Videokonferenzen werden mit Hilfe der Software Adobe Connect Enterprise realisiert.

Das Lernarrangement ist sowohl in Bezug auf den Ablauf als auch in didaktischer Hinsicht dreigeteilt, wobei sich jede der drei Veranstaltungsphasen durch spezifische Lernziele auszeichnet. Die Studierenden werden in den ersten zwei Veranstaltungsphasen[675] mit Hilfe multimedialer Fallstudien durch die verschiedenen Aufgabenstellungen geführt. Für die Teamarbeit wird ihnen jeweils ein „virtueller Gruppenraum" eingerichtet, in dem sie unter anderem Dateien austauschen, Diskussionen führen und sich durch weitere Interaktionstools koordinieren können. Während in der ersten Fallstudie objektives Wissen, insbesondere in Form von Begrifflichkeiten und veränderten Gesetzmäßigkeiten entsprechend dem kognitivistischen Lernparadigma mit Hilfe der WBTs und eines Vortrags vermittelt wird, steht in der zweiten Fallstudie die konstruktivistische Sichtweise und damit das eigenständige, handlungsorientierte Erarbeiten von Lösungsvorschlägen bzw. Argumentationen im Vordergrund.[676]

Die dritte Veranstaltungsphase sieht als Produktionsphase für die deutschen Studierenden die Anpassung und Ergänzung der zuvor genutzten multimedialen Lernmaterialien und des Lernarrangements auf der Basis der gesammelten Er-

---

Ablauf vermittelt auch ein multimedialer Trailer, der im Internet verfügbar ist unter http://www.lernwelt.rub.de/content/neteconomy.html.

[675] Siehe in Abbildung 32 die Blöcke „Individuelles Lernen" und „Kooperatives Lernen".

[676] Zu den Lernparadigmen siehe die Abschnitte 2.1.2.2 und 2.1.2.3.

fahrungen vor.[677] Über fachlich-ökonomische Lernziele hinaus adressiert das Seminar damit u.a. auch die Verbesserung kommunikativ-rhetorischer, sozialer und medialer Kompetenzen der Teilnehmer. Eine Rhetorik- und Präsentationsschulung vor Beginn der Veranstaltung soll sie in diesem Zusammenhang bei der Präsentation von Arbeitsergebnissen im internationalen Plenum unterstützen. Zudem orientiert sich die Veranstaltung sowohl in Bezug auf die Begrifflichkeiten als auch im Hinblick auf die Koordination an Projektmanagementkonzepten. Die Studierenden arbeiten dementsprechend weitgehend eigenständig an den Aufgabenstellungen und werden lediglich durch Fristen und Lenkungsausschüsse von Seiten der Betreuer geführt. Abbildung 32 zeigt das aus den drei angesprochenen Veranstaltungsphasen bestehende Lernszenario, welches der Veranstaltung zugrunde liegt, und vermittelt einen Eindruck vom Zusammenspiel der Online- und Offlinephasen.

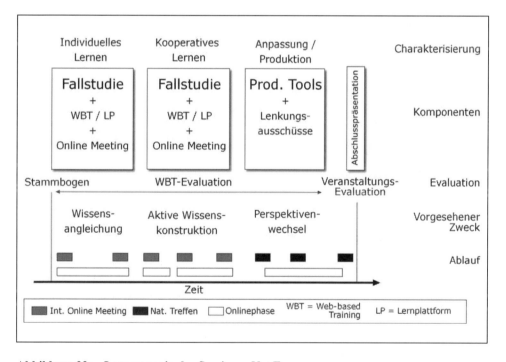

Abbildung 32:   Lernszenario des Seminars Net Economy

---

[677] Im SS 2007 stehen diesbezüglich Integrationsmöglichkeiten für Anwendungen des Web 2.0 im Vordergrund und es sollen bei der Erarbeitung von Konzeptvorschlägen insbesondere auch Anregungen der internationalen Partner Berücksichtigung finden.

Die einzelnen Termine und Phasen des konkreten Lernarrangements Net Economy füllen sich auf der Basis des dargestellten Lernszenarios u.a. durch die Auswahl und Bereitstellung der inhaltlichen Komponenten, durch die Konzeption der Aufgabenstellungen, durch die Bereitstellung und Gestaltung der von den Lernenden nutzbaren Räumlichkeiten, und im Verlaufe der Veranstaltung vor allem auch durch das Handeln der Studierenden selbst (als externe Faktoren). Den Ablauf der ersten Veranstaltungsphase, die vornehmlich der Angleichung der Wissensstände der Teilnehmer, dem gegenseitigen Kennenlernen und der Auseinandersetzung mit den Lernmaterialien und den Videokonferenzen dient, zeigt Tabelle 14.

Um über die in der dritten Veranstaltungsphase erarbeiteten Konzeptvorschläge zur Weiterentwicklung des Lernarrangements hinaus von den Erfahrungen der Teilnehmer profitieren zu können und damit auch das Lernszenario weiterentwickeln zu können, findet ein eigens hierzu in Bochum entwickeltes Evaluationskonzept Anwendung, welches auf die Besonderheiten des Blended Learning ausgerichtet ist und nun abschließend in seinen wesentlichen Bestandteilen vorgestellt wird:

- *Stammbogen*
  Es wurde ein dreischrittiges Evaluationsprozedere entwickelt, welches mit der Erfassung der Stammdaten der Lernenden in einem so genannten Stammbogen beginnt. Im Stammbogen werden sowohl demografische Daten, bisherige Erfahrungen als auch Erwartungen an das E-Learning sowie persönliche Einschätzungen erfasst. Neben Fragen mit unmittelbarem E-Learning-Bezug wird auch der Internetaffinität sowie der technischen Anbindung und Ausstattung der Teilnehmer nachgegangen. Wesentliche Aufgabe des Stammbogens ist die Ermöglichung von Rückschlüssen auf zielgruppenspezifische Aspekte unter Wahrung absoluter Anonymität der Urteilenden. Zu diesem Zweck gibt sich jeder Teilnehmer nach einem vorgegebenen Muster einen persönlichen Code, so dass dieser Code vom Teilnehmer auch über längere Zeiträume hinweg jederzeit neu abgeleitet werden kann und dennoch nur für den einzelnen Teilnehmer nachvollziehbar ist. Mithilfe dieses Codes lassen sich nun alle Urteile der betrachteten Person anonym seinen mit Hilfe des Stammbogens erfassten persönlichen Eigenschaften, Einstellungen, Erwartungen und Erfahrungen zuordnen.

Termin Nr.	Inhalte und Komponenten	Charakterisierung
1	Einführung und Präsentationsschulung	Internationales Onlinemeeting mit Überblicksvortrag und Präsentationsschulung durch einen externen Referenten
2	Fallstudie Net Economy mit WBTs: - Grundbegriffe der Net Economy - Typische Branchenentwicklungsstufen der E-Business-Diffusion - Ganzheitliche Prozessorientierung	Onlinebearbeitung der WBTs und der Aufgabenstellung A1[678] (bei Bedarf werden den Studierenden Computerräume zur Verfügung gestellt)
3	Fallstudie Net Economy mit WBTs: - Herausbildung neuer Geschäftssysteme - Typische Eigenschaften von E-Commerce-Geschäftssystemen - Typisierungsalternativen von B2B-Geschäftssystemen	Onlinebearbeitung der WBTs und der Aufgabenstellung A2[679] (bei Bedarf werden den Studierenden Computerräume zur Verfügung gestellt)
4	Abschluss der Fallstudie Net Economy	Internationales Onlinemeeting mit Präsentationen und anschließender Diskussion der Arbeitsergebnisse der Teams

Tabelle 14:   Die erste Veranstaltungsphase des Lernarrangements Net Economy

---

[678] Die Studierenden sind bei dieser Aufgabe aufgefordert, in ihren Gruppen in Eigenregie zwei Steckbriefe zu vorgegebenen Begrifflichkeiten der Net Economy zu entwickeln. Die Arbeitsergebnisse sollen dabei sowohl fachlich fundiert und wissenschaftlich belegt sein als auch eine interessante Gestaltung aufweisen (denkbar sind hier z. B. auch multimediale Steckbriefe). Die Arbeitsergebnisse sind innerhalb von 10 Tagen auf die Lernplattform hochzuladen und werden dort anschließend den anderen Studierenden zur Einsicht freigegeben. Das jeweils verantwortliche Team erhält zudem ein nur für die Teammitglieder einsehbares Feedback.

[679] Bei dieser Aufgabe sollen die Teams eine erste Präsentation vorbereiten, die sich mit ausgewählten Geschäftsmodelltypen entsprechend einer bekannten Geschäftssystemtypologie beschäftigt. Die Präsentationen sollen jeweils auf ca. 20-30 Minuten ausgelegt sein und möglichst jeder Teilnehmer soll im Verlauf des Seminars bei mindestens einer Präsentation aktiv mitwirken. Rhetorik- und Präsentationsfähigkeiten sind dabei ebenfalls Grundlage eines Feedbacks und sollen weiterentwickelt werden. Die Arbeitsverteilung innerhalb der Teams bleibt auch in dieser Phase Aufgabe der Studierenden (negative wie positive Erfahrungen bzgl. des realisierten Projektmanagements werden abschließend gemeinsam reflektiert). Im Vorfeld der internationalen Videokonferenz ist durch die nationalen Betreuer jeweils ein Team zu nominieren, welches die Onlinepräsentation für das entsprechende Land übernimmt.

- *Evaluation der E-Learning-Komponenten (WBTs und Fallstudien)*
  Im Verlauf der E-Learning-unterstützten Veranstaltungen werden alle eingesetzten WBTs und Fallstudien mit Hilfe eines speziell auf ihre Gestalt ausgerichteten Evaluationsbogens bewertet. Der Evaluationsbogen umfasst dabei Fragen zur optischen Anmutung, zur Funktionalität, zur inhaltlichen Qualität, und zur Eignung und Relevanz einzelner Elemente der WBTs (z.B. Animationen, Grafiken, Vertonung usw.). Es wird schließlich eine Gesamtnote abgefragt und eine Option zur Formulierung von Verbesserungsvorschlägen und Überarbeitungshinweisen angeboten. Die vollständige Evaluation erfordert aufgrund der einfachen Gestaltung dennoch nicht mehr als ca. 3-5 Minuten, was als elementare Bedingung für eine zufriedenstellende Rücklaufquote einzustufen ist.

- *Evaluation des Lernarrangements*
  In einem letzten Schritt bewerten die Teilnehmer das jeweilige Lernarrangement als Ganzes. Im Gegensatz zur Evaluation der Lernmodule befasst sich dieser Teil der Evaluation mit dem Veranstaltungskonzept, den verschiedenen integrierten Veranstaltungsphasen, den Dozenten und Referenten. Auch die Unterstützung der Veranstaltung durch die Lernplattform wird einer Bewertung zugeführt. Neben diesen unmittelbaren Beurteilungen werden die Teilnehmer zudem nach der Entwicklung ihrer Einstellung zum Thema E-Learning befragt, da sich hieraus wichtige Schlüsse in Bezug auf die optimale Integration der unterschiedlich E-Learning-intensiven Phasen im Zeitablauf einer Veranstaltung ergeben können.

Abbildung 33 zeigt das Zusammenspiel der Evaluationsbausteine.

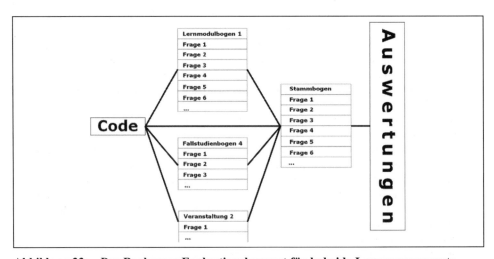

Abbildung 33:   Das Bochumer Evaluationskonzept für hybride Lernarrangements

Das dargestellte Evaluationsverfahren ist Teil aller auf Blended Learning ausge-richteten Lernszenarien[680] und damit ebenfalls ein Element der standardisierten Bereitstellungsleistung. Evaluationen verfolgen in diesem Zusammenhang zwei Ziele, da sie einerseits einer Beurteilung der konkreten Lern-Services (Lernar-rangements) dienen, gleichzeitig aber auch eine Grundlage für die Verbesserung und Weiterentwicklung der Lernszenarien schaffen.[681]

Das Beispiel des Lernarrangements insgesamt zeigt, dass trotz des erheblichen Standardisierungsgrads hochindividuelle Leistungserstellungserlebnisse reali-siert werden können. Hierzu ist es erforderlich, die Standardisierungs- und Indi-vidualisierungsmöglichkeiten gezielt aufeinander abzustimmen, wobei die Nach-frager- und die Anbieterperspektive zu harmonisieren sind. Zwar handelt es sich bei dem Lernarrangement um eine speziell universitäre Veranstaltung, einer Übertragung des Konzepts auf das Geschäftssystem Net Economy und damit auch einer generellen Verallgemeinerung stehen jedoch keine unüberwindbaren Widerstände im Wege. Gerade der Einsatz von E-Learning-Elementen kann vom Konzept des Lern-Service-Engineering profitieren, da sich diesbezüglich bei ei-ner konsequenten Modularisierung weitreichende Optionen zur Realisierung der dargestellten Mass Customization-Potenziale eröffnen. Zudem bieten sich mit den Lernszenarien als Serviceplattformen gute Möglichkeiten zur schrittweisen Etablierung einer E-Learning-Strategie in ganzen Bildungsprogrammen oder In-stitutionen, so dass das Konzept gerade in der gegenwärtigen Branchensituation als in hohem Maße erfolgsversprechend eingestuft werden kann.

---

[680] Siehe beispielsweise Abbildung 32.

[681] Hinsichtlich der ersten Schritte in Richtung eines evaluationsbasierten Lern-Service-Engineering, welches auf eine nachfrageorientierte Feinjustierung der Elemente hybrider Lernarrangements abzielt, siehe Gabriel / Gersch / Weber (2006a).

6   Abschließende Betrachtung

Eine wichtige Rolle im Rahmen der sich gegenwärtig vollziehenden Veränderungen im Bildungswesen spielen die im zweiten Kapitel in den Vordergrund gerückten innovativen Lehr- und Lernkonzepte wie E-Learning und Blended Learning. Ihnen wird das Potenzial zugesprochen, qualitative Verbesserungen herbeizuführen, gleichzeitig aber auch ökonomischen Handlungsspielraum zu schaffen. Da die Entwicklungen in diesem Bereich sehr vielfältig sind, ist ein unübersichtliches Geflecht an Begrifflichkeiten und Ansätzen entstanden, denen im Rahmen dieser Arbeit mit Hilfe von Kategorisierungsansätzen und insbesondere einem hierarchischen Begriffsverständnis begegnet wurde. Wesentlich für den weiteren Verlauf der Arbeit und speziell für den im fünften Kapitel entwickelten Ansatz des Lern-Service-Engineering war die Unterscheidung von Lernszenarien und Lernarrangements. Während Lernszenarien demnach abstrakte Veranstaltungsgrundtypen im Sinne von Serviceplattformen darstellen, handelt es sich bei Lernarrangements um deren in spezifische Lernumgebungen eingebettete Konkretisierungen. Darüber hinaus wurden wesentliche Eigenschaften und Merkmale von E-Learning und Blended Learning thematisiert sowie Potenziale, wie z. B. die Flexibilisierung der Lernprozesse und der tendenziell höhere Aktivitätsgrad der Lernenden diskutiert. Unter anderem wurde hierbei deutlich, dass den Potenzialen erhebliche Herausforderungen gegenüberstehen, die sich in den letzten Jahren als nicht zu verkennende Hürden bei der Etablierung innovativer Lehr- und Lernkonzepte erwiesen haben. Aus diesen Problemen heraus hat sich ein Trend zum Blended Learning entwickelt, bei dem die Vorteile traditioneller Lehre mit denen des E-Learning in hybriden Lernarrangements zusammengeführt werden. Insgesamt hat das zweite Kapitel gezeigt, dass sich durchaus deutliche und vielversprechende Veränderungen in Richtung innovativer Lehr- und Lernkonzepte ausmachen lassen, die jedoch – sollen sie nachhaltig sein – ein ökonomisches Fundament erfordern, was wiederum zunächst eine ökonomische Analyse des sich abzeichnenden Wandels selbst voraussetzt.

Dieser so genannte Transformationsprozess war Gegenstand des dritten Kapitels und wurde als ergebnisoffener Wandel der Bildungsbranche in einen veränderten Zustand definiert, der sich insbesondere bei der Markt-, Wettbewerbs- und Wertschöpfungsstrukturen zeigt. Verdeutlicht wurde stellvertretend die Situation der Universitäten, die gegenwärtig massiven Änderungen regulatorischer Rahmenbedingungen, wie z. B. der Einführung von Bachelor und Master im Zuge des Bologna-Prozesses und der Einführung von Studiengebühren, einer immer dynamischeren technologischen Entwicklung sowie sich in der Konsequenz deutlich verändernden „Kundenerwartungen" ausgesetzt sind. Das durch diese und weitere Auslöser angestoßene unternehmerische Handeln der Akteure sorgt für einen sich selbst verstärkenden Transformationsprozess, dessen Konsequenzen sich sowohl auf Einzelakteursebene als auch auf Markt- und Branchenebene zeigen. Mit Hilfe verschiedener Systematisierungsansätze in Bezug auf die sich neu herausbildenden Geschäftssysteme wurde diesbezüglich das Ausmaß der Dynamik für den E-Learning-Bereich aufgezeigt, wenn auch eine konkrete statistische Erfassung der Entwicklung nicht geliefert werden konnte. Die den einzelnen angeführten Geschäftsmodellbetrachtungen zugrunde liegenden Ziele reichen von einer Klassifizierung und Typisierung unternehmerischer Aktivitäten bis hin zur Bereitstellung eines Instruments der strategischen Planung.

Vor dem Hintergrund dieser insbesondere auf technischen Entwicklungen und politischen Maßnahmen beruhenden Veränderungen im Bildungswesen überdenken gegenwärtig zahlreiche Branchenakteure ihre Positionierung und ihre strategische Ausrichtung. Sowohl etablierte Akteure wie Universitäten als auch neue, bisher branchenfremde Akteure, die den Wandel als Chance zum Brancheneintritt auffassen, befassen sich aktuell mit ihren Wertschöpfungsprozessen, ihren Leistungsangeboten, ihren Organisationsstrukturen und allen weiteren das Wettbewerbspotenzial beeinflussenden Aspekten ihres Geschäftssystems. Als Instrument für eine solche Analyse und Planung wurde im vierten Kapitel der integrierte Geschäftsmodellansatz vorgestellt und Lern-Service-spezifisch interpretiert. Die Unterscheidung von sechs Partialmodellen macht den Ansatz zu einem flexiblen und zugleich systematischen Instrument, welches sowohl einen aggregierten Überblick über einzelne Geschäftssysteme zu vermitteln vermag als auch zur Fokussierung konkreter Herausforderungen und der Entwicklung konzeptioneller Lösungen herangezogen werden kann. Eine zentrale Rolle bei dieser ökonomischen Interpretation und Betrachtung von Bildungsangeboten spielen die Lern-Services als Leistungsgegenstand, die sich als Leistungsbündel vor allem durch ihren (partiell) immateriellen und integrativen Charakter auszeichnen. Mit Hilfe des Geschäftsmodellansatzes wurden für alle Partialmodelle Besonderheiten im Lern-Service-Kontext aufgezeigt und verschiedentlich auch diesbezügliche Erkenntnisse und Erfahrungen des strategischen Managements und des Dienstleistungsmanagements erläutert, von denen die Betreiber entsprechender Geschäftssysteme erheblich profitieren können. Im Verlauf der Partialmodellbetrachtungen wurde dabei verschiedentlich die Notwendigkeit deutlich, im konkreten Anwendungsfall neben ökonomischen auch didaktische Aspekte in die Betrachtung bzw. Planung mit einzubeziehen. So kann beispielsweise eine Entscheidung über die Distribution von Lern-Services nicht nur auf ökonomischem Kalkül beruhen, sondern muss angesichts des Bildungsanspruchs u.a. auch Erkenntnisse zur didaktischen Überlegenheit hybrider Vermittlungsstrategien

(Blended Learning) berücksichtigen. Auch die Gestaltung des Leistungsangebots muss didaktische Gesichtspunkte wie die anfangs erläuterten Lernparadigmen berücksichtigen, da hiervon u.a. der Lernerfolg abhängt, der ein wichtiges Qualitätskriterium von Bildungsangeboten darstellt.

Im fünften Kapitel wurde schließlich anhand des Geschäftssystems Executive MBA Net Economy gezeigt, wie eine Partialmodellausgestaltung im Detail aussehen kann. Einer einführenden Geschäftssystemanalyse, bei der insbesondere Wert auf den kooperativen Betreiberkreis gelegt wurde, folgte dazu eine detaillierte Auseinandersetzung mit dem Leistungserstellungsmodell, für das im Rahmen der E-Learning-Aktivitäten des Lehrstuhls für Wirtschaftsinformatik und des Competence Center E-Commerce der Ruhr-Universität Bochum mit dem Lern-Service-Engineering ein grundlegendes Konzept entwickelt wurde. Das Lern-Service-Engineering, welches folglich aus dem Bereich der universitären Lehre stammt, basiert auf dem Gedanken des Blended Learning, nutzt aber gleichzeitig gezielt die ökonomischen Ansätze der Mass Customization und der Serviceplattformstrategie, um neben didaktischen Ansprüchen auch ökonomischen Herausforderungen gerecht zu werden. Es ist zudem ein Beispiel für das Zusammenspiel der interdependenten Partialmodelle, in diesem konkreten Fall des Leistungserstellungsmodells und des Leistungsangebotsmodells. Mit der Erläuterung des Lernarrangements Net Economy wurde schließlich ein Beispiel eines konkreten Ergebnisses des Lern-Service-Engineering vorgestellt. Ziel war es dabei vor allem, die letztlich trotz der Teilstandardisierung von Komponenten, Veranstaltungsphasen und zugrunde liegenden Lernszenarien dennoch individuellen Leistungserstellungserlebnisse der Leistungsempfänger (in diesem Fall Studierende) zu veranschaulichen. Gleichzeitig handelt es sich bei dem dargestellten Lernarrangement um einen in besonderem Maße innovativen Ansatz einer in ein internationales Lernnetzwerk eingekleideten universitären Lehrveranstaltung, die in der Form nur durch eine intensive Verzahnung von traditioneller Lehre und E-Learning realisierbar ist. Implizit wurden damit durch das Beispiel noch einmal wichtige Erkenntnisse der einzelnen Kapitel der Arbeit aufgegriffen:

- aus Kapitel 2 das Verständnis in Bezug auf innovative Lehr- und Lernkonzepte i. S. von E-Learning und Blended Learning;

- aus Kapitel 3 der Hintergrund und die Motivation für eine Neuausrichtung des Leistungsangebots und der Leistungserstellungsprozesse von Bildungsakteuren (hier einer Universität);

- aus den Kapiteln 4 und 5 das Lern-Service-Engineering als sowohl ökonomischem wie auch didaktisch ausgerichtetem Ansatz zur Gestaltung und Realisierung von Lern-Services.

Insgesamt zielt die vorliegende Arbeit gerade auf diese Möglichkeiten und Potenziale einer integrierten Betrachtung von didaktischen, ökonomischen und (in Ansätzen auch) technischen Aspekten im Rahmen einer Geschäftsmodellbetrachtung im Bildungswesen ab. In Anbetracht der dynamischen Entwicklung kann der vorgestellte Ansatz eine ganzheitliche und strategische Sichtweise fördern, erlaubt aber zugleich die Fokussierung einzelner Aspekte und Teilbereiche mit Hilfe der Partialmodelle. Die im Rahmen der Partialmodellbetrachtung diskutierten Besonderheiten und Lösungsansätze sind dabei jeweils nur als Anregungen für eine detailliertere und spezifischere Analyse zu verstehen, die – wie am Beispiel des Lern-Service-Engineering gezeigt wurde – durchaus auch zu konkreten Implikationen und Empfehlungen für die Betreiber von Lern-Service-Geschäfssystemen führen können.

Gerade die vorgeschlagene Service-Interpretation von Bildungsangeboten und das damit einhergehende Verständnis von Bildungsanbietern als Geschäftssystembetreibern stellt nach hier vertretener Ansicht insgesamt einen viel versprechenden Ausgangspunkt für Anregungen in Bezug auf eine nachhaltige Verankerung innovativer Lern-Services im Rahmen wettbewerbsfähiger Geschäftssysteme dar.

Literaturverzeichnis

Afuah, Allan; Tucci, Christopher (2001): Internet Business Models and Strategies, New York 2001.

Ahlert, Dieter (1991): Distributionspolitik: Das Management des Absatzkanals, 2. Aufl., Stuttgart et al. 1991.

Alisch, Kathrin (Red.) (2004): Gabler-Wirtschaftslexikon, 16. Aufl., Wiesbaden 2004.

Amit, Raphael; Zott, Christoph (2001): Value Creation in E-Business, in: Strategic Management Journal, 22. Jg. (2001), S. 493-520.

Ansoff, Igor (1966): Management-Strategie, München 1966.

Apostolopoulos, Nicolas; Geukes, Albert; Zimmermann, Stefan (1996): DIALEKT – Digitale Interaktive Lektionen in der Studentenausbildung, in: DFN-Mitteilungen, Heft 40, 1996, S. 7-10.

Arnold, Deborah; Vanbuel, Mathy (2003): Das COST€R-Tool – E-Learning bepreisen, in: Hohenstein, Andreas; Wilbers, Karl (Hrsg.): Handbuch E-Learning: Expertenwissen aus Wissenschaft und Praxis, Beitrag 3.3.2, Köln 2003.

Arnold, Patricia (2005): Einsatz digitaler Medien in der Hochschullehre aus lerntheoretischer Sicht, http://www.e-teaching.org/didaktik/theorie/lerntheorie/arnold.pdf, abgerufen am 21.01.2007.

Arnold, Patricia; Kilian, Lars; Thillosen, Anne; Zimmer, Gerhard (2004): E-Learning: Handbuch für Hochschulen und Bildungszentren – Didaktik, Organisation, Qualität, Nürnberg 2004.

Back, Andrea; Bendel, Oliver; Stoller-Schai, Daniel (2001): E-Learning im Unternehmen, Zürich 2001.

Bain, Joe S. (1956): Barriers to new competition, Cambridge 1956.

Bain, Joe S. (1968): Industrial organization, 2. Aufl., New York 1968.

Bakos, Yannis; Brynjolfsson, Eric (1996): Bundling Information Goods: Pricing, Profits and Efficiency, http://www.gsm.uci.edu/~bakos/big/big.html abgerufen am 13.09.2005.

Ballstaedt, Steffen-Peter (1997): Wissensvermittlung – Die Gestaltung von Lernmaterial, Weinheim 1997.

Balzert, Helmut (2000): Lehrbuch der Software-Technik: Software-Entwicklung, 2. Aufl., Heidelberg; Berlin 2000.

Baumgartner, Peter; Häfele, Hartmut; Maier-Häfele, Kornelia (2002a): E-Learning-Praxishandbuch: Auswahl von Lernplattformen, Innsbruck et al. 2002.

Baumgartner, Peter; Häfele, Hartmut; Häfele, Kornelia (2002b): E-Learning, CD Austria, Heft 5, Sonderheft des österreichischen Bundesministeriums für Bildung, Wissenschaft und Kultur (bm:bwk), Wien 2002.

Becker, Fred G.; Fallgatter, Michael J. (2002): Unternehmensführung – Einführung in das strategische Management, Berlin 2002.

Becker, Jochen (2001): Marketing-Konzeption – Grundlagen des zielstrategischen und operativen Marketing-Managements, 7. Aufl., München 2001.

Bendel, Oliver (2006): Wikipedia als Methode und Gegenstand der Lehre, in: HMD – Praxis der Wirtschaftsinformatik, 43. Jg. (2006), Heft 252, S. 82-88.

Bendel, Oliver; Hauske, Stefanie (2004): E-Learning – Das Wörterbuch, Oberentfelden; Aarau 2004.

Benjamin, Robert; Wigand, Rolf (1995): Electronic Markets and Virtual Value Chains on the Information Superhighway, in: Sloan Management Review, Vol. 36 (1995), No. 2, p. 62-72.

Berlitz (2006): Berlitz Deutschland, http://www.berlitz.de, abgerufen am 05.05.2006.

Berry, Leonard L.; Parasuraman, A. (1991): Marketing Services: Competing through Quality, New York 1991.

Beutin, Nikolas (2001): Verfahren zur Messung der Kundenzufriedenheit im Überblick, in: Homburg, Christian (2001): Kundenzufriedenheit: Konzepte – Methoden – Erfahrungen, 4. Aufl., Wiesbaden 2001.

Blumstengel, Astrid (1998): Entwicklung hypermedialer Lernsysteme, http://dsor.upb.de/~blumstengel, abgerufen am 12.12.2006.

BMBF – Bundesministerium für Bildung und Forschung (2001): Praxisnah und international – der MBA-Markt in Deutschland, Köln 2001.

BMBF – Bundesministerium für Bildung und Forschung (2004a): Hochschulreform, http://www.bmbf.de/de/655.php, abgerufen am 21.12.2004.

BMBF – Bundesministerium für Bildung und Forschung (2004b): Bekanntmachung des Bundesministeriums für Bildung und Forschung – e-Learning-Dienste für die Wissenschaft, http://www.bmbf.de/foerderungen/ 2576.php, abgerufen am 13.02.2007.

BMBF – Bundesministerium für Bildung und Forschung (2005): Der Bologna-Prozess, http://www.bmbf.de/de/3336.php, abgerufen am 08.06.2005.

BMBF – Bundesministerium für Bildung und Forschung (2007a): Innovationen in der Bildung, http://www.bmbf.de/de/1076.php, abgerufen am 06.02.2007.

BMBF – Bundesministerium für Bildung und Forschung (2007b): Exzellenzinitiative, http://www.bmbf.de/de/1321.php, abgerufen am 06.02.2007.

Bodendorf, Freimut (1990): Computer in der fachlichen und universitären Ausbildung, München et al. 1990.

Bok, Derek (2003): Universities in the marketplace: The Commercialization of Higher Education, Princeton; Oxford 2003.

Bolz, André (2002): Multimedia-Fallstudien in der betriebswirtschaftlichen Aus- und Weiterbildung, Lohmar et al. 2002.

Bower, Gordon H.; Hilgard, Ernest R. (1983): Theorien des Lernens, Band 1, 5. Aufl., Stuttgart 1983.

Breitner, Michael; Hoppe, Gabriela (2005): A Glimpse at Business Models and Evaluation Apporaches for E-Learning, in: Breitner, Michael; Hoppe, Gabriela (Hrsg.): E-Learning – Einsatzkonzepte und Geschäftsmodelle, Heidelberg 2005, S. 179-194.

Bresser, Rudi K.F.; Heuskel, Dieter; Nixon, Robert D. (2000): The Deconstruction of Integrated Value Chains: Practical and Conceptual Challenges, in: Bresser, Rudi K.F.; Hitt, Michael A.; Nixon, Robert D.; Heuskel, Dieter (Ed.): Winning Strategies in a Deconstructing World, Chichester et al. 2000, S. 1-21.

Breuer, Jens (2001): Kooperative Lernformen beim E-Learning einsetzen, in: Hohenstein, Andreas; Wilbers, Karl (Hrsg.): Handbuch E-Learning: Expertenwissen aus Wissenschaft und Praxis, Beitrag 4.2, Köln 2004.

Brockhaus, Michael; Emrich, Martin; Mei-Pochtler, Antonella (2000): Hochschulentwicklung durch neue Medien – Best-Practice-Projekte im internationalen Vergleich, in: Bertelsmann Stiftung & Heinz Nixdorf Stiftung (Hrsg.): Studium online: Hochschulentwicklung durch neue Medien, Gütersloh 2000.

Bruhn, Johannes (2000): Förderung des kooperativen Lernens über Computernetze – Prozess und Lernerfolg bei dyadischem Lernen mit Desktop-Videokonferenzen, München 2000.

Bruhn, Manfred (1997): Qualitätsmanagement für Dienstleistungen – Grundlagen, Konzepte, Methoden, 2. Aufl., Berlin et al. 1997.

Bruhn, Manfred (2000): Qualitätssicherung im Dienstleistungsmarketing – Eine Einführung in die theoretischen und praktischen Probleme, in: Bruhn, Manfred; Stauss, Bernd (Hrsg.): Dienstleistungsqualität. Konzepte – Methoden – Erfahrungen, Wiesbaden 2000, S. 21-48.

Bruns, Beate (2005): E-Learning-Referenzmodelle oder: Doch ein Kochrezept für die Online-Akademie?, in: Breitner, Michael; Hoppe, Gabriela (Hrsg.): E-Learning – Einsatzkonzepte und Geschäftsmodelle, Heidelberg 2005, S. 1-16.

Bruns, Beate; Gajewski, Petra (2002): Multimediales Lernen im Netz, Leitfaden für Entscheider und Planer, 3. Aufl., Berlin; Heidelberg 2002.

Bühner, Rolf (2004): Betriebswirtschaftliche Organisationslehre, 10. Aufl., München et al. 2004.

Büttgen, Marion (2002): Mass Customization im Dienstleistungsbereich, in: Mühlbacher, Hans; Thelen, Eva (Hrsg.): Neue Entwicklungen im Dienstleistungsmarketing, Wiesbaden 2002, S. 257-285.

BVDW – Bundesverband digitale Wirtschaft (2004): Kommerzielle deutsche Webseiten, Eine Untersuchung des BVDW im Auftrag des EU-Projektes European Multimedia Accelerator, http://www.bvdw.org/markt zahlen/bvdw-studien/mehr/kommerzielle-deutsche-webseiten.html, abgerufen am 06.09.2006.

Cognition and Technology Group of Vanderbilt (1992): Technology and the Design of Generative Learning Environments, in: Duffy, Thomas M.; Jonassen, David H. (Ed.): Constructivism and the Technology of Instruction: A Conversation, Hillsdale et al. 1992, p. 77-89.

Corsten, Hans (1993): Dienstleistungsproduktion, in: Wittmann, Waldemar (Hrsg.): Handwörterbuch der Betriebswirtschaft, 5. Aufl., Stuttgart 1993, Sp. 766-776.

Corsten, Hans (2004): Produktionswirtschaft, 10. Aufl., München et al. 2004.

Corsten, Hans; Dresch, Kai-Michael; Gössinger, Ralf (2005): Wettbewerbsstrategien für Dienstleistungen, in: Corsten, Hans; Gössinger, Ralf (Hrsg.): Dienstleistungsökonomie – Beiträge zu einer theoretischen Fundierung, Berlin 2005, S. 361-404.

Corsten, Hans; Gössinger, Ralf (Hrsg.) (2005): Dienstleistungsökonomie – Beiträge zu einer theoretischen Fundierung, Berlin 2005.

Corsten, Hans; Will, Thomas (1992): Das Konzept generischer Wettbewerbsstrategien – Kennzeichen und kritische Analyse, in: Das Wirtschaftsstudium (wisu), 21. Jg. (1992), Nr. 3, S. 185-191.

Danish Technological Institute (2004): Study of the e-learning suppliers' "market" in europe, http://ec.europa.eu/education/programmes/elearning/doc/studies/market_study_en.pdf, abgerufen am 22.07.2006.

Deise, Martin; Nowikow, Conrad; King, Patrick; Wright, Amy (2000): Executive's Guide to E-Business, New York et al. 2000.

Deitering, Franz G. (2001): Selbstgesteuertes Lernen, 2. Aufl., Göttingen et al. 2001.

Deutscher Franchise-Verband e.V. (2006): Der Begriff „Franchising", http://www.dfv-franchise.de/, abgerufen am 17.08.2006.

Deutsches Zentrum für Luft- und Raumfahrt e. V. (2005): Neue Medien in der Bildung – gesellschaftlichen Wandel aktiv mitgestalten, http://www. medien-bildung.net/ueber_uns/ueber_uns_uebersicht_db.php, abgerufen am 17.06.2005.

Dittmar, Carsten (2004): Knowledge Warehouse: Ein integrativer Ansatz des Organisationsgedächtnisses und die computergestützte Umsetzung auf Basis des Data Warehouse-Konzepts, Wiesbaden 2004.

Dohmen, Dieter; Michel, Lutz P. (Hrsg.) (2003): Marktpotenziale und Geschäftsmodelle für eLearning-Angebote deutscher Hochschulen, Bielefeld 2003.

Dohmen, Dieter; Simons, Susanne (2003): Geschäftsmodelle, in: Dohmen, Dieter; Michel, Lutz P. (Hrsg.): Marktpotenziale und Geschäftsmodelle für eLearning-Angebote deutscher Hochschulen, Bielefeld 2003, S. 145-206.

Duffy, Thomas M.; Jonassen, David H. (Ed.) (1992): Constructivism and the Technology of Instruction: A Conversation, Hillsdale (NJ) et al. 1992.

Ebert, Mark (1998): Evaluation von Synergien bei Unternehmenszusammenschlüssen, Chemnitz 1998.

E-Commerce-Center Handel (2001): Die Begriffe des eCommerce, Frankfurt 2001.

Edelmann, Walter (2000): Lernpsychologie, 6. Aufl., Weinheim 2000.

Elloumi, Fathi (2004): Value Chain Analysis: A Strategic Approach To Online Learning, in: Andersen, Terry; Elloumi, Fathi (Ed.): Theory and Practice of Online Learning, Athabasca University 2004.

Enders, Judith; Haslinger, Sebastian; Rönz, Gernot; Scherrer, Christoph (2003): GATS-Verhandlungen im Bildungsbereich: Bewertung der Forderungen, Gutachten für die Max-Traeger-Stiftung, http://www.gew-koeln.de/02/intern/archiv/gutachten_scherrer03.pdf, abgerufen am 23.08.2006.

Engelhardt, Werner H. (1966): Grundprobleme der Leistungslehre, dargestellt am Beispiel der Warenhandelsbetriebe, in: Zeitschrift für betriebswirtschaftliche Forschung, 18. Jg. (1966), S. 158-178.

Engelhardt, Werner H.; Gabriel, Roland; Gersch, Martin (Hrsg.) (2002): E-Learning – Bildungskonzepte der Zukunft?! – Beiträge zum 3. CCEC-Workshop, Multimedialer Arbeitsbericht Nr. 8 des Competence Center E-Commerce und Nr. 94 des Instituts für Unternehmungsführung und Unternehmensforschung, Bochum 2002.

Engelhardt, Werner H.; Günter, Bernd (1981): Investitionsgüter-Marketing – Anlagen, Einzelaggregate, Teile, Roh- und Einsatzstoffe, Energieträger, Stuttgart et al. 1981.

Engelhardt, Werner H.; Kleinaltenkamp, Michael; Reckenfelderbäumer, Martin (1993): Leistungsbündel als Absatzobjekte – Ein Ansatz zur Überwindung der Dichotomie von Sach- und Dienstleistungen, in: Zeitschrift für betriebswirtschaftliche Forschung, 45. Jg. (1993), S. 395-426.

Engelhardt, Werner H.; Reckenfelderbäumer, Martin (1993): Trägerschaft und organisatorische Gestaltung industrieller Dienstleistungen, in: Simon, Hermann (Hrsg.): Industrielle Dienstleistungen, Stuttgart 1993, S. 263-293.

ESCP-EAP (2006): European School of Management, http://www.escp-eap.net und http://www.escp-eap.de, abgerufen am 05.05.2006.

Euler, Dieter (2005): Didaktische Gestaltung von E-Learning-unterstützten Lernumgebungen, in: Euler, Dieter; Seufert, Sabine (Hrsg.): E-Learning in Hochschulen und Bildungszentren, München 2005, S. 226-242.

Euler, Dieter; Seufert, Sabine (Hrsg.) (2005): E-Learning in Hochschulen und Bildungszentren, München 2005.

Europäische Kommission (2006): The Bologna Process, http://ec.europa.eu/education/policies/educ/bologna/bologna_en.html, abgerufen 31.03.2007.

European Study Center Bretten (2006): The University of Southern Queensland (Australia) European Center, http://www.usq-bretten.de, abgerufen am 07.05.2006.

Fiedler, Marina; Welpe, Isabell; Picot, Arnold (2006): Radical Change in Higher Education: The Case of the Educational Systems in German-speaking Europe, in: Proceedings of the VIIIth. IFSAM World Congress 'Enhancing managerial responsiveness to global challenges', Berlin 2006.

Fischer, Marc; Herrmann, Andreas; Huber, Frank (2001): Return on Customer Satisfaction – Wie rentabel sind Maßnahmen zur Steigerung der Zufriedenheit?, in: Zeitschrift für Betriebswirtschaft (ZfB), 71. Jg. (2001), S. 1161-1190.

Flasdick, Julia (2006): E-Learning-Anwender: Hochschulen, in: Michel, Lutz P. (Hrsg.): Digitales Lernen: Forschung – Praxis – Märkte, Essen; Berlin 2006, S. 65-72.

Fleck, Andree (1995): Hybride Wettbewerbsstrategien – Zur Synthese von Kosten- und Differenzierungsvorteilen, Wiesbaden 1995.

Fließ, Sabine; Lasshof, Britta; Meckel, Monika (2004): Möglichkeiten der Integration des Zeitmanagements in das Blueprinting von Dienstleistungsprozessen, FernUniversität Hagen, Diskussionsbeitrag Nr. 362, Hagen 2004.

Fließ, Sabine; Völker-Albert, Jan-Hendrik (2002): Going Virtual – Blueprinting als Basis des Prozessmanagements von E-Service-Anbietern, in: Bruhn, Manfred; Stauss, Bernd (Hrsg.): Jahrbuch für Dienstleistungsmanagement, Wiesbaden 2002, S. 263-291.

Freiling, Jörg (1998a): Rüstzeug für den Ressourcen-Check-up – Kernkompetenz-Analyse Teil 1, in: Absatzwirtschaft, 41. Jg. (1998), Heft 4, S. 70-76.

Freiling, Jörg (1998b): Rüstzeug für den Ressourcen-Check-up – Kernkompetenz-Analyse Teil 2, in: Absatzwirtschaft, 41. Jg. (1998), Heft 5, S. 74-77.

Freiling, Jörg (1998c): Kompetenzorientierte Strategische Allianzen, in: io management, 67. Jg. (1998), Heft 6, S. 23-29.

Freiling, Jörg; Gersch, Martin; Goeke, Christian (2006): Eine 'Competence-based Theory of the Firm' als marktprozesstheoretischer Ansatz – Erste disziplinäre Basisentscheidungen eines evolutorischen Forschungsprogramms, in: Schreyögg, Georg; Conrad, Peter (Hrsg.): Managementforschung, Band 16: Management von Kompetenz, Wiesbaden 2006, S. 37-82.

Freiling, Jörg; Gersch, Martin; Goeke, Christian; Weber, Peter (2006): Alliances as a Strategy in Volatile Environments – also for MBA Business Models?!, in: Proceedings of the International Symposium on the Competence Perspective in Management Education, Practice and Consulting, Cape town 2006.

Fresina, Anthony J. (1997): The Three Prototypes of Corporate Universities, in: Corporate University Review, January / February 1997, p. 34-38.

Gabriel, Roland (2002): Neue Arbeitsfelder im Electronic Business, in: Gabriel, Roland; Hoppe, Uwe (Hrsg.): Electronic Business – Theoretische Aspekte und Anwendungen in der betrieblichen Praxis, Heidelberg 2002, S. 211-220.

Gabriel, Roland; Gersch, Martin; Weber, Peter (2004a): „E-Learning Engineering": Recommendations for Consumer-Driven „Blended Learning", in: Kloos, Carlos Delgado; Pardo, Abelardo (Ed.): EDUTECH: Computer-Aided Design Meets Computer-Aided Learning, Boston; Dordrecht; London 2004, p. 187-196.

Gabriel, Roland; Gersch, Martin; Weber, Peter (2004b): Grundbegriffe der New Economy, multimediales Lernmodul als WBT, http://www.lernwelt.rub.de, Bochum 2004.

Gabriel, Roland; Gersch, Martin; Weber, Peter (Hrsg.) (2005): Geschäftsmodelle im E-Learning, (Multimedialer) Arbeitsbericht Nr. 12 des Competence Center E-Commerce und Nr. 101 des ifu, Bochum 2005.

Gabriel, Roland; Gersch, Martin; Weber, Peter; Venghaus, Christian (2006a): Blended Learning Engineering: Der Einfluss von Lernort und Lernmedium auf Lernerfolg und Lernzufriedenheit – Eine evaluationsgestützte Untersuchung, in: Breitner, Michael H.; Bruns, Beate; Lehner, Franz (Hrsg.): Neue Trends im E-Learning, Heidelberg 2006, S. 75-92.

Gabriel, Roland; Gersch, Martin; Weber, Peter (2006b): Mass Customization as an adequate strategy for Education-Services, in: Reeves, Thomas C.; Yamashita, Shirley F. (Ed.): Proceedings of E-Learn 2006, World Conference on E-Learning in Corporate, Government, Healthcare, & Higher Education, Honolulu Hawaii USA 2006, p. 1620-1627.

Gabriel, Roland; Gersch, Martin; Weber, Peter (2006c): Mass Customization of Education-Services – A first milestone on the way to a sustainable international learning network, in: Proceedings of the VIIIth. IFSAM World Congress 'Enhancing managerial responsiveness to global challenges', Berlin 2006.

Gabriel, Roland; Gersch, Martin; Weber, Peter (2007): Mass Customization und Serviceplattformstrategien im Blended Learning Engineering – Konzeptionelle Grundlagen und evaluationsgestützte Erfahrungen, in: Oberweis, Andreas; Weinhardt, Christof; Gimpel, Henner; Koschmider, Agnes; Pankratius, Victor; Schnizler, Björn (Hrsg.): eOrganisation: Service-, Prozess-, Market-Engineering, 8. Internationale Tagung Wirtschaftsinformatik, Karlsruhe 2007, Band 2, S. 3-19.

Gage, Nathaniel L.; Berliner, David C. (1996): Pädagogische Psychologie, 5. Aufl., Weinheim 1996.

Garret, Norman A.; Nantz, Karen S. (2006): RSS Technologies and Collaborative Student Learning Communities, in: Reeves, Thomas C.; Yamashita, Shirley F. (Ed.): Proceedings of E-Learn 2006, World Conference on E-Learning in Corporate, Government, Healthcare, & Higher Education, Honolulu Hawaii USA 2006, p. 526-531.

Gehrke, Nick; Burghardt, Markus; Schumann, Matthias (2002): Strategien der Produktbündelung, in: Das Wirtschaftsstudium (wisu), 31. Jg. (2002), Nr. 3, S. 346-352.

Gerhardt, Jürgen (1987): Dienstleistungsproduktion, Bergisch Gladbach; Köln 1987.

Gerpott, Thorsten; Schlegel, Maike (2002): Online-Distributionsoptionen für Markenanbieter journalistischer Inhalte, in: Die Betriebswirtschaft, 62. Jg. (2002), S. 133-145.

Gersch, Martin (1995): Die Standardisierung integrativ erstellter Leistungen, Arbeitsbericht Nr. 57 des Instituts für Unternehmungsführung und Unternehmensforschung, Bochum 1995.

Gersch, Martin (1998): Vernetzte Geschäftsbeziehungen, Wiesbaden 1998.

Gersch, Martin (2000): E-Commerce – Einsatzmöglichkeiten und Nutzungspotentiale, Arbeitsbericht Nr. 1 des Competence Center E-Commerce und Nr. 82 des Instituts für Unternehmungsführung und Unternehmensforschung, Bochum 2000.

Gersch, Martin (2002): Kooperationen als Instrument des Kompetenz-Management zur Realisierung erfolgreicher E-Commerce-Geschäftssysteme, in: Bellmann, Klaus; Freiling, Jörg; Hammann, Peter; Mildenberger, Udo (Hrsg.): Aktionsfelder des Kompetenz-Managements, Wiesbaden 2002, S. 411-438.

Gersch, Martin (2003): Cooperation as an instrument of competence management to implement successful e-commerce business models, in: Int. Journal of Management and Decision Making (IJMDM), Vol. 4 (2003), Nos. 2/3, p. 210-228.

Gersch, Martin (2004a): Versandapotheken in Deutschland – Die Geburt einer neuen Dienstleistung – Wer wird eigentlich der Vater?, in: Marketing ZFP (Sonderheft Dienstleistungsmanagement), 26. Jg. (2004), S. 59-70.

Gersch, Martin (2004b): Intermediation / Disintermediation in Wertketten – Teil 1, multimediales Lernmodul als WBT, http://www.lernwelt.rub.de, Bochum 2004.

Gersch, Martin (2004c): E-Services – Begriffe und Grundlagen, multimediales Lernmodul als WBT, http://www.lernwelt.rub.de, Bochum 2004.

Gersch, Martin (2004d): Fünf Entwicklungssprünge der IT-Entwicklung, multimediales Lernmodul als WBT, http://www.lernwelt.rub.de, Bochum 2004.

Gersch, Martin (2006): Unternehmerisches Handeln – das Beispiel flexibilitätsbedingter Unternehmungskrisen in frühen Marktphasen, Habilitationsschrift an der Fakultät für Wirtschaftswissenschaft der Ruhr-Universität Bochum 2005/2006.

Gersch, Martin; Freiling, Jörg; Goeke, Christian (2005): Grundlagen einer „Competence-based Theory of the Firm" – Die Chance zur Schließung einer Realisierungslücke innerhalb der Marktprozesstheorie, Arbeitsbericht Nr. 100 des Instituts für Unternehmensführung, Bochum 2005.

Gersch, Martin; Goeke, Christian (2004a): Branchentransformation in einem stark veränderlichen Umfeld – Ursachen und mögliche Folgen für den deutschen Gesundheitsmarkt, in: Engelhardt, Werner H.; Gabriel, Roland; Gersch, Martin (Hrsg.): Versandapotheken – Perspektiven der Transformation des deutschen Gesundheitsmarktes, Arbeitsbericht Nr. 99 des Instituts für Unternehmensführung und Nr. 11 des Competence Center E-Commerce, Ruhr-Universität Bochum 2004, S. 1-25.

Gersch, Martin; Goeke, Christian (2004b): Entwicklungsstufen des E-Business, in: Das Wirtschaftsstudium (wisu), 33. Jg. (2004), Nr. 12, S. 1529-1534.

Gersch, Martin; Goeke, Christian (2006): Industry Transformation, Business-to-Business Markets in Transition – Theory-based Conceptualization from an Evolutionary Perspective and First Empirical Findings, in: Backhaus, Klaus; Kleinaltenkamp, Michael; Plinke, Wulf (Ed.): Proceedings of the 1st International Conference on Business Market Management, Berlin, March 12-14, 2006.

Gersch, Martin; Malinowski, Tanja (2003): Didaktische Aufbereitung zur Gestaltung von Lernsoftware – Dargestellt an einem konkreten WBT-Entwicklungsbeispiel, Arbeitsbericht Nr. 03-46 des Lehrstuhls für Wirtschaftsinformatik, Bochum 2003.

Gersch, Martin; Weber, Peter (2004): Partialmodelle eines integrierten Geschäftsmodells, multimediales Lernmodul als WBT, www.lernwelt.rub.de, Bochum 2004.

Gersch, Martin; Weber, Peter (2005): Die (e)Transformation des Bildungsmarktes, in: Gabriel, Roland; Gersch, Martin; Weber, Peter (Hrsg.): Geschäftsmodelle im E-Learning, (Multimedialer) Arbeitsbericht Nr. 12 des Competence Center E-Commerce und Nr. 101 des Instituts für Unternehmensführung, Bochum 2005.

Glotz, Peter, Seufert Sabine (2002): Corporate Universities – Ein State-of-the-Art Überblick, in: Glotz, Peter; Seufert, Sabine (Hrsg.): Corporate University – Wie Unternehmen ihre Mitarbeiter mit e-learning erfolgreich weiterbilden, Frauenfeld et al. 2002, S. 11-51.

Graumann, Sabine; Köhne, Bärbel (2003): Monitoring Informationswirtschaft, 6. Faktenbericht und 3. Trendbericht – Die Entwicklung der deutschen Informationswirtschaft bis 2007, erstellt im Auftrag des BMWA, Hattingen 2003, http://www.tns-infratest.com/06_BI/_bmwi/06499_Archiv.asp, abgerufen am 14.01.2007.

Grob, Heinz Lothar; vom Brocke, Jan; Bensberg, Frank (2005): Finanzwirtschaftliche Bewertung von Geschäftsmodellen im E-Learning: Konzeption, Methoden und Perspektiven, in: Breitner, Michael; Hoppe, Gabriela (Hrsg.): E-Learning – Einsatzkonzepte und Geschäftsmodelle, Heidelberg 2005, S. 101-116.

Grundmann, Günther; Hußmann, Stephan (2003): Voraussetzungen und Kompetenzen der Lernenden und Lehrenden in selbständigen Lernprozessen, in: Landesinstitut für Schule (Hrsg.): Abitur-online.nrw – Selbständiges Lernen mit digitalen Medien in der gymnasialen Oberstufe, Bönen 2003, S. 156-179.

Günter, B.; Kuhl, M. (2000): Beschaffungspolitik industrieller Nachfrager, in: Kleinaltenkamp, Michael; Plinke, Wulf (Hrsg.): Technischer Vertrieb, Band 1: Grundlagen, 2. Aufl., Berlin 2000, S. 371-450.

Günther, Hans-Otto; Tempelmeier, Horst (2005): Produktion und Logistik, 6. Aufl., Berlin 2005.

Gutbrod, Martin; Jung, Helmut W.; Fischer, Stefan (2003): Grundlagen eines Kalkulationsmodells für Blended Learning Kurse, in: Bode, Arndt; Desel, Jörg; Rathmayer, Sabine; Wessner, Martin (Hrsg.): DeLFI 2003 – Tagungsband der 1.e-Learning Fachtagung Informatik, Bonn 2003, S. 250-259.

Haack, Johannes (2002): Interaktivität als Kennzeichen von Multimedia und Hypermedia, in: Issing, Ludwig J.; Klimsa, Paul (Hrsg.): Informationen und Lernen mit Multimedia und Internet, 3. Aufl., Weinheim 2002, S. 127-136.

Haasis, Klaus (2002): E-Learning – Neue Mode oder neues Modell?, Vortrag vom 11. Juli 2002 an der Universität Stuttgart, http://www.uni-stuttgart.de/ 100-online/juli11anmeldung/reden/haasis.pdf, abgerufen am 05.01.2005.

Hagenhoff, Svenja (2002): Universitäre Bildungskooperationen – Gestaltungsvarianten für Geschäftsmodelle, Wiesbaden 2002.

Hahn, Dieter; Hungenberg, Harald; Kaufmann, Lutz (1994): Optimale Make-or-Buy-Entscheidungen, in: Controlling, 6. Jg. (1994), Heft 2, S. 74-82.

Haller, Sabine (1995): Beurteilung von Dienstleistungsqualität – Dynamische Betrachtung des Qualitätsurteils im Weiterbildungsbereich, Wiesbaden 1995.

Hammann, Peter; Palupski, Rainer; von der Gathen, Andreas; Welling, Michael (2001): Markt und Unternehmung – Handlungsfelder des Marketing, 4. Aufl., Aachen 2001.

Hansen, Ursula (1990): Absatz-Beschaffungsmarketing des Einzelhandels: Eine Aktionsanalyse, 2. Aufl., Göttingen 1990.

Hasanbegovic, Jasmina (2004): Kategorisierungen als Ausgangspunkt der Gestaltung innovativer E-Learning-Szenarien, in: Euler, Dieter; Seufert, Sabine (Hrsg.): E-Learning in Hochschulen und Bildungszentren, München 2005, S. 243-261.

Heddergott, Kai (2006): Der E-Learning-Anbieter-Markt, in: Michel, Lutz P. (Hrsg.): Digitales Lernen: Forschung – Praxis – Märkte, Essen; Berlin 2006, S. 37-46.

Hedmann, Jonas; Kalling, Thomas (2003): The business model concept: theoretical underpinnings and empirical illustrations, in: European Journal of Information Systems, Vol. 12 (2003), p. 49-59.

Henning, Peter; Hoyer, Helmut (Hrsg.) (2006): eLearning in Deutschland, Berlin 2006.

Hentschel, Bert (2000): Multiattributive Messung von Dienstleistungsqualität, in: Bruhn, Manfred; Stauss, Bernd (Hrsg.): Dienstleistungsqualität: Konzepte – Methoden – Erfahrungen, Wiesbaden 2000, S. 289-320.

Hermanns, Arnold; Sauter, Michael (2001): Management-Handbuch Electronic Commerce – Grundlagen, Strategien, Praxisbeispiele, 2. Aufl., München 2001.

Hill, Charles W. (1988): Differentiation vs. low cost or differentiation and low cost, Academy of Management Review, Vol. 13 (1988), p. 401-412.

Hiltz, Starr Roxanne; Turoff, Murray (2005): The Evolution of Online Learning and the Revolution in Higher Education, in: Communications of the ACM, Vol. 48 (2005), No. 10, p. 59-64.

Hippner, Hajo (2006): Bedeutung, Anwendungen und Einsatzpotenziale von Social Software, in: HMD – Praxis der Wirtschaftsinformatik, 43. Jg. (2006), Heft 252, S. 6-16.

Hofmann, Ulrich (2001): Netzwerk-Ökonomie, Heidelberg 2001.

Holzinger, Andreas (2000): Basiswissen Multimedia, Band 2: Lernen, Würzburg 2000.

Holzinger, Andreas (2001): Basiswissen Multimedia, Band 3: Design, Würzburg 2001.

Homburg, Christian; Stock, Ruth (2001): Theoretische Perspektiven zur Kundenzufriedenheit, in: Homburg, Christian (Hrsg.): Kundenzufriedenheit: Konzepte – Methoden – Erfahrungen, 4. Aufl., Wiesbaden 2001.

Homburg, Christian; Stock, Ruth (2005): Kundenzufriedenheit und Kundenbindung bei Dienstleistungen – Eine theoretische und empirische Analyse, in: Corsten, Hans; Gössinger, Ralf (Hrsg.): Dienstleistungsökonomie, Berlin 2005, S. 301-327.

Hoppe, Gabriela; Breitner, Michael H. (2003): Business Models for E-Learning, Discussion Paper No. 287, Oct. 2003, http://www.wiwi.uni-hannover.de/fbwiwi/forschung/diskussionspapiere/dp-287.pdf, abgerufen am 25.01.2006.

Hoppe, Uwe (2000): Teachware für Finanzdienstleister – Entwicklung, Integration, Einsatz, Wiesbaden 2000.

Hoppe, Uwe; Packmohr, Sven (2006): Barter als Geschäftsmodell für den interuniversitären Tausch elektronischer Lehrangebote, in: Breitner, Michael H.; Bruns, Beate; Lehner, Franz (Hrsg.): Neue Trends im E-Learning, Heidelberg 2006, S. 227-244.

Hoskisson, Robert E.; Hitt, Michael A.; Wan, William P.; Yiu, Daphne (1999): Theory and Research in Strategic Management: Swings of a Pendulum, in: Journal of Management, Vol. 25 (1999), No. 3, p. 417-456.

Hovestadt Gertrud; Pompe, Otto; Stegelmann, Peter (2002): Internationale Bildungsanbieter auf dem deutschen Markt – Fallstudien, Arbeitspapier Hans-Böckler-Stiftung, http://www.edu-con.de/bildungsanbieter.pdf, abgerufen am 03.05.2006.

Hoyer, Helmut (2005): Die digitale Zukunft der Hochschulen: Chancen und Herausforderungen, in: Gabriel, Roland; Gersch, Martin; Weber, Peter (Hrsg.): Geschäftsmodelle im E-Learning, (Multimedialer) Arbeitsbericht Nr. 12 des Competence Center E-Commerce und Nr. 101 des Instituts für Unternehmensführung, Bochum 2005.

Hummel, Johannes (2002): Auswahl und Gestaltung transaktionsorientierter Geschäftsmodelle im Internet – Eine Betrachtung aus Sicht der neuen Institutionenökonomik, in: Zeitschrift für Betriebswirtschaft (ZfB), 72. Jg. (2002), Heft 7, S. 713-733.

Issing, Ludwig J.; Klimsa, Paul (2002): Informationen und Lernen mit Multimedia und Internet, 3. Aufl., Weinheim 2002.

Jacob, Frank (1995): Produktindividualisierung – Ein Ansatz zur innovativen Leistungsgestaltung im Business-to-Business Bereich, Wiesbaden 1995.

Jechle, Thomas; Markowski, Karen; Dittler, Ullrich (2006): E-Learning-Entwicklungsstand an Hochschulen, in: Henning, Peter A.; Hoyer, Helmut (Hrsg.): eLearning in Deutschland, Berlin 2006, S. 189-206.

Kerres, Michael (2001): Multimediale und telemediale Lernumgebungen: Konzeption und Entwicklung, 2. Aufl., München et al. 2001.

Kerres, Michael (2006): Potenziale von Web 2.0 nutzen, in: Hohenstein, Andreas; Wilbers, Karl (Hrsg.): Handbuch E-Learning: Expertenwissen aus Wissenschaft und Praxis, Beitrag 4.26, Köln 2006.

Klaus, Peter (1984): Auf dem Wege zu einer Betriebswirtschaftslehre der Dienstleistungen: Der Interaktionsansatz, in: Die Betriebswirtschaft, 44. Jg. (1984), Heft 3, S. 467-475.

Klaus, Peter (1991): Die Qualität von Bedienungsinteraktionen, in: Bruhn, Manfred; Stauss, Bernd (Hrsg.): Dienstleistungsqualität, Wiesbaden 1991, S. 247-265.

Kleimann, Bernd; Schmid, Ulrich (2006): eReadiness der deutschen Hochschulen – Sind Deutschlands Hochschulen „fit" für die Informationsgesellschaft?, Vortrag im Rahmen der Konferenz eUniversity – update Bologna, Bonn, 08.11.2006, http://www.campus-innovation.de/node/44, abgerufen am 23.02.2007.

Kleinaltenkamp, Michael (2000a): Customer Integration im Electronic Business, in: Weiber, Rolf (Hrsg.): Handbuch Electronic Business: Informationstechnologien – Electronic Commerce – Geschäftsprozesse, Wiesbaden 2000, S. 333-357.

Kleinaltenkamp, Michael (2000b): Blueprinting – Grundlage des Managements von Dienstleistungsunternehmen, in: Woratschek, Herbert (Hrsg.): Neue Aspekte des Dienstleistungsmarketing, Wiesbaden 2000, S. 3-28.

Kleinaltenkamp, Michael (2005): Integrativität als Baustein einer Theorie der Dienstleistungsökonomie, in: Corsten, Hans; Gössinger, Ralf (Hrsg.): Dienstleistungsökonomie – Beiträge zu einer theoretischen Fundierung, Berlin 2005, S. 55-83.

Kleinaltenkamp, Michael; Jacob, Frank (1999): Grundlagen der Gestaltung des Leistungsprogramms, in: Kleinaltenkamp, Michael; Plinke, Wulff (Hrsg.): Markt- und Produktmanagement, Berlin et al. 1999, S. 3-73.

Klimsa, Paul (1993): Neue Medien und Weiterbildung, Weinheim 1993.

Klimsa, Paul (2002): Multimedianutzung aus psychologischer und didaktischer Sicht, in: Issing, Ludwig J.; Klimsa, Paul (Hrsg.): Informationen und Lernen mit Multimedia und Internet, 3. Aufl., Weinheim 2002, S. 5-17.

Knight, Jane (2002): Trade in higher education services: The implications of GATS, Report by The Observatory on Borderless Higher Education, http://www.unesco.org/education/studyingabroad/highlights/global_forum/gats_he/jk_trade_he_gats_implications.pdf, abgerufen am 23.08.2006.

Kohler, Jürgen (2006): Bologna und die Folgen, in: Benz, Winfried; Kohler, Jürgen; Landfried, Klaus (Hrsg.): Handbuch Qualität in Studium und Lehre, Beitrag 1.1, Berlin 2006.

Kolb, David (1984): Experimental Learning, New Jersey 1984.

Köllinger, Philipp (2001): E-Learning – Eine Marktanalyse für Deutschland, Düsseldorf 2001.

Kollmann, Tobias (2003): Unternehmensfinanzierung im Electronic Business, in: Wirtschaftswissenschaftliches Studium (WiSt), Jg. 32 (2003), Nr. 5, S. 270-275.

Kröpelin, Philipp (2003): Mit Geschäftsmodellen für E-Learning den dauerhaften Projekterfolg sicherstellen, in: Hohenstein, Andreas; Wilbers, Karl (Hrsg.): Handbuch E-Learning: Expertenwissen aus Wissenschaft und Praxis, Beitrag 3.5, Köln 2003.

Kubicek, Herbert; Welling, Stefan (2000): Vor einer digitalen Spaltung in Deutschland? Annäherung an ein verdecktes Problem von wirtschafts- und gesellschaftspolitischer Brisanz, in: Medien- & Kommunikationswissenschaft, 48. Jg. (2000), Nr. 4, S. 497-517.

Kühn, Richard; Grüning, Rudolf (2000): Grundlagen der strategischen Planung – Ein integraler Ansatz zur Beurteilung von Strategien, 2. Aufl., Bern et al. 2000.

Landesinstitut für Schule (2003): Abitur-online.nrw, Selbständiges Lernen mit digitalen Medien in der gymnasialen Oberstufe, Bönen 2003.

Langer, Agnes (2006): Mass Customization und E-Learning, Saarbrücken 2006.

Lefrancois, Guy R. (2006): Psychologie des Lernens, 4. Aufl., Heidelberg 2006.

Lehmann, Axel (1989): Dienstleistungsmanagement zwischen industriellorientierter Produktion und zwischenmenschlicher Interaktion – Reflexe in der Versicherung, St. Gallen 1989.

Lehmann, Axel (1993): Dienstleistungsmanagement – Strategien und Ansatzpunkte zur Schaffung von Servicequalität, Stuttgart; Zürich 1993.

Lehner, Franz (2001): Einführung in Multimedia – Grundlagen, Technologien und Anwendungsbeispiele, Wiesbaden 2001.

Lehner, Franz (2005): Hard- und Software für M-Learning auswählen, in: Hohenstein, Andreas; Wilbers, Karl (Hrsg.): Handbuch E-Learning: Expertenwissen aus Wissenschaft und Praxis, Beitrag 5.9, Köln 2005.

Lenzen, Dieter (2006): Hochschulen@Bologna – Die Zukunft des deutschen Hochschulwesens im globalen Wettbewerb, Vortrag im Rahmen der Konferenz eUniversity – update Bologna, Bonn, 08.11.2006, http://www.campus-innovation.de/node/31, abgerufen am 23.02.2007.

Leszczensky, Michael (2005): Globalisierung und Europäisierung im Hochschulbereich, in: Leszczensky, Michael; Wolter, Andrä (Hrsg.): Der Bologna-Prozess im Spiegel der HIS-Hochschulforschung, 2005, S. 61-68, http://www.his.de/pdf/pub_kia/ kia200506.pdf, abgerufen am 23.02.2007.

Löbler, Helge (2006): Learning Entrepreneurship from a Constructivist Perspective, in: Technology Analysis & Strategic Management, Vol. 18 (2006), No. 1, p. 1-20.

Lohmann, Ingrid (2002): Bildung – Ware oder öffentliches Gut? Auswirkungen des General Agreement on Trade in Services auf den Bildungsbereich, http://www.erzwiss.uni-hamburg.de/Personal/Lohmann/Publik/debt.htm, abgerufen am 23.08.2006.

Lünendonk (2005): Lünendonk-Marktstichprobe 2005: Führende Anbieter beruflicher Weiterbildung in Deutschland, http://www.luenendonk.de/weiter bildung.php, abgerufen am 26.07.2005.

Luxem, Redmer (2001): Digital Commerce, Lohmar 2001.

Mandl, Heinz; Gruber, Hans; Renkl, Alexander (2002): Situiertes Lernen in multimedialen Lernumgebungen, in: Issing, Ludwig, J.; Klimsa, Paul (Hrsg.): Informationen und Lernen mit Multimedia und Internet, 3. Aufl., Weinheim 2002, S. 139-148.

Marr, Mirko (2003): Soziale Differenzen im Zugang und in der Nutzung des Internet – Aktuelle Befunde aus der Schweiz, in: Medienheft Dossier 19, 2003, http://www.medienheft.ch/dossier/bibliothek/d19_MarrMirko.html, abgerufen am 16.01.2007.

Mason, Edward S. (1939): Price and production policies of large scale enterprises, in: American Economic Review, Vol. 29 (1939), p. 61–74.

Meffert, Heribert; Bruhn, Manfred (2000): Dienstleistungsmarketing, 3. Aufl., Wiesbaden 2000.

Meister, Jeanne C. (1998): Corporate Universities – Lessons in Building a World-Class Work Force, New York et al. 1998.

Mendling, Jan; Neumann, Gustaf; Pinterits, Andreas; Simon, Bernd; Wild, Fridolin (2005): Indirect Revenue Models for E-Learning at Universities – The Case of Learn@WU, in: Breitner, Michael H.; Hoppe, Gabriela (Hrsg.): E-Learning – Einsatzkonzepte und Geschäftsmodelle, Heidelberg 2005, S. 301-311.

Merz, Michael (1999): Electronic Commerce, Heidelberg 1999.

Meyer, Anton; Dornach, Frank (1998): Jahrbuch der Kundenzufriedenheit, München 1998.

Meyer, Marc; Lehnerd, Alvin (1997): The Power of Product Platforms, New York 1997.

Michel, Lutz P. (2004a): Status quo und Zukunftsperspektiven von E-Learning in Deutschland, MMB Institut für Medien- und Kompetenzforschung, http://www.mmb-michel.de/Bericht_NMB Expertise_Endfassung_ 20040906.pdf, Essen 2004, abgerufen am 03.03.2005.

Michel, Lutz P. (2004b): Zukunftsperspektiven des E-Learnings in Deutschland, in: Haufe (2004): trendbook e-learning 2004/05, Würzburg 2004, S. 6-12.

Michel, Lutz P. (2006b): E-Learning-Nutzung in deutschen Unternehmen – nüchterne Befunde ersetzen euphorische Prognosen, in Michel, Lutz P. (Hrsg.): Digitales Lernen: Forschung – Praxis – Märkte, Essen; Berlin 2006, S. 47-59.

Michel, Lutz P. (2006c): Der Weiterbildungsmarkt – Daten, Fakten und Vermutungen, in Michel, Lutz P. (Hrsg.): Digitales Lernen: Forschung – Praxis – Märkte, Essen; Berlin 2006, S. 24-36.

Michel, Lutz P. (Hrsg.) (2006a): Digitales Lernen: Forschung – Praxis – Märkte, Essen; Berlin 2006.

Michel, Lutz P.; Pelka, Bastian (2003): Marktumfeld und Marktentwicklung, in: Dohmen, Dieter; Michel, Lutz P. (Hrsg.): Marktpotenziale und Geschäftsmodelle für eLearning-Angebote deutscher Hochschulen, Bielefeld 2003, S. 93-144.

Mietzel, Gerd (1998): Pädagogische Psychologie des Lernens und Lehrens, 5. Aufl., Göttingen et al. 1998.

MMB; Psephos (2006): Pressemitteilung „Studie Corporate Learning 2006", http://www.mmb-institut.de/2004/pages/presse/PR-Downloads/MMB_PM _CoLe_20060315.pdf, abgerufen am 20.09.2006.

Müller, Matthias (2004): Lerneffizienz, München et al. 2004.

Müller-Bölig, Detlef (2000): Die entfesselte Hochschule, Gütersloh 2000.

Müskens, Wolfgang; Müskens, Isabel (2002): Provokative Elemente einer Didaktik internetgestützter Lehr-Lernarrangements, http://www.medien paed.com/02-2/mueskens_mueskens1.pdf, abgerufen am 10.03.2004.

New Horizons (2006): http://www.newhorizons.de und http://www.newhori zons.com, abgerufen am 08.05.2006.

Nicolai, Alexander; Kieser, Alfred (2002): Trotz eklatanter Erfolglosigkeit: Die Erfolgsfaktorenforschung weiter auf Erfolgskurs, in: Die Betriebswirtschaft, 62. Jg. (2002), S. 579-596.

Niegemann, Helmut M.; Hessel, Silvia; Hochscheidt-Mauel, Dirk; Aslanski, Kristina; Deimann, Markus; Kreuzberger, Gunther (2004): Kompendium E-Learning, Berlin; Heidelberg 2004.

Nieschlag, Robert; Dichtl, Erwin; Hörschgen, Hans (2002): Marketing, 19. Aufl., Berlin 2002.

Nietiedt, Thomas (1996): Kommunikationspolitik für Hochschulen: Analysen und Instrumentarien, Frankfurt am Main 1996.

Nikolaus, Ulrich (2002): Multimediales Lernen in Unternehmen, Wiesbaden 2002.

Nordmedia (2004): Ergebnisbericht zur Studie eLearning-Anwendungspotenziale bei Beschäftigten, Repräsentative Bevölkerungsbefragung zu Weiterbildungsgewohnheiten und -bedürfnissen von Erwachsenen in Niedersachsen, http://www.mmb-michel.de/nordmedia_bericht.pdf, abgerufen am 23.09.2005.

Oppermann, Reinhard; Specht, Marcus (2003): Lernen im Betrieb mit M-Learning gestalten, in: Hohenstein, Andreas; Wilbers, Karl (Hrsg.): Handbuch E-Learning: Expertenwissen aus Wissenschaft und Praxis, Beitrag 4.18, Köln 2003.

Osterwalder, Alexander; Pigneur, Yves (2002): An e-Business Model Ontology for Modeling e-Business, 15th Bled Electronic Commerce Conference, Bled (Slovenia) 2002.

Payome, Thea (2002): E-Learning im europäischen Vergleich, in: wissensmanagement online, http://www.wissensmanagement.net/online/archiv/2002/09 _1002/e-learning.shtml, abgerufen am 20.09.2005.

Petersen, Thies (2000): Computergestütztes Lernen als Instrument der betrieblichen Weiterbildung, in: Zeitschrift für Führung und Organisation (zfo), 69 Jg. (2000), Heft 6, S. 349-353.

Petko, Dominik; Reusser, Kurt (2005): Das Potential von interaktiven Lernressourcen zur Förderung von Lernprozessen, in Miller, Damian (Hrsg.): E-Learning – Eine multiperspektivische Standortbestimmung, Bern 2005, S. 183-207.

Picot, Arnold (1982): Transaktionskostenansatz in der Organisationstheorie: Stand der Diskussion und Aussagewert, in: Die Betriebswirtschaft, Nr. 2 (1982), S. 267-284.

Picot, Arnold; Fischer, Tim (Hrsg.) (2006): Weblogs professionell, Heidelberg 2006.

Picot, Arnold; Jaros-Sturhahn, Anke (2001): Kooperationen beim E-Learning aufbauen, in: Hohenstein, Andreas; Wilbers, Karl (Hrsg.): Handbuch E-Learning: Expertenwissen aus Wissenschaft und Praxis, Beitrag 3.4, Köln 2001.

Picot, Arnold; Reichwald, Ralf; Wigand, Rolf T. (2003): Die grenzenlose Unternehmung: Information, Organisation und Management, 5. Aufl., Wiesbaden 2003.

Piller, Frank (2006): Mass Customization – Ein wettbewerbsstrategisches Konzept im Informationszeitalter, 4. Aufl., Wiesbaden 2006.

Piller, Frank; Möslein, Kathrin (2002): Are we practicing what we preach? – Strategic perspectives for the management education industry, Proceedings of the EURAM Conference 2002, Stockholm, 9-11 May, 2002.

Piller, Frank; Schoder, Detlef (1999): Mass Customization und Electronic Commerce, in: ZfB, 69. Jg. (1999), Heft 10, S. 1111-1136.

Pine, B. Joseph (1993): Mass Customization – The New Frontier in Business Competition, Boston 1993.

Porter, Michael E. (1995): Wettbewerbsstrategie, 8. Aufl., Frankfurt a. M.; New York 1995.

Porter, Michael E. (2000): Wettbewerbsvorteile – Spitzenleistungen erreichen und behaupten, 6. Aufl., Frankfurt a. M. 2000.

Porter, Michael E. (2001): Strategy and the Internet, in: Harvard Business Review, Vol. 79 (2001), No. 3, p. 63-78.

Porter, Michael E.; Millar, Victor E. (1985): How information gives you competitive advantage, in: Harvard Business Review, Vol. 63 (1985), No. 4, p. 149-161.

Porter, Michael E.; Rivkin, Jan W. (2000): Industry Transformation, Harvard Business School Note, No. 9-701-008, Boston 2000.

Prahalad, C.K.; Hamel, Gary (1990): The Core Competence of the Corporation, in: Harvard Business Review, Vol. 68 (1990), No. 3, p. 79-91.

Pribilla, Peter; Reichwald, Ralf; Goecke, Robert (1996): Telekommunikation im Management – Strategien für den globalen Wettbewerb, Stuttgart 1996.

Prince, Christopher; Beaver, Graham (2001): The Rise and Rise of the Corporate University: the emerging corporate learning agenda, in: International Journal of Management Education, Vol. 1 (2001), No. 2, p. 17-26.

Rappa, Michael (2006): Business Models on the web, Managing the Digital Enterprise, http://digitalenterprise.org/models/models.html, abgerufen am 31.01.2006.

Rath, Silvan C. (2005): US Roadmap für e-Learning – eine exklusiv Reportage über den Klassenprimus im globalen Bildungsmarkt, in: eLearning-Journal, Ausgabe 01-2005, S. 34-41.

Rayport, Jeffrey F.; Sviokla, John J. (1996): Exploiting the virtual chain, in: McKinsey Quarterly, Vol. 1 (1996), p. 21-36.

Reckenfelderbäumer, Martin (2002): Die Lehre von den Unternehmerfunktionen als theoretische Grundlage der Integrativität und des Dienstleistungs-Management, in: Mühlbacher, Hans; Thelen, Eva (Hrsg.): Neue Entwicklungen im Dienstleistungsmarketing, Wiesbaden 2002, S. 223-256.

Reckenfelderbäumer, Martin; Kim, Seon-Su (2004): Markenführung im Weiterbildungsbereich – Überlegungen auf der Basis eines integrierten Image- und Identifikationsorientierten Ansatzes, in: Meyer, Anton (Hrsg.): Dienstleistungsmarketing – Impulse für Forschung und Management, Wiesbaden 2004, S. 53-82.

Reglin, Thomas; Speck, Claudia (2003): Zur Kosten-Nutzen-Analyse von eLearning, in: Prechtl, Christof (Hrsg.): Leitfaden E-Learning, München 2003, S. 221-235.

Reich, Jutta (2005): Soziale Milieus als Instrument des Zielgruppenmarketings in der Weiterbildung, in: bildungsforschung, 2. Jg. (2005), Ausgabe 2, http://www.bildungs forschung.org/Archiv/2005-01/milieus, abgerufen am 20.09.2006.

Reichwald, Ralf; Möslein, Kathrin (1997): Organisation: Strukturen und Gestaltung, Arbeitsbericht Nr. 14 des Lehrstuhls für Allgemeine und Industrielle Betriebswirtschaftslehre der Technischen Universität München, München 1997.

Reichwald, Ralf; Piller, Frank (2002): Mass Customization-Konzepte im Electronic Business, in: Weiber, Rolf (Hrsg.): Handbuch Electronic Business, 2. Aufl., Wiesbaden 2002.

Reinhard, Ulrike (Hrsg.) (2004): who is who in e-learning 2.0, Heidelberg 2004.

Reinhard, Ulrike (Hrsg.) (2005): who is who in e-learning 3.0, Heidelberg 2005.

Reinmann, Gabi (2006): Nur „Forschung danach"? Vom faktischen und potentiellen Beitrag der Forschung zu alltagstauglichen Innovationen beim E-Learning, Arbeitsbericht Nr. 14 der Universität Augsburg, Augsburg 2006.

Reinmann-Rothmeier, Gabi (2003): Didaktische Innovation durch Blended Learning – Leitlinien anhand eines Beispiels aus der Hochschule, Bern 2003.

Reiß, Michael; Beck, Thilo (1995): Performance Marketing durch Mass Customization, in: Marktforschung & Management, 39. Jg. (1995), Heft 2, S. 62-67.

Reitz, Ulli-Tobias (2007): Interview mit Ulli-Tobias Reitz, Studiengangskoordinator des Executive MBA Net Economy an der Freien Universität Berlin, 10.03.2007.

Rentmeister, Jahn; Klein, Stefan (2001): Geschäftsmodelle in der New Economy, in: Das Wirtschaftsstudium (wisu), 30. Jg. (2001), Nr. 3, S. 354-361.

Rhön Klinikum (2006): Geschäftsbericht der Rhön Klinikum AG 2004, Bad Neustadt; Saale, http://www.rhoen-klinikum-ag.com, abgerufen am 03.01.2006.

Ruttenbur, Brian; Spickler, Ginger; Lurie, Sebastian (2000): eLearning – The Engine of the Knowledge Economy, 2002, http://www.masie.com/masie/researchreports/elearning0700nate2.pdf, abgerufen am 18.07.2005.

Ryan, Steve; Scott, Bernard; Freeman, Howard; Patel, Daxa (2000): The Virtual University, London 2000.

Salecker, Jürgen (2005a): E-Learning im Mittelstand – Wettbewerbsvorteile durch Nutzung des WebKollegNRW, in: Hohenstein, Andreas; Wilbers, Karl (Hrsg.): Handbuch E-Learning: Expertenwissen aus Wissenschaft und Praxis, Beitrag 3.4.1, Köln 2005.

Salecker, Jürgen (2005b): Intermediäre im Bildungswesen – das WebKollegNRW als innovatives Geschäftssystem im Bereich E-Learning, in: Gabriel, Roland; Gersch, Martin; Weber, Peter (Hrsg.): Geschäftsmodelle im E-Learning, (Multimedialer) Arbeitsbericht Nr. 12 des Competence Center E-Commerce und Nr. 101 des Instituts für Unternehmensführung, Bochum 2005.

Sanchez, Ron; Heene, Aimé; Thomas, Howard (1996): Towards the theory of and practice of competence-based competition, in: Sanchez, Ron; Heene, Aimé; Thomas, Howard (Ed.): Dynamics of Competence-based Competition: Theory and Practice in a new strategic management, Oxford 1999, p. 1-35.

Sandrock, Jörg; Grunenberg, Michael; Lattemann, Christoph (2005): E-Learning Geschäftsmodelle: Framework der Strategischen Planung, in: Breitner, Michael H.; Hoppe, Gabriela (Hrsg.): E-Learning – Einsatzkonzepte und Geschäftsmodelle, Heidelberg 2005, S. 195-210.

Saunders, Paula M.; Brown, Herbert E.; Brucker, Roger; Bloomingdale, Richard (2001): Disintermediation and the Changing Distribution Landscape, in: Marketing Management Journal, Vol. 11 (2001), Issue 2, p. 50-57.

Sauter, Annette M.; Sauter, Werner; Bender, Harald (2004): Blended Learning – Effiziente Integration von E-Learning und Präsenzlehre, 2. Aufl., München 2004.

Schade, Christian; Schott, Eberhard (1993a): Instrumente des Kontraktgütermarketing, in: Die Betriebswirtschaft, 53. Jg. (1993), Heft 4, S. 491-511.

Schade, Christian; Schott, Eberhard (1993b): Kontraktgüter im Marketing, in: Marketing – Zeitschrift für Forschung und Praxis, 15. Jg. (1993), Heft 1, S. 15-25.

Schäfer, Roland (2000): Computergestützte Lernumgebungen in der Betriebswirtschaftslehre, Wiesbaden 2000.

Schaub, Horst; Zenke, Karl G. (2002): Wörterbuch Pädagogik, 5. Aufl., München 2002.

Schauf, Thomas; Salzig, Christoph (2007): New Media Service Ranking, http://www.newmediaranking.de, abgerufen am 06.02.2007.

Scheuch, Fritz (1993): Marketing, 4. Aufl., 1993.

Schlesinger, Leonard. A.; Heskett, James L. (1991): The Service Driven Company, in: Harvard Business Review, Vol. 69 (1991), No. 5, pp. 71-81.

Schneider, Dieter (1995): Betriebswirtschaftslehre, Bd. 1, 2. Aufl., München; Wien 1995.

Schnitzer, Klaus (2005): Von Bologna nach Bergen, in: Leszczensky, Michael; Wolter, Andrä (Hrsg.): Der Bologna-Prozess im Spiegel der HIS-Hochschulforschung, 2005, S. 1-10, http://www.his.de/pdf/pub_kia/kia 200506.pdf, abgerufen am 23.02.2007.

Schreyögg, Georg (2003): Organisation: Grundlagen moderner Organisationsgestaltung, 4. Aufl., Wiesbaden 2003.

Schulmeister, Rolf (1997): Grundlagen hypermedialer Lernsysteme: Theorie – Didaktik – Design, 2. Aufl., München et al. 1997.

Schulmeister, Rolf (2003): Lernplattformen für das virtuelle Lernen – Evaluation und Didaktik, München et al. 2003.

Schulmeister, Rolf (2005a): Kriterien didaktischer Qualität im E-Learning zur Sicherung der Akzeptanz und Nachhaltigkeit, in: Euler, Dieter; Seufert, Sabine (Hrsg.): E-Learning in Hochschulen und Bildungszentren, München et al. 2005, S. 473-492.

Schulmeister, Rolf (2005b): Interaktivität in Multimediaanwendungen, http://www.e-teaching.org/didaktik/gestaltung/interaktiv/Interaktivitaet Schulmeister.pdf, abgerufen am 08.12.2006.

Schulmeister, Rolf (2006): eLearning: Einsichten und Aussichten, München 2006.

Schumpeter, Joseph A. (1961): Konjunkturzyklen: eine theoretische, historische und statistische Analyse des kapitalistischen Prozesses, Band 1, Göttingen 1961.

Schüssler, Ingeborg (2003): Möglichkeiten des Online-Lernens – drei Beispiele aus der pädagogischen Praxis, http://www.medienpaed.com/03-1/schuessler1.pdf, abgerufen am 10.03.2004.

Schwabe, Gerhard; Valerius, Marianne (2002): Systeme kollaborativen E-Learnings, in: Das Wirtschaftsstudium (wisu), 31. Jg. (2002), Nr. 2, S. 231-237.

Schwertfeger, Bärbel (2006): Der MBA-Markt boomt, in: Die WELT, 14.10.2006, http://www.welt.de/print-welt/article159340/Der_MBA-Markt_boomt.html, abgerufen am 23.02.2007.

Seibt, Dietrich (2001): Kosten und Nutzen des E-Learning bestimmen, in: Hohenstein, Andreas; Wilbers, Karl (Hrsg.): Handbuch E-Learning: Expertenwissen aus Wissenschaft und Praxis, Beitrag 3.3, Köln 2001.

SelGO (2006): Selbstständiges Lernen in der Gymnasialen Oberstufe, http://www.selgo.de, abgerufen am 13.06.2006.

Seufert, Sabine (2001a): E-Learning Business Models – Strategies, Success Factors and Best Practice Examples, in: De Fillippi, Robert; Wankel, Charles (Ed.): Rethinking Management Education, Greenwich 2001, p. 109-132.

Seufert, Sabine (2001b): E-Learning Business Models, Framework and Best Practice Examples, in: Raisinghani, Mahesh: Cases on Worldwide E-Commerce, New York 2001, p. 44-61, http://www.scil.ch/seufert/docs/elearning-business-models.pdf, abgerufen am 17.02.2007.

Seufert, Sabine (2002): Virtuelle Universitäten, in: Jung, Volker; Warnecke, Hans-Jürgen (Hrsg.): Handbuch für die Telekommunikation, Berlin et al. 2002, S. 117-129.

Seufert, Sabine; Euler, Dieter (2005): Learning Design: Gestaltung eLearning-gestützter Lernumgebungen in Hochschulen und Unternehmen, SCIL Arbeitsbericht 5, St. Gallen 2005.

Seufert, Sabine; Guttmann, Jürgen (2002): Wissens- und Lernportale auf dem E-Learning Markt dargestellt am Fallbeispiel der Siemens AG, in: Pawlowsky, Peter; Reinhardt, Rüdiger (Hrsg.): Wissensmanagement für die Praxis: Wie wird Wissensmanagement erfolgreich umgesetzt?, München 2002, S. 46-59, http://www.scil.ch/seufert/docs/bildungs portale-siemens.pdf, abgerufen am 23.09.2005.

Seufert, Sabine; Mayr, Peter (2002): Fachlexikon e-learning – Wegweiser durch das e-Vokabular, Bonn 2002.

Shapiro, Carl; Varian, Hal R. (1999): Information Rules – A Strategic Guide to the Network Economy, Boston 1999.

Shostack, Lynn G.: Planung effizienter Dienstleistungen, in: Harvard Manager, Vol. 6 (1984), No. 3, p. 93-99.

Simon, Bernd (2001): E-Learning an Hochschulen – Gestaltungsräume und Erfolgsfaktoren von Wissensmedien, Lohmar; Köln 2001.

Skiera, Bernd (2001): Preisdifferenzierung, in: Albers, Sönke; Clement, Michel; Peters, Kay; Skiera, Bernd (Hrsg.): Marketing mit Interaktiven Medien – Strategien zum Markterfolg, Frankfurt 2001, S. 267-282.

Skinner, Burrhus F. (1958): Teaching Machines, in: Science, Vol. 128 (1958), p. 969-977, http://www.bfskinner.org/teachingmachines1958.pdf, abgerufen am 12.01.2007.

Specht, Günter; Beckmann, Christoph (1996): F-&-E-Managment, Stuttgart 1996.

Spike (2006): Wharton's SPIKE™ Frequently Asked Questions and Help, http://spike.wharton.upenn.edu/consult/spike/index.cfm#whatis, abgerufen am 31.03.2006.

Stacey, Paul (2001): E-Learning Value Chain and market map, http://www.bctechnology.com/statics/bcelearning.swf, abgerufen am 15.04.2006.

Stachowiak, Herbert (1973): Allgemeine Modelltheorie, Wien 1973.

Staffelbach, Bruno (1988): Strategisches Marketing von Dienstleistungen, in: Marketing – Zeitschrift für Forschung und Praxis, 10. Jg. (1988), S. 277-284.

Stähler, Patrick (2001): Geschäftsmodelle in der digitalen Ökonomie, Lohmar; Köln 2001.

Stangl, Werner (2006a): Grundbegriffe der Piagetschen Theorie, http://www.stangl-aller.at/ARBEITSBLAETTER/KOGNITIVEENTWICK LUNG/PiagetmodellGrundbegriffe.shtml, abgerufen am 27.12.2006.

Stangl, Werner (2006b): Die kognitiven Lerntheorien, http://www.stangl-taller.at/ARBEITSBLAETTER/LERNEN/LerntheorienKognitive.shtml, abgerufen am 24.01.2007.

Stauss, Bernd (2000): Augenblicke der Wahrheit in der Dienstleistungserstellung – Ihre Relevanz und ihre Messung mit Hilfe der Kontaktpunkt-Analyse in: Bruhn, Manfred; Stauss, Bernd (Hrsg.): Dienstleistungsqualität, Wiesbaden 2000, S. 321-340.

Stauss, Bernd (2006): Plattformstrategien im Service Engineering, in: Bullinger, Hans-Jörg; Scheer, August-Wilhelm (Hrsg.): Service Engineering, 2. Aufl., Berlin et al. 2006, S. 321-340.

Stauss, Bernd; Hentschel, Bert (1992): Messung von Kundenzufriedenheit – Merkmals- oder ereignisorientierte Beurteilung von Dienstleistungsqualität, in: Marktforschung und Management, 36. Jg. (1992), S. 115-122.

Stelzer, Dirk (2000): Digitale Güter und ihre Bedeutung in der Internet-Ökonomie, in: Das Wirtschaftsstudium (wisu), 29. Jg. (2000), Nr. 6, S. 835-842.

Steppi, Hubert (1989): CBT – Computer Based Training: Planung, Design und Entwicklung interaktiver Lernprogramme, Stuttgart 1989.

Stewart, Jeffrey V. (2006): Blogs: Different Uses of New Technology in Both Traditional and Online Classes, in: Reeves, Thomas C.; Yamashita, Shirley F. (Ed.): Proceedings of E-Learn 2006, World Conference on E-Learning in Corporate, Government, Healthcare, & Higher Education, Honolulu Hawaii USA 2006, p. 933-936.

Sydow, Jörg (1992): Strategische Netzwerke: Evolution und Organisation, Wiesbaden 1992.

Theyson, Sven; Prokopowicz, Agnieszka; Skiera, Bernd (2005): Der Paid-Content-Markt – Eine Bestandsaufnahme und Analyse von Preisstrategien, in: Medienwirtschaft, 2. Jg. (2005), Nr. 4, S. 170-181.

Thissen, Frank (2003): Vorwort, in: Thissen, Frank (Hrsg.): Multimedia-Didaktik in Wirtschaft, Schule und Hochschule, Berlin et al. 2003.

Timmers, Paul (1998): Business Models for Electronic Markets, in: Electronic Markets, Vol. 8 (1998), p. 3-8.

Timmers, Paul (2000): Electronic Commerce: Strategies and Models for Business-to-Business Trading, Chichester 2000.

Tribelhorn, Thomas (2005): Didaktisches Design, http://www.crashkurs-elearning.ch/html/didaktisches_ design.htm, abgerufen am 17.09.2006.

UNESCO (2006): GATS and Education, http://portal.unesco.org/education/en/ev.php-URL_ID=21854&URL_DO=DO_TOPIC&URL_SECTION=201.html, abgerufen am 20.09.2006.

USQ (2006): The University of Southern Queensland, http://www.usq.edu.au, abgerufen am 07.05.2006.

Van der Poel, Etienne; van Rensburg, Miranda J. (2000): The evolution of the lecturer: change or be disintermediated!, http://www.upe.ac.za/cite 2000/docs/evanderp.doc, abgerufen am 09.05.2006.

Vester, Frederic (2002): Denken, Lernen, Vergessen – Was geht in unserem Kopf vor, wie lernt das Gehirn und wann lässt es uns im Stich?, 29. Aufl., München 2002.

Völckner, Franziska (2006): Methoden zur Messung individueller Zahlungs-bereitschaften: Ein Überblick zum State of the Art, in: Journal für Betriebs-wirtschaft (JfB), 56. Jg. (2006), Nr. 1, S. 33-60.

Wache, Michael (2003): Grundlagen von e-Learning, Bundeszentrale für politische Bildung, http://www.bpb.de/methodik/87S2YN,0,0,Grundlagen_von _eLearning.html, abgerufen am 08.12.2006.

Wahl, Simon (2002): Die Finanzierung junger Unternehmen, in: Das Wirt-schaftsstudium (wisu), 31. Jg. (2002), Nr. 2, S. 195-198.

Wang, Edgar (2002): Die Zukunft ist nicht mehr, was sie war – Ein Rückblick auf die Vorhersagen zur Entwicklung des Corporate E-Learning-Markts in den USA und Deutschland, in: Hohenstein, Andreas; Wilbers, Karl (Hrsg.): Handbuch E-Learning: Expertenwissen aus Wissenschaft und Praxis, Beitrag 2.4, Köln 2002.

Wang, Edgar (2004): Die mühselige Landnahme der Pioniere: Entstehung und Entwicklung der E-Learning-Branche in den USA und in Deutschland, in: Hohenstein, Andreas; Wilbers, Karl (Hrsg.): Handbuch E-Learning: Exper-tenwissen aus Wissenschaft und Praxis, Beitrag 2.6, Köln 2004.

Watson, John B. (1913): Psychology as the Behaviorist Views It, in: Psycho-logical Review, Vol. 20 (1913), p. 158-177.

Weiber, Rolf; Weber, Markus (2000): Customer Lifetime Value als Entscheidungsgröße im Customer Relationship Marketing, in: Weiber, Rolf (Hrsg.): Handbuch Electronic Business: Informationstechnologien – Electronic Commerce – Geschäftsprozesse, Wiesbaden 2000, S. 333-357.

Weidenmann, Bernd (2002): Multicodierung und Multimodalität im Lernprozess, in: Issing, Ludwig J.; Klimsa, Paul (Hrsg.): Informationen und Lernen mit Multimedia und Internet, 3. Aufl., Weinheim 2002, S. 45-62.

Weiler, Elmar (2004): Zwischen Globalhaushalt und Innovationsfond – Schlanker in den Wettbewerb, in: RUBENS – Zeitschrift der Ruhr-Universität, Nr. 93, Bochum 2004.

Werners, Brigitte (1999): Neue Medien in der Universität: Internetbasierter Übungsbetrieb, in: Kommunikation & Recht, Betriebsberater für Medien, Telekommunikation, Multimedia, 2. Jg. (1999), S. 14-16.

Wildemann, Horst (1996): Koordination von Unternehmensnetzwerken, in: Zeitschrift für Betriebswirtschaft, 67. Jg. (1996), Heft 4, S. 417-439.

Williams, Vicky S.; Williams, Barry O. (2006): Way of the Wiki: The ZEN of Social Computing, in: Reeves, Thomas C.; Yamashita, Shirley F. (Ed.): Proceedings of E-Learn 2006, World Conference on E-Learning in Corporate, Government, Healthcare, & Higher Education, Honolulu Hawaii USA 2006, p. 1515-1518.

Wimmer, Rudolf; Emmerich, Astrid; Nicolai, Alexander T. (2002): Corporate Universities in Deutschland – Eine empirische Untersuchung zu ihrer Verbreitung und strategischen Bedeutung, Studie im Auftrag des BMBF, Bonn 2002.

Wirtz, Bernd (2001): Electronic Business, 2. Aufl., Wiesbaden 2001.

Wirtz, Bernd (2002): Multi-Channel-Management – Struktur und Gestaltung multipler Distribution, in: Das Wirtschaftsstudium (wisu), 31. Jg. (2002), Nr. 5, S. 676-682.

Wirtz, Bernd; Kleineicken, Andreas (2000): Geschäftsmodelltypologien im Internet, in: Wirtschaftswissenschaftliches Studium (WiSt), 29. Jg. (2000), Nr. 11, S. 628-635.

Woratschek, Herbert (1996): Die Typologie von Dienstleistungen aus informationsökonomischer Sicht, in: der markt, 35. Jg. (1996), Nr. 136, S. 59-71.

Wurl, Hans-Jürgen; Lazanowski, Markus (2002): Outsourcing – ein strategisches Entscheidungsproblem, in: Das Wirtschaftsstudium (wisu), 31. Jg. (2002), Nr. 12, S. 1541-1547.

Wüsteneck, Klaus Dieter (1963): Zur philosophischen Verallgemeinerung und Bestimmung des Modellbegriffs; in: Deutsche Zeitschrift für Philosophie, 11. Jg. (1963), Heft 12, S. 1504-1523.

Yalcin, Gülsan; Scherrer, Christoph (2002): GATS-Verhandlungsrunde im Bildungsbereich, Gutachten für die Max-Traeger-Stiftung, http://www.bayern.gew.de/gew/Landesverband/Material/gats/gutachten0204.pdf, abgerufen am 23.08.2006.

Zbornik, Stefan (1996): Elektronische Märkte, elektronische Hierarchien und elektronische Netzwerke, Konstanz 1996.

Zeithaml, Valarie A.; Berry, Leonard L.; Parasuraman, A. (1988): Communication and Control Processes in the Delivery of Service Quality, in: Journal of Marketing, Vol. 52 (1988), p. 35-48.

Zerdick, Axel; Picot, Arnold; Schrape, Klaus; Artopé, Alexander; Goldhammer, Klaus; Heger, Dominik; Lange, Ulrich; Vierkant, Eckart; López-Escobar, Esteban; Silverstone, Roger (2001): Die Internet-Ökonomie: Strategien für die digitale Wirtschaft, 3. Aufl., Berlin et al. 2001.

Ziegler, Karin; Hofmann, Franz; Astleitner, Hermann (2003): Selbstreguliertes Lernen und Internet, Frankfurt am Main et al. 2003.

Zimbardo, Philip G. (1992): Psychologie, 5. Aufl., Berlin et al. 1992.

Zimbardo, Philip; Gerrig, Richard J. (2004): Psychologie, 16. Aufl., München et al. 2004.

Bochumer Beiträge zur Unternehmensführung

Herausgegeben vom Direktorium des Instituts
für Unternehmensführung der Ruhr-Universität Bochum

Band 1   Busse von Colbe, Walther/Mattessich, Richard (Hrsg.): Der Computer im Dienste der Unternehmungsführung (1968)

Band 2   Busse von Colbe, Walther/Meyer-Dohm, Peter (Hrsg.): Unternehmerische Planung und
Entscheidung (1969)

Band 3   Anthony, Robert N.: Harvard-Fälle aus der Praxis des betrieblichen Rechnungswesens.
Herausgegeben von Richard V. Mattessich unter Mitarbeit von Klaus Herrnberger und Wolf
Lange (1969)

Band 4   Mattessich, Richard: Die wissenschaftlichen Grundlagen des Rechnungswesens (1970)

Band 5   Schweim, Joachim: Integrierte Unternehmungsplanung (1969)

Band 6   Busse von Colbe, Walther (Hrsg.): Das Rechnungswesen als Instrument der Unternehmungsführung (1969)

Band 7   Domsch, Michel: Simultane Personal- und Investitionsplanung im Produktionsbereich
(1970)

Band 8   Leunig, Manfred: Die Bilanzierung von Beteiligungen. Eine bilanztheoretische Untersuchung (1970)

Band 9   Franke, Reimund: Betriebsmodelle. Rechensystem für Zwecke der kurzfristigen Planung,
Kontrolle und Kalkulation (1972)

Band 10 Wittenbrink, Hartwig: Kurzfristige Erfolgsplanung und Erfolgskontrolle mit Betriebsmodellen
(1975)

Band 11 Lutter, Marcus (Hrsg.): Recht und Steuer der internationalen Unternehmensverbindungen
(1972)

Band 12 Niebling, Helmut: Kurzfristige Finanzrechnung auf der Grundlage von Kosten- und Erlös-
modellen (1973)

Band 13 Perlitz, Manfred: Die Prognose des Unternehmenswachstums aus Jahresabschlüssen
deutscher Aktiengesellschaften (1973)

Band 14 Niggemann, Walter: Optimale Informationsprozesse in betriebswirtschaftlichen Entschei-
dungssituationen (1973)

Band 15 Richardt, Harald: Der aktienrechtliche Abhängigkeitsbericht unter ökonomischen Aspekten
(1974)

Band 16 Backhaus, Klaus: Direktvertrieb in der Investitionsgüterindustrie – Eine Marketing-Entschei-
ung (1974)

Band 17 Plinke, Wulff: Kapitalsteuerung in Filialbanken (1975)

Band 18 Steffen, Rainer: Produktionsplanung bei Fließbandfertigung (1977)

Band 19 Kolb, Jürgen: Industrielle Erlösrechnung – Grundlagen und Anwendungen (1978)

Band 20 Busse von Colbe, Walther/Lutter, Marcus (Hrsg.): Wirtschaftsprüfung heute: Entwicklung
oder Reform? (1977)

Band 21 Uphues, Peter: Unternehmerische Anpassung in der Rezession (1979)

Band 22 Gebhardt, Günther: Insolvenzprognosen aus aktienrechtlichen Jahresabschlüssen (1980)

Band 23 Domsch, Michel: Systemgestützte Personalarbeit (1980)

Band 24 Schmied, Volker: Alternativen der Arbeitsgestaltung und ihre Bewertung (1982)

Band 50   Muhr, Martin: Zeitsparmodelle in der Industrie – Grundlagen und betriebswirtschaftliche Bedeutung mehrjähriger Arbeitszeitkonten (1996)

Band 51   Brotte, Jörg: US-amerikanische und deutsche Geschäftsberichte. Notwendigkeit, Regulierung und Praxis jahresabschlußergänzender Informationen (1997)

Band 52   Gersch, Martin: Vernetzte Geschäftsbeziehungen. Die Nutzung von EDI als Instrument des Geschäftsbeziehungsmanagement (1998)

Band 53   Währisch, Michael: Kostenrechnungspraxis in der deutschen Industrie. Eine empirische Studie (1998)

Band 54   Völkner, Peer: Modellbasierte Planung von Geschäftsprozeßabläufen (1998)

Band 55   Fülbier, Rolf Uwe: Regulierung der Ad-hoc-Publizität. Ein Beitrag zur ökonomischen Analyse des Rechts (1998)

Band 1 - 55 erschienen beim Gabler Verlag Wiesbaden

Band 56   Ane-Kristin Reif-Mosel: Computergestützte Kooperation im Büro. Gestaltung unter Berücksichtigung der Elemente *Aufgabe, Struktur, Technik* und *Personal* (2000)

Band 57   Claude Tomaszewski: Bewertung strategischer Flexibilität beim Unternehmenserwerb. Der Wertbeitrag von Realoptionen (2000)

Band 58   Thomas Erler: Business Objects als Gestaltungskonzept strategischer Informationssystemplanung (2000)

Band 59   Joachim Gassen: Datenbankgestützte Rechnungslegungspublizität. Ein Beitrag zur Evolution der Rechnungslegung (2000)

Band 60   Frauke Streubel: Organisatorische Gestaltung und Informationsmanagement in der lernenden Unternehmung. Bausteine eines Managementkonzeptes organisationalen Lernens (2000)

Band 61   Andreas von der Gathen: Marken in Jahresabschluß und Lagebericht (2001)

Band 62   Lars Otterpohl: Koordination in nichtlinearen dynamischen Systemen (2002)

Band 63   Ralf Schremper: Aktienrückkauf und Kapitalmarkt. Eine theoretische und empirische Analyse deutscher Aktienrückkaufprogramme (2002)

Band 64   Peter Ruhwedel: Aufsichtsratsplanungssysteme. Theoretische Grundlagen und praktische Ausgestaltung in Publikumsaktiengesellschaften (2002)

Band 65   Jens Thorn: Taktisches Supply Chain Planning. Planungsunterstützung durch deterministische und stochastische Optimierungsmodelle (2002)

Band 66   Dirk Beier: Informationsmanagement aus Sicht der Betriebswirtschaftslehre. Theoretische Ansätze und das Beispiel Mobile Business. (2002)

Band 67   Nils Crasselt: Wertorientierte Managemententlohnung, Unternehmensrechnung und Investitionssteuerung. Analyse unter Berücksichtigung von Realoptionen. (2003)

Band 68   Franca Ruhwedel: Eigentümerstruktur und Unternehmenserfolg. Eine theoretische und empirische Analyse deutscher börsennotierter Unternehmen. (2003)

Band 69   Andreas Bonse: Informationsgehalt von Konzernabschlüssen nach HGB, IAS und US-GAAP. Eine empirische Analyse aus Sicht der Eigenkapitalgeber. (2004)

Band 70   Thorsten Sellhorn: Goodwill Impairment. An Empirical Investigation of Write-Offs under SFAS 142. (2004)

Band 71 Bernd Slaghuis: Vertragsmanagement für Investitionsprojekte. Quantitative Projektplanung zur Unterstützung des Contract Managements unter Berücksichtigung von Informationsasymmetrie. (2005)

Band 72 Stephanie Freiwald: Supply Chain Design. Robuste Planung mit differenzierter Auswahl der Zulieferer. (2005)

Band 73 Rolf Uwe Fülbier: Konzernbesteuerung nach IFRS. IFRS-Konsolidierungsregeln als Ausgangspunkt einer konsolidierten steuerlichen Gewinnermittlung in der EU? (2006)

Band 74 Marc Richard: Kapitalschutz der Aktiengesellschaft. Eine rechtsvergleichende und ökonomische Analyse deutscher und US-amerikanischer Kapitalschutzsysteme. (2007)

Band 75 Sonja Schade: Kennzahlengestütztes Controlling für mittelständische Unternehmenskooperationen. (2007)

Band 76 Peter Weber: Analyse von Lern-Service-Geschäftsmodellen vor dem Hintergrund eines sich transformierenden Bildungswesens. (2008)

www.peterlang.de

Detlef Behrmann

Reflexives
Bildungsmanagement

**Pädagogische Perspektiven und managementtheoretische
Implikationen einer strategischen und entwicklungs-
orientierten Gestaltung von Transformationsprozessen in
Schule und Weiterbildung**

Frankfurt am Main, Berlin, Bern, Bruxelles, New York, Oxford, Wien, 2006.
455 S., zahlr. Tab. und Graf.
ISBN 978-3-631-55214-8 · br. € 74.50*

Die Arbeit entwirft ein Portfolio zum strategischen und entwicklungsorientierten
Bildungsmanagement in sozioökonomischen Wandlungsprozessen. Dabei
wird ein breites Spektrum an grundständigen und aktuell diskutierten
erziehungswissenschaftlichen Themen interdisziplinär unter Gesichtspunkten
von Organisation und Management rekonstruiert, um Aussagen hinsichtlich
eines pädagogisch angemessenen Bildungsmanagements zu treffen.
Bildungsmanagement wird dabei auf unterschiedliche Gestaltungsfelder
von Schulen und Weiterbildungseinrichtungen auf einer politischen, einer
organisationalen und einer soziopädagogischen Ebene bezogen, um
Bildungseinrichtungen entsprechend diagnostizieren, gestalten und angesichts
entwicklungsbedingter Spannungslagen ausbalancieren zu können. Mit dem
entfalteten Modell soll vor allem die Reflexivität in und von pädagogischen
Organisationen in komplexen und dynamischen Entwicklungsverläufen gezielt
ermöglicht werden, wobei theoretische Begründungszusammenhänge ebenso
wie pragmatische Gestaltungsoptionen aufzeigen, wie eine professionelle
Transformation von Bildungseinrichtungen vollzogen werden kann.

Aus dem Inhalt: Ökonomisierung der Bildung · Ökonomische Rationalität
und pädagogische Professionalität · Bildungsmanagement in Schule
und Weiterbildung · Ebenen und Gestaltungsfelder der pädagogischen
Organisation · Theoretische Begründung und konkrete Gestaltungsoptionen
des strategischen und entwicklungsorientierten Managements von
Bildungseinrichtungen · Schulentwicklung · u.v.m.

Frankfurt am Main · Berlin · Bern · Bruxelles · New York · Oxford · Wien
Auslieferung: Verlag Peter Lang AG
Moosstr. 1, CH-2542 Pieterlen
Telefax 0041 (0) 32/376 17 27

*inklusive der in Deutschland gültigen Mehrwertsteuer
Preisänderungen vorbehalten

Homepage http://www.peterlang.de